Moderne Gewalten

D1729765

C(

Die italienische Mafia und der kolumbianische Drogenhandel haben weltweit eine traurige Berühmtheit erlangt – erstmals werden sie hier miteinander verglichen. Wer organisierte Kriminalität, wo auch immer sie auftritt, verstehen will, sollte dieses packend geschriebene Buch lesen. Organisierte Kriminalität ist *kein* Krebsgeschwür, *keine* Krake, *kein* Überbleibsel ferner Zeiten. Sie kann zum ganz »normalen« Gefüge moderner Gesellschaften gehören – wie eben in Italien und Kolumbien. Es gibt auch keine Verbrechensimperien, sondern höchstens Diktaturen innerhalb des ansonsten nur lose organisierten illegalen Marktgeschehens. Mafiosi und Drogenhändler sind, wie andere Menschen auch, um ihr Image bemüht und ihre Handlungsmuster vertrauter, als uns lieb sein mag.

Drei Jahre lang ist Ciro Krauthausen den Mythen und Fakten der organisierten Kriminalität nachgegangen. Interviews, Zeugenaussagen, Gerichts- und Polizeiakten halfen ihm, die verborgenen Mechanismen der Illegalität aufzudecken.

Ciro Krauthausen ist Journalist und (promovierter) Soziologe. In Peru und Kolumbien aufgewachsen, arbeitete er als Korrespondent für die *taz* und gab den Sammelband *Koka – Kokain* heraus. Er lebt heute in Berlin und Madrid.

Ciro Krauthausen

Moderne Gewalten

Organisierte Kriminalität in Kolumbien
und Italien

Campus Verlag
Frankfurt/New York

Die Deutsche Bibliothek – CIP-Einheitsaufnahme

Krauthausen, Ciro:
Moderne Gewalten: organisierte Kriminalität in Kolumbien
und Italien / Ciro Krauthausen. – Frankfurt/Main; New York:
Campus Verlag, 1997
  ISBN 3-593-35768-2

Copyright © 1997 Campus Verlag GmbH, Frankfurt/Main
Umschlaggestaltung: Atelier Warminski, Büdingen
Druck und Bindung: KM-Druck, Groß-Umstadt
Gedruckt auf säurefreiem und chlorfrei gebleichtem Papier.
Printed in Germany

Warten auf die Barbaren

- Worauf warten wir versammelt auf dem Markt?
  Es sollen heute die Barbaren kommen.
- Warum herrscht im Senate diese Tatenlosigkeit?
  Was sitzen diese Senatoren da und geben nicht Gesetze?
  Weil heute die Barbaren kommen.
  Welcherlei Gesetze sollen die Senatoren noch erlassen?
  Wenn die Barbaren hier sind, geben sie Gesetze.
- Warum erhebt sich unser Kaiser in der Morgenfrüh'
  und sitzt am größten Tor der Stadt
  auf seinem Thron, ganz offiziell, und trägt die Krone?
  Weil heute die Barbaren kommen.
  Und der Kaiser wartet, ihren Führer
  zu empfangen. Vorbedenklich hält er
  ihm gar ein Patent bereit. Dort
  eignet er ihm viele Titel zu und Namen.
- Warum gingen unsere beiden Konsuln und auch die Prätoren
  heute in den roten, den bestickten Togen aus;
  warum legten sie die Reife voller Amethyste an,
  Ringe, leuchtend, gleißend von Smaragden;
  warum griffen sie heut' zu so edlen Stecken,
  über alle Maßen zieliert mit Gold und Silber?
  Weil heute die Barbaren kommen;
  und solche Dinge blenden die Barbaren.
- Warum erscheinen denn die tüchtigen Rhetoren nicht wie je,
  halten Reden und verkünden ihre Meinung?
  Weil heute die Barbaren kommen
  und sie Rederei und Schwatzen langweilt.
- Warum brach plötzlich Unruh' aus,
  Verwirrung? (Wie werden die Gesichter ernst.)
  Warum nur leeren sich so schnell die Straßen und die Plätze
  und alle kehren tief besorgt nach Hause zurück?
  Weil es nachtete und die Barbaren nicht gekommen sind.
  Und von den Grenzen trafen Leute ein,
  und die berichteten, Barbaren gebe es nicht mehr.
Was soll denn nun aus uns werden ohne die Barbaren.
Irgendeine Lösung waren diese Menschen.

Konstantinos Kavafis

Inhalt

Vorwort
Gewalttätige Welten, nah und fern

Diese Untersuchung handelt von Welten, die nah und fern zugleich sind. Nah, weil eine stete Bilder- und Schriftenflut unsere Vorstellungen von den "Barbaren" bestimmt. Organisierte Kriminalität verkörpert in der modernen Mediengesellschaft oft das "Böse" schlechthin, und vom "Bösen" geht eine düstere Faszination, manchmal auch eine Katharsis aus. Fern, weil Mafia und *Narcotráfico*, wie der Drogenhandel auf Spanisch und in Kolumbien genannt wird, meist nur in der Vorstellungswelt, nicht aber im Alltag der Menschen existieren. Besonders gilt das natürlich für Deutschland, wo kaum jemand schon einen Mafioso, einen Narcotraficante oder eine ähnliche Gestalt zu Gesicht bekommen hat (und insofern der Beschäftigung mit ihnen etwas Exotisches anhaftet). In Kolumbien oder Süditalien, dem *Mezzogiorno*, ist das anders; hier mögen sie öffentlich in einem Café plaudern oder in ihren Jeeps die Einkaufstraße hinunterfahren. Sie zu sehen, heißt allerdings noch nicht, sie näher kennenzulernen. Selbst in Kolumbien oder im Mezzogiorno bleiben Mafia und Narcotráfico oft fern. Es sind illegale, geheime und verschlossene Welten, und diejenigen, die sich in ihnen bewegen, achten darauf, daß nur wenige oder nur bestimmte Informationen über sie nach außen dringen.

Fern kommen uns diese Welten auch deswegen vor, weil ihre Bewohner häufig gewalttätig sind. Nicht alle, aber doch eine ganze Reihe von ihnen sind daran gewöhnt, andere Menschen zu erschießen, zu erdrosseln, zu foltern. Sie tun das oft routiniert, geradezu gelangweilt und manchmal verärgert über die Unannehmlichkeiten, die spritzendes Blut oder hervorquellende Innereien bereiten können. Ob er wirklich hundert Menschen ermordet habe, wird der *pentito*, Mafiaaussteiger, Pasquale Galasso gefragt.

9

Das wisse er nicht, antwortet der hier noch öfter zitierte Kronzeuge: Er habe sie nicht gezählt (pg.2:2731). Für diejenigen, die solche Erfahrungen nicht gemacht haben, ist die "Banalität des Bösen", von der Hannah Arendt sprach, manchmal unvorstellbar (1964). Wie auch Renate Siebert in ihrem Buch über Frauen und Mafia schreibt (1994), tut sich zwischen dem Beobachter und dem Beobachteten eine schier unüberwindbare Kluft auf. Ob man physische Gewalt anwendet oder nicht, ob man sie erfährt oder von ihr verschont bleibt, ist eine existenzielle Wegscheide. Auf Fotos oder Fernsehbildschirmen mag die Gewalt deutlich zu sehen sein, wirklich vorstellen können wir sie uns nicht.

Wir wollen es auch gar nicht; Gewalt bedroht das Leben selbst, und deswegen verdrängen wir sie ins Reich des Mythologischen oder längst Vergangenen. Diese Untersuchung wurde in Deutschland zu Papier gebracht, in einer Gesellschaft, die vor einem halben Jahrhundert Schauplatz und Ausgangspunkt des größten Massakers der Menschheitsgeschichte war. Es ist bemerkenswert, wie dennoch den weitaus meisten Deutschen und besonders denjenigen, die den Nationalsozialismus nicht erlebten, die vergangene Gewalt im eigenen Land (ebenso wie die anderswo gegenwärtige) als etwas Irreales vorkommt. Solange sie nicht erfahrbar sind, werden Krieg, Gewalt und Tod verdrängt.

Das gilt auch für jene Ideenkonstrukte, die es sich wie die soziologische Theorie zur Aufgabe gemacht haben, die Grundzüge des menschlichen Zusammen*lebens* zu erforschen. Es ist eklatant, wie weit die Soziologie die Fragen der Gewalt, der Zerstörung und des Krieges außer acht gelassen und verdrängt hat (vgl. Giddens 1985: 22-31). Gleich ob man sich mit einem Bürgerkrieg oder eben der organisierten Kriminalität beschäftigt: Zu ihrem Verständnis trägt die Theorie so gut wie nichts bei. Die Gewalt, sie wurde schlicht und einfach nicht mitgedacht. Das liegt nicht zuletzt an der Zeit und an dem Raum, in denen diese Theorien vornehmlich entstanden und entstehen. Soziologen richten ihr Augenmerk gewöhnlich auf die Normalität. Prosperierende, (zeitweise) befriedete und wohlhabende Gesellschaften, die in einer mitunter geradezu unheimlichen Art und Weise optimistisch in die Zukunft blicken, bringen eine ebensolche Gesellschaftsanalyse hervor.

Wo Gewalt hingegen zum Alltag wird, beschäftigt sich auch die Sozialwissenschaft mit ihr. Diese Untersuchung nahm in Kolumbien ihren Anfang. Es war grundlegend, das kolumbianische Kreuzfeuer zu erleben: eine vielschichtige und von diversen Akteuren getragene Gewalt, die das

Land seit Jahrzehnten und noch heute ausbluten läßt. Seit den achtziger Jahren ist der Narcotráfico ein Brennpunkt der Auseinandersetzungen; ihn galt es, besser zu verstehen. Die vorliegende Arbeit ist somit in der kolumbianischen Gewaltforschung beheimatet. Die Resultate dieser seit Jahrzehnten betriebenen, interdisziplinären Anstrengungen sind beachtlich, und wer sich heutzutage, gleich wo auf der Welt, dem Forschungsfeld Gewalt widmet, sollte sie rezipieren (vgl. Bergquist u.a. 1992). Sie vermitteln eine Ahnung davon, wie komplex es sein kann, die Nicht-Gesellschaft der Gewaltanwendung zu verstehen.

Die Idee, den Narcotráfico mit einer anderen Erscheinungsform organisierter Kriminalität zu vergleichen, war dann sowohl eine Flucht vor der oft genug deprimierenden Realität Kolumbiens als auch ein Festhalten an ihr. Die Fragen drängten sich geradezu auf: Gibt es vergleichbare Phänomene auch anderswo? Wie einzigartig sind die Narcotraficantes wirklich? Kann die Betrachtung der italienischen Mafia Aufschlüsse über den Narcotráfico bieten? Gibt es italienische Parallelen, die ein neues Licht auf die Frage der kolumbianischen Gewalt werfen könnten? Je weiter die Untersuchung voranschritt, um so deutlicher wurde, daß diese Fragen auch umgedreht werden können, daß der Vergleich mit Kolumbien ebenso zu einem besseren Verständnis der Mafia und des Mezzogiorno verhelfen kann. Möglich war das internationale Hin- und Herschalten freilich nur aufgrund eines bemerkenswerten Sachverhaltes: Wie die Untersuchung immer wieder bestätigte, gibt es universelle Züge menschlichen Verhaltens, welche - ganz und gar unabhängig von zumeist überbewerteten kulturellen Besonderheiten - bei vergleichbaren sozialen Konstellationen zu ähnlichen Handlungsmustern führen.

Da sie wegen ihrer Gewalttätigkeit so schwer zugänglich sind, ist die Erforschung dieser Welten schwierig. Es ist möglich, mit den Protagonisten zu sprechen; um ein Vertrauensverhältnis aufzubauen, bedarf es jedoch familiärer Bindungen, Freundschaften oder beruflichen Renommees sowie eines beträchtlichen Mutes und guter Kontakte (vgl. Ianni 1972; Chambliss 1978). Da keine dieser Bedingungen auf mich zutrifft, habe ich in dieser Untersuchung nur indirekte Quellen benutzen können. Die italienische Mafia ist sehr viel besser dokumentiert als die organisierte Kriminalität Kolumbiens: Hier konnte auf Gerichtsakten, Zeugenaussagen, Parlamentsanhörungen sowie eine umfangreiche Sekundärliteratur zurückgegriffen werden. Dagegen wurden in Kolumbien mehr Staatsanwälte, Polizisten und Experten

11

befragt und die Presse öfter zu Rate gezogen. Mafia und Narcotráfico dergestalt zu rekonstruieren - ein Puzzle mit unvollständigen Teilchen - ist methodologisch sicher fragwürdig: Es gab jedoch keine andere Wahl.

Hier nun soll versucht werden, sich den "Barbaren" der organisierten Kriminalität schrittweise zu nähern. Gewissermaßen als Vorspiel werden in der Einleitung die Verbindungen zwischen Mafia und Narcotráfico skizziert, um dann auf die Frage zu kommen, ob und inwieweit beide Phänomene unter ein- und demselben Oberbegriff, dem der "organisierten Kriminalität" zusammengefaßt werden können. Diese Vorüberlegungen ermöglichen es, im ersten Abschnitt der Untersuchung eine zentrale Unterscheidung zwischen den Tätigkeiten von Mafiosi und Narcotraficantes durchzuführen und dieser Polarität zwischen markt- und machtorientierten Handlungsmustern auch historisch nachzugehen. Auch im zweiten Kapitel findet sie sich wieder; dort werden organisatorische Lösungen miteinander verglichen.

Daß Mafia und Narcotráfico trotzdem keine geschlossenen Welten darstellen und sich in vieler Hinsicht erst durch den Austausch mit ihrem (legalen) Umfeld konstituieren, verdeutlicht das dritte Kapitel. Die soziale Herkunft sowie die Herrschaftsausübung der Mafiosi und Narcotraficantes sollen im vierten Abschnitt thematisiert werden. Im abschließenden fünften Kapitel werden die Gesellschaften, welche diese Formen organisierter Kriminalität hervorgebracht haben, noch einmal genauer auf ihre Parallelen hin untersucht. Am Ende, wenn sich schon längst wie bei Kavafis herausgestellt hat, daß es die "Barbaren" gar nicht gibt, steht wieder die Frage der Gewalt.

Danksagungen

Viele Gesprächspartner, Gastgeber, Freunde und Bekannte haben zu dieser Untersuchung beigetragen; bei ihnen allen möchte ich mich bedanken. Finanziert wurde ich durch ein Promotionsstipendium der Deutschen Forschungsgemeinschaft für das Berliner Graduiertenkolleg "Gesellschaftsvergleich in historischer, soziologischer und ethnologischer Perspektive". Bei den Kollegiaten, Professoren und dem Koordinator des Graduiertenkollegs, Dr. Armin Triebel, bedanke ich mich für viele Anregungen, Diskussionen und Hilfestellungen. Prof. Dr. Georg Elwert war bereit, diese doch etwas ungewöhnliche Doktorarbeit zu betreuen. Meinen Arbeitsplatz hatte ich am

Institut für Ethnologie der Freien Universität Berlin, wo mich Carol Otto sowie Karin Brandmüller unterstützten. Während meiner Forschungsaufenthalte in Palermo standen mir die Türen des "Centro Siciliano di Documentazione Giuseppe Impastato" offen; seine Betreiber, Anna Puglisi und Umberto Santino, "adoptierten" mich regelrecht als Sohn. Ihrer Gastfreundschaft und Diskussionsfreudigkeit verdankt diese Untersuchung vieles. In Neapel ermöglichten mir Amato Lamberti und Tiziana Vernola den Zugang zu Materialien des "Osservatorio sulla Camorra". In Rom nahmen sich meiner Pino Arlacchi und Letizia Paoli an, damalige Berater des italienischen Innenministeriums; mit ihrer Hilfe konnte ich eine Vielzahl von Gerichtsakten und Dokumenten einsehen. Piera Ammendola stellte mir eine umfangreiche Dokumentation der parlamentarischen Antimafiakommission zur Verfügung.

In Kolumbien war die von Gustavo Gallón geleitete "Comisión Andina de Juristas" ein wichtiger Stützpunkt. Gallóns Assistentin, Libia Recalde, kümmerte sich rührend um mich. Zu Gesprächsterminen verhalfen mir auch Armando Borrero und seine Mitarbeiter vom Beraterstab für Sicherheitsfragen der Präsidentschaft. In Medellín hatte ich das Glück, auf Edgar Arias und Gilberto Medina zu treffen; in Bogotá boten mir María Lucía Bock und Lucía de Bock ein Zuhause.

Für die Durchsicht des Manuskripts und den fachkundigen Rat in Computerfragen bin ich meinem Vater und meinem Bruder Leon dankbar. Auch ein weiteres Familienmitglied, Raúl Aguayo-Krauthausen, stand mir als Computer-Spezialist zur Seite. Die endgültige Druckfassung konnte ich im Institut für Iberoamerika-Kunde in Hamburg fertigstellen. Elke Krüger half mir in der Berliner "Zweier-Wohngemeinschaft" mehr als eine Arbeitskrise zu überwinden. Vor allem aber danke ich Claire-Yvonne Kremp: ihre liebevolle Unterstützung hielt und hält mich über Wasser.

Einleitung
Organisierte Kriminalität

1. Die "satanische Allianz"

Eine Ware im Wert von 11,3 Millionen Dollar wechselt im Januar 1988 den Besitzer: Vor Trapani in Sizilien werden 565 Kilo Kokain von dem Frachtschiff "Big John" auf einen Fischkutter umgeladen. Die Öffentlichkeit wird erst Monate später durch die Aussagen des in den USA ansässigen Sizilianers Joseph Cuffaro von dieser Operation erfahren. Ihre Vorgeschichte reicht bis 1984 zurück, als eben dieser Cuffaro in Miami für den italo-amerikanischen Mafioso John Galatolo in seiner "Scirrocco Fan Company" kleinere Kokainladungen nächteweise aufbewahrte. 1986 dann berichtete Galatolo ihm von "Anordnungen seines *padrino* in Sizilien, um eine direkte Kokain-Verschickung von Kolumbien nach Sizilien vorzubereiten" (jc:17). Galatolos *padrino* in Sizilien scheint Francesco Madonia zu sein, Boß der wegen ihrer Territorialkontrolle und Gewalttätigkeit berüchtigten *famiglia* des Stadtteils Resuttana in Palermo. Als *capomandamento* befehligt Madonia zudem die Mafiagruppe des Stadtteils Acquasanta, die vom sizilianischen Zweig der Galatolos geleitet wird (gm.vi.5:7).

Zusammen mit drei weiteren Italo-Amerikanern, die wie Cuffaro und Galatolo selbst enge Verbindungen zu im Heroinhandel bewanderten Zweigen der US-amerikanischen *La Cosa Nostra* pflegen, wird das Geschäft vorbereitet. Waldo Aponte, ein in Miami ansässiger kolumbianischer Kokain-Großhändler, und sein Partner Angel Sánchez sind bereit, das Kokain zu stellen. Die Planungen und Verhandlungen ziehen sich über Monate hin. Beide Parteien einigen sich auf einen Kilo-Preis von 21.000 Dollar. Im Oktober 1987 wird auf Aruba der zum Transport vorgesehene Frachter "Big

John" begutachtet und zwecks Identifizierung durch die Besatzung des Fischkutters fotografiert. Zum Jahreswechsel reist Cuffaro zwischen den USA und Italien hin und her und koordiniert die Übergabe. Nach der Ankunft des Kokains telefoniert er mit Aponte, der von Spanien aus die Operation verfolgt: "Ich gab ihm Bescheid: "Deine Ladung ist angekommen" und stellte ihm eine Endabrechnung über 565 Kilo aus" (jc:45). Das Kokain wird von den sizilianischen Auftraggebern in Empfang genommen und auf Großhandelsebene vertrieben - nicht zuletzt unter anderen mafiosen Gruppen wie den auch in weiteren Netzwerken präsenten Fidanzati in Mailand (Il Popolo 17/7/93: 4; Giornale di Sicilia 17/2/94: 39).

Eine erste Zahlung an die Kolumbianer in Höhe von einer Million Dollar erfolgt bereits kurz nach der Lieferung über den Kapitän der Big John, Allen Knox. Weitere Zahlungen laufen bei dem Boss der Acquasanta-Familie, Vincenzo Galatolo, zusammen, der das Geld dann nach Norditalien schaffen läßt. Gegen eine Kommission von rund 20 Prozent übernimmt es dort der Financier und Unternehmer Giuseppe Lotussi. Der zahlt zumindest einen Teil davon bar in der "Fi.Mo.s.a"-Bank im schweizerischen Chiasso ein und bedient sich eines weitverzweigten Netzes von Banken in der Schweiz, Luxemburg und Großbritannien sowie von Unternehmen in Panama und den USA, um die Gelder beispielsweise auf die Konten der "Oficina de Cambio Internacional" mit Sitz im kolumbianischen Cúcuta zu schaffen (PdRP 1989:20 ff.).

Zum Unmut nicht nur von Waldo Aponte und Angel Sánchez, sondern auch eines mysteriösen "Dr. Garzón", der als angeblicher Repräsentant des Medellín-Kartells die Interessen zumindest einiger der kolumbianischen Spediteure vertritt, erfolgen die Zahlungen an die Kolumbianer nur stockend. Cuffaro muß sowohl in New York als auch in Sizilien vorsprechen und einmal sogar persönlich anderthalb Millionen Dollar in einem Lastwagen von Palermo nach Mailand fahren. Bis zum November 1988, als Cuffaro bei einem anderen Drogengeschäft von einem verdeckten Ermittler des FBI in die Falle gelockt wird, sind von den 11,8 Millionen Dollar Schulden erst sieben bis acht getilgt worden. Im großen und ganzen aber scheinen alle Beteiligten zufrieden, und Cuffaro und seine Geschäftspartner in den USA erwägen neue Kokainlieferungen von diesmal sogar zwei bis drei Tonnen. "Für den Fall eines erfolgreichen Abschlusses der ersten Phase der Operation war zusammen mit den Kolumbianern die Idee diskutiert worden, bei der zweiten Lieferung auf dem Rückweg Heroin zu verschicken. Die Kolumbianer hätten es dann eventuell mit Erfolg in die USA einführen können" (jc:57).[1] Aufgrund Cuffaros Aussagen aber werden zwischen 1990 und 1991 die meisten Mitglieder des Netzwerkes verhaftet und John Galatolo wegen Drogenhandels zu 40 Jahren Haft verurteilt.

Ein Vergleich zwischen Mafia und Narcotráfico mag getrost dort ansetzen, wo sich beide Phänomene zu verflechten scheinen: auf dem weltweiten Markt illegaler Drogen. Daß im Kokainhandel vielfache Kontakte bestehen, steht außer Zweifel und kann belegt werden. Die Ausmaße dieses Handels aber sind schwierig zu bestimmen. Noch 1982 nahmen sich die von den italienischen Behörden sichergestellten Kokainmengen relativ bescheiden aus: ganze 105 Kilo wurden beschlagnahmt, eine Menge, die auch in den darauffolgenden Jahren nicht nennenswert überschritten wurde. Mit 616 Kilo wurde 1988 erstmals mehr als eine halbe Tonne Kokain sichergestellt. 1991 und 1992 dann konnten 1300 und 1343, 1993 immerhin noch 1094 Kilo beschlagnahmt werden (MinInt 1994:341). Trotz der klaren Aufwärtstendenz der letzten Jahre kann also von einem exponentiellen Wachstum und von der vielfach beschworenen, Europa überrollenden "Kokainlawine" nicht die Rede sein. Auch nicht 1994, als die italienischen Beschlagnahmungs-Statistiken in die Höhe schnellten: 6636 Kilo (MinInt 1995:167). Grund dafür war einzig die "Operazione Cartagine", bei der auf einen Schlag rund fünfeinhalb Tonnen Kokain sichergestellt wurden, die angeblich für verschiedene 'Ndrangheta-Gruppen bestimmt waren (vgl. La Repubblica 23/3/95:21; Giornale di Sicilia 23/3/95:13).

Sicher dürften die sich effektiv im Umlauf befindenden Kokainmengen um ein vielfaches größer sein - fast schon fahrlässig grob, weil ebensogut

---

1   Der Tausch von Heroin gegen Kokain ist ein klares Indiz für die Globalisierung des Weltdrogenmarktes und die zumindest theoretischen Kooperationsmöglichkeiten zwischen kolumbianischen und italienischen Drogenhändlern. Weitere Beispiele für diese von Giovanni Falcone vielleicht übertrieben als "archaischer Tausch zur Umsetzung hochaktueller Handelsgeschäfte" interpretierten Transaktionen (1993:18) sind im Zuge der "Operation Irontower" aufgedeckt worden: In mindestens zwei Fällen wurde versucht, Heroin (ein Kilo) gegen Kokain (drei bis vier Kilo) zu tauschen. Allerdings scheinen dabei keine direkten Verbindungen zwischen Italien und Kolumbien bestanden zu haben (TdP 1990, anders Claire Sterling in einem Interview mit El Espectador: 9/2/92: 6A). Ebenfalls das Produkt eines Tauschgeschäftes waren jene fünf Kilo Heroin, die Anfang 1992 aus Beirut über London nach Bogotá geschickt und dort beschlagnahmt wurden (El Tiempo 27/2/92: 8A).

17

eine andere Zahl sein könnte, wird gemeinhin geschätzt, daß nur 10 Prozent der zirkulierenden illegalen Drogen von den Ermittlungsbehörden abgefangen wird. Gleichzeitig läßt jedoch bereits eine Kurzbeschreibung der wichtigsten Beschlagnahmungen des Jahres 1992 die offiziellen Statistiken inflationär erscheinen: In vier von sechs Fällen handelte es sich um "controlled deliveries" (DCSA:10), also oftmals von den Ermittlungsbehörden beispielsweise durch Kaufangebote induzierte Transaktionen, die dazu dienen sollen, "Drahtzieher" des Geschäfts auszumachen. Von den juristischen und ethischen Implikationen einer derartigen Anstiftung zum Gesetzesbruch ganz zu schweigen, entwertet diese auch in Deutschland übliche polizeiliche Praxis die Aussagekraft der Statistiken genauso wie sie zur Vorsicht bei der Bewertung von Einzelfällen mahnt.

Ein vornehmlich auf Geldwäsche ausgerichtetes Netzwerk wird 1992 im Zuge der "Operation Green Ice" aufgedeckt. Die von US-amerikanischen Behörden koordinierten Ermittlungen gipfeln am 24. und 25. September in den Verhaftungen kolumbianischer Geldwäscher in Rom, San Diego (USA) und San José de Costa Rica. Insgesamt werden in den USA, Großbritannien, Costa Rica, Italien, Kanada, Spanien und Kolumbien 44 Millionen US-Dollar beschlagnahmt, 152 Menschen verhaftet und zahlreiche Haus- und Bürodurchsuchungen getätigt (DEA 1992). Die Kokain-Ausbeute ist dagegen mit 44 Kilo eher mager.[2] Dreh- und Angelpunkt der Ermittlungen war die seit 1990 von der nordamerikanischen Drogenbehörde DEA kontrollierte Unternehmensberatungs-Firma "Tava" mit Sitz in San Diego, Kalifornien, wo verdeckte US-Ermittler kolumbianischen Geldwäschern vermeintlich sichere Devisenkanäle anboten. Das teilweise schon von anderen Organisationen "reingewaschene" Geld konnte auf Konten von "Tava" gesammelt und dann - so durch die Vortäuschung von legalen Lederimporten - nach Kolumbien geschafft werden. Nutznießer scheinen vor allem die als Cali-Kartell bezeichneten Gruppen um José Santacruz Londoño, Iván Urdinola Grajales und den Gebrüdern Rodríguez Orejuela gewesen zu sein.

Auch aus Italien flossen Gelder nach San Diego - so von den Unter-

---

2   Soweit nicht anders vermerkt, stammt die hier präsentierte Zusammenfassung der Operation Green Ice aus folgenden Presseberichten: Panorama 11/10/92: 64-67; Il Messaggiero 29/9/92: 2; La Stampa 29/9/92: 5; La Repubblica 29/9/92; La Repubblica 28/10/92: 19; Il Giorno 15/1/94: 9; Il Giornale 15/1/94: 27; El Espectador 4/10/92: 1B; El Tiempo 3/10/92: 4B, 4/10/92: 17A; El Espectador 22/8/94.

nehmen der Geschwister Paolo und Giorgio Refe aus Mailand. Der jahrelang wegen eines Entführungsfalls flüchtige Paolo Refe hatte sich nach Kolumbien abgesetzt und scheint dort Eigentümer einer Ladenkette namens "Todo para todos" gewesen zu sein. Überweisungen an dieses Unternehmen waren ein Kanal, um die Erlöse aus Kokainverkäufen in der Lombardei "reinzuwaschen". Im Mai 1993 wurde Paolo Refe zusammen mit seiner Frau im kolumbianischen Karibik-Hafen Barranquilla festgenommen.

Die am 24. September 1992 an der Piazza Navona in Rom verhafteten Kolumbianer Cediel Ospina Vargas (alias Tony Durán) und Pedro Felipe Villaquirán sowie die Niederländerin Bettein Martens wurden von den Behörden als Vertreter der kolumbianischen Kartelle in Italien präsentiert. Cediel Ospina Vargas war schon Ende der Siebziger in Kolumbien in diverse Drogengeschäfte verwickelt. Wie aus den Haftbefehlen eines römischen Untersuchungsrichters hervorgeht, scheint er in Italien nach einer anfänglichen Einfuhr von 300 Kilo Kokain weitere Lieferungen geplant zu haben. Dritten gegenüber habe Ospina Vargas behauptet, er könne das Kokain sowohl von den Drogenhändlern in Cali als auch von denen in Medellín beziehen (TdR 1992).

Wenngleich die veröffentlichten Ermittlungsergebnisse hierzu nur wenig Details bieten, scheint Ospina Vargas Kontakt zu Giancarlo Porcacchia aus dem Dunstkreis der römischen *banda della Magliana* gehabt zu haben. Der in Kolumbien untergetauchte Porcacchia lieferte Kokain nach Italien und verkaufte es dann unter anderem an Netzwerke in Kalabrien. Sein Schwager Gaetano Sideri war Teilhaber römischer Tarnfirmen, über die Kokain-Zahlungen abgewickelt wurden. In Geschäftsbeziehungen zu diesen Tarnfirmen Porcacchias standen die Sizilianer Massimo Quatra und Martino Brancatelli von den Unternehmen "Brancagel" und "Servizi Globali". "Brancagel" zeichnete als Importeur einer im Juli 1992 in Livorno eingetroffenen Ladung tiefgefrorener Fische aus Kolumbien - in den Containern waren 526 Kilo Kokain versteckt worden. Innerhalb dieses sizilianischen Zweiges der "Green Ice"- Ermittlungen taucht auch die Firma "Ivicor" auf, die von Giuseppe Pollara geleitet wurde - jenem Pollara, der während anderer Ermittlungen dem Richter Giovanni Falcone als Financier eines geheimen Kontos des Cosa-Nostra-Bosses Totò Riina aufgefallen war.

Ein weiterer, anscheinend von den Netzwerken Porcacchias und Quattras unabhängiger Zweig der Ermittlungen führt nach Neapel. Dort zahlte der mit der Camorra-Größe Luigi Maisto verschwägerte Domenico Verde offensichtlich aus Kokain-Verkäufen stammende Gelder in neapolitanischen Banken ein und leitete die Zahlungen dann über das Konto einer unauffälligen achtzigjährigen Dame in Mantua weiter an die Rotary Corporation in New York. Die überwies das Geld dann an ihre Tochterfirma im brasilianischen Sao Paolo, von wo es zuletzt an das Unternehmen "Orobrass" weiterging. "Orobrass" ist laut Polizeiinformationen direkt in der Hand einflußreicher Gruppen des Cali-Kartells.

Cali, Medellín und San Diego, Mailand, Rom und Palermo: Die als Erfolg der internationalen Polizei-Kooperation gefeierte "Operation Green Ice" deckte ein typisch kompliziertes Netzwerk des weltweiten Drogenmarktes auf. Robert Bonner, Leiter der US-amerikanischen DEA, hob hervor: "Was hier grundsätzlich festgestellt wurde, ist die kolumbianische Verbindung mit der sizilianischen Mafia und anderen Gruppen organisierter Kriminalität in Italien. Die Verbindung besteht darin, daß die organisierte Kriminalität in Italien große Mengen an Kokain ersteht, die dann in Italien vertrieben werden" (DEA 1992). Eine Spur skeptischer wurden die Ermittlungsergebnisse von der kolumbianischen Seite eingeschätzt: "Hervorzuheben bei dieser Art von Operationen ist die in der Drogenbekämpfung so noch nicht dagewesene internationale Kooperation. Zu bedauern aber ist, daß letzten Endes kein wirklich dicker Fisch ins Netz ging", meinte ein hoher Polizei-Offizier gegenüber der Wochenzeitschrift "Semana" (6/10/92:27). Eine gewisse Verlegenheit mag allerdings diese Einschätzung mitbestimmt haben: Unter den verhafteten kolumbianischen Geldwäschern befand sich ein hoher Beamter der Aufsichtsbehörde für das Bankwesen und ehemaliger Inspekteur des Geheimdienstes DAS. Als angesehener Finanzexperte war Carlos Rodrigo Polanía zuvor bei Schulungsseminaren für Polizisten und gegen Geldwäsche eingesetzte Ermittler aufgetreten.

Viele andere Fälle belegen einen regen illegalen Geschäftsverkehr zwischen Italien und Kolumbien. In Santa Margherita Ligure beschlagnahmt die italienische Polizei Anfang 1992 300 Kilo Kokain und verhaftet einen kolumbianischen Drogenhändler, der in den Großhandelsvertrieb in Italien und Europa verwickelt sein soll (La Repubblica 26/2/92: 8; Il Tempo 1/3/92: 7). Eine Kokain-Beschlagnahmung in Berlin ermöglicht es der Polizei, ein Netzwerk zwischen Bogotá, Frankfurt, Rom und Neapel auszumachen (Il Messaggero 27/10/92: 33). Giovanni Felici, aus dem Umkreis der Camorra in Neapel, unterhält Kontakte zu zwei Drogenhändlern in Bogotá und läßt sich nach Erkenntnissen des kolumbianischen Geheimdienstes DAS monatlich 75 Kilo liefern (Il Mattino 15/2/93: 33). Auch der bereits wegen Drogenhandels vorbestrafte Umberto Pitino in Genua plant, sich direkt aus Kolumbien 50 Kilo Kokain, versteckt am Bug eines Bananenfrachters, schicken zu lassen (Il Secolo XIX 15/1/94: 15). Mit kleineren Mengen gibt sich dagegen Leonardo Cavallaro von der Gruppe um Turi Pillera in Catania ab, der alle zwei Monate an die 15 Kilo zugeschickt bekommt (Giornale di Sicilia 1/6/94: 4).

Von wiederum größeren Mengen und komplizierteren Netzwerken zeugt die Operation "Angelo 2": Über Sizilianer in Venezuela, Kolumbien und England wird ein 263 Kilo schwerer Kokain-Transport auf die Beine gestellt, der dann im englischen Hafen Felixstowe abgefangen wird (l'Unità 11/1/94:8; Il Mattino 11/1/94; El Tiempo 25/8/94:15A). Ebenfalls groß im Geschäft war jener kolumbianische Anwalt, der innerhalb von nur sechs Monaten mit Hilfe italienischer Banken an die 170 Millionen Mark "wusch", indem er Drogengelder auf halbjährig stattfindenden Gold-Auktionen in Arrezzo investierte, danach das erstandene Gold nach Panama verschickte und es dort für seine kolumbianischen Auftraggeber wieder verkaufte (La Repubblica 20/1/94: 18; Cambio 16 Colombia 21/2/94:16-17).

Ein Steckenpferd von Enthüllungsjournalisten ist der aus dem siziliani-schen Siculiana stammende Clan der vielfach untereinander verheirateten Familien Cuntrera und Caruana. Seit Ende der fünfziger Jahre emigrierten Mitglieder dieses "besonders finsteren Flügels der sizilianischen Mafia" (Sterling 1990:179) vor allem nach Kanada und Venezuela. Dies allein ist noch nicht bemerkenswert: Gerade in jenen Jahren stellten Kanada und Venezuela Anziehungspole für jene großen Migrationsströme dar, die seit dem vorigen Jahrhundert in immer neuen Wellen von Italien weg nach Nord- und Südamerika führten (Ascoli 1979:36 ff.). Bemerkenswert ist im Fall der Cuntrera-Caruana die durch die Auswanderung erleichterte interkontinentale Reichweite illegaler Geschäfte. Von der Kontrolle der Unterwelt in Montreal und den engen Verbindungen zur US-amerikanischen Mafia über Drogenge-schäfte in England und Deutschland bis hin zu einem wahren Finanz- und Unternehmensimperium in Venezuela haben die Cuntrera-Caruana ein weites *illegales Netzwerk* gesponnen (Sterling 1990:179ff; Roth/Frey 1993:133ff.).

Bis zu ihrer Auslieferung 1992 nach Italien wurde der venezolanische Zweig des Clans von den Brüdern Pasquale, Paolo und Gaspare Cuntrera angeführt. Neben ihrer Beteiligung am weltweiten Heroinhandel scheinen sie vor allem einen gigantischen Geldwäsche-Konzern aufgebaut zu haben: Dank ihrer guten Beziehungen zu den örtlichen Behörden konnten sie ihren mafiosen Geschäftspartnern in den USA, Italien und Südamerika großzügige Investitionsmöglichkeiten in die legale Wirtschaft Venezuelas, Arubas und Curaçaos bieten. Die so "gewaschenen" Beträge werden von venezolanischen Ermittlungsbehörden auf Milliarden von US-Dollar beziffert - Schätzungen, die unabhängig von ihrer Genauigkeit doch eine Einordnung des Clans in die oberen Etagen der weltweiten Illegalität ermöglichen.

Da Venezuela als Anrainerstaat Kolumbiens eine wichtige Zwischenstation diverser Kokain-Exportrouten darstellt, liegt es nahe, die Cuntrera-Caruana als das entscheidende Bindeglied zwischen den "beiden Giganten des weltweiten Rauschgifthandels", der sizilianischen Mafia und den kolumbianischen Kartellen, zu verdächtigen (Sterling 1990:180). Auch wenn die eine oder andere Verbindung belegt werden kann - so ein von Roth und Frey beschriebenes *joint venture* zwischen den Cuntrera-Caruana, den Makarem, einer Gruppe von Unternehmern libanesischer Abstammung, und mutmaßlichen Drogenhändlern aus Cali (ebd.:133 ff.) - läßt sich daraus weder auf den "Kopf der Krake" noch auf eine zentral geleitete monopolistische Marktstruktur schließen. Sicherlich macht die geographische Nähe zu Kolumbien Querverbindungen wahrscheinlich, die Ausmaße dieser Verknüpfungen aber sollten, zumindest auf der Grundlage der vorliegenden Information, nicht überschätzt werden.

Ein unvoreingenommener, nicht von der Suche nach allmächtigen Verbrechensimperien getrübter Blick auf die Verbindungen zwischen Italien und Kolumbien nämlich enthüllt wenig Spektakuläres: Unterschiedliche Leute, überwiegend Männer, treffen hier und dort zusammen, um kleine, mittlere oder große, immer aber möglichst profitable Geschäfte zu machen. Sehr viel mehr ist aus den hier vorgestellten Fallbeispielen eigentlich nicht herauszuholen. Außer ein einziger, fast banaler Aspekt: Das, was diese Transaktionen von anderen unterscheidet, ist ihre Illegalität. Auf *illegalen Märkten* - deren Eigenschaften im folgenden noch oft besprochen werden - sind Geschäfte langwieriger, komplizierter, geheimer und riskanter. Familienbande und *face to face* Kontakte gewinnen aus Sicherheitsgründen an Bedeutung. Da die Strafverfolgung durch ständige Innovationen ausgetrickst werden muß und es an Konventionen und Normen zur Abwicklung der Geschäfte mangelt, gibt es schier unendlich viele Variationen, um die Transaktionen durchzuführen. Regelmäßigkeiten sind kaum festzustellen, um so mehr, da die Akteure und Orte sehr schnell wechseln.

Daß die großen und mächtigen Organisationen, die es auch gibt, dieses Handelsnetz dann gleich weltweit kontrollieren, darf bezweifelt werden. Derartige Gruppen sind sicherlich imstande, größere Mengen Drogen zu vertreiben als andere - daß sie aber eine Monopolstellung erreichen können, scheint angesichts der Marktstruktur unwahrscheinlich. Kurz vor seiner Ermordung warnte der sizilianische Richter Giovanni Falcone vor den "erschreckenden Ausmaßen", die eine von "einer Allianz zwischen der Mafia und den Kolumbianern betriebene Offensive auf dem Kokainmarkt" annehmen könnte und den "operativen Verknüpfungen", die sich zwischen mächtigen kriminellen Organisationen über den Drogenhandel hinaus eventuell ergäben (1993). Es kann jedoch angenommen werden, daß derartige Verknüpfungen, sollten sie überhaupt zustande kommen, weniger monolithisch wären als von Falcone vermutet. Gegenteilige Beweise sind rar. Bob Martínez, ranghöchster US-Funktionär für Drogenbekämpfung unter der Regierung von George Bush, hatte sie ganz sicher nicht, als er im Hinblick auf die Kontakte zwischen Mafia und Narcotráfico von einer "satanischen Allianz" sprach (La Repubblica 26/2/92).

2. Malavita, ihre Spiele und Mannschaften

Gemeinhin werden die italienische Mafia und der kolumbianische Drogen-handel der "organisierten Kriminalität" zugeordnet. Howard Abadinsky spricht in seinem Handbuch (1990) von einer "traditionellen" organisierten Kriminalität, nämlich der italienisch und italo-amerikanischen Einschlags, und einer "nicht-traditionellen" wie die der kolumbianischen Drogenkartelle. In ihrer Eigenschaft als Berater des italienischen Innenministeriums sehen Pino Arlacchi und Letizia Paoli die italienische Mafia, die US-amerikanische *La Cosa Nostra*[3], die japanische Yakuza, den kolumbianischen Drogenhan-del und die chinesischen Triaden als herausragende Beispiele organisierter Kriminalität "mafiosen Typs" (MinInt 1993). Auch bei Konrad Freiberg und Berndt Georg Thamm (1992) werden kolumbianische Narcotraficantes und

---

3   Mit *La Cosa Nostra* ist hier die italo-amerikanische Mafia in den USA, mit *Cosa Nostra* ein spezifisches Organisationsmodell der sizilianischen Mafia gemeint.

italienische Mafiosi der organisierten Kriminalität zugeordnet. Was aber organisierte Kriminalität tatsächlich ist - darüber gehen die Meinungen auseinander. Mehr als um einen klar umgrenzten und definierten Begriff handelt es sich um ein Schlagwort, das vorläufig nicht viel mehr erlaubt, als eine ganze Reihe offenkundig ähnlicher Phänomene zu gruppieren. Weltweit werden unter diesem Schlagwort von Journalisten, Behörden und Sozialwissenschaftlern die vielfältigsten Gruppen und Tätigkeiten aufgeführt. Italienische Mafiosi, deutsche Zuhälterringe, kolumbianische Kokainbarone, schwedisches Glücksspiel und japanische Yakuza sind in der einschlägigen und ständig wachsenden Literatur ebenso erwähnt wie schweizerische Waffenhändler, chinesische Triaden, US-amerikanische Racketeers, niederländische Börsenspekulanten und afrikanische Drogenhändler. Bei einem derart breiten Spektrum kann es kaum verwundern, daß es fast ebenso viele definitorische und theoretische Ansätze wie Phänomene gibt. In dem 1986 erschienenen Sammelband "Organized Crime. A Global Perspective" benutzt jeder der Autoren einen andere Klassifizierung "organisierter Kriminalität", wobei der Herausgeber Robert J. Kelly folgerichtig dafür plädiert, vorerst auf eine präzise Definition zu verzichten und stattdesssen von "criminal underworlds" zu reden.

Autor und Leser wäre es zu wünschen, daß der Kelch der Definitionsfrage an ihnen vorüberginge: Es ist eine verwirrende, zirkuläre und trockene Diskussion, deren tatsächlicher Nutzen für konkrete empirische Studien angezweifelt werden darf (Van Duyne 1993). Der kleinste gemeinsame Nenner der angesprochenen Phänomene könnte in einer Minimaldefinition (vgl. Krauthausen 1994; Hagan 1983, zit. nach Passas/Nelken:326) wie folgt formuliert werden: *Mit "organisierter Kriminalität" sind langfristig agierende und auf illegale persönliche Bereicherung oder private Machtakkumulation zielende Gruppen sowie ihre Tätigkeiten gemeint.* Verschiedene an die organisierte Kriminalität angrenzende Phänomene - Alltagskriminalität, Jugendbanden, politische Aufstandsbewegungen, staatliche Verbrechen - lassen sich mit dieser Definition aus der Untersuchung ausschließen. Sie bleibt jedoch sehr allgemein und ist nicht weit von der tautologischen Aussage entfernt, organisierte Kriminalität sei Kriminalität, die organisiert ist. Neben der Mafia müßten dann auch die Hütchenspieler zu der organisierten Kriminalität gerechnet werden, und das wäre theoretisch zwar kohärent, in der Sache jedoch unverhältnismäßig und politisch fragwürdig. Nur zu oft wird "organisierte Kriminalität" als politischer Kampfbegriff benutzt:

24

Beispielsweise, um in Ländern mit relativ niedrigen Kriminalitätsraten wie Deutschland Angst zu schüren, "innere Sicherheit" und Gesetzesverschärfung heraufzubeschwören und Wahlkämpfe zu gewinnen. Deswegen ist es angebracht, neben denen der Minimaldefinition noch andere Kriterien wie beispielsweise die Größe, das Korruptionspotential, die Hierarchien oder die mitunter gewalttätige Schlagkraft der betreffenden Gruppen hinzuzunehmen. Der Begriff "organisierte Kriminalität" ist auf jeden Fall nicht nur ungenau, sondern politisch dubios. Ganz zu schweigen von dem stilistischen Greuel, in einem Text fortwährend "organisierte Kriminalität" - oder noch schlimmer: die Abkürzung "OK" - formulieren zu müssen. Es wäre schön, einen anderen Begriff benutzen zu können. Des Autors Favorit, soviel sei gesagt, bestünde in dem italienischen "Malavita", das wörtlich (aber nicht unbedingt sinngemäß) "schlechtes Leben" bedeutet: Ein Begriff genauso ungenau und genausowenig wertneutral wie "organisierte Kriminalität", aber dafür phonetisch ungleich schöner. Inmitten einer ohnehin schon verfahrenen Definitionsdebatte ist die Benutzung dieses Synonyms allerdings unsinnig und anmaßend. Solange von "organisierter Kriminalität" gesprochen wird, ist wenigstens einigermaßen klar, was gemeint ist. Die vermeintliche Richtschnur deutscher OrganisierterKriminalitäts-Spezialisten übrigens lautet: "Ich weiß, was es ist, kann es aber nicht erklären" (Dörmann u.a. 1990:4).

Organisierte Kriminalität ist eine Übersetzung des US-amerikanischen Ausdrucks *organized crime*. In den zwanziger und dreißiger Jahre setzte sich *organized crime* im wissenschaftlichen und offiziellen Sprachgebrauch zur Bezeichnung des marodierenden Gangstertums in den nordamerikanischen Großstädten durch. "Die Amerikaner sind zutiefst besorgt über die alarmierende Mißachtung des Gesetzes, die Amtsmißbräuche der Ermittlungsbehörden und das Wachstum der organisierten Kriminalität, die sich auf allen Gebieten des Lasters und überall im Land ausbreitet" sprach Präsident Herbert Hoover 1929 und setzte eine Untersuchungskommission ein, die sich sowohl mit dem Strafverfolgungssystem als auch dem Alkoholverbot befaßte (zit. nach Smith 1991:137). Obwohl an der illegalen Kontrolle der Schiffsabfertigung oder der Textilindustrie, des Glücksspiels, der Zuhälterei oder des Drogenhandels verschiedene ethnische Gruppierungen beteiligt waren, wurden vor allem italienische Einwanderer als führende Unterweltler ausgemacht. Gerüchte und Indizien über in die USA verpflanzte italienische Geheimbünde, blutige Bandenkriege und eine offensichtliche Vorherrschaft von Einwanderern aus Süditalien im kriminellen Milieu führten in den darauffolgenden Jahren zu einer wachsenden Gleichsetzung zwischen *organized crime* und Mafia.

Nach dem Intermezzo des zweiten Weltkriegs, als im öffentlichen Diskurs der äußere Feind Nazideutschland den inneren organisierte Kriminalität zeitweise abgelöst hatte (Smith 1975), rückte mit dem Kefauver Untersuchungsausschuß 1950, den Nachrichten über ein vermeintliches Gipfeltreffen italo-amerikanischer Mafiagruppen in den Appalachen 1957 und den Aussagen des Mafia-Aussteigers Joe Valacchi 1963 die organisierte Kriminalität italo-amerikanischen Zuschnitts erneut ins Rampenlicht. 1967 befand ein weiterer von der Regierung einberufener Untersuchungsausschuß: "Organisierte Kriminalität ist eine Gesellschaft, die versucht, außerhalb der Kontrolle der amerikanischen Bürger und ihrer Regierungen zu agieren" (zit. nach Abadinsky 1990:476). "Das Herz der Organisation besteht aus vierundzwanzig Gruppen, die in den großen Städten im ganzen Land als kriminelle Kartelle operieren. Ihre Mitglieder sind ausschließlich Männer italienischer Abstammung, sie stehen in häufiger Verbindung zueinander, und ihr reibungsloses Zusammenspiel wird von einer Gruppe nationaler Aufseher gewährleistet" (ebd.:6).

Mehrere Studien der siebziger Jahre wandten sich gegen das Bild einer hierarchisch strukturierten *La Cosa Nostra*, einer mit einem eigenen Normensystem ausgestatteten Geheimgesellschaft italienischer Einwanderer. In ihrer empirischen Forschungsarbeit über die Luppolo-Familie in New York zeigten Francis A. J.Ianni und Elizabeth Reuss-Ianni (1973), daß die internen Beziehungen der organisierten Kriminalität mehr mit lokalen familiären Netzwerken zu tun haben, als mit dem vom regierungsnahen Donald R. Cressey präsentierten nationalen bürokratischen Organisationsmodell (1967). Auch Annelise Anderson bezweifelte in ihrer Studie über eine *crime-familiy* in Philadelphia die Relevanz formaler Hierarchien sowie die vermeintlich krakenhafte Einflußnahme in der legalen und illegalen Wirtschaft (1979). Für Seattle zeigte William J. Chambliss, daß die dortige, eher lose organisierte Kriminalität nur im Hinblick auf "offizielle" politische und wirtschaftliche Interessen zu verstehen war (1978). Ebenfalls in einem gesamtgesellschaftlichen Kontext von politischer Korruption und ausuferndem Kapitalismus suchte der Historiker Alan A. Block die keineswegs nur italo-amerikanische organisierte Kriminalität der zwanziger und dreißiger Jahre in New York einzuordnen (1980). Mit Hinweis auf die Rolle der Massenmedien und die Funktionalität ausländerfeindlicher Verschwörungstheorien suchte in einer Frontalattacke Dwight C. Smith die Mafia endgültig zu entmythisieren und stattdessen das Kontinuum zwischen legalen und illegalen Geschäften hervorzuheben: "Der Reiz der "Mafia" liegt in ihrer Eignung für Schlagzeilen verfassende Journalisten" (1975:8).

In einem zentralen Punkt irrten viele der Forscher der siebziger Jahre: Spätere polizeiliche Ermittlungen und Gerichtsverhandlungen konnten durch "Lauschangriffe" und die Geständnisse von "Aussteigern" die Existenz der auch intern so genannten *La Cosa Nostra*, ihrer Aufnahmerituale, Hierarchien und auch interlokalen Abstimmungsmechanismen zweifelsfrei belegen. Trotzdem gelang den kritischen Untersuchungen der Nachweis, daß sich organisierte Kriminalität nicht auf bestimmte ethnische Gruppen und überregionale Organisationen beschränkt, daß ein Großteil ihres Handelns in lokalen Kontexten und Interessenzusammenhängen verankert und mit "normalen" ökonomischen Gesichtspunkten zu entziffern ist (vgl. Albanese 1991:217). Kurz: Sie zeigten, daß organisierte Kriminalität komplizierter ist als das Abziehbild der Krake Mafia ahnen läßt. Eine ungenügende Rezeption dieser Forschungsergebnisse führte in vielen Ländern Europas jahrelang zu einem Trugschluß: Wo keine Mafia italienischen oder US-amerikanischen Zuschnitts auszumachen sei, gebe es auch keine organisierte Kriminalität.[4]

Parallel zu einem wachsenden, nicht zuletzt in Wahlkämpfen genährtem Strafverfolgungsdruck hat sich in den letzten Jahren der Konsens etabliert, daß auch in Ländern wie Deutschland, Frankreich oder Großbritannien von einer einheimischen oder zugewanderten organisierten Kriminalität die Rede sein kann und daher zu ihrer besseren Bekämpfung erst einmal erkannt und gesetzlich definiert werden muß, was organisierte Kriminalität überhaupt ist. Ermittlungsbehörden und Juristen in den Niederlanden und Deutschland haben teilweise ausgeklügelte Indikatorenraster erarbeitet, die darüber

---

4   Sarkastisch bemerkten die Nordamerikaner Block und Chambliss 1981 über die europäische Forschung zur organisierten Kriminalität: "Sie ist größtenteils theoretisch schwach und desorganisiert [...]. Sie ist von einer Art chronischem Rassismus getränkt. Sie ist verwirrt über den Zustand und die Eigenschaften der nordamerikanischen organisierten Kriminalität [...]. Und schließlich fehlt es ihr an historischer Perspektive" (1981:128). Spät, aber gleichfalls böse antwortete der Belgier Cyrille Fijnaut seinen Kollegen, indem er ihnen vorwarf, ihre Hintergrund-Informationen "oberflächlich und wie Touristen" gesammelt zu haben. Ihre Haltung zeige eine "Arroganz", die Forschern, "die kein Wort Deutsch, Französisch, Italienisch, Spanisch oder Niederländisch" lesen könnten, nicht zustehe (1990:326).

Aufschluß geben sollen, ob es sich bei bestimmten Gruppen um Erscheinungsformen organisierter Kriminalität handelt oder nicht. Von der niederländischen Polizei beispielsweise werden als Kriterien angesehen: interne Hierarchien und Arbeitsteilung, Bestehen eines Systems interner Sanktionen, Verwicklungen in mehr als einen Typ schwerer Straftaten, Kontakte zur legalen Wirtschaft und staatlichen Behörden (Korruption), Reinvestition illegaler Gewinne in legale Tätigkeiten (Geldwäsche), Benutzung legaler Unternehmen als Tarnfirmen, Zusammenwirken der Kerngruppe über mehr als drei Jahre und externe Sanktionen gegenüber Mitgliedern des kriminellen Milieus. Wenn nun eine Gruppe mehr als sechs der acht Kriterien erfüllt, wird sie in den seit 1989 von dem polizeilichen Nachrichtendienst vorgelegten Lageberichten als "hoch organisiert" eingestuft (Van der Heijden 1993:4ff.).

Sei es die jahrelange Identifizierung des *organized crime* mit der Mafia, oder seien es Überlegungen, die Ermittlungstätigkeiten und die Strafverfolgung gegen die organisierte Kriminalität mit Hilfe von auch dem einfachen Polizeibeamten einleuchtenden Indikatoren zu verbessern: Der Akzent liegt immer auf dem *wer* da agiert, auf der organisierten Kriminalität als Gruppe. In den Hintergrund rückt dabei die besonders aus sozialwissenschaftlicher Sicht ebenso wichtige Frage, *was* die organisierte Kriminalität überhaupt treibt, welche Handlungsräume sie ausfüllt.[5] Schon das englische *organized crime* ist ein äußerst zweideutiger Begriff, mit dem ebenso ein oder mehrere Handlungen wie auch diverse Gruppen gemeint sein können (Maltz 1985:33). Statt sich über die begriffliche Ungenauigkeit den Kopf zu zerbrechen, kann man dieser Ambivalenz durchaus einen programmatischen Aspekt abgewinnen: Es gilt, das *wer* und *was* in Erfahrung zu bringen, die Gruppen *und* die Handlungsräume der organisierten Kriminalität zu untersuchen. Schön drückt das Albert K. Cohen mit einem Vergleich zum Sport aus: "Um eine Mannschaft zu verstehen, müssen wir etwas über das betreffende Spiel wissen. Um ein Spiel zu verstehen, müssen wir etwas über

---

5   Der Begriff "Handlungsraum" wird hier noch oft benutzt. Er ist zwar etwas ungebräuchlich, aber er verdeutlicht gut ein zentrales Anliegen dieser Untersuchung: Die Beobachtung von kontextgebundenen und multidimensionalen Handlungsmustern, die von anderen Bereichen des sozialen Lebens unterschieden werden können. Wie bei einer Geisterbahn, die ebenso bestimmte Verhaltensweisen bedingt, sind es Räume mit Ein- und Ausgängen, und sie werden von vielen Menschen durchquert.

die Organisation, die Interessen und die Probleme der betreffenden Mannschaften wissen" (1977:98).

Welche sind nun die "Spielarten" der organisierten Kriminalität? Ein oft gewählter Ansatzpunkt spricht erstens von der "Produktion und dem Vertrieb von illegalen Waren und Dienstleistungen". Die Beispiele sind zahlreich und nicht zuletzt aus vielen Filmen und Büchern bekannt: "Kriminelle" sorgen dafür, daß Heroin und Kokain im Umlauf sind, daß hochverschuldete Geschäftsleute bei Zinswucherern eine Galgenfrist erhalten, daß risikosüchtige Bürger sich dem Glückspiel hingeben können, daß "sauberen" Stadtverwaltungen der lästige Giftmüll abgenommen wird, daß in Trockenzeiten lebenslustigen und -unlustigen Trinkern der Whisky nicht ausgeht, daß ein unliebsamer Zeitgenosse im Auftrag unbescholtener Bürger ermordet wird. Selbst wenn die organisierte Kriminalität sicherlich am Bestehen dieser Spielart interessiert ist und sie oft genug mit anstiftet, ist doch offensichtlich, daß sie nicht für deren Existenz verantwortlich gemacht werden kann.

Ganz allgemein ist es die Nachfrage in der Gesellschaft, welche diese *illegalen Märkte* erst möglich macht. Das Spiel ist eröffnet, wenn eine bestimmte Ware oder Dienstleistung, sei es Heroin, Mord oder Giftmüllbeseitigung, aus allgemeinen, privaten oder gemischten Interessen verboten wird - und trotzdem nach ihnen noch eine Nachfrage besteht, die darauf wartet, befriedigt zu werden. "Natürlich brechen die Drogenhändler jedes erdenkliche Gesetz", war vor Jahren in der Zeitschrift "International Management" zu lesen, "außer dem des Angebots und der Nachfrage" (zit. nach Camacho 1988:114). Dies ist eine Tatsache, die mittlerweile selbst in den USA den eingefleischtesten Konspirations-Theoretikern einleuchten dürfte.[6]

Die von der organisierten Kriminalität vermittelten Waren und Dienstleistungen müssen jedoch nicht unbedingt im legalen Sektor ihre Abnehmer finden. Eine zweite Spielart besteht darin, jenen Unternehmen, die sich vornehmlich mit den soeben beschriebenen illegalen Märkten befassen, gewissermaßen logistische Rückendeckung zu bieten. Professionelle

---

6 Nicht alle illegalen Märkte sind für die organisierte Kriminalität auch attraktiv: Die in vielen Ländern gesetzlich verbotenen Abtreibungen beispielsweise werden nur selten von "Kriminellen" kontrolliert. Wieso einige Dienstleistungen und Waren für die organisierte Kriminalität interessanter sind als andere, gehört zu den interessantesten Fragestellungen dieses Forschungsgebiets (vgl. Schelling 1984:183).

Kunst-Hehler müssen sich an gewiefte Kunst-Diebe wenden, um ihrer Ware habhaft zu werden. Drogenhändler können nicht zur Bank gehen, um Kredit für ein attraktives Exportgeschäft aufzunehmen - stattdessen aber ist vielleicht ein anderer illegaler Akteur bereit oder sogar darauf spezialisiert, das benötigte Geld zu beschaffen. Besonders bei groß angelegten internationalen Geschäften wie dem Waffenhandel können professionelle Makler, die mehrere Marktsegmente zusammenbringen, eine wichtige Rolle spielen (Arlacchi 1988a:222). Immer geht es bei diesen Beispielen um die Vermittlung von Waren und Dienstleistungen an illegale Unternehmen.

Eine dritte Spielart dürfte in der Produktion und dem Vertrieb legaler Waren und Dienstleistungen mit illegalen Methoden bestehen. Kriminelle Gruppen kontrollieren in einigen japanischen, italienischen und US-amerikanischen Großstädten das Bauwesen, indem sie die gewerkschaftlich organisierte Arbeiterschaft beeinflussen, benötigte Materialien monopolisieren oder konkurrierende Bauunternehmen einfach mit Gewalt am Wettbewerb hindern. Weiterhin gibt es bei dieser Spielart eine Vielzahl möglicher und denkbarer Betrugsschemata: Agrarunternehmen, die durch Betrug illegal Zuschüsse beispielsweise der Europäischen Gemeinschaft einheimsen, Börsenmakler, die mit dubiosen Aktien handeln, illegale Arbeitsvermittler, die durch Steuerhinterziehung und Umgehung der Sozialleistungen billige Arbeitskräfte anbieten, angebliche Großhandelsunternehmen, die erst große Bestellungen bei ihren Lieferanten tätigen und sich dann in Luft auflösen, Mineralöl-Unternehmer, die mit ausgeklügelten Steuertricks Millionen erwirtschaften.[7] Hier sind die Übergänge zu Bereichen wie dem "white-collar-crime" und der Wirtschaftskriminalität offensichtlich, die traditionsgemäß von der organisierten Kriminalität analytisch unterschieden werden. Für einen unvoreingenommenen Beobachter dürfte es schwierig sein, die Industriespionage eines großen Autoherstellers von anderen Praktiken zu unterscheiden, die gemeinhin der organisierten Kriminalität zugeordnet werden. Ob eine solche Unterscheidung überhaupt Sinn macht, kann bezweifelt werden (Smith 1991). Auf einem Welt-Kriminologie-Kongreß in Budapest 1993 trafen sich die Spezialisten für organisierte Kriminalität mit denen für Wirtschaftskriminalität immer wieder in denselben Arbeitsgruppen.

---

7   Vgl. beispielsweise Albini 1986; Passas/Nelken 1993; Block 1991; Van Duyne 1993; - Van Duyne/ Block 1995.

An diesen drei Spielarten der illegalen und grauen Märkte sind viele Mannschaften beteiligt. Nicht alle führen auf ihrem Trikot das negative Vorzeichen der Illegalität: Begonnen bei Freiern und Junkies als eventuellen Konsumenten illegaler Dienstleistungen und Waren über aufstrebende Unternehmer als Freunde aller möglichen illegalen Geldquellen bis hin zu finsteren Geheimdienstlern und herrschsüchtigen Parteibossen als Nutznießer gewalttätiger krimineller Praktiken ist ein weites Spektrum angeblich sauberer, in Wirklichkeit jedoch dubios agierender Individuen und Gruppen auszumachen. Die Grenzen zwischen der Legalität und der Illegalität sind zumeist fließend. Einige Autoren wie Alan A. Block sehen in diesen Beziehungen, "die Mitglieder der Unterwelt mit Institutionen und Individuen der Oberwelt verbinden", sogar das wesentliche Merkmal organisierter Kriminalität (Block 1980:4; Block/Scarpitti 1985:64; ähnlich Chambliss 1978 und Ruggiero 1993).

Zumindest in einem ersten Schritt scheint es jedoch geraten, sich auf die illegalen Akteure selbst und nicht auf ihre Außenbeziehungen zu konzentrieren. Doch selbst derer gibt es auf den illegalen Märkten noch eine Unmenge. Im Zusammenhang von Drogenmärkten und Entführungen spricht Vincenzo Ruggiero angesichts der vielen Kleinhändler, Laufburschen und Wachleute treffend von *mass criminality* (1993:141). Ebenso enthüllt bereits ein oberflächlicher Blick auf die "Unterwelt" einer Großstadt wie Berlin eine schillernde Bandbreite von Schlägern und Bankräubern, Zuhältern und Scheckfälschern, Drogenhändlern und Betrügern, Erpressern und Autodieben. Diese Gruppen mögen sich untereinander ignorieren, können aber auch zusammenarbeiten oder sich bekämpfen. Von einem hierarchisch organisierten, *alles* beherr-schendem Verbrechersyndikat kann jedoch weder in Berlin noch anderswo die Rede sein. "Netzwerkkriminalität" wäre treffender (Weschke/Heine-Heiß 1990:13).

Viele illegale Märkte entpuppen sich so bei näherer Betrachtung - wie bei der "satanischen Allianz" - als sehr viel weniger strukturiert und von monopolistischen Gruppen beherrscht als allgemein angenommen. Die "illegalen Unternehmen" sind oft recht klein, labil, unspezialisiert und kurzlebig, ihre Beziehungen untereinander fließend. In einem sehr lesenswerten Buch mit dem bezeichnenden Titel "Disorganized Crime" beschreibt der Ökonom Peter Reuter (1983) die mitunter chaotische Komplexität des Glücksspiels und des Zinswuchers in New York. Reuter findet eine ganze Reihe ökonomischer Faktoren, die monopolistischen Tendenzen entgegenwirken: so die relativ geringen Zugangsbeschränkungen zu den Märkten, die labilen Arbeitsbeziehungen, die Unmöglichkeit einer offenen Werbung, welche die Endabnehmer an ein bestimmtes Unternehmen binden könnte, der ungenügende Zugang zu einem externen Kreditmarkt und die Schwierigkeiten, ein über einzelne Anführer hinausgehendes Management zu etablieren (ebd.:109ff.). Angesichts eines derart zersplitterten und desorganisierten Marktspektrums, so Reuters Fazit, sind illegale Märkte und Unternehmen empirisch und theoretisch von einer organisierten Kriminalität zu unterscheiden, die sich durch ihre Kontinuität, ihre Hierarchien und ihre Verwicklungen in mehrere kriminelle Aktivitäten auszeichne (ebd.:175).

Freilich dürfte diese Dezentralisierung auch von dem konkreten Markt abhängen - es ist von vornherein nicht auszuschließen, daß auf einigen illegalen Märkten die ökonomischen Vorteile einer Ausbreitung bestimmter Unternehmen die mit der Illegalität zusammenhängenden Nachteile aufwiegen. So weist Max Haller darauf hin, daß in einigen Bereichen - beispielsweise dem Alkoholschmuggel und dem Glücksspiel in den USA ab den zwanziger Jahren - für viele Unternehmen Partnerschafts- und Kooperationsmodelle attraktiv waren, da die Aufteilung der Risiken sowie eine Zusammenlegung verschiedenartiger Ressourcen sich für die Betroffenen auch ökonomisch rechnete. Dabei müssen diese Partnerschaften nicht ebenbürtig sein: Schwächere Gruppen lehnen sich an mächtigere an, die über bessere politische Kontakte, größere Feuerkraft oder bedeutendere ökonomische Ressourcen verfügen. Ob diese Formen der Kooperation nun als organisierte Kriminalität verstanden werden, ist eine Interprations- und Definitionsfrage. Bezeichnend ist Hallers Argumentation zu einem vermeintlich klassischem Exempel organisierter Kriminalität: "Die der Geschichte als Capone-Gang bekannte Gruppe kann am besten als eine komplexe Anordnung von Partnerschaften verstanden werden und nicht als eine von Al Capone angeführte Hierarchie" (1990:218).

Ebenfalls noch weitgehend aus ökonomischen Gesichtspunkten argumentierend siedelt Paul H. Rubin die organisierte Kriminalität im Handlungsraum der "Waren und Dienstleistungen für den illegalen Sektor" an: "Organisierte Kriminalität ist im wesentlichen eine kriminelle Firma, deren Funktion im Verkauf von Waren und Dienstleistungen an andere kriminelle Firmen besteht" (1973:162). Ihr Angebot bestehe aus "Kapital, Gewalt, Sicherung von Straffreiheit durch Korruption und spezialisierten Dienstleistungen" (ebd.:155). Wer beispielsweise über einen direkten Draht zu korrumpierten

Strafverfolgungs-Instanzen verfügt, kann unter bestimmten Voraussetzungen alle anderen auffliegen lassen - oder aber auf dem Markt Freibriefe verkaufen und daran gut verdienen. Zu beachten ist, daß in diesem Fall die organisierte Kriminalität nur eine Vermittlerin der "Straffreiheit" ist. Der wahre Anbieter - oder, wenn man so will: die wahre organisierte Kriminalität - ist hier in der korrumpierten Ermittlungsbehörde oder Stadtverwaltung auszumachen (Chambliss 1978).

Daß eine Gruppe gegen Entlohnung für andere Gruppen Gewalt anwendet oder als Schiedsinstanz ihre Streitigkeiten schlichtet, kann ebenfalls als der Verkauf einer Dienstleistung angesehen werden. Für ein kleines Schmuggler-Unternehmen mag es zu kostspielig sein, eine eigene Schlägergruppe zu finanzieren, um von den Geschäftspartnern und Konkurrenten nicht hintergangen zu werden: Es macht Sinn, diese Dienstleistung "Gewalt" von einer anderen Gruppe zu erstehen. Sollte es einem Anbieter gelingen, auf einem endemisch gewaltsamen Markt ein Gewaltmonopol zu errichten, würde sich dies in eine privilegierte Marktposition umsetzen: alle anderen Unternehmen wären von ihm abhängig - umsomehr, wenn er gleichzeitig noch "Straffreiheit" garantieren könnte.[8]

Sobald aber von einer Dienstleistung wie "Gewalt" die Rede ist, nähert man sich eigentlich schon einer vierten Spielart, an der die organisierte Kriminalität beteiligt sein kann: die gewaltsame Enteignung und Erpressung innerhalb des illegalen Milieus. Die bislang erwähnten Handlungsräume der organisierten Kriminalität - illegale Waren und Dienstleistungen auf dem legalen und illegalen Bereich, sowie legale Geschäfte mit illegalen Methoden - entspringen ökonomischen, marktwirtschaftlichen Tätigkeiten. Die Begriffe "Wirtschaft" und "Markt" beinhalten gewöhnlich ein friedfertiges und freiwilliges Verhalten. Der Einfluß von Zwang und Macht wird dabei in der ökonomischen Theorie gemeinhin ausgeblendet. "Das Pragma der Gewaltsamkeit ist dem Geist der Wirtschaft - im üblichen Wortsinn - sehr stark entgegengesetzt", lautet eine berühmte Überlegung Max Webers (1922:32).

Nun wäre es aber falsch, Gewaltanwendung und Korruption allein unter

---

8 Es geht hier darum, festzustellen, wo und wie sich organisierte Kriminalität ansiedeln kann. Ob Dienstleistungen wie Kapital, Gewalt und Korruption auf einem bestimmten Markt tatsächlich monopolisiert werden können und zur Etablierung von klaren Hierarchien führen, ist von vielen ökonomischen und außer-ökonomischen Faktoren abhängig und nur von Fall zu Fall zu entscheiden.

dem Aspekt eines friedfertigen Marktes zu sehen, auf dem bedürftige Kleinunternehmer mit freundlichen Bossen händeschüttelnd Verträge abschließen. Die Realität kann oft anders aussehen: Mit schierer Gewalt und ohne große Rückfragen können Gruppen in der gesetz- und staatenlosen Unterwelt über andere herfallen, um an ihren Gewinnen teilzuhaben. *They muscle in*, heißt es auf Englisch treffend: Sie zwingen sich auf, indem sie erpressen, morden oder an die Ermittlungsbehörden verraten. Es wimmelt auf großen Märkten wie dem Drogenhandel nur so von Räubern und Erpressern, deren Opfer im Unterschied zu ihren Kollegen, den legalen Geschäftsleuten, nicht den Staat als Schiedsinstanz und Sanktionsapparat anrufen können. Dadurch sind sie "leicht" auszunehmen - zumindest solange, wie sie nicht beschützt werden. Um ihre privilegierte Position längerfristig zu wahren, tun Erpressergruppen indes gut daran, den anderen Gruppen im Gegenzug auch gewisse Leistungen zu bieten und so deren Unmut über die Abgaben in Grenzen zu halten. Das ändert aber nichts daran, daß sie sich ursprünglich oft einfach nur aufgezwungen haben. Sie sind Spezialisten in der Handhabung von Gewalt, im Flechten von Beziehungsnetzen, im *Ausüben von Macht*. Sie "organisieren Kriminalität" (Block 1980:257).

Nun beschränkt sich dieses Vorgehen nicht unbedingt auf die Unterwelt, sondern kann in einer fünften Spielart auf die umliegende Gesellschaft bezogen sein. Auch an dieser Spielart beteiligen sich zahlreiche Gruppen, die keineswegs immer hochstrukturiert sein müssen. Die Tätigkeiten von Entführern können, bei aller ökonomischen Rationalität der "Kidnapping"-Industrie, nur schwer mit einer Formel wie dem "Angebot von Waren und Dienstleistungen" beschrieben werden. Entführer und Banditen (sowie auch: rabiate und expandierende Großgrundbesitzer) halten sich nicht an die von marktwirtschaftlichen Idealtypen vorgesehene Friedfertigkeit - sie nehmen sich einfach gewaltsam und ungenehmigt das, was ihnen nicht gehört. Auch die klassischen Erpressungsvarianten gehören in diesen Handlungsraum organisierter Kriminalität: New Yorker *racketeers* nützen ihre Feuerkraft, um die Geschäftsleute eines Viertels zu erpressen oder um bestimmte Ressourcen zu monopolisieren - so die Ressource Arbeitskraft im Falle der Gewerkschaften im New Yorker Hafen. Auch hier kann es sich in bestimmten Fällen - und das wird bei der Diskussion der italienischen Mafia noch zur Genüge deutlich werden - mehr um die Dienstleistung Schutz als um außerökonomischen Zwang handeln. *A priori* aber ist das nicht zu entscheiden.

Es läßt sich zusammenfassen: Organisierte Kriminalität agiert in mehreren

Handlungsräumen, die sich von reinen Markttätigkeiten bis hin zur puren "Machtpolitik" erstrecken. Der eher marktorientierte Handlungsraum der illegalen Waren und Dienstleistungen kann sich genau wie der eher gewaltorientierte der Erpressung sowohl auf die Gesamtgesellschaft als auch auf den spezifischeren illegalen Sektor beziehen. Will man beide Bereiche aufgrund ihrer unterschiedlichen Handlungsprinzipien polar anordnen, befände sich die Anwendung illegaler Geschäftsmethoden zwischen ihnen: deren Zuordnung nach links oder rechts hinge davon ab, ob es sich um friedfertige, marktorientierte oder gewalttätige, machtorientierte Methoden handelt (vgl. Abb.1).

Produktion und Vertrieb illegaler Waren und Dienstleistungen für den illegalen Sektor	Illegale Geschäftsmethoden (friedfertig oder gewalttätig) in der legalen Wirtschaft	Erpressung und Schutz auf dem illegalen Sektor
Produktion und Vertrieb illegaler Waren und Dienstleistungen für den legalen Sektor		Erpressung und Schutz auf dem legalen Sektor

Abb.1 Die Handlungsräume der organisierten Kriminalität

In diesen Handlungsräumen trifft eine Vielzahl von Gruppen und Individuen zusammen - von den verschiedensten Zusammenschlüssen weitgehend unspezialisierter *mass criminals* über die illegalen Profis bis hin zu einem weiten Spektrum legaler Akteure. Je nach der Beschaffenheit der illegalen Märkte können sich dauerhafte Kooperationsformen, die häufig als organisierte Kriminalität identifiziert werden, etablieren. Ansonsten nimmt die Herausbildung von Strukturen mit einer gewissen Kontinuität, Hierarchie und Schlagkraft oft auf den höheren Ebenen der Handlungsräume ihren Anfang - dort, wo sich bestimmte Gruppen darauf spezialisieren, den anderen illegalen Akteuren Waren und Dienstleistungen anzubieten oder sich ihnen gewaltsam aufzudrängen.

Von zentraler Bedeutung scheint damit für die Organisation der Kriminalität das Zusammenspiel zwischen den zu unterscheidenden marktorientierten und machtorientierten Gruppen zu sein. Diese Unterscheidung ist nicht neu; ansatzweise ist sie schon in den ersten Studien über die organisierte Kriminalität im Chicago der zwanziger Jahre oder in Thomas Schellings Überlegungen zum *organized crime* zu finden (vgl. Smith 1975:75, Schelling 1984). Besonders deutlich aber ist sie von Allan A. Block in seinem Buch "East Side -West Side" herausgearbeitet worden:

"Es gibt zwei grundlegende Typen krimineller Syndikate, die im New York der 30'er und 40'er Jahre agierten. Das eine ist das Unternehmenssyndikat *(enterprise syndicate)*, welches ausschließlich in der Arena gesetzeswidriger Unternehmen wie Prostitution, Glücksspiel, Alkoholschmuggel und Drogen operiert. Den zweiten Typus nenne ich Machtsyndikat *(power syndicate)*; seine Stärke liegt in der Erpressung, nicht im Unternehmertum. Das Machtsyndikat operiert sowohl in der Arena illegaler Unternehmen als auch in der Welt der Industrie, genauer in dem Management von Arbeitskonflikten und -beziehungen [...]. Innerhalb der Arena der illegalen Unternehmen spielen die Machtsyndikate mehrere komplexe Rollen. Sie werden beispielsweise von den Unternehmenssyndikaten als "Beschützer" ihrer Tätigkeiten angestellt. Schutz aber erstreckt sich über ein Spektrum von Beziehungen, an dessem Ende die Machtsyndikate von den Unternehmenssyndikaten als Preis, um im Geschäft bleiben zu können, irgendeine Art von Zahlungen erpressen. Um die Sache noch komplizierter zu machen, neigen die Machtsyndikate mit der Zeit dazu, sich in ihren Beziehungen zu den Unternehmenssyndikaten vom Schutz hin zur Erpressung zu bewegen" (Block 1980:129-130).

Es spricht für Block, daß er zugleich ironisch feststellt: "Nun bedecken scharfe Kategorien eine für gewöhnlich chaotische soziale Welt". Mehr als auf eine scharfe Unterscheidung weist Block auf ein Kontinuum hin: "Syndikate beiden Zuschnitts kamen und gingen, stiegen und fielen rapide, was ihre Einordnung erschwert. Auch wiesen einige Syndikate zeitweise sowohl Macht- als auch Unternehmenseigenschaften auf. Andere legten die Strecke zwischen der einen grundlegenden Orientierung und der anderen zurück. Dennoch scheinen bei aller Komplexität nur wenig Zweifel angebracht, daß kriminelle Syndikate entweder als Unternehmen oder Macht angesehen werden können und sollen, und zwar erstens abhängig von der Arena in der sie agierten und zweitens abhängig von der Erpressungs-Problematik" (ebd.).

Die Unterscheidung zwischen *power* und *enterprise syndicates* erfreut sich in einer ganzen Reihe neuerer Aufsätze und Studien über die italienische Mafia großer Beliebtheit (Walston 1986, Lupo 1993a, Catanzaro 1994, Siebert 1994; Sciarrone 1995). Auch im Rahmen dieser vergleichenden Untersuchung zwischen Kolumbien und Italien wird sie benutzt - allerdings in einer inhaltlich und terminologisch modifizierten Form. Als Ordnungs-kriterien dienen hier die Handlungsprinzipien der illegalen Machtausübung und der illegalen Markttätigkeit. Vorerst sollen vor allem die gesamtgesell-schaftlichen Bezüge dieser Prinzipien in den Vordergrund gestellt werden; erst danach wird von ihrem Zusammenspiel auf dem illegalen Sektor selbst zu berichten sein. Dieses Zusammenspiel nämlich hat viel mit den Organisa-tionsstrukturen der Mafia und vor allem des Narcotráfico zu tun - ein Thema, das im zweiten Kapitel dieser Untersuchung behandelt wird.

Vorerst läßt sich eine Zwischenbilanz ziehen: Erstens gibt es ein verbreitetes Vorverständnis - homogener als es die mal zu weiten, mal zu engen Definitionen verraten - daß innerhalb der Kriminalität eine Teilmenge organisierter Kriminalität besteht. Diese Teilmenge besteht zweitens aus Akteuren und Verfahren, die notorisch sind - also so erwartbar konstant, daß man sich an ihnen orientieren und sie beispielsweise als Verbraucher suchen kann. Illegale Tätigkeiten werden von diesen Akteuren zu ihrem Lebens-inhalt gemacht - der Ausdruck *malavita* ist hier sehr zutreffend. Drittens aber läßt sich unter diesen Akteuren noch eine weitere Teilmenge ins Auge fassen: Jene Unternehmer, die systematisch auf eine Verbindung von organisierter Gewalt und langfristigem Marktengagement angewiesen sind. Diese Verbindung kann in einem Unternehmen gesucht werden oder - häufiger - als illegal institutionalisierte Arbeitsteilung bestehen.

Es bleibt noch die Frage, was genau damit gemeint ist, wenn hier von organisierter Kriminalität in Italien und Kolumbien gesprochen wird. Statt organisierte Kriminalität präzise zu definieren, ist auf ein weites Spektrum von Handlungsräumen und Akteuren hingewiesen worden, in dem struktu-riertere und mächtigere Kriminalitätstypen vorkommen. Gruppen, die auch mit engeren Definitionskriterien als organisierte Kriminalität angesehen werden können, gibt es in Kolumbien und Italien viele. Mafia und Narcotrá-fico sind in beiden Ländern nur zwei Varianten (allerdings die mächtigsten) der *malavita*.

So läßt sich jede mafiose Gruppe als organisierte Kriminalität bezeichnen, aber nicht jede größere und strukturierte "kriminelle" Gruppe als mafios. In

Italien wird die Mafia häufig ganz von der "normalen" organisierten Kriminalität unterschieden (vgl. Falcone, Giovanni 1989:204-05; Uesseler 1991:545-46). Aus einer vergleichenden Perspektive ist dieser Gedankengang wenig überzeugend, aber juristisch hat er sich allemal bewährt: Der 1982 eingeführte Paragraph 416*bis* zur Ahndung einer "Vereinigung mafiosen Typs" ermöglichte eine effektivere Strafverfolgung als es der auf die kriminelle Vereinigung bezogene Paragraph 416 je vermochte (vgl. Lupo/Mangiameli 1989/90:19; Fiandaca/Costantino 1986).

Wenn hier also von Mafia die Rede ist, sind drei italienische Phänomene gemeint, die eine mehr oder weniger eindeutige historische Identität aufweisen: die Mafia in Sizilien, die 'Ndrangheta in Kalabrien und die Camorra in Kampanien. In Kolumbien ist es allein schon wegen der vielen Dienstleistungen auf dem Drogenmarkt schwieriger, den Narcotráfico von anderen nicht immer "kriminell" erachteten Phänomenen zu unterscheiden. Die Aufmerksamkeit wird daher vor allem den "Kokain-, Heroin- und Marihuana-Spezialisten" gewidmet sein.

Kapitel I
Zwischen Macht und Markt

1. Illegale Mächte

Als es im Kolumbien der siebziger Jahre zu ersten Schießereien zwischen aufstrebenden Drogenhändlern kam, hatten die Journalisten längst die zugehörigen Begriffe bereit: "Die Behörden sind perplex angesichts der tragischen *vendettas* zwischen Mitgliedern der mächtigen Schmuggler- und Drogenhändler-Organisationen, die sich im Stil der sizilianischen *Mafia* bekämpfen" (El Tiempo: 19/3/77:1A). "Mafia" ist ein Begriff, der sich gut in andere Sprachen übertragen läßt, und noch heute wird er in Kolumbien häufig als Synonym für "Narcotráfico-Gruppen" benutzt. Wer sich jedoch näher mit organisierter Kriminalität befaßt und von Kolumbien nach Italien reist (oder von Italien nach Kolumbien), entdeckt schnell, daß es große Unterschiede zwischen der ursprünglichen und der neuen "Mafia" gibt. Diese Unterschiede gilt es nun aufzuarbeiten und zu analysieren - in Anlehnung an die Überlegungen zum Begriff der organisierten Kriminalität spielt die Gegenüberstellung zwischen macht- und marktorientierten Tätigkeiten dabei eine herausragende Rolle.

Die Gemeinden in der Ebene von Gioia Tauro im italienischen Kalabrien sind von einer Kuhplage befallen. Bis zu 4000 Tiere durchziehen laut offiziellen Schätzungen die Gegend, zerstören in den Außenbezirken der trostlosen Ortschaften die Gemüsebeete, bringen Züge zum entgleisen und verursachen auf den Landstraßen Verkehrsunfälle. Von der Trägheit und dem Stumpfsinn ihrer Artgenossen auf umzäunten Weiden sind die Rindviecher weit enfernt; flink und verwildert lassen sie sich ihre Freiheit nicht nehmen. Ohnehin traut sich kaum jemand, sie einzufangen. Das könnte ihren Eigentümern mißfallen, und mit denen ist nicht zu spaßen: Die Kühe gehören den örtlichen Bossen der 'Ndrangheta. Oder zumindest die weitaus meisten Kühe, denn in den letzen Jahren sind auch einige kleinere Viehhalter dazu übergegangen, ihre Tiere kostengünstig unter denen der 'Ndranghetisti zu tarnen (L'Indipendente 12/1/94:13). Die Kuhplage dauert bereits gut zwanzig Jahren an, und daran haben auch Beschwerden der Bürgermeister, parlamentarische Anhörungen, richterliche Untersuchungen und polizeiliche Einsatzkommandos nichts ändern können (TdRC 1979:23; Cpm X/6:16; XI/14:46). Wie aus dem Bericht in L'Indipendente hervorgeht, sollte Anfang 1994 eine Sondereinheit der Armee dem Spuk ein Ende setzen.

Die Geschichte der "heiligen Kühe" ist nur eine Anekdote aus dem Nähkästchen der Mafia, aber sie mag den Grad der von diesen Gruppen ausgeübten *Territorialkontrolle* verdeutlichen. Wenngleich Kalabrien, und besonders die Provinz Reggio Calabria, schon mit ihren statistisch extrem hohen Raten von 'Ndranghetisti in der Bevölkerung (DIA 1993:124), derzeit die wohl eklatantesten Beispiele liefert, ist die Situation in anderen Regionen Süditaliens ähnlich. "Ein Mafiaboss ohne Territorium", bemerkt die Antimafiakommission über die sizilianische Cosa Nostra, "ist wie ein König ohne Reich" (Cpm XI/2:39). Eine "obsessive Territorialkontrolle" konstatieren die Parlamentarier auch in Kampanien, so im jahrelang von dem "Clan" der Gionta beherrschten Torre Annunziata (Cpm XI/12:18). Das Machtzentrum dieses Clans hieß Palazzo Fiengi, ein Altbau in der Innenstadt. Die dreißig bis vierzig dort lebenden Familien - bis auf wenige Ausnahmen alle der Gruppe zugehörig - hatten mit Hilfe von Videokameras, zugemauerten Fenstern und Eingängen, motorisierten Patrouillen, Wachhunden und Geheimgängen eine regelrechte Festung errichtet. Von dort aus konnten sie jahrelang ungestört operieren, obwohl alle, die Ermittlungsbehörden eingeschlossen, von der Bedeutung des Palazzo Fiengi wußten. Bei den sporadischen Hausdurchsuchungen der Polizei verschwanden diejenigen, die einen Haftbefehl zu fürchten hatten, einfach in versteckten und elektronisch abgeriegelten Kammern (sm:3126).

Was steckt nun hinter dieser Territorialkontrolle? Zunächst die Möglichkeit, finanzielle Abgaben zu erzwingen. Libero Grassi, Besitzer einer palermitanischen Herrenwäschefabrik mit rund 100 Angestellten, wurde von Mafiosi um finanzielle Unterstützung für die "armen, im Gefängnis einsitzenden Freunde" gebeten. Als er sich weigerte zu zahlen, folgten Drohungen gegen ihn und seine Familie. In einem Leserbrief an den "Corriere della Sera" ging Grassi im Januar 1991 daraufhin an die Öffent-

40

lichkeit. Auch nachdem sechs seiner Erpresser verhaftet werden konnten, gab Grassi Interviews und beteiligte sich an Podiumsveranstaltungen, in denen er nicht zuletzt die Zahlungsbereitschaft und somit Komplizenschaft seiner Unternehmer-Kollegen geißelte. Am 29. August 1991 wurde Grassi in einem eleganten Viertel Palermos erschossen. Die Empörung in der Öffentlichkeit war groß. Im Gefängnis von Cuneo wiegelte der Mafioso Giuseppe Madonia ab: "Habt Geduld. Auch das wird vorbeigehen. Wenn dieser Idiot nicht erschossen worden wäre, wären alle anderen seinem Beispiel gefolgt und rebellisch geworden. Hin und wieder muß man sich bemerkbar machen" (TdP 1993a).

Der Name Madonia ist schon im Zusammenhang mit der Kokain-Vernetzung zwischen Italien und Kolumbien gefallen. Die von den Madonia im Stadtteil Resuttana von Palermo angeführte Gruppe galt lange Zeit als eine der mächtigsten innerhalb der Cosa Nostra. Bis zur 1994 erfolgten gerichtlichen Verurteilung eines Großteils der Gruppenmitglieder kontrollierten die Madonia jene wohlhabenden Stadtviertel, die rund um die Via Libertà in Palermo liegen. Ende 1989 fand die Polizei eine Liste, auf der festgehalten wurde, wer wann und wem Schutzgeld bezahlt hatte. 12 Erpresser waren damit beschäftigt, bei 87 Unternehmen Zahlungen einzufordern. Das monatliche Schutzgeld-Einkommen der Madonia belief sich auf 100 Millionen Lire (Il Sole-24 Ore 2/10/91:3). Eine weitere Buchhaltungs-Liste konnte Ende 1991 sichergestellt werden. Da war Libero Grassi schon tot: Den Aussagen dreier Mafia-Aussteiger zufolge waren es die Madonia selbst, die den Mord anordneten (TdP 1993a). Wohl um die gewalttätige Reputation aufrecht zu halten, habe Familiensprößling Salvatore Madonia höchstpersönlich die Erschießung übernommen.

"Die Erpressung ist die Mutter aller Verbrechen", hatte Libero Grassi einmal in einem Interview formuliert (Osservatorio Libero Grassi:117) - und "die Tochter der Territorialkontrolle", möchte man hinzufügen. Klassische Erpressungsvarianten sind recht simpel und funktionieren nach dem zumindest impliziten Schema: "Entweder du zahlst, oder ich zünde Deinen Betrieb an". Gerade in einem gewalttätigen Milieu erübrigt es sich dabei oft, die Drohung derart direkt auszusprechen. Außerdem muß sich der Erpresser nicht sofort zu erkennen geben; ein anonymer Anrufer kann das Opfer dazu auffordern, sich in seinem Bekanntenkreis zu erkundigen, an wen zu zahlen sei. Oft taucht früher oder später ein "Freund" auf, der sich für eine "Vermittlung" zur Verfügung stellt. Hierbei kann es sich um ein weiteres

Erpressungsopfer, einen Komplizen des Erpressers oder gar den Erpresser selbst handeln (vgl. Zagari 1992:44; Providenti 1992:52; TdP 1993a). Mitunter wendet sich das Erpressungsopfer schon nach den ersten Drohungen direkt an die örtliche Mafia-Gruppe und begibt sich somit in die "Höhle des Löwen" (vm:7). Nach einer eventuellen, auf jeden Fall aber begrenzten Verhandlung wird die Höhe der zu entrichtenden Summe sowie die Zahlungsweise mitgeteilt. Wichtig ist, daß die zu entrichtende Summe nicht zu hoch angesetzt wird, damit das Erpressungsopfer tatsächlich zahlt, aber auch nicht zu niedrig, damit der Erpresser "ernst" genommen wird (Gambino 1975:114). Derjenige, der das Geld pünktlich jeden Monat abholt, ist zumeist nur ein Handlanger.

Zumeist wird widerspruchslos gezahlt: "In Palermo laufen die Erpressungen äußerst gut. Die Leute sind gut erzogen, machen keine Spirenzchen, was die Zahlungen anbelangt", berichtet der Mafia-Aussteiger Gaspare Mutolo (gm:1295). Kommt es trotzdem zu Widerstand, werden Repressalien getroffen, die sich von der Androhung von Gewalttaten über Sprengstoffanschläge bis hin zur Körperverletzung erstrecken. Mord ist dabei eher die Ausnahme als die Regel. Aus der Sicht der Erpresser macht es wenig Sinn, ständig Zahlungsunwillige umzubringen: Ein toter Unternehmer zahlt ganz bestimmt nicht. Allein das Wissen darüber, von einem stadtbekannten und womöglich noch psychopathisch veranlagten Mafioso bedroht zu werden, genügt den meisten Menschen, um sich dessen Willen zu beugen. Wenn dann auch noch ab und an wie mit der Ermordung Libero Grassis signalisiert wird, daß die Drohungen einen ernsten Hintergrund haben, kann der Erpresser über lange Zeit mit einem Minimum an effektiver Gewaltanwendung auskommen. "Cu t'amminazzu, t'ammazza", wer dich bedroht, der bringt dich auch um, lautet nicht umsonst ein sizilianisches Sprichwort (Hess 1970:118)

Es gibt eine Vielzahl von Erpressungsvarianten. Auch Entführungen, bei denen sich besonders einige Gruppen der 'Ndrangheta hervorgetan haben, können als Erpressung interpretiert werden: Entweder ihr zahlt, oder ihr bekommt euren Angehörigen nicht mehr zu Gesicht. Nicht immer aber werden Zahlungen so direkt und brutal erpreßt. Vor den jährlichen Stadtteilfesten strömen im Zentrum Palermos Geldeintreiber aus und setzen nach einem Blick auf den Laden und seinen Besitzer den jeweils angeblich für die Feiern zu zahlenden Betrag fest (Cecchini u.a. 1992.:31). In dem vorweihnachtlichem Neapel wird sämtlichen Geschäften der Innenstadt ein

Weihnachtsstern aufgezwungen; obwohl der Preis dieser Schaufensterdekoration für den einzelnen Ladenbesitzer relativ erschwinglich ist, beläuft sich der geschätzte Gesamtumsatz des Geschäfts auf 5 Milliarden Lire (an die 5 Millionen Mark) (ebd.:26). Neben verschiedenen Waren können auch alle möglichen Dienstleistungen aufgezwungen werden: Lastwagentransport bei Bauarbeiten oder Wach- und Schließgesellschaften in Geschäftsvierteln (!) (ebd.:29; TdRC 1979). Gleichfalls kann es für den Erpresser attraktiv sein, einen Unternehmer zur Anstellung seiner Günstlinge zu zwingen (pg.1:2349; Stajano 1986:80). Noch ausgeklügeltere Varianten sehen, gerade im Zusammenhang mit Geldwäsche-Methoden, anstatt Bargeldzahlungen die Abgabe von Unternehmensanteilen vor (Lamberti 1992: 47ff.).

Gewöhnlich ist die Welt der Erpresser sehr labil und gewalttätig. Konflikte können beispielsweise dann auftauchen, wenn sich Betrüger erdreisten, als angebliche Repräsentanten stadtbekannter Erpresser Zahlungen einzufordern, die ihnen gar nicht "zustehen" (Cecchini u.a. 1992:26). Auch kann es dazu kommen, daß auf ein und demselben Gebiet mehrere Gruppen miteinander konkurrieren, was dazu führt, daß Territorialkonflikte an der Tagesordnung sind und die betroffenen Unternehmer früher oder später unter der Zahlungslast zusammenbrechen. Kommt es zu einer Territorialaufteilung zwischen verschiedenen Gruppen, kann deren Auslegung immer noch eine unerschöpfliche Quelle von Konflikten sein - zumal sich die Erpresser mitunter auf engstem Raum - einem Stadtviertel, einem Dorf - drängeln (TdRC 1979:32 ff.). Diese Aufteilung muß auch für die Erpressungsopfer deutlich sein, damit sie nicht mißlicherweise der falschen Gruppe Tribut zollen (ebd.:66). Auf der Straßenebene sind es oft Gruppen gewalttätiger Jugendlicher, für welche die Erpressung mit ihren geringen Anforderungen an *know-how* und Kapital den möglicherweise ersten Schritt zum kriminellen Aufstieg bedeutet (vgl. pg.1:2339; MinInt 1993:105). Welcher Spielraum diesen in Italien *cani sciolti*, "losgelassene Hunde", genannten Banden eingeräumt wird, hängt zumindest in den traditionellen Einzugsgebieten der Mafia davon ab, wie sich die mächtigeren Gruppen verhalten. Die Madonia duldeten in "ihren" Stadtvierteln keine weiteren Erpressungen und setzten diese Forderung wenn nötig mit drakonischen Sanktionen durch (vgl. Puglisi 1990). Die kleinere Cosa-Nostra-Gruppe in Catania um Nitto Santapaola und die Gebrüder Calderone dagegen war hierzu nicht immer fähig - 35 Mafiosi hatten gegen 1000 bis 1500 "entfesselte Jugendliche" einen schweren Stand (Arlacchi 1992:215ff.). In Neapel wiederum versuchte Raffaele Cutolo

- letzten Endes erfolglos - die *cani sciolti* in eine "Massen-Camorra" zu integrieren (vgl. Sales 1993:174ff.; Walston 1986).

Nicht alle der Mafia zugerechneten Gruppen geben sich mit Erpressungen ab. Tommaso Buscetta, der berühmteste Mafiaaussteiger, behauptet, bei der von ihm ohnehin verklärten "klassischen" Mafia habe es keine Erpressungen gegeben (tb:197) - was letzten Endes, wie noch zu sehen sein wird, eine Interpretationsfrage ist. Leonardo Messina, ein weiterer Aussteiger, weist darauf hin, daß in der früher vergleichsweise ärmeren Volkswirtschaft Siziliens nicht soviel zu holen war: "Wem sollte man sollte man das Geld abknöpfen? Heute gibt es, wem man es abnehmen kann, wo es herzunehmen ist" (lm.cpm:519). Zumindest das Ausmaß der Erpressungen hängt also davon ab, ob in der lokalen Wirtschaft überhaupt etwas "abzuschöpfen" ist - und das kann von Ort zu Ort variieren (vgl.vm:43). Unabhängig davon streitet Pasquale Galasso, ein zentraler Kronzeuge gegen die Camorra, jegliche Beteiligung seiner Gruppe an Erpressungen ab (pg.1:2337).

Die offensichtlich geduldete Ausbreitung von Jugendbanden und Mikrokriminalität in Städten wie Palermo oder Neapel mag ein Indiz dafür sein, daß sich einige mächtige Mafiagruppen von den straßenweise getätigten Erpressungen zurückgezogen haben (vgl. MinInt 1993:106). Mitunter scheinen es allerdings bloß taktische Rückzüge zu sein, zum Beispiel um die Polizei auf Trab zu halten (Falcone, Giovanni 1991:127). Ebenso kann darüber spekuliert werden, daß mafiose Gruppen, die durch die Ermittlungstätigkeiten der Behörden in Bedrängnis geraten, erneut auf Erpressungen als naheliegende und unmittelbare Einnahmequelle zurückgreifen (MinInt 1994:407ff.). Daß die Mafiosi die Zügel ganz aus der Hand geben, darf bezweifelt werden: Aus der Sicht der mafiosen Gruppen machen die Erpressungen nicht nur als Einnahmequellen Sinn, sondern auch als Bestätigung ihrer territorialen Souveränität und deren Anerkennung durch die Bevölkerung (ebd.:126; Santino/La Fiura 1990:86). Allein dieser Grund mag mitunter dafür ausreichen, daß eine Mafia-Gruppe, die beispielsweise durch Drogenhandel millionenschwere Gewinne erzielt, weiterhin in ihrem Stadtviertel den Ladenbesitzer an der Ecke erpreßt.

Bislang ist hier nur von der einfachsten, klassischen Erpressungsvariante die Rede gewesen: "Entweder du zahlst oder ich zünde deinen Betrieb an". Das Opfer wird hier vor einer Gefahr geschützt, die vom Erpresser selbst ausgeht. Häufig jedoch gibt es Risiken und Gefahren, die nicht direkt vom Erpresser abhängen: "Wenn du zahlst, stecke ich Deinen Betrieb nicht an und verhindere auch, daß andere ihn anzünden". Da die Schutzleistung des Erpressers dem anvisierten Opfer durchaus von Nutzen sein könnte - und insofern von Opfer eigentlich nicht mehr die Rede sein kann - ist das keine bloße Erpressung. Das gilt noch mehr für eine Forderung, die so formuliert wird: "Wenn du zahlst, kümmere ich mich darum, daß niemand deinen Laden ansteckt". Schutzgelderpressung heißt es auf deutsch treffend - Schutz und Erpressung sind wie zwei Seiten derselben Medaille, die Grenzen zwischen ihnen zerfließen (Tilly 1985: 170-171). Was ist, wenn eine mafiose Gruppe den Unternehmern in einem von *cani sciolti* befallenen Viertel ein Minimum an Sicherheit anbietet und dafür Zahlungen fordert oder erzwingt?

In Corleone, Hochburg der mächtigsten Cosa-Nostra-Fraktion der siebziger und achziger Jahre, wird nicht erpreßt, und die örtlichen Bosse beteiligen sich eher an lukrativen und korrupten Baugeschäften - die *pax mafiosa* allerdings ist trozdem jahrelang allgegenwärtig. Als die mafiose Macht in Corleone Anfang der neunziger Jahre gebrochen wird, führt der Überfall auf ein Juweliergeschäft zumindest bei einigen der Einwohner zu dem Ausruf, daß es so etwas vorher nicht gegeben hätte (int.26). In einem anderen Fall treten Mafiosi, die eine von ihnen nicht autorisierte Entführung aufdecken (ac:315), als Beschützer und nicht als Erpresser auf. Eine derartige Funktion der sozialen Kontrolle entspricht dem Selbstverständnis der Mafiosi sehr viel eher als die Rolle der Erpresser und ist auch tatsächlich an vielen Beispielen zu belegen - gesetzt den Fall, es wird immer hinterfragt, ob die Beschützer nicht auf irgendeine Art und Weise dazu beigetragen haben, die konkrete Gefahr zu schüren. Mafiosi gehen oft über den Schutz vor der Kriminalität hinaus: "*Zu Michele* war der Capo von Piazza Marina", erinnert sich die Palermitanerin Michela Buscemi an ihre Kindheit, "wenn jemand ein Problem zu lösen hatte, wenn jemand etwas geklaut worden war oder es eine Streiterei gab, wenn ein Geschäft abgeschlossen werden sollte, richteten sie sich an ihn. Sie tun es heute noch, besonders in diesen Stadtvierteln" (Puglisi 1990:51). Ähnliche Schutz- und Schiedsrollen übernehmen 'Ndranghetisti in Kalabrien und Camorristi in Kampanien.

Dieser zentrale Aspekt mafiosen Handelns ist gerade von soziologischen Interpreten immer wieder mit verschiedenen Akzenten hervorgehoben worden (Hess 1970: 149ff.; Ferrarotti 1978:287; Arlacchi 1983:46ff.; Catanzaro 1988:27ff.). Ganz besonders kompakt und bei aller Streitbarkeit auf jeden Fall originell ist eine neuere Studie von Diego Gambetta (1992). Die sizilianische Mafia, so Gambetta, ist nicht mehr und nicht weniger als

eine "Industrie des privaten Schutzes" (ebd.:VIII). Als Anbieter von Schutz-
und Garantenleistungen würden die Mafiosi eine effektiv vorhandene
Nachfrage nach Schutz befriedigen, die durch den in der sizilianischen
Gesellschaft vorherrschenden hohen Grad an Mißtrauen und Unsicherheit
bedingt sei. Neben der Aufrechterhaltung einer zumindest partiellen
öffentlichen Sicherheit beinhalte dieser Schutz vor allem Schiedssprüche bei
diversen Interessenkonflikten sowie die Abschottung vor unerwünschter
ökonomischer Konkurrenz. Mit diesem Ansatz untersucht Gambetta den
Aufbau und die Strategien der nunmehr zu Schutzunternehmen mutierten
mafiosen Gruppen, ihre Beziehungen untereinander sowie die Funktionen
ihres Schutzes auf legalen und illegalen Märkten. Dabei gelingt es ihm
mitunter überzeugend, eine ökonomische Rationalität hinter den vordergründig mysteriösen Handlungsweisen der Mafia aufzudecken. Die Cosa
Nostra läßt sich plötzlich als ein Kartell lesen (ebd.:131ff.), die Mafia als ein
Markenname (ebd.:218), die "mafiose Ehre" als "notwendige Reputation, um
glaubwürdigen Schutz zu bieten" (ebd.:42), das symbolische Brimborium der
omertà als Geschäftsressource, um Informationen zu sammeln und Geheim-
nisse zu wahren (ebd.:32ff.).

Allerdings wirft Gambettas Arbeit auch zwei grundlegende Probleme auf.
Erstens läßt seine Perspektive nur in Ausnahmefällen außerökonomische
Determinanten mafioser Handlungen zu: Da er eine implizit friedfertige
Marktperspektive zum Dreh- und Angelpunkt seiner Analyse macht, muß er
ständig die empirisch belegbare Tatsache der Erpressung theoretisch
wegargumentieren. Selbst wenn sie ursprünglich durch eine gewalttätige und
erpresserische Handlung entfacht sei, nehme die Nachfrage nach Schutz - so
Gambetta - sehr bald eine Eigendynamik an, da keiner der Akteure auf dem
betreffenden Markt durch fehlenden Schutz einen Wettbewerbsnachteil
erleiden wolle (ebd.:25). Außerdem: "Nehmen wir einmal an, daß das
Einschlagen eines Schaufensters tatsächlich darauf abzielt, Geld von einem
unschuldigen Händler zu erpressen. In abstrakt-ökonomischen Begriffen
könnten wir sagen, daß die Verantwortlichen versuchen, die Nachfrage nach
ihrem Produkt mit regelwidrigen Methoden zu vergrößern" (ebd.:29). Sein
Hinweis, daß ähnliche Methoden sich auch auf legalen Märkten fänden, kann
nicht darüber hinwegtäuschen, daß die Mafia auf ungleich zwingendere und
gewaltsamere Form eine Nachfrage nach Schutz schafft. Später kommt
Gambetta noch einmal dem Problem der Erpressung ins Gehege und muß
eingestehen, daß es vom Schutz zur Willkür nur ein kleiner Schritt sei.

Erpressung, meint er dann, entspringe oft dem zu engen Zeithorizont des betreffenden Schutz-Unternehmers sowie der Konkurrenz zwischen verschiedenen Unternehmen (ebd.:261 ff.). Derartige Argumentationen wirken forciert: Ihre theoretische Spitzfindigkeit kann nicht darüber hinwegtäuschen, daß das in vieler Hinsicht überzeugende Modell eines Schutz-Marktes angesichts von Faktoren wie Zwang und Erpressung an seine Grenzen stößt. Erpressungen sind mehr als Betriebsunfälle von Schutzunternehmen.

Die aktive Teilnahme mafioser Gruppen an legalen und illegalen Märkten ist das zweite Problem, das sich Gambetta nur über Umwege erklären kann. "Mafiosi als solche", legt er eingangs fest, "beschäftigen sich mit nichts anderem als Schutz" (ebd.:XIX). Was aber ist mit jenen mafiosen Gruppen, die am Zigarettenschmuggel oder Baumarkt, am Drogen- oder Gemüsehandel beteiligt sind? Bei ihnen handele es sich gar nicht um "richtige" Mafiosi, sondern um von dem Schutzunternehmen aus Sicherheits- und Effizienzgründen "internalisierte Kunden" (ebd.:63ff.). Der stichhaltigste Beleg dieser These sei, daß in den siebziger Jahren eine Reihe von Schmugglerunternehmen aus Kampanien rituell in die Cosa Nostra aufgenommen und so an die "Schutzindustrie" gebunden wurden. Trotz der formalen Mitgliedschaft blieb ihre Rolle in den darauffolgenden Jahren im Kräfteverhältnis der Cosa Nostra eher peripher und auf jeden Fall stark marktbezogen (ebd.:323ff.).

Gegen Gambettas These jedoch spricht, daß mafiose Gruppen - ja, einzelne Mafiosi - sich sehr häufig sowohl auf dem Erpressungs- und Schutzsektor als auch auf vielen legalen und illegalen Märkten betätigen. Klassische Schutzunternehmer in Kalabrien und Sizilien drängelten sich erst mitunter gewalttätig in das Baugewerbe hinein, um dann, mit welchen Methoden auch immer, "unternehmerisch" zu handeln. Daß diese "mafiosen Unternehmen" oft klein, labil und gewalttätig sind, soll nicht übersehen werden. Es mag durchaus stimmen, daß die Stärke der Mafia *tendenziell* eher auf dem Erpressungs- und Schutzsektor liegt als auf den Märkten. Fortwährend zwischen "echten Mafiosi" und "internalisierten Kunden" unterscheiden zu müssen, ist jedoch nicht nur kompliziert, sondern meist schlicht und einfach unmöglich. Erneut erweist sich das Modell von Diego Gambetta, gerade weil es in sich so geschlossen ist, als zu restriktiv.

Wenn nun Erpressung und Schutz nebeneinander herlaufen und oft genug ineinander übergehen, drängt es sich geradezu auf, ein drittes, allgemeineres Konzept hinzuzunehmen, um die mafiosen Tätigkeiten auf den theoretischen

Punkt zu bringen. Letzten Endes beruht der Erpressungs-Schutz-Komplex auf *Macht*, also jener "Chance, innerhalb einer sozialen Beziehung den eigenen Willen auch gegen Widerstreben durchzusetzen" (Weber 1922:28). Nur wenn man mächtiger ist als sein Opfer, kann man es erpressen, und nur wenn man mehr Macht hat als andere, kann man jemanden beschützen. Nun ist Macht ein "amorpher" Begriff (ebd.), mit dem gewissermaßen alles oder nichts gemeint sein kann: Machtaspekte finden sich in jeder sozialen Beziehung und in jedem gesellschaftlichen Bereich. Wenn er in diesem Kontext trotzdem benutzt wird, dann vor allem deswegen, weil mit ihm die wichtigste Eigenschaft und mitunter auch die Zielsetzung mafiosen Handelns am besten erfaßt werden kann: Mafiosi sind Spezialisten für die Anhäufung und Umsetzung von Macht; Macht ist gewissermaßen ihr zentrales "Produktions-mittel".

Die Unbestimmtheit des Macht-Begriffs hat für die Untersuchung der Mafia auch Vorteile (vgl. Catanzaro 1993). Je nachdem, ob die Allianzen mit den legalen politischen Machthabern betrachtet werden, die vielfachen Formen des Einflusses auf die Wirtschaft oder die Art, in der die Mafia vielen ihrer Einzugsgebiete die eigenen soziokulturellen Normen aufgeprägt hat, ließe sich von politischer, ökonomischer oder ideologischer Macht sprechen (vgl. Raith 1992:137ff.). Das allein ist noch nicht bemerkenswert: Ähnlich könnte auch bei der Analyse eines beliebigen Industriebetriebes vorgegangen werden. Für die Mafia charakteristisch ist dagegen ein vierter Aspekt: Zumindest latent übt sie immer auch eine militärische Macht aus. Physische *Gewalt* ist stets die wirksamste und zwingendste Form von Macht. Die Bereitschaft und Möglichkeit, letzten Endes anderen Menschen das Leben zu nehmen, unterscheidet die mafiosen Gruppen nicht nur von Industriebetrieben, sondern auch von legalen Beschützern (oder Erpressern) wie beispielsweise Lokalpolitikern (vgl. Gambetta 1992:9).

Sicher ist tatsächliche Gewaltanwendung inmitten der vielfältigen Varianten mafioser Machtausübung eher die Ausnahme als die Regel. Ein Beispiel mag die Arbeitsvermittlung eines 'Ndranghetista darstellen: "Du brauchst zwanzig Feldarbeiter, vielleicht findest Du sie nicht und kommst zu mir. Ich tue eigentlich überhaupt nichts. Leute, die nicht arbeiten, finde ich zuhauf; ich gebe ihnen möglicherweise zwanzig, dreißigtausend Lire, und den Rest behalte ich. So gewinnen alle dabei: Du zahlst keine Abgaben, ich verdiene, ohne etwas zu tun, und die anderen verdienen etwas anstatt gar nichts" (Cavaliere 1989:127). Wie auch bei vielen anderen mafiosen

48

"Machtmakler"-Tätigkeiten (Blok 1974) spielt Gewalt in diesem Beispiel zumindest vordergründig keine Rolle: Da ist wer, der zur angeblichen Zufriedenheit aller eine Ressource vermitteln kann. Eine solche Arbeitsvermittlung aber ist staatlicherseits verboten, um die Feldarbeiter vor Ausbeutung zu schützen. Es mag sein, daß die Feldarbeiter froh sind, überhaupt ein Einkommen zu finden. Sollte jedoch eines Tages eine Gruppe von ihnen auf der gesetzlichen Vergütung bestehen, haben sie kaum eine Chance, sich gegen die Arbeitgeber und den Vermittler durchzusetzen, die das lokale Machtsystem beherrschen. Zumindest die Rolle des 'Ndranghetisti beruht dabei dann doch letzten Endes auf Gewalt: Dank ihr wird er innerhalb des Machtssystems auch noch andere Tätigkeiten beherrschen[9], dank ihr könnte es für den Feldarbeiter lebensgefährlich sein, ihn anzuzeigen. Erst wenn Mafiosi definitiv auf militärische Gewalt verzichten, hören sie demnach auf, Mafiosi zu sein, und können stattdessen als "normale" Politiker oder Unternehmer betrachtet werden (Krauthausen 1994:123).

Die Ausmaße der mafiosen Macht sind mitunter beeindruckend: "Es kann erachtet werden, daß 80 Prozent der wirtschaftlichen Tätigkeiten der Provinz Reggio Calabria der Herrschaft oder Ausnutzung der organisierten Kriminalität unterworfen sind", schreibt die Antimafiakommission über Kalabrien (Cpm X/6:9). Ähnliche, wenn auch nicht immer so gewaltsame Zustände, können vielerorts in Sizilien und Kampanien beobachtet werden. So hat allein die Gruppe Nuvoletta in Kampanien Interessen im Grundstückshandel, in der Zucht von Rennpferden, in der Bauwirtschaft, in Entführungen, in der Hehlerei, im Waffen- und Drogenhandel sowie in der Vergabe von öffentlichen Aufträgen (Cpm X/14:9). 'Ndranghetisti, Mafiosi und Camorristi kontrollieren die Wirtschaft, bestimmen die Lokalpolitik, sitzen über die Konflikte ihrer Mitbürger zu Gericht und "haben sich eine Verfügungsgewalt angeeignet, die der republikanische Staat nie gehabt hat: den Bürgern das Leben zu nehmen, Todesurteile zu fällen" (Ciconte 1992:365).

---

9 Es ist wichtig, diese über die bloße Arbeitsvermittlung hinausgehende Machtposition zu unterstreichen, um hier den 'Ndranghetista von anderen illegalen, nicht unbedingt mafiosen Arbeitsvermittlern im Süden Italiens zu unterscheiden. Die *caporali* in Apulien etwa gehören nicht immer, aber immer öfter einer mafiosen Gruppe an (vgl. Piacente 1994). Die Unterscheidung ist zugegeben subtil (wie mittlerweile deutlich geworden sein dürfte, ist es immer schwer, die Mafia als solche zu fassen), aber sie zeigt gleichzeitig, daß "verbrecherische" Machenschaften auch außerhalb der Mafia zu finden sind.

Es läßt sich nun auf die anfangs mit dem Beispiel der "heiligen Kühe" verdeutlichte Territorialkontrolle zurückkommen (vgl. Lupo/Mangiameli 1989/90). Die mafiose Macht nämlich ist meistens auf ein bestimmtes Gebiet ausgerichtet, das recht eindeutige Grenzen aufweist. Dieses Merkmal aber teilt die Mafia mit einem wohlbekannten Phänomen - dem Staat. Politische Macht im allgemeinen und staatliche Macht im besonderen zeichnen sich laut Michael Mann vor allem durch ihre "territoriale Zentralität" aus (1986:26; 1993:321). Tatsächlich ähnelt die Mafia als politische, ökonomische, ideologische und militärische Machtorganisation vor allem dem Staat. Wie Charles Tilly in einem brillanten Aufsatz argumentiert, gilt dies auch andersherum: Zumindest in seinen Ursprüngen ähnelt der Staat der Mafia. Die Entstehung der europäischen Nationalstaaten und der Aufbau staatlicher Gewaltmonopole läßt sich auch als die allmähliche Ausdehnung militärischer Machtzentren betrachten, die im Streben nach wirtschaftlichem Gewinn sowohl erpresserische als auch schützende Funktionen ausübten (Tilly 1985).

Schon Max Weber scheint in diese Richtung gedacht zu haben, als er in einer kurzen Passage die Camorra und die Mafia als "(primär) außerwirtschaftlich orientierte", also politische Verbände betrachtete, die sich "auf Grundlage erpreßter Leistungen" finanzieren (1922:114). Tatsächlich ist Webers Definition eines politischen Verbandes auch für die Mafia brauchbar: "Politischer Verband soll ein Herrschaftsverband dann und insoweit heißen, als sein Bestand und die Geltung seiner Ordnungen innerhalb eines angebbaren geographischen Gebiets kontinuierlich durch Anwendung und Androhung physischen Zwangs seitens des Verwaltungsstabs garantiert wird". Der Staat ist für ihn ein Sonderfall des politischen Verbandes, da er das "Monopol legitimen physischen Zwanges für die Durchführung der Ordnung in Anspruch nimmt" (1922:29). Nicht umsonst hat sich in einem jüngeren Aufsatz der Mafiaforscher Umberto Santino dieses Weber'sche Verständnis politischer Herrschaft zu eigen gemacht (1994a).

Der Vergleich zwischen der Mafia und dem Staat hat allerdings auch klare Grenzen. Es ist ungenau, von einem "Staat im Staate" zu sprechen, weil die vielen verschiedenen mafiosen Gruppen noch nicht einmal ansatzweise über ein universelles Normensystem verfügen, das nicht nur für die Mafiosi, sondern für all diejenigen, die auf ihrem Territorium geboren sind, Geltung hat (vgl.Gambetta 1992:XV-XVI). Außerdem sind moderne Staaten nicht allein dazu da, ihre Ordnung aufrechtzuerhalten, sondern auch, um Aufgaben wie die ökonomische Umverteilung oder den Ausbau der

Verkehrswege zu übernehmen (vgl. Mann 1993:314ff.). Die Mafia aber stellt keine Infrastruktur zur Verfügung, baut gewöhnlich keine Straßen, keine Kanalisation - sollte sie es doch tun, täte sie es nicht für alle, sondern nur für einige. Es ist die Dimension des "Privaten" im Gegensatz zum Anspruch des "Öffentlichen", welche die Privatmacht Mafia vom modernen Rechtsstaat unterscheidet: Alle sind gleich, aber einige sind "gleicher" als andere (vgl. Ferrarotti 1978:16). Auch hält sich die effektive Territorialkontrolle und Macht der Mafia meist in Grenzen. Es ist die Konjunktion, die in der Bemerkung des Mafia-Aussteigers Leonardo Messina unterstrichen werden muß: "Das Sagen haben in jedem Dorf der Bürgermeister, der Polizeihauptmann *und* der Mafiaboss" (lm.cpm:532).

Wie schon dieses Zitat andeutet, ist es zweitens ebenso ungenau, einen "Gegenstaat" zu plakatieren. Die Mafia steht keineswegs in einem eindeutigen Konkurrenzverhältnis zum italienischen Staat, allenfalls stellt sie eine "Parallelorganisation" dar (vgl. Pezzino 1990:8; Falcone, Giovanni 1991:81-82). Sicher handelt es sich um eine *illegale Macht*, die durch ihre bloße Existenz die Souveränität des Staates und sein Standbein, das Gewaltmonopol, in Frage stellt. Mafiose Gruppen werden daher verfolgt, und müssen sich fortwährend anpassen, tarnen und verbergen. Gleichzeitig aber sind Staat und Mafia zutiefst miteinander verstrickt. Es ist aufschlußreich, die territorialen Grenzziehungen zwischen verschiedenen mafiosen Gruppen genauer zu betrachten, denn sie fallen meist mit jenen der staatlichen Verwaltungseinheiten - Bezirken, Gemeinden oder Provinzen - zusammen. Das sagt zum einen viel über das ungleiche Kräfteverhältnis zwischen beiden Phänomenen aus: Es war die Mafia, die sich an den staatlichen Verwaltungsgrenzen orientierte, und nicht der Staat an den Grenzziehungen der Mafia.

Zum anderen aber - und das ist noch wichtiger - zeigen diese Grenzziehungen, daß die Mafia ihr Territorium auf lokale staatlichen Machtzentren abstimmen mußte, um Rückendeckung von Behörden und Politikern zu erhalten. Eine Rückendeckung, die regelmäßig und aus freien Stücken gewährt wurde: Immer wieder haben staatliche Instanzen und gesellschaftliche Eliten Macht an die Mafia delegiert. "Was die tatsächlich ausgeübte Kontrolle und Herrschaft betraf, bildete die Mafia eine pragmatische Dimension des Staates", hat Anton Blok über die historische Agrar-Mafia geschrieben (1974:128). Dem *intreccio*, den unzähligen "Verflechtungen" zwischen Staat, Eliten und Mafia wird in dieser Arbeit noch oft nachgegangen. In mancher Hinsicht ist Mafia "institutionelle Kriminalität". Wenn das jedoch so ist und es "in Italien ebensowenig einen Staat ohne Mafia wie eine Mafia ohne Staat" gibt (Santino 1994a:17), macht weder die Identifizierung noch die Gegenüberstellung von Mafia und Staat einen Sinn. Das Verhältnis ist viel zweideutiger. *Nicht "staatlich" lautet das treffendste Adjektiv, um die mafiose Macht zu beschreiben, sondern parastaatlich* (vgl. Hess 1994).

Inwieweit aber schließt nun dieser primär machtorientierte, parastaatliche Charakter der Mafia marktorientierte, wirtschaftliche Tätigkeiten aus? Die Hinzunahme des Begriffs "Macht" könnte helfen, jene Hürden zu überwinden, an denen Gambettas Schutzmodell scheitert. Macht, und zumal territoriale Macht, ist nicht nur im Fall der Mafia ein idealer Brückenkopf zur Betätigung auf dem Markt. *A priori* spricht nichts dagegen, daß machtorientierte Gruppen hieran kein Interesse haben (vgl. Tilly 1985). Auf lokaler oder regionaler Ebene ist es Mafiagruppen gelungen, die Kontrolle über die unterschiedlichsten Produktions- und Handelszweige zu erlangen: vom Gütertransport über die Milchbelieferung, die Vergabe öffentlicher Aufträge, das Bestattungswesen, die Ausbeutung von Sandgruben und Steinbrüchen bis hin zu Großhandelsketten der Lebensmittelmärkte. In all diesen und vielen weiteren Branchen betreibt die Mafia eigene Unternehmen und begnügt sich nicht mehr mit Erpressungen und Schutzgeldern. Ihre militärische Ressourcen können dabei entscheidende Wettbewerbsvorteile darstellen: Notfalls vermögen die Mafiagruppen auch Gewalt auszuüben, zum Beispiel um ein großes Bauunternehmen dazu zu zwingen, Baumaterialien nur von mafiaeigenen Unternehmen zu beziehen. Auf außerökonomische Faktoren gestützt, erpreßt die mafiose Gruppe ein ökonomisches Monopol. Der in der legalen Wirtschaft ohnehin oft lädierte freie Wettbewerb wird durch die geballte mafiose Macht außer Kraft gesetzt - und das kann durchaus, hier tut sich ein weiterer Aspekt des *intreccio* auf, im Interesse einiger legaler Unternehmer sein. Dabei müssen die wirtschaftlichen Tätigkeiten der Mafia nicht immer diesen Monopolcharakter besitzen und können ebenso in kleineren, nicht marktbeherrschenden Unternehmen bestehen. Auch in diesen Fällen bietet die mafiose Macht nicht zu unterschätzende Wettbewerbsvorteile gegenüber anderen Unternehmen (vgl. Arlacchi 1983:94-120; Uesseler 1989:99ff.). Inwieweit diese "Verdrängungskonkurrenz" tatsächlich ein mafioses Spezifikum darstellt, muß allerdings von Fall zu Fall untersucht werden, denn schließlich entspricht auch das legale Unternehmertum - gerade in Süditalien - nicht unbedingt dem Idealtypus (Ruggiero 1992:22).

Desweiteren betätigen sich mafiose Gruppen ebenfalls auf illegalen Märkten wie dem Zigarettenschmuggel oder dem Waffen- und Drogenhandel. Auch hier beschränken sich die Mafiosi nicht auf Erpressung und Schutz, sondern greifen als regionale, nationale oder internationale Unternehmer aktiv ins Marktgeschehen ein. Die immensen Kapitalmengen, die auf den illegalen Märkten erwirtschaftet werden, bringen zudem eine intensivere Betätigung auf den legalen Märkten mit sich. Das "schmutzige Geld" wird durch Investitionen in der legalen Wirtschaft "gewaschen"; beispielsweise können Dienstleistungs-Unternehmen gegründet oder aufgekauft werden. Dank der hohen Liquidität und vor dem Hintergrund der beabsichtigten "Geldwäsche" spielen bei diesen Unternehmen Effizienz- und Produktivitätskriterien meist nur eine untergeordnete Rolle. Geldwäsche-Unternehmen können Verluste tragen, die andere Firmen in den Bankrott stürzen - hierin liegt ein weiterer Wettbewerbsvorteil mafioser Unternehmen gegenüber der legalen Konkurrenz.

Die Interpretation mafioser Macht als Brückenkopf zum Markt widerspricht jedoch der These, es habe einen Übergang von einer "traditionellen" hin zu einer modernen "unternehmerischen" Mafia gegeben.[10] In der ländlichen Welt verwurzelt und von einem patriarchalischem Wettstreit um Ehre gekennzeichnet, habe die "traditionelle" Mafia unter angeblich großem Zuspruch der Bevölkerung, aber häufig von den örtlichen Eliten manipuliert, vor allem Schutz- und Repressionsfunktionen ausgeübt. Erst die sich ab den fünfziger Jahren entfaltenden Marktkräfte - so die öffentlichen Investitionen in den Mezzogiorno oder der Drogenhandel - hätten diesen Mafiatypus zersetzt (böser: pervertiert) und eine "unternehmerische" Mafia geschaffen, die immer mehr am Markt und der Kapitalakkumulation orientiert und immer weiter von der Bevölkerung entfernt sei. Die Stärke dieser modernen Mafia bestünde jedoch weiterhin in der Übernahme einiger "archaischer" Züge ihrer "traditionellen" Vorgängerin wie des Ehrbegriffs und der Gewaltanwendung. Die heutige Mafia sei demnach ein merk- und denkwürdiges Hybrid aus Kontinuität und Transformation.

---

10 Diese These ist vor allem von Pino Arlacchi erarbeitet (1983) und seitdem von Richtern, Politikern und Journalisten immer wieder übernommen worden. In abgewandelter Form, aber mit der gleichen Stoßrichtung eines Übergangs oder Kontinuums vom "Archaischen" zum "Modernen" argumentieren auch Umberto Santino (1986) und Raimondo Catanzaro (1988).

Diese These wirft zum einen die bislang hier noch nicht gestellte Frage nach den mafiosen Handlungsmotiven auf: Kann es sein, daß zumindest der "klassische Mafioso" seine Macht vor allem in die Akkumulation von sozialem Prestige und nicht in die von Kapital umsetzt? Einiges spricht dafür: Viele, auch bekannte Mafiosi sind längst nicht so reich wie oft angenommen wird. Zumindest bevor sich die Geldlawine des Drogenhandels über Palermo ergoß, waren die Einnahmequellen der meisten Mitglieder der Cosa Nostra so spärlich, daß die periodischen Offensiven der Justiz viele an den Rand des Bankrotts brachten. Totò Riina, der später zum gefürchteten "Boß der Bosse" aufstieg, soll geweint haben, während er Antonino Calderone berichtete, daß seine Mutter ihn nicht im Gefängnis besuchen könne, weil kein Geld für die Zugfahrkarte da war (Arlacchi 1992:86). Derselbe *pentito* Calderone erzählt nicht ohne Stolz, daß sein Bruder und er oft gar nicht dazu kamen, Geld zu machen, da sie ständig mit den Anliegen aller möglichen Bittsteller, die um ihren Schutz baten, beschäftigt waren (ebd.:150).

Wenngleich Machtausübung es nicht zuläßt, sich voll und ganz wirtschaftlichen Unternehmungen zu widmen, und die Erträge dieser Machtausübung notwendigerweise immer nur einen Bruchteil, eben das "Schutzgeld", der Einnahmen aus produktiver wirtschaftlicher Tätigkeit darstellen, bringt sie doch immerhin ein nicht zu verachtendes soziales Prestige ein. Macht kann insofern ebenso befriedigend sein wie Geld. Allerdings werden sich nicht alle mit bloßem Prestige zufrieden geben - auch unter den "klassischen" Mafiosi finden sich viele, die vor allem daran interessiert sind, aus ihrer Position heraus Geschäfte zu machen (vgl. Lupo 1993a:132). Daß dieser "unternehmerische" Reichtum nicht so offensichtlich war, mag auch daran gelegen haben, daß die Einnahmequellen vor fünfzig Jahren schlicht und einfach keine überwältigende Kapitalakkumulation erlaubten. Insofern scheint der von Arlacchi betonte Bruch zwischen "alter" und "neuer" Mafia kaum haltbar.

In Anlehnung an neuere, im nächsten Abschnitt noch zu skizzierende historische Studien unterstreicht der hier gewählte Ansatz eher die Kontinuität der Mafia als ihre Transformation (vgl. Marmo 1990:705; Pezzino 1990:27; Lupo/Mangiameli 1989/90). Mafiose Macht hat noch nie die Betätigung auf legalen und illegalen Märkten ausgeschlossen. Es kann kein Zufall sein, daß die Mafia nur selten in sozial und wirtschaftlich stagnierenden Bereichen agiert und stattdessen dynamische Entwicklungsprozesse bevorzugt, deren finanzielle Spielräume Machtausübung erst attraktiv machen. In der Geschichte der Mafia ist die mit dem Aufkommen neuer Wirtschaftsformen verbundene Machtexpansion offensichtlich: im Sizilien des vorigen Jahrhunderts die mit dem schrittweisen Abbau der Feudalherrschaft verbundene Freigabe des Grundbesitzes, im Küstenbereich derselben Insel der Boom der Zitrusplantagen, in Kalabrien das Aufkommen industrieller Produktionsformen zur Verarbeitung von Olivenöl und Holz und in Neapel das breite Spektrum städtischer Handelsunternehmen und Manufakturen.

Im Verlauf des 20. Jahrhunderts verschwinden einige dieser Branchen, und es kommen neue hinzu. Daß es sich bei letzteren schon durch ihre geographische Reichweite - man denke an den transkontinentalen Drogenhandel - um "modernere" Erwerbszweige handelt, ist letzten Endes banal, denn in mehr als 150 Jahren ist schließlich die gesamte Gesellschaft "moderner" geworden. Sicher sind viele althergebrachten Handlungsräume der Mafia durch den Vormarsch staatlicher Institutionen enger geworden; beispielsweise werden Mafiosi heute weniger als Schiedsinstanzen bei zwischenmenschlichen Konflikten angerufen als früher. Trotzdem hat sich das zentrale mafiose Handlungsprinzip nicht geändert: Macht zu eigenen Gunsten auszuüben. Im übrigen finden sich Hybride zwischen Kontinuität und Transformation überall: Brot wird am Ende des 20.Jahrhunderts ebenso gebacken wie vor 200 Jahren - nur halt nicht mehr in Steinöfen.

2. Mafiose Kontinuität

Es waren einmal drei spanische Ritter: Osso, Mastrosso und Carcagnosso. Alle drei waren sie Mitglieder der Guarduña, eines in Toledo gegründeten Geheimbundes. Vor langer, langer Zeit zogen sie aus, den Mezzogiorno zu erkunden. Osso symbolisierte "unseren Herrn Jesus Christus", Mastrosso mit seinem Schwert und seiner Waage stand für den Gerechtigkeit stiftenden Erzengel Michael, Carcagnosso auf seinem weißen Pferd glich dem Heiligen Petrus persönlich. Auf der Insel Favignana ließen sie sich nieder, und 29 Jahre lang verbargen sie sich dort tief unter der Erde, um über die Welt und ihre Ordnung zu beraten. Als sie wieder ans Licht traten, hatten sie eine frohe Botschaft zu verkünden: Fortan sei es Sache der *Onorata Società*, "die

Schwachen zu schützen und die Starken zu vertreiben". Und die drei Ritter schickten ihre Anhänger aus, um die Kunde zu verbreiten, daß der gemeinsame Stamm der "Ehrenwerten Gesellschaft" sich in drei Äste, drei "leibliche Schwestern" teile: die Mafia auf Sizilien, die Camorra in Neapel und die 'Ndrangheta in Kalabrien...

Es ist "nur" eine Legende, die sich die 'Ndranghetisti in Kalabrien noch bis vor ein paar Jahren untereinander erzählten und deren Rezitation ein fester Teil ihrer esoterischen Rituale war (Ciconte 1992:6-8; Falcone, Giuseppe:253-54; Malafarina 1986:88-89). Wenngleich es die einzige ist, die sich auf Mafia, Camorra und 'Ndrangheta gleichzeitig bezieht, gibt es viele solcher Geschichten - ebenso viele wie etymologische Erklärungen über den Ursprung der Ausdrücke "Mafia", "Camorra" und "'Ndrangheta" (vgl. Gambetta 1992:362; Lamberti 1992:175ff.; Ciconte 1992:18ff.). Doch weder die einen noch die anderen tragen viel zu dieser Untersuchung bei: Sicher ermöglichen sie Spekulationen über mafiose Geheimbünde, die über Jahrhunderte hinweg konspirativ vorgingen; definitive Beweise aber liefern sie nicht. Es macht nicht viel Sinn, so weit in der Zeit zurückzugehen. Ohnehin ist es unmöglich, die Geburtsstunden der 'Ndrangheta, der Camorra und der sizilianischen Mafia genau zu bestimmen.

In Sizilien wurden schon vor dem 19. Jahrhundert ganze Landstriche von räuberischen und gewalttätigen Gruppen beherrscht, die oft genug mit den örtlichen Feudalherren und ihren Untergebenen identisch waren und die sich den wechselnden Königshöfen nicht immer unterordneten (Finley u.a. 1986:104, 192). Sofern Mafia aber nun als private und illegale Territorialmacht begriffen wird, läßt sie sich nicht ausmachen, wenn noch gar keine öffentliche und legale Macht als Gegengewicht besteht: Im Feudalsystem und vielerorts auch noch während seiner Demontage lassen sich sehr viele Gruppen als "mafios" bezeichnen (vgl. Lupo 1993b). "In Ländern, in denen Gesetz und Ordnung schwach sind, entsteht fast immer ein Gangstertum", hat Barrington Moore bemerkt: "Der europäische Feudalismus war weitgehend Gangstertum, das zur Gesellschaft selbst geworden war und sich durch die Ideen der Ritterlichkeit Ansehen erworben hatte" (zit. nach Blok 1974:289).

Konkrete und belegbare Formen nimmt die Mafia - verstanden als Gruppe und Handlung - erst im 19. Jahrhundert an. Mit der schrittweisen Herausbildung des italienischen Einheitsstaates wird sie als solche auch in ihren Wechselbeziehungen zu den Eliten identifizierbar. Und selbst dann ist der Identifikationsprozeß noch schwierig: Es sind wirre Zeiten, in denen ein ganzes Gesellschaftssystem von einem anderen abgelöst wird, in denen die Karten des Eigentums und der Macht neu gemischt werden und in denen die Anwendung von Gewalt für viele an der Tagesordnung steht. Gerade in Sizilien trägt zu der Verwirrung noch bei, daß "Mafia" sich zu einem Kampfbegriff entwickelt, dessen sich die verschiedensten politischen Fraktionen bedienen, um die gewalttätigen und korrupten Methoden ihrer Konkurrenten anzuschwärzen (Pezzino 1990:97ff.).

Plebejische Erpresser

Am ehesten noch läßt sich die Camorra in Neapel identifizieren. Sehr früh schon - ungefähr ab 1830 - beginnen sich die engen Gassen, die verschiedenen Märkte und die Piers am Hafen mit zwielichtigen Gestalten zu bevölkern, die Fremden und Einheimischen gegenüber immerfort die Hand aufhalten, um Schutzgeld zu kassieren. Das übervölkerte Neapel, städtischer Lebensraum *per excellence*, blickt auf eine wechselvolle Geschichte zurück: Im 17. Jahrhundert mit rund 500.000 Einwohnern einmal eines der wichtigsten kontinentalen Machtzentren, hat es den Anschluß an die wirtschaftlichen und politischen Umwälzungen Europas endgültig verpaßt und wird immer mehr an die Peripherie gedrängt. Es ist eine zweigeteilte Stadt mit einer kleinen aristokratischen und bürgerlichen Schicht, der die überwältigende Masse des *popolino*, des einfachen Volkes gegenüber steht. Die Not hat die *vermi*, die "Würmer" des *popolino*, erfinderisch gemacht: Um überhaupt und sei es in der Gosse überleben zu können, werden alle denkbaren Einnahmequellen aufgetan, wird gehandelt, wird gestohlen, wird betrogen. Immer wieder entlädt sich der Volkszorn über die miserablen Lebensbedingungen in gewaltsamen und ziellosen Aufständen, die der Schicksalshaftigkeit der durch die katastrophalen Hygienebedingungen begünstigten Pestepidemien wenig nachstehen. Der Stadt und ganz besonders ihren Eliten stellt sich ein strukturell bedingtes und mit den Mitteln des 19.Jahrhunderts schon technisch nicht lösbares Problem sozialer Kontrolle (Lamberti 1992:14). Es ist hier, wo die Camorra zum Zuge kommt. Der Zeitzeuge Marco Monnier definiert sie als "organisierte Erpressung" durch eine "Geheimgesellschaft des Volkes" (1863:25).

Wahrscheinlich war es hinter dicken Gefängnismauern, wo die Camorra ihren Anfang nahm. In diesem paradoxerweise oft gesetzlosen Raum, in dem die Spezialisten der Illegalität zusammentreffen und das Recht des Stärkeren dominiert, etablierten die Camorristi ein Herrschaftssystem, das zum einen die systematische Ausbeutung der Mitgefangenen und ihrer Einnahmequellen vorsah, zum anderen ein Minimum an Ordnung, sprich: das Recht auf Leben, garantierte - eine "Ordnung" also, die nicht zuletzt für die Anstaltsleitung von Vorteil war (ebd.:45ff.). Auch trafen die Delinquenten hier mit politischen Gefangenen zusammen, was sicherlich dazu beitrug, daß das Organisationsmodell Camorra in seinen ritualisierten und geheimen Zügen den elitären Organisationsformen von umstürzlerischen und freimaurerischen Gruppen sehr ähnelte (ebd.:36; Marmo 1989/90:166).[11] Tatsächlich war die Camorra schon sehr früh eine konkrete Organisation, die über formalisierte Rekrutierungskriterien und Aufnahmerituale, eine ausgeprägten Hierarchie und ein internes Normensystem verfügte.

Die Camorristi innerhalb des Gefängnisses unterhielten mit den Camorristi draußen rege Kontakte. Wenngleich die tatsächlichen Ausmaße des organisatorischen Zusammenhalts im Dunkeln liegen und es sicherlich auch viele unabhängige Erpresser und Beschützer gab, entsprachen den zwölf Stadtvierteln anscheinend zwölf relativ autonome Camorra-Gruppen mit ihren von den Mitgliedern mehr oder weniger demokratisch gewählten *Capos*. Auch ein *capo dei capi* mag existiert haben - über Jahre hinweg stellte das Stadtviertel Vicaria diesen "Posten". Jede der Stadtteilgruppen scheint sich wiederum in verschiedene *paranze*, eine Art Innungen je nach den betroffenen Territorien oder Wirtschaftsbranchen, unterteilt zu haben. Es muß eine Vielzahl an *paranze* gegeben haben, denn die Camorristi partizipierten - den ebenfalls herumziehenden kleinen städtischen Steuereintreibern nicht unähnlich (Marmo 1990:713ff.) - an fast allen wirtschaftlichen Tätigkeiten der Stadt. Indes wimmelte es auch im Neapolitaner Hinterland von

---

11 Die Entstehung organisierter Kriminalität steht häufig in Verbindung mit dem Mikrokosmos der Gefängnisse. So geschah an einer ganz anderen Ecke der Welt, mehr als ein Jahrhundert später, etwas ganz ähnliches. In engem Kontakt mit politischen Gefangenen linker Guerillabewegungen, deren ideologischen Überzeugungen und militärischen Kenntnissen, entstand in den brasilianischen Gefängnissen der siebziger Jahre ein Zusammenschluß von Schwerverbrechern namens "Comando Vermelho". Zuerst wurde inmitten von infernalischen Haftbedingungen für Ordnung gesorgt. Dann exportierte das "Comando Vermelho" in den Achtzigern seinen organisatorischen Zusammenhalt, sein illegales *know-how* und einen gewissen sozialrebellischen Anspruch auch nach außen in die Elendsviertel Rio de Janeiros (Amorim 1993).

vermutlich nicht so straff untereinander organisierten Camorristi, die inmitten der intensiven kleinbäuerlichen Landwirtschaft, entlang der Handelswege in die Stadt und in den Schmuggelhochburgen der Häfen des Golfs von Neapel auf ihrem Obolus bestanden.

In Neapel selbst dürfte es vor allem die allseits grassierende Informalität und Illegalität gewesen sein, die für die Camorristi die Bühne für Erpressung und Schutz abgab: Glücksspieler, Zinswucherer, Diebe, Entführer und Zuhälter hatten alle an die "kriminelle Elite" zu zahlen (Marmo 1988:106). Diese "Verfügungsmacht" über die Mikrokriminalität begünstigte dann auch eine schrittweise Ausdehnung der Schutzgeld-Erpressung auf die legalen Märkte. Je mehr die Camorra anwuchs und je mehr Macht ihr auch offiziell zugestanden wurde, um so allgegenwärtiger wurde sie: Die Kutscher hatten ebenso ihre Gebühr zu entrichten wie die Schreiner, die Marktfrauen ebenso wie die Pferdekäufer. Die Camorristi kassierten für den von ihnen gebotenen Schutz vor Raub und Betrug, für mitunter ökonomisch sinnlose Mittlertätigkeiten oder einfach und erpresserisch nur so. Des weiteren wurden die Camorristi besonders auf den illegalen Märkten, aber auch in einigen legalen Branchen unternehmerisch aktiv - bezeichnenderweise zumeist dort, wo sie vorher erpreßt und damit einen Brückenkopf für die Markttätigkeit errichtet hatten (Sales 1993:73).

Oft traten die Camorristi auch als informelle Friedensrichter bei allen möglichen Streitereien und Meinungsverschiedenheiten in den besonders bevölkerungsreichen und armseligen *quartieri bassi* Neapels auf. Die der Camorra zugewiesene Aufgabe der sozialen Kontrolle des *popolino* wurde besonders in der Übergangsphase zwischen dem definitiven Fall der Bourbonen-Monarchie und der Vereinigung Italiens unter Vittorio Emmanuele deutlich. Angesichts des bevorstehenden Einzugs Garibaldis in die Stadt und der Furcht vor einem Volksaufstand setzte Polizeipräfekt Liborio Romano 1860 die Camorra offiziell als Bürgerwehr ein - ein klassisches Beispiel für die Übertragung staatlicher Macht an die Mafia (vgl. Monnier 1863:133ff.). Dieses anfangs glimpflich verlaufene Experiment - es herrschte Ruhe und Ordnung, und Garibaldi zog friedlich in die Stadt ein - trug mittelfristig zur Stärkung der Camorra bei: Fortan und mit Hilfe der neugegründeten, sehr korrumpierten Guardia Nazionale griffen die Camorristi immer mehr in den für Neapel zentralen Erwerbszweig des Schmuggels ein (De Riccardis 1988; Marmo 1988:121-24).

Die Repressionswellen von 1862, 1874, 1877 und 1883 konnten die

Macht der Camorra nur vorübergehend eindämmen, was nicht zuletzt daran lag, daß die Seilschaften zwischen Camorristi und Mitgliedern der Oberschicht immer weiter ausgebaut wurden (Sales 1993:95ff.). Selbst wenn die Forschungsergebnisse diesbezüglich noch lückenhaft sind, scheint besonders gegen Ende des 19. Jahrhunderts eine Vielzahl von Allianzen zwischen der Camorra und der politischen Elite bestanden zu haben. Im Austausch gegen Rückendeckung bei eventueller Strafverfolgung stellten die Bosse der Camorra beträchtliche Wählerpotentiale. In eben diesen Jahren drangen einige Camorristi auch verstärkt in legale Wirtschaftsbereiche wie das Bau- und das Transportgewerbe ein (Marmo 1990:710,723).

Trotzdem scheint es den Camorristi wenn überhaupt nur in Ausnahmefällen gelungen zu sein, in die Oberschicht aufzusteigen und so in der zweigeteilten Stadt einen Weg der sozialen Mobilität auszubauen (Marmo 1990:719). Auch wenn der Reichtum der mächtigeren Bosse durchaus dem vieler respektabler Bürger ebenbürtig war, blieben die meisten von ihnen doch dem *popolino* verhaftet, aus dem sie stammten. Es war in der sozialen Kontrolle der Unterschicht, in welcher der Handlungsraum der Camorra verankert war. Daß die Camorra aber als "natürliche Regierung" oder "Partei der Plebejer" das Volk sogar repräsentierte, dürfte dagegen eine Überinterpretation sein, die weder den wirklichen Interessen von Erpressern und Beschützern noch ihren vielfältigen Querverbindungen zu Staat und Eliten Rechnung trägt (Villari 1878:41; Sales 1993; vgl. Marmo 1989/90:168ff.).

Anfang des 20. Jahrhunderts - noch vor der faschistischen Machtübernahme - verschwindet die Camorra als Organisation wieder. In dem durch einen Doppelmord entfesselten und 1912 abgeschlossenen Cuocolo-Prozeß werden Dutzende von Mitgliedern und fast die gesamte Führungsschicht der Camorra verurteilt (Scarpino 1995:47-53). Die Stadt hatte sich gewandelt, und die Camorra war außerstande, mit diesem Wandel Schritt zu halten (vgl. Sales 1993:106ff.). Hunderttausende von Menschen wanderten aus, vornehmlich nach Übersee. Die elendsten Straßenzüge der *quartieri bassi* wurden saniert (vgl. Petraccone 1981:104ff.). Die modernisierenden Reformen unter der Regierung Giolitti bescherten Neapel eine wachsende Industrialisierung und neue Wege des sozialen Aufstiegs. Eine immer stärkere sozialistische Arbeiterbewegung machte den Camorristi die soziale Basis streitig. Politik, Verwaltung und öffentliche Auftragsvergabe wurden von klientelistischen und korrupten Seilschaften betrieben, aber die traditionsgemäß dem *popolino* verhaftete Camorra war von diesen Netzwerken zumeist ausgeschlossen. Dem Faschismus fiel es dann leicht, verbliebene Camorristi zu vereinnahmen oder zu unterdrücken (ebd.:122ff.).

Und doch sollte dieser Wandel nicht überbewertet werden. Was Anfang des Jahrhunderts demontiert wurde, war die Organisation und weniger ihr Handlungsraum. Neapel war weiterhin von kleinen Erpressern und Beschützern bevölkert. Ihres organisatorischen Zusammenhalts und des Schutzes durch die Eliten beraubt, konnten sie jedoch nunmehr als weitgehend inoffensive, ja, folkloristisch stilisierbare *guappi* abgetan werden. Außerdem blieben im neapolitanischen Hinterland "mafiose" Gruppen und Handlungsräume bestehen - private und im Vergleich zur städtischen Camorra ausgeprägt unternehmerische Mächte (ebd.:124). Als klar umrissene Gruppe freilich dürfte die Camorra tatsächlich aus Kampanien verschwunden sein. Erst in den siebziger Jahren wurde sie in einem noch zu beschreibenden Prozeß der *invention of tradition* als organisatorisches Modell wiederentdeckt.

Die vielen Sizilien

Nicht auf einem, sondern auf mehreren Szenarien gleichzeitig entstand die sizilianische Mafia. Außer dem geographischen Raum, der Insel - oder genauer: dem Westteil der Insel[12] - einte diese Szenarien eine Reihe fundamentaler gesellschaftlicher Umwälzungen: die Demontage des Feudalismus, die Entfesselung eines marktwirtschaftlich-kapitalistischen Systems und die Integration Siziliens in einen noch im Aufbau befindlichen Nationalstaat. Diese Umwälzungen geschahen nicht von heute auf morgen; sie zogen sich über Jahrzehnte, ja, fast das ganze 19. Jahr-hundert hin. Inmitten dieser Prozesse kam die sizilianische Mafia zum Vorschein, eine Mafia, die möglicherweise historische Vorläufer besaß, die sich aber als geschichtliches Sujet erst in diesen Veränderungen konstituierte. Die Ursprünge der Mafia sind also nicht in einem vermeintlich statischen

---

12 Die Frage, wieso nur der Westteil der Insel betroffen war, gehört zu den schwierigsten Problemen der Mafiaforschung. In einem freilich kleineren Maßstab ist es eine Variante von: Wieso haben gerade Kolumbien und Italien die Mafia und den Narcotráfico hervorgebracht? Mehr zu diesen Problemstellungen im Schlußteil dieser Untersuchung.

Feudalsystem zu suchen (vgl. Spampinato 1987:893); von einem Überbleibsel "prämoderner" Zeiten kann nicht die Rede sein.

Das am besten erforschte mafiose Szenario ist das vom Großgrundbesitz geprägte Landesinnere Westsiziliens. Die Privilegien der Feudalherren wurden in den bourbonischen Reformen von 1782, 1785 und 1812 erst eingeschränkt und dann endgültig abgeschafft. Zumindest formal war so die erzwungene Unterordnung der Bauern aufgehoben, das Land dem Kauf und Verkauf freigeben und die Gerichtsbarkeit sowie die Gewalt in die Hände des Staates gelegt. 1860 wurden zudem die Kirchengüter enteignet und versteigert. Da jedoch trotz dieser Maßnahmen der Landbesitz im Inneren Westsizilines weiterhin in der Hand einer kleinen Schicht von *latifondisti*, Großgrundbesitzern, blieb, zielten während des 19. Jahrhunderts eine ganze Reihe meist erfolgloser Reformen darauf ab, den Zugang zur zentralen Ressource Land weiter zu demokratisieren. Nutznießer dieser Entwicklung waren besonders die Gutsverwalter und Aufpasser der Barone sowie eine kleine bürgerliche Schicht aus Ärzten, Apothekern, Lehrern und Händlern in den Dörfern - allein sie besaßen das ökonomische, politische und soziale Kapital, um am neu entstandenen Markt teilzuhaben (vgl. Catanzaro 1988:87ff.; Blok 1974:58ff.).

Dieser Markt drehte sich zumeist weniger um das Landeigentum als um die Nutzungsrechte. Die oft im fernen Palermo schwelgenden *latifondisti* verpachteten ihr Land an lokale Großpächter, die sogenannten *gabelloti*, welche es wiederum unterverpachteten. Leidtragend war jene überwältigende Mehrheit mittelloser Bauern, deren einziger Zugang zum Land nunmehr vom Wohlwollen der Großpächter abhing, die den Bauern im Austausch für über die Hälfte der Erträge für ein bis zwei Jahre beispielsweise in *Mezzadria*-Verträgen kleine Parzellen überließen. Inmitten einer von jahrhundertelangem ökologischen Raubbau ohnehin gezeichneten Landwirtschaft schuf diese Bodenordnung nur wenig Anreize zur Produktivitätssteigerung (Finley u.a. 1986). Weite und entvölkerte Landstriche im Inneren Siziliens lagen in den Händen der Großgrundbesitzer brach. Die Bauern arbeiteten auf den *latifondi*, aber lebten in den dazugehörigen dörflichen Ansiedlungen.

Auch das staatliche Gewaltmonopol bestand nur in Ansätzen. Ordnungskräfte wie die *compagnie d'armi*, die *militi a cavallo* und die *guardi di pubblica sicurezza* sollten zwar auf dem Land für öffentliche Sicherheit sorgen, agierten aber zumeist im Dienste der Privatinteressen der Großgrundbesitzer und waren oft von ihren gesetzesbrecherischen Gegenspielern, den

Banditen, kaum zu unterscheiden (Hess 1970:21ff.; Lupo 1993a:29ff.) Die mit der Strafverfolgung beauftragten Funktionäre mußten, von der Bevölkerung isoliert oder durch vielfältige Allianzen mit lokalen Machtgruppen vereinnahmt, einer allseits grassierenden Kriminalität und Gewalt tatenlos zusehen (Franchetti: 51ff.). Banditengruppen, die sich aus ehemaligen Gefolgsleuten der Barone, landlosen Bauern und Flüchtigen vor der Wehrpflicht rekrutierten, machten weite Landstriche mit Überfällen, Entführungen und Viehdiebstahl unsicher. Diese mitunter mobilen, mitunter seßhaften *briganti* waren in ihrem Dasein jedoch von einem weiten Netz von Komplizenschaften, dem sogenannten *manutengolismo*, abhängig (vgl.Lupo 1993a:25ff.; Mangiameli 1989/90).

Viele Großgrundbesitzer stellten den Banden als Rückzugsgebiete entlegene Landstriche ihrer Güter zur Verfügung und wurden dafür von den *briganti* in Ruhe gelassen oder sogar bei diversen gewalttätigen Unternehmungen unterstützt. Politische Umstürzler benutzten die Banditen als bewaffnete Speerspitzen. Die Ordnungskräfte machten mit einzelnen *Briganti*-Gruppen gemeinsame Sache, wenn es darum ging, gegen Entgelt Diebesgut den Eigentümern wieder zurückzugeben oder eine andere Bande zu neutralisieren. In einer Welt, in der das Privateigentum und die politische Macht grundlegend umgeschichtet wurden, war die von den *briganti* dargestellte Ressource Gewalt für viele interessant. Wie interessant, zeigte die beinahe schlagartige Entmachtung der Banditen in den siebziger Jahren des vorigen Jahrhunderts: Nach ihrem massiven Einzug in das nationale Parlament kappte die sizilianische Oberschicht aus politischen Erwägungen ihre Beziehungen zu den *briganti* und machte dem Spuk zumindest vorübergehend ein Ende (vgl. Mangiameli 1989/90).

Besonders zeichneten sich in dem Machtspiel mit der unerlaubten Gewalt einige *gabelloti* aus.[13] Zusammen mit den ihnen unterstellten Aufpassern, den bewaffneten *campieri*, hatten sie vor den Grundbesitzern für die

---

13 Einige, nicht alle *gabelloti*. Diego Gambetta mag Recht haben, wenn er die geläufige Gleichsetzung zwischen *gabelloti* und Mafiosi bezweifelt und stattdessen auf andere Szenarien hinweist, in welchen die Mafia entstand. Die *gabelloti* passen nicht in sein ökonomisches Modell autonomer Schutzunternehmer, die über mehrere Klienten verfügen. Wie so oft jedoch schießt Gambetta über das Ziel hinaus, indem er den *gabelloti* jegliche Bedeutung für die Entstehung der Mafia abspricht - und bezeichnenderweise das zentrale Phänomen des Banditentums in Nebensätze und Fußnoten verbannt (Gambetta 1992:89-126).

Sicherheit auf den Gütern einzustehen. Daß die *latifondisti* zumeist im fernen Palermo weilten, erleichterte ihnen, das nunmehr bekannte Spiel des Schutzes und der Erpressung zu spielen. Indem sie mit den *briganti* paktierten oder sie sogar anführten, lag die Entscheidung, auf welchem Gut Sicherheit walten sollte und auf welchem nicht, oft bei ihnen. Dabei hing ihre Stellung davon ab, daß sie sich wenn nötig vor den Banditen mit Gewalt "Respekt" verschaffen konnten und daß sie unter Umständen "von oben", also von einigen Baronen, gedeckt wurden. Als "bäuerliche Unternehmer" (Blok:68), die durch ihre Beziehungen zu den Banditen und durch ihre Pachtverträge mit den Großgrundbesitzern über die Ressourcen Gewalt und Land verfügten, bauten die *gabelloti* im Laufe der Jahre ihre Verhandlungsposition immer weiter aus: So konnten sie bald die Pachtverträge zu ihren Gunsten bestimmen oder genug Kapital akkumulieren, um selber Eigentümer zu werden. Zusammen mit anderen dörflichen Notabeln griffen sie zudem als Protagonisten oder Gewährsleute in den Wettbewerb um die politische Macht ein. Über die Frage, wer fortan in dem entstehenden Staatsgebilde die lokale Verwaltung und die privilegierten politischen Kanäle nach außen beherrschen sollte, bildeten sich lokale Fraktionen, die ihre Konflikte auch mit Gewalt ausfochten.

Barone, Großpächter und Bauern, Banditen, Ordnungskräfte und Notabeln: Ein Blick auf das Sizilien des 19. Jahrhunderts enthüllt extrem komplizierte Beziehungsgeflechte. Für diese Untersuchung ist wichtig, daß sich spätestens ab 1860 aus diesen wandelbaren Machtkonstellationen die Mafia als ein Akteur herausschälte, der die außerstaatliche Gewalt zu monopolisieren begann. Präzise erkannte diese Ausdifferenzierung der Zeitgenosse Leopoldo Franchetti. In einer häufig zitierten Passage bemerkte er, daß die "soziale Klasse der "Übeltäter" nicht nur ein Instrument im Dienst althergebrachter sozialer Kräfte darstelle", sondern auch zu einer "Klasse" mit eigenen Interessen und einer ihr eigenen "Industrie der Gewalt", kurz: zu einer "sozialen Kraft in sich", geworden sei (1877:95). Die persönliche wie kollektive Fähigkeit, Gewalt anzuwenden, ermöglichte es den Mafiosi - nicht nur im Inneren Siziliens - Landeigentum, Nutzungsrechte oder Ernteerträge zu manipulieren, anderen gewinnbringenden Tätigkeiten wie dem Viehdiebstahl nachzugehen und sich zu mehr oder weniger verborgenen politischen und sozialen Machthabern der Ortschaften aufzuschwingen. Insofern unterschieden sie sich von den Banditengruppen, die einen deutlicheren *Outlaw*-Charakter aufwiesen. Tatsächlich aber verband Mafiosi und Banditen eine ähnliche symbiotische Beziehung, ein ähnliches Kontinuum, wie es heutzutage größere kriminelle Gruppen mit losen Erpressergruppen verbinden kann: Die *briganti* waren lange Zeit der Mafiosi wichtigste Gewaltressource, die Mafiosi der *briganti* wichtigste Rückendeckung.

Eine offene Frage ist es, inwieweit es sich bei diesen *cosche* genannten Mafiagruppen im Inneren Siziliens um strukturierte *corporated* oder lose *non corporated groups* handelte. Sozialantrophologische Ansätze wie die von Anton Blok und besonders Henner Hess verneinen die Existenz einer formalen Organisation und verweisen stattdessen auf den Klientelcharakter der Beziehungen zwischen den Mafiosi, ihren Helfern und ihren Komplizen: Bei angeblich allgemein akzeptierten soziokulturellen Normen halte die gegenseitige Loyalität zwischen Bittstellern und Schutzherren das mafiose System derart zusammen, daß weder eine Hierarchisierung noch eine formale Schließung der Gruppen notwendig sei, da sie letzten Endes nur auf den Beziehungsnetzen des einzelnen Mafioso basierten. Es mag dahingestellt sein, ob diese Beschreibung tatsächlich für ein frühes Stadium der Groß-grundbesitz-Mafia zutrifft - auszuschließen ist es nicht. Auf jeden Fall aber ist die Beweisführung problematisch: Daß damals von der Existenz mehr oder weniger formaler Organisationen nichts nach außen drang, heißt noch nicht, daß sie nicht existierten. Zudem gilt zu beachten, daß die zutiefst mit den gewalttätigen Praktiken kompromittierte sizilianische Oberschicht schon sehr früh ein "mafioses Paradigma" entwarf, welches das vergleichsweise harmlose Modell eines in der sizilianischen Kultur verankerten mafiose-ehrenwerten Verhaltens postulierte, um die angesichts der Zustände auf der Insel immer wieder aufkommenden Wellen der nationalen und inter-nationalen Empörung zu brechen und sich selbst reinzuwaschen (Pezzino 1990, vgl. hier Kapitel IV, 5).

In anderen Gegenden Siziliens bestanden spätestens ab den siebziger Jahren des 19. Jahrhunderts sehr wohl hierarchisierte mafiose Gruppen mit Aufnahmeritualen. So eröffnete der Schwefelabbau in der Provinz Agrigento einen typisch mafiosen Handlungsraum. Das Produktionssystem war äußerst zersplittert: Der Minenbesitzer vergab die Schürfrechte gegen Zahlung *in natura* an Unternehmer, die einen Vorarbeiter und Wachleute einstellten. Im Akkord arbeiteten nun für den Vorarbeiter die *picconieri*, welche oftmals selbständig weitere Minenarbeiter einstellten. Die Vielzahl an Unterverträgen und Kleinunternehmern sowie die Schwierigkeiten, die sich aus der Überwachung der Menge des abgebauten Schwefels und der Einnahmen aus ihrem Verkauf ergaben, riefen mafiose Gruppen auf den Plan, die gewalttätig und letzten Endes immer zu ihren eigenen Gunsten vermittelten, beschützten und enteigneten. 1885 wurde in der Provinzhauptstadt Agrigent ein Prozeß gegen 168 mutmaßliche Mitglieder einer solchen "kriminellen Vereinigung" eröffnet. Nach Ansicht der Richter gruppierten sich in der in Favara und den anliegenden Gemeinden aktiven "Fratellanza" - "Bruderschaft" - rund 500 Mitglieder, die, wie aus der Beschlagnahmung eines schriftlichen Statuts hervorging, über interne Hierarchien, Aufnahmerituale und gegenseitige Erkennungszeichen verfügten (Pezzino 1990:205ff.).

Noch deutlicher war der organisierte Charakter der Mafia jedoch in der Conca d'Oro, der wegen ihrer natürlichen Schönheiten von vielen Reisenden bejubelten Umgebung Palermos. Hier, in Orten wie Partinico, Bagheria und Monreale sowie in den *borghate*, die die Ein- und Ausfallstraßen der Hauptstadt Siziliens säumten, gab es sehr viele mafiose Gruppen, deren Anführer zumeist einer aufstrebenden ländlichen Mittelschicht angehörten. Die Welt des unproduktiven *latifondo* war weit entfernt, und stattdessen wurde aus den *giardini* bei stark zersplitterten Eigentumsverhältnissen ein boomender Exportmarkt mit Zitrusfrüchten beliefert (vgl. Lupo 1993a:47ff.). Das Obst wurde von den Exporteuren über Mittelsmänner aufgekauft. Da die Nachfrage zumeist größer war als das Angebot, sicherten sich die Aufkäufer oft die Ernte, bevor die ersten Früchte überhaupt an den Bäumen hingen. Die Einhaltung dieser Absprachen aber war inmitten einer Situation genereller Unsicherheit problematisch. Wichtig waren hier nicht zuletzt die *guardiani*, die Aufpasser, die dafür zu sorgen hatten, daß die Ernten nicht geklaut wurden. Weitere Probleme ergaben sich aus der Wasserversorgung: Wer diese spärliche Ressource unter seine Kontrolle brachte, konnte alle anderen erpressen. Mafiose Gruppen wie die "Stoppaglieri" in Monreale oder die "Fratuzzi" in Bagheria begannen nun diese komplizierten ökonomischen und sozialen Beziehungen gewaltsam zu regeln und zu manipulieren.

Außerdem mußte alles, was aus dem Inneren Siziliens nach Palermo kam, notwendigerweise die Conca d'Oro passieren. Bereits Franchetti berichtet über Geheimbünde, die den Transport und die Verarbeitung des Getreides unter ihre Kontrolle brachten (1877:8-9). Außerdem führten die Routen des Viehdiebstahls in die Schlachthöfe in und um Palermo - ein früher Berührungspunkt zwischen der Mafia des Inneren und derjenigen der *borghate*. Solche schutzbedürftigen und für Erpressung anfälligen Austausch-beziehungen zwischen Stadt und Land dürften einen idealen, vielleicht sogar *den* Nährboden schlechthin für mafiose Tätigkeiten dargestellt haben (Gambetta 1992:126; Lupo/Mangiameli 1989/90:29). Gleichzeitig prägte auch das politische Machtzentrum und der städtische Lebensraum Palermo die Mafia der Conca d'Oro. Immer wieder wurde der mafiose Gewaltapparat des Umlands in den Dienst politischer Interessen verschiedener palermitanischer Fraktionen gestellt. Enge Kontakte dürften auch zu der Kriminalität im Stadtkern Palermos bestanden haben, die sich auf klassisch illegale Handlungsräume wie das Glücksspiel, die Prostitution oder die Hehlerei spezialisiert hatte. Einige Gruppen der Conca d'Oro agierten auf typisch städtischen Betätigungsgebieten wie der Banknotenfälschung (Lupo 1988:84).

Die Nähe zu dem urbanen Machtzentrum dürfte auch die Wahl der mafiosen Organisationsmodelle beeinflußt haben. Wie schon bei der Camorra in Neapel verweisen die Aufnahmerituale, die Satzungen und Hierarchien der mafiosen Gruppen der Conca d'Oro auf den Einfluß externer Vorbilder. Einmal bestehen Ähnlichkeiten zu den *squadre populare*, den plebejischen Stoßtrupps, die bei politischen Aufständen immer wieder zum Zuge kamen. Auch diese Gruppen - die sich möglicherweise auf die abgeschafften städtischen Zünfte zurückführen lassen - waren Geheimorganisationen. Zum anderen sind Parallelen zu den meist bürgerlichen, aber mitunter auch klassenübergreifenden Organisationen der Freimaurer und der antibourbonischen *carbonari* offensichtlich. Die von diesen Gruppen verkörperte "lange politische Tradition in der instrumentellen Benutzung von Geheimgesellschaften" (Recupero 1988:38) findet sich auch in der Mafia wieder. Ebenso wichtig wie das Vorbild elitärer Organisationsmodelle scheint dabei für die werdenden Mafiosi ein ganz profanes Theaterstück gewesen zu sein: In "I mafiusi della Vicaria" wurden die Bräuche der als *camorristi* identifizierten und erstmals auch "mafiusi" genannten Häftlinge des palermitanischen Gefängnisses Vicaria dargestellt. Das Stück von Giuseppe Rizzotto war ein Kassenschlager und wurde jahrelang auch außerhalb Siziliens mit Erfolg aufgeführt. Genau wie ein Jahrhundert später in Francis Ford Coppolas Verfilmung des "Paten" wurde eindrucksvoll vorgeführt, "wie sich ein echter Mafioso zu verhalten hat".

Ungewiß ist, inwieweit die mit derartigen Organisationsmodellen ausgerüsteten Gruppen, von sporadischen Absprachen und Kooperationsformen einmal abgesehen, schon damals in einer einzigen, interlokalen Organisation zusammengeschlossen waren. Just einen solchen Zusammenschluß glaubte gegen Ende des Jahrhunderts Polizeichef Ermanno Sangiorgi ausgemacht zu haben: "In fast allen Gemeinden der Provinz Palermo existieren seit langem feste und ausgedehnte Missetäter-Vereinigungen, die, untereinander durch Abhängigkeits- und Aufnahmebeziehungen verbunden, fast eine einzige und umfassende bilden" (zit. nach Lupo 1988:64). Und der *questore* wußte Details: "Das Umland von Palermo", schrieb er ein andermal, "wird von einer weitläufigen Vereinigung von Missetätern heimgesucht, die sich in Sektionen organisiert haben, die in Gruppen unterteilt sind; jede Gruppe wird von einem *capo* geleitet, der sich *capo rione* nennt.[...] Und diesem Zusammenschluß von Unholden ist ein *capo supremo* übergeordnet. Die *capi* werden von den Mitgliedern ausgesucht, der *capo supremo* von den versammelten *capo rione*" (zit. nach Lupo 1993a:80). Laut Salvatore Lupo, der die Berichte Sangiorgis analysierte, ist denkbar, daß der Quästor die provinzweite Dimension des Zusammenschlusses übertrieb - jedenfalls legte er für sie keine Beweise vor. Da jedoch gerade die Gruppen im Westen Palermos intensive Kontakte pflegten, könne in Anlehnung an Sangiorgi durchaus von dem Bestehen einer "Föderation" dieser *cosche* ausgegangen werden (ebd.:81ff.). Dabei darf die Bedeutung dieser Zusammenschlüsse auch nicht überbewertet werden: Damals wie heute wurden die formalen Übereinkünfte, Hierarchien und Normen immer wieder von den internen Konflikten und den gewaltsamen Auseinandersetzungen zwischen den verschiedenen Gruppen außer Kraft gesetzt.

Damals wie heute... Das bemerkenswerte an der von Sangiorgi beschriebenen mafiosen Organisationsstruktur der Jahrhundertwende sind die Parallelen zu derjenigen der Cosa Nostra unserer Tage. Es läßt sich von einer regelrechten Kontinuität von "Gruppen und Orten" sprechen (Lupo 1993a:16). In Corleone und Monreale oder den heutigen Einzugsgebieten Palermos und damaligen *borghate* sind die *cosche* ununterbrochen seit dem vorigen Jahrhundert präsent. Mitunter sind sogar die Familien, welche diese Gruppen anführen, die gleichen: Über mehrere Generationen hinweg kann mafiose Herrschaft an ein und denselben Familiennamen gebunden sein (vgl. ebd.:181; Catanzaro 1988:211). Das soll nicht heißen, daß die Mafia sich immer gleich bleibt, daß die Mafiosi stets als *gabelloti* und *guardiani* daherkommen. Schon die Mafia der Jahrhundertwende entsprach nicht mehr diesem Klischee - und handelte trotzdem weiterhin mit der gleichen Machtlogik.

In vieler Hinsicht hatte sich die Mafia gegen Ende des 19.Jahrhunderts in Sizilien etabliert. "Auf dörflicher Ebene", schreibt Anton Blok über das

68

Innere der Insel, "glückte [...] einer Handvoll Familien in bemerkenswertem Umfang die Monopolisierung der Gewaltmittel, der Produktionsmittel und der Mittel der Orientierung - Religion, Ideologie und Wissen" (1974:248). Ein guter Teil dieser Vormachtstellung nun war den Allianzen mit der althergebrachten regionalen Oberschicht zuzuschreiben. Politische Reformen wie die Erweiterung des Wahlrechts 1882 hatten dazu beigetragen, daß für die regionalen und nationalen Politiker ein Schulterschluß mit der Mafia und dem von ihr kontrollierten Wählerpotential immer wichtiger wurde. Spätestens jetzt traten auch die repressiven Funktionen der mafiosen Herrschaft immer deutlicher zutage.

Die lange Auseinandersetzung um eine gerechtere Aufteilung des Landbesitzes führte in den neunziger Jahren im Inneren Siziliens zu einer breiten bäuerlichen Bewegung, den *fasci*. Bei Versammlungen, Streiks und Landbesetzungen kam es erstmals zu einer massiven Politisierung der sizilianischen Bauernschaft, die sich in den *fasci*-Gruppen zusammengetan hatte - eine Tatsache, die Großgrundbesitzer, Regionalpolitiker und Zentralregierung derart aufschreckte, daß 1894 30.000 Soldaten geschickt wurden, um die Revolte zu zerschlagen (Finley u.a. 1986:292). Ganz im Interesse der Großgrundbesitzer leisteten Mafiosi in einigen Gemeinden Schützenhilfe für die Repression (Hess 1970:152). Andere Mafiagruppen wiederum suchten ihre eigenen *fasci* zu konstituieren (Blok 1974:161). Besonders deutlich wurde dies, als Jahre später mit der Landverteilung an Kooperativen eine Forderung der Bauernbewegung in die Praxis umgesetzt wurde. Mafiosi scharten ihre bäuerliche Klientel um sich, gründeten eigene Kooperativen und manipulierten die zaghafte Landverteilung wenn nötig mit Gewalt. Dort, wo das nicht möglich war und sich die Bauern nicht vereinnahmen ließen, ging die Mafia brutal gegen die Anführer der Bewegung vor. Ab 1910 wurden mehrere Bauernführer und Sozialisten ermordet - so Bernardino Verro aus Corleone und Nicolò Alongi aus Prizzi.

Die Verstrickung mit Politikern, Obst-Exporteuren und Minenbesitzern weckte bei einigen führenden Mafiosi auch Appetit auf die anfangs von ihnen bloß beschützten und erpreßten Geschäfte. Genco Russo und Calogero Vizzini waren finanzstarke Mafiosi mit internationalen Geschäftsbeziehungen (Lupo 1993a:141). Wie hoch in der politisch-geschäftlich-mafiosen Interessenkoalition gepokert wurde, hatte bereits 1893 die Ermordung Emanuele Notarbartolos gezeigt; der Präsident der "Bank von Sizilien" war mit seinen Korruptions-Nachforschungen offensichtlich zu tief vorgedrungen.

Ein zweiter herausragender Mord - die Erschießung in Palermo des US-Polizeioffiziers Joe Petrosino am 12. März 1909 - verweist indes auf eine andere Entwicklung der Mafia: ihre zunehmende Internationalisierung. Allein zwischen 1901 und 1914 erreichten 800.000 Sizilianer die USA, unter ihnen auch Mafiosi (ebd.:117). Die ausgewanderten Mafiosi unterhielten mit ihren Kollegen in Sizilien rege interkontinentale Geschäftsbeziehungen. Der mutmaßliche Auftraggeber des Mordes an Petrosino war Vito Cascio-Ferro, ein ehemaliger *gabelloto* und Vizepräsident eines *fascio*, der sicherlich auch wegen seiner Beteiligung an italo-amerikanischen Fälscher- und Menschenhandelsnetzwerken zu einem der mächtigsten Mafiosi seiner Zeit geworden war (ebd.:119ff., anders Arlacchi 1994:106-07).

Mussolini und seine sizilianischen Gefolgsleute waren im allgemeinen nicht dazu bereit, neben sich eine andere tendenziell totalitäre Macht wie die Mafia zu dulden. Mit weiten Befugnissen ausgestattet, leitete Präfekt Cesare Mori einen regelrechten Feldzug, der für Hunderte von Mafiosi Gerichtsprozesse und Verbannung zur Folge hatte und weitere Hunderte die Flucht ins Ausland antreten ließ. Die Effektivität der Kampagne Moris dürfte dabei weniger in seinem immerfort vorgetragenen rhetorischen Appell an das "Ehrgefühl" des sizilianischen Volkes gelegen haben als an den Ausmaßen und der Brutalität der Repression: Da wurden Verwandte von Mafiosi als Geiseln genommen und ganze Dorfgemeinschaften verhaftet. Sehr viel weniger zu fürchten hatten indes die Bündnispartner der Mafia. Großgrundbesitzer und Barone wurden selten behelligt; an den Besitz- und Arbeitsverhältnissen, welche die mafiosen Handlungsräume erst ermöglicht hatten, wurde wenig geändert. Allenfalls ging man gegen *gabelloti* und *campieri* sowie einige lokale politisch-mafiose Fraktionen vor - weniger, um die Mafia als solche zu bekämpfen, sondern eher, um in komplexen Allianzen die eigene faschistische Macht zu festigen (vgl. Lupo 1993a:143-58; Pezzino 1990:176ff.).

Kalabrien: Auf der Suche nach einem Begriff

Am Anfang war nicht das Wort, sondern die Tätigkeit: Die Menschen im Mezzogiorno waren sich im 19. Jahrhundert lange unsicher, welchen Namen sie den neuen Phänomenen illegaler Machtausübung geben sollten. Selbst in Sizilien, das den Ausdruck "Mafia" prägen würde, wurde zu Beginn noch von "Camorra" im Sinne "organisierter Erpressung" gesprochen (Hess 1970:105). Neapel hatte die ersten paradigmatischen Beispiele für mafiose Tätigkeiten geliefert, und die Camorristi machten ihr Organisationsmodell auch außerhalb Kampaniens während Armee- und Gefängnisaufenthalten bekannt (Lupo 1993a:110).[14] Besonders ausgeprägt aber war die begriffliche Unsicherheit in Kalabrien, wo ganz ähnliche Phänomene lange Zeit fast beliebig als Mafia und Camorra bezeichnet wurden. Erst zur Jahrhundertwende setzte sich das aus der camorristischen Hierarchie abgeleitete "piccioteria" in den Prozeßakten als eigenständiger Begriff durch (und nicht der unter den 'Ndranghetisti gebräuchlichere der "ehrenwerten Gesellschaft", "Onorata Società"). Aber auch diese begriffliche Lösung war nicht von Dauer, und im Laufe des 20. Jahrhunderts wurde sie unter dem Einfluß der journalistischen Berichterstattung vom heute gebräuchlichen Begriff der "'ndrangheta" abgelöst (Ciconte 1992:10ff.).

Im Unterschied zur Camorra und zur Mafia ist über die frühe 'Ndrangheta nicht viel bekannt. Auch in Kalabrien bestand schon vor der Vereinigung Italiens eine lange illegale Tradition. Aus dem damals wichtigen Verwaltungszentrum Monteleone beispielsweise berichteten Reisende des ausgehenden 18. Jahrhunderts über "Kriminelle", die, als *spanzati* bekannt und eng mit der Miliz verbunden, in der Seidenindustrie und dem Schmuggel tätig waren (Di Bella 1989:18ff.). Ebenso fanden sich damals die ersten *industrianti*, eine aufsteigende Gruppe von "Arbeitskräftevermittlern", die ähnlich den sizilianischen *gabelloti*, im 19. Jahrhundert zwischen Grundbesitzern und Bauern vermittelten, zentrale Ressourcen wie das Wasser kontrollierten und auch gewaltsam für "Ordnung" sorgten (Marzotti 1983:257; Malafarina 1986:222). Auch im Kalabrien des 19. Jahrhunderts agierten verschiedene umstürzlerische Geheimbünde sowie zumindest zeitweise Zusammenschlüsse von *briganti*. Sowohl Ausdruck der ungerechten Land- und Machtverteilung als auch Folge des Auseinanderfallens der bourboni-

---

14 Die Möglichkeit eines historischen "Exports" der neapolitanischen Camorra nach Sizilien und Kalabrien scheint in der derzeitigen Forschung unterbewertet. Sicherlich entstanden die mafiosen Gruppen und Handlungsräume in allen drei Regionen unabhängig voneinander. Das muß jedoch nicht für die Organisationsform gelten - verstanden als Idee, wie man sich verhalten und zusammenschließen muß, um "eine echte ehrenwerte Gesellschaft" zu bilden. Die Camorra könnte sehr wohl ein frühes kulturelles Organisationsmodell dargestellt haben.

schen und garibaldinischen Armeen, breitete sich das Banditentum nach 1860 enorm aus (vgl. Malafarina 1986:13ff.). Im Zuge einer grausamen Repressionskampagne wurden diese Gruppen allerdings bis 1869 praktisch vollständig zerschlagen.

Die Frage, was das Brigantentum mit der 'Ndrangheta zu tun hat, ist laut Enzo Ciconte - dem wir die beste Studie über die Geschichte der 'Ndrangheta verdanken - einfach zu beantworten: "So gut wie gar nichts" (1992:147). Weniger in den vom Großgrundbesitz gekennzeichneten Einflußgebieten der Banditen habe sich die 'Ndrangheta gebildet, sondern in den ökonomisch dynamischsten Gegenden (vgl. Di Bella 1989:20; Marzotti 1983:258). Bei Palmi und in der Ebene von Gioia Tauro florierte der Olivenanbau und die Olivenölproduktion, rund um die Provinzhauptstadt Reggio der Obstanbau, im Gebirgsmassiv Aspromonte die Forstwirtschaft. Es war vor allem in diesen Gebieten, wo ab Ende der siebziger Jahre des letzten Jahrhunderts - bis wohin Cicontes Studium der Prozeßakten reicht - Gruppen entstanden, die systematisch zirkulierenden Reichtum raubten und erpreßten, als Aufseher und Friedensrichter beschützten und Gewalt und Macht für sich und andere ausübten, kurz: "Unordnung stifteten" und "Ordnung wiederherstellten" (Ciconte 1992:53).

Wie aus den von Ciconte untersuchten Prozeßakten hervorgeht, wiesen diese *cosche* oder *'ndrine* genannten Gruppen schon früh bemerkenswerte Organisationsmerkmale auf: Nicht nur, daß sie über formalisierte Aufnahmerituale und anscheinend sogar schriftliche Statuten verfügten, auch die regelmäßige Zahlung von Mitgliedsbeiträgen war vorgesehen. Die extrem ritualisierten und schillernden Verhaltenskodexe, die bis in das 20. Jahrhundert hinein die gruppeninternen Anreden, Hierarchien und Sanktionen kennzeichneten (Gambino 1975:1-21; Malafarina 1986), dürften damals geformt worden sein. Trotz der weitgehenden Unabhängigkeit ein jeder *'ndrina* scheint es, besonders in den am stärksten betroffenen Gebieten wie der Ebene von Gioia Tauro, regelmäßige Absprachen und sogar in Statuten festgehaltene Verfügungsgewalten einiger Gruppen über andere - der *'ndrine maggiori* über die *'ndrine minori* - gegeben zu haben (Ciconte 1992:92). Nicht alle der oft sehr jungen 'Ndranghetisti stammten als Bauern, Landarbeiter oder Hirten aus den sozial benachteiligten Schichten, andere waren als Handwerker, Fleischer und kleine Grundbesitzer Angehörige der städtischen Unter- und Mittelschichten (ebd.:99).

Ermittlungsbehörden und Justiz sahen dem Treiben der *'ndrine* keineswegs untätig zu. Ab den achtziger Jahren wurden die 'Ndranghetisti immer wieder vor Gericht gebracht - manchmal zu Hundertschaften in regelrechten "Maxiprozessen". Allein vor dem Berufungsgerichtshof in Reggio Calabria mußten sich zwischen 1878 und 1916 sowie zwischen 1921 und 1934 3444 Angeklagte zumeist wegen der Mitgliedschaft in einer "kriminellen Vereinigung" verantworten. Obwohl gerade diese Berufungsinstanz oft eher Nachsicht als Strenge an den Tag legte, ist doch offensichtlich, daß sehr viele 'Ndranghetisti in diesem Spiel der "Räuber und Gendarmen" tatsächlich verurteilt wurden (ebd.:177 ff.). Mittel- und langfristig aber wurde damit nicht viel erreicht: Über die Jahrzehnte hinweg und bis in unsere Tage hinein weist die 'Ndrangheta eine ähnlich große, wenn auch unauffälligere Kontinuität wie die sizilianische Mafia auf. Die von den Richtern verhängten Strafen mögen dabei eine Rolle gespielt haben: In der Praxis verhinderten weder die Verbannung noch die Gefängnisaufenthalte weitere kriminelle Aktivitäten. Ein Vergleich mit Kampanien und Sizilien aber legt nahe, daß die Kontinuität der mafiosen Macht in Kalabrien wahrscheinlich in ihrer Interessenverflechtung mit anderen, "offiziellen" politischen und ökonomischen Gruppierungen gründet.

Auch in Kalabrien wurde das Gewalt- und Stimmenpotential der 'Ndrangheta von lokalen und regionalen politischen Fraktionen instrumentalisiert. Die 'ndrine erlangten so im Laufe der Jahre einen immer größeren Einfluß auf die Lokalpolitik. Weniger ist über die ökonomischen Verflechtungen bekannt: Laut Enzo Ciconte scheinen die Grundbesitzer, die Großhändler und das Bürgertum eher Opfer als Komplizen gewesen zu sein (ebd.:194) - eine Aussage die allerdings noch durch weitere Forschung erhärtet werden müßte. Die durch Gewaltanwendung ermöglichte ökonomische Akkumulation dürfte zumindest einigen 'Ndranghetisti ab der Jahrhundertwende erlaubt haben, an die Pforten der ökonomischen und sozialen Eliten zu klopfen (die Frage, inwieweit ihnen der Zugang gestattet oder verwehrt wurde, ist allerdings ebenso offen). Auch nahm im Zuge der Migrationswelle nach Nordamerika die Internationalisierung der 'Ndrangheta ihren Lauf. Zusammen mit ihren Kollegen aus Kampanien und Sizilien mischten einzelne 'Ndranghetisti in der Unterwelt vor allem US-amerikanischer Großstädte mit (vgl. Malafarina 1986: 30ff.,113). Wie auch für andere Auswanderer bedeutete die Migration nicht unbedingt einen Abschied auf immer und ewig: Viele Migranten kehrten, und sei es auf Besuch, in ihre Heimatdörfer zurück und ließen ihren Angehörigen regelmäßig Geld zukommen.

Selbst der Faschismus konnte oder wollte eine weitgehend gefestigte 'Ndrangheta nicht zerschlagen (Ciconte 1992:219ff.). Trotz der Fortsetzung der juristischen Offensive in den Gerichtssälen enstanden während dieser Periode sogar neue *'ndrine*. Vielleicht noch stärker als in Sizilien war die Haltung des Faschismus gegenüber der 'Ndrangheta zutiefst ambivalent. Während mit einigen angesehenen, zumeist städtischen 'Ndranghetisti paktiert wurde, erfolgte gegen die *'ndrine* andernorts, vor allem auf dem Land, eine harte, von dem Carabinieri-Marschall Giuseppe Delfino geleitete Repressions-Kampagne. Dort, wo die Konfrontation überwog, kam es mitunter zu einer dergestalt nur in Kalabrien zu findenden Konstellation: Auch die politische und soziale Opposition gegen das Regime fand bei der "Gegenmacht" der 'Ndrangheta Zuflucht.

3. Die Entfaltung

Nach dem zweiten Weltkrieg wandelte sich der Mezzogiorno grundlegend und die Mafia mit ihm. Öffentliche Gelder in Milliardenhöhe wurden durch die *Cassa per il Mezzogiorno* aus dem reichen Norden Italiens in den ärmeren Süden überwiesen und dort von Seilschaften in Politik, Verwaltung und Wirtschaft untereinander aufgeteilt. Auch die Mafia kam in den Genuß dieses Ressourcenflusses - unter anderem über Verflechtungen mit staatstragenden Parteien wie der *Democrazia Cristiana*. Gleichzeitig wandten sich die 'Ndrangheta, die Camorra und die sizilianische Mafia neuen Erwerbsquellen wie dem Drogen- oder Waffenhandel zu, expandierten auch über die traditionellen Einflußgebiete hinaus und vernetzten sich stärker untereinander. Sie potenzierten sich, wurden immer mächtiger.

Ohne nennenswerten Widerstand der in Richtung Festland abziehenden deutschen und italienischen Armeen landeten die Alliierten am 9. und 10. Juli 1943 auf Sizilien. Es galt, eine neue Verwaltung aufzubauen. Bereits im August schrieb der Chef der Besatzungsregierung in einem an die Regierung in London gerichteten Schreiben: "Ich befürchte, daß meine Offiziere in ihrem Enthusiasmus, die faschistischen Machthaber und die Gemeindefunktionäre der ländlichen Ortschaften abzusetzen, in einigen Fällen aus Unkenntnis über die lokale Gesellschaft eine gewisse Anzahl von Mafiabossen ausgewählt haben oder diese Gestalten autorisierten, willfährige, ihnen stets gehorchende Stellvertreter vorzuschlagen" (zit. nach Cpm XI/2:46). Er mußte es wissen: Tatsächlich setzten die Besatzungsmächte als lokale Machthaber vielerorts Mafiosi und mit ihnen verbündete Adlige ein, die sich, zu Recht oder Unrecht, als Opfer des Faschismus ausgaben.

Außer der "Unkenntnis der Lokalgesellschaft" und dem Handlungszwang der Alliierten dürften bei dieser Wahl noch andere Faktoren im Spiel gewesen sein. Zumindest einige Mafiosi standen unter dem Schutz der US-amerikanischen Geheimdienste (vgl. Cavallaro 1992:13-14; Dalla Chiesa 1990:37; Gentile 1963:163ff.; Catanzaro 1988:153ff.). Bereits ein Jahr zuvor hatte in New York der Nachrichtendienst der Marine ein Informantennetz geflochten, das auf den *big shots* der organisierten US-Kriminalität wie Lucky Luciano und Meyer Lansky basierte - offiziell, um eventuelle Nachschublieferungen an deutsche U-Boote sowie Nazi-Sabotage im New Yorker Hafen zu verhindern, inoffiziell, um einem angeblichen Vormarsch kommunistischer Gewerkschaften vorzubeugen (Block 1986). Im Gegenzug für seine patriotischen Dienste wurde der zu über 30 Jahren Haft verurteilte Lucky Luciano wie auch 64 andere Mafiosi italienischer Abstammung in den ersten Nachkriegsjahren nach Italien abgeschoben (Cpm XI/2:45).[15]

Doch nicht die Politik der Alliierten allein erklärt die Erstarkung der sizilianischen Mafia nach dem Krieg. Der Faschismus hatte viele Mafiosi erbittert verfolgt, nicht aber ihre Handlungsräume - vor allem denjenigen der Macht- und Mittlerfunktionen rund um den Großgrundbesitz - demontiert. Gleich nach dem Krieg suchte die Allianz zwischen *latifondisti* und Mafiosi ihre Vorrechte ein letztes Mal gewaltsam zu verteidigen und gruppierte sich in dem "Movimento per l'indipendenza siciliana", der "Bewegung für die Unabhängigkeit Siziliens". Wiederum von den US-amerikanischen Geheimdiensten zumindest toleriert, strebte die vielerorts die Lokalverwaltungen

---

15   Ganz ähnlich gingen die US-amerikanischen Besatzer und Geheimdienste auch in Japan vor, wo die Yakuza nicht nur als Ordnungsmacht willkommen war, sondern auch als antikommunistischer Stoßtrupp (vgl. Kaplan/Dubro 1986:53ff.; Kawamura 1994:30-32). Oder gegen Ende der Vierziger im französischen Marseille, als die CIA die *French Connection* des Heroinhandels aufbauen half, um gegen kommunistische Gewerkschaften vorzugehen (McCoy 1991:53ff.). Ob in Italien, Japan oder Frankreich, Laos oder Pakistan (Lifschultz 1992): Wo auch immer größere illegale Handlungsräume und Gruppen heranwachsen, sind die Geheimdienste - besonders die US-amerikanischen - nicht weit. Auf die Verwicklungen in Kolumbien und Italien wird noch genauer einzugehen sein (vgl. Kapitel III,3).

anführende "Mis" eine Annexion an die USA sowie eine Beibehaltung des ländlichen *status quo* an. Eine ihrer bewaffneten Speerspitzen war die Gruppe um Salvatore Giuliano, eines Banditen und mutmaßlichen Mafioso (gm:1277; Arlacchi 1994:39), der sich nach anfänglich eher zufälligen Scharmützeln mit den Ordnungskräften immer mehr zu einem klassisch-charismatischen Banditen und zu einer Leitfigur der Unabhängigkeits-bewegung aufschwang (vgl. Tranfaglia 1992:14ff.). Die von ihm ebenso wie von anderen Banditen verbreitete Unsicherheit auf dem Land bot den Mafiosi erneut die Möglichkeit, sich als ländliche Beschützer auszugeben.[16] Gleichzeitig war Giulianos Bande aber auch für das Massaker von Portella della Ginestra verantwortlich, bei dem 11 Bauern erschossen und 56 verletzt wurden, während sie friedlich den 1. Mai 1947 feierten. Die wiedererstarkte Bauernbewegung sowie der politische Vormarsch der Linken wurde von Banditen, Mafiosi und Großgrundbesitzern erneut mit einem "schmutzigen Krieg" quittiert, der Dutzenden von Gewerkschaftlern, Politikern und Bauern das Leben kostete (vgl. Blok 1974:239-57; Catanzaro 1988:161ff.).

Die militärisch schwache und intern zerstrittene separatistische Bewegung war nur kurzlebig. Schon früh nahm ihr die neugegründete *Democrazia Cristiana* (DC) den Wind aus den Segeln, indem sie ihre Reihen gegenüber abtrünnigen Separatisten öffnete und sich geschickt für ein sizilianisches Autonomie-Statut einsetzte, das 1946 auch von Rom abgesegnet wurde. Nach kurzen Ausflügen in monarchistische und liberale Gefilde traten der neuen christdemokratischen Partei reihenweise Grundbesitzer und Mafiosi bei, die sich zuvor der Banditengruppen entledigt hatten. Somit war der Grundstein für eine Allianz gelegt, die bis hinein in die achtziger Jahre sowohl Politiker

---

16 Zur Illustration dieses "klassischen" mafiosen Handlungsraums sollte noch ein Mafioso - der seit 1937 in Sizilien ansässige italo-amerikanische Boss Nick Gentile - mit seiner Selbststilisierung zu Wort kommen: "Nur ich konnte [...] eine Streitkraft zusammen-stellen, die dazu fähig war, Giuliano entgegenzutreten und ihn dazu zu zwingen, zu verhandeln und auch auf einige seiner Unternehmungen zu verzichten. Ich habe Giuliano immer daran gehindert, zum Schaden eines wichtigen Kreditinstituts eine große Erpressung durchzuführen. Hierfür empfing ich von diversen Persönlichkeiten Lob und Dank. Ohne Lösegeld erhielt ich von Giuliano die Befreiung von Personen, die er entführt hatte. Und ich tat all dies, ohne Geld zu fordern, nur um die Möglichkeit zu zeigen, mit unserer Organisation, der berühmten Mafia, Gutes zu tun. Im Gegenzug für diese meine Leistungen zugunsten der Gesellschaft - so beurteilte und beurteile ich sie - wurde ich mit Haftbefehlen verfolgt" (Gentile 1963:169).

als auch Mafiosi zutiefst prägen sollte. Den Großgrundbesitz konnten und wollten aber auch die Christdemokraten nicht verteidigen. 1950 sanktionierte die so lange geforderte Argrarreform-Gesetzgebung die schon in den vierziger Jahren begonnene Auflösung des Großgrundbesitzes; über 500.000 Hektar Land wechselten in jenen Jahren die Besitzer - allerdings nicht ohne daß die Mafiosi zu ihren eigenen Gunsten die Kaufverträge manipulierten (Lupo 1993a:166, Catanzaro 1988: 169-72). Das gewaltsame Aufbäumen der *latifondisti* in der Nachkriegszeit hatte nichts genützt. Ihre Zeit war abgelaufen, neue Erwerbszweige winkten am Horizont.

Auch in Kalabrien schnellten gegen Ende des Krieges die Delikt- und Totschlagstatistiken in die Höhe, und auch hier setzen die Besatzungsmächte mancherorts antifaschistische 'Ndranghetisti als lokale Machthaber ein (Ciconte 1992:240; vgl. Walston 1988:196). Die politischen Allianzen nach Abzug der Alliierten aber beschränkten sich nicht auf die DC, sondern betrafen ebenso die Kommunistische Partei, PCI. Von dem mutmaßlichen 'Ndranghetista Pasquale Cavallaro angeführt, von tausenden von landlosen Bauern unterstützt und von den Kommunisten sehr früh aufgegeben wird im März 1945 in dem vom Großgrundbesitz gezeichneten Caulonia eine kurzlebige "Unabhängige Republik Caulonia" ausgerufen (vgl. Teti 1977). Ebenfalls in der Provinz Reggio wird 1946 der zumindest ehemalige 'Ndranghetista Nicola D'Agostino für die PCI erstmals zum Bürgermeister gewählt, während auch die Stadtoberhäupter von Ciminà und Sinopoli der Mitgliedschaft in der 'Ndrangheta verdächtigt werden (vgl. Ciconte 1992:266; Manfredi 1983). Derlei Schulterschlüsse, die sowohl auf eine gemeinsame antifaschistische Vergangenheit als auch auf eine mitunter romantische Verklärung der 'Ndrangheta seitens der damaligen PCI zurückzuführen sind, gehörten 1955 zu den Angriffszielen der "Operazione Marzano". Innerhalb von nur 54 Tagen wurden mit manchmal dubiosen Mitteln 216 mutmaßliche 'Ndranghetisti verhaftet und 42 davon in die Verbannung geschickt. Wenngleich auch gegen die politische Rückendeckung der 'Ndrangheta vorgegangen wurde - und hier insbesondere gegen alte Notabeln der DC und die bereits erwähnten Kommunisten - tat das der lokalen 'ndranghetistischen Macht, die verstärkt auch öffentliche Gelder und Aufträge "besteuerte", kaum Abbruch. Es war in diesem Zeitraum, in dem sich legendäre 'Ndranghetisti wie Antonio Macrì, Luigi Vrenna oder Mico Tripodo etablierten.

Obwohl auch in Sizilien und Kalabrien präsent, trat eine illegale

Einnahmequelle besonders in Neapel in den Vordergrund: der Schwarzmarkt der Kriegs- und Nachkriegszeit (Sales 1993:134ff.). Viele Einwohner der verarmten und von Kriegsschäden gezeichneten Stadt widmeten sich dem Lebensmittel- und Nachschubschmuggel für die Besatzungsmächte und besonders dem Handel mit den diesen Truppen zugeteilten Zigaretten. In einigen Stadtvierteln hoben sich aus der Unmenge kleinerer Unternehmen "Schmugglereliten" ab, welche größere Warenumsätze verbuchen konnten und die anderen besteuerten - so der Giuliano-Clan, der schon damals und noch in den achtziger Jahren das Viertel Forcella kontrollierte (Figurato/ Marolda 1981:6). Eine weitere Lokalgröße war Antonio Spavone "'O Malommo". Nachdem er als 19-jähriges Bandenmitglied seinen ermordeten Bruder gerächt hatte, waltete er lange Jahre in alter Camorra-Manier im Gefängis von Poggioreale, und hatte von dort aus auch den ein oder anderen Faden zur Unterwelt in der Hand. Nach seiner Freilassung in den siebziger Jahren war er sehr schnell in größere Drogen- und Schmuggelaffären verwickelt (Jouakim 1979). Weder die Zeitgenossen noch die späteren Chronisten jedoch wähnen im Neapel der frühen Nachkriegszeit größere Gruppen am Werk und verzeichnen stattdessen wie gehabt nur die vermeintlich harmlosen *guappi*.

Der gleichen Schublade werden jene Gestalten zugeordnet, die nach wie vor die Handelsströme zwischen Stadt und Hinterland beherrschten, indem sie als Zwischenhändler den Aufkauf der landwirtschaftlichen Ernten und ihren Weiterverkauf an Großhändler, Verarbeitungsindustrie und Exportunternehmen monopolisierten. Gewalttätige Vermittler wie Pascalone 'e Nola und Antonio Esposito, beides ehemalige Zigarettenschmuggler, legten Tag für Tag, selbstverständlich zu ihren eigenen Gunsten, die Preise fest. Weitere mafiose Handlungsräume waren die Fleisch- und Milchversorgung der Stadt sowie die typisch neapolitanische Fälschungsindustrie von Textilien und Markenwaren (Sales 1993:140). Über die politischen Verbindungen der möglicherweise unterschätzten Schmuggler-, Betrüger- und Vermittlergruppen ist nicht viel bekannt. Hinterland-Mafiosi wie Alfredo Maisto oder Aniello Scamardella aber hatten eine beträchtliche Macht inne (vgl. Marrazzo 1984:33ff.). Es ist unwahrscheinlich, daß sie und ihresgleichen es bei bloßen Mittlertätigkeiten beließen - vielmehr dürften sie auch bei eigenständigen ökonomischen Unternehmungen und bei der mit politischen Kontakten einhergehenden Vergabe öffentlicher Aufträge und Lieferungen ihr Glück versucht haben.

Ab Ende der vierziger bis hinein in die siebziger Jahre war Neapel jedoch vor allen Dingen eins: Dreh- und Angelpunkt eines riesigen internationalen Zigarettenschmuggels. Gerade in den ersten Nachkriegsjahren war das staatliche Tabakmonopol nicht imstande, mit der sprunghaft gestiegenen Nachfrage Schritt zu halten. Die Konsumenten bevorzugten zudem die ausländischen Marken, die aber legal importiert sehr viel teurer als geschmuggelt waren. Ganze Frachterladungen wurden aus Marseille, Gibraltar, Nizza und vor allem Tanger herbeigeschifft, vor der Küste Italiens mit Booten, die immer einen Hauch moderner und schneller waren als die der Zollfahndung, entladen und später nicht nur in Neapel, sondern in ganz Italien vertrieben (Figurato/Marolda 1981:17ff.). Die vielfach verzweigte Handelskette weist dabei bis heute drei Ebenen auf: erstens eine exklusive Gruppe von Financiers und Organisatoren, welche den Import koordinieren, zweitens lokale Schmugglerringe, die sich um Entladung, Lagerung und Großhandelsvertrieb kümmern, sowie drittens ganze Heerscharen von fliegenden Händlern, welche die Glimmstengel an die Konsumenten bringen (vgl. Arlacchi 1988b:95ff.).

Die erste Ebene blieb den neapolitanischen Schmugglern der fünfziger und sechziger Jahren meist verwehrt: Ohne die erforderlichen größeren Kapitalmengen und die internationalen Kontakte mußten sie sich darauf beschränken, die Zigaretten in Empfang zu nehmen und mit Hilfe des städtischen Subproletariats in Umlauf zu bringen. Trotzdem wurde der Import vielfach von Neapel aus koordiniert. Lange Zeit beherrschend war eine Gruppe von Franzosen und Korsen mit privilegierten Beziehungen nach Tanger. Auch der italo-amerikanische Mafioso Lucky Luciano, der sich in der Stadt niedergelassen hatte, scheint bis zu seinem Tod 1962 seine beeindruckende illegale Erfahrung in das Zigarettengeschäft eingebracht zu haben. Ebenso tauchen schon sehr früh sizilianische Mafiosi in den höheren Marktsegmenten auf - unter ihnen der spätere Kronzeuge Tommaso Buscetta.

Nach der Schließung des Freihafens Tanger 1960 verlagerten sich die Schmuggelrouten: Gibraltar und die den Basislagern der Zigarettenindustrie in Jugoslawien und Albanien gegenüberliegende adriatische Küste gewannen an Bedeutung, und damit begann auch die Geschäftsbeteiligung jener kalabresischen 'Ndranghetisti, in deren Territorialhoheit diverse Festlandrouten und Küstenabschnitte fielen. Zudem wurden in den sechziger Jahren eine ganze Reihe hochrangiger sizilianischer Mafiosi in die Provinz Neapel verbannt, was eine immer größere Kontrolle der illegalen Zigaretteneinfuhr durch die sizilianische Mafia sowie die Etablierung solider Allianzen mit lokalen Gruppen erleichterte. Jene kampanischen Schmuggler, die sich der Vorherrschaft der Sizilianer nicht beugen mochten, fanden einen interessierten Verbündeten in den *marsigliesi*, dem internationalen Schmugglerring mit Erfahrungen im Heroinhandel. Anfang der siebziger Jahre kam es zwischen beiden Koalitionen zu einem extrem gewaltsamen und mit vielen Denunziationen an die Polizei begleiteten Schlagabtausch, den die Sizilianer erst 1974 für sich entscheiden konnten (Figurato/Marolda 1981:91ff.). Fortan und bis Ende der siebziger Jahre wurde ein Quotensystem eingeführt, das den Sizilianern, ihren Außenposten sowie ihren Verbündeten in Kampanien abwechselnd je eine Frachterladung zugestand (Arlacchi 1992:116-17;1994: 183-85).

Die in Neapel unter Beweis gestellte Schlagkraft der sizilianischen Mafia hatte viel mit dem rapiden sozialen Wandel zu tun, den Sizilien in den fünfziger und sechziger Jahren erlebt hatte. Hunderttausende von Sizilianern verließen in erneuten Migrationsschüben die Insel und zogen in den industrialisierten Norden und ins Ausland, vor allem nach Nordeuropa; in ihrem Schlepptau wiederum diverse mafiose Netzwerke. Diese Auswanderung führte unter anderem dazu, daß der ländliche Handlungsraum der Mafia weiter eingeschränkt wurde: Wo es nicht mehr so viele landlose Bauern gab, machte die Arbeitskräfte- und Landmanipulation nur noch wenig Sinn (Blok 1974:266ff.;Arlacchi 1983:65). Wichtiger noch: Anfang der fünfziger Jahre war die *Regione Siciliana* gegründet worden, eine politisch-administrative Einheit, die der sizilianischen Führungsschicht bei der Verwaltung des anschwellenden Flusses staatlicher Gelder weitgehend freie Hand ließ.

Die soziale und wirtschaftliche Frage war als Grundübel des Mezzogiorno erkannt worden, und ihm wollte man nun mit massiven finanziellen Zuwendungen und Investitionen beikommen. An den Schalthebeln der autonomen Verfügungsgewalt in Sizilien saß eine neue Generation von Politikern, die den vorherigen "NotabelnKlientelismus" durch einen zeitgemäßeren "Massenklientelismus" ersetzte. Mehrheitlich der Fanfaniani-Strömung innerhalb der DC angehörig, walteten diese Politiker über die Vergabe öffentlicher Aufträge zugunsten ihnen nahestehender Unternehmer. Die dritte Komponente dieser Allianz waren die Mafiosi, die nicht nur als Erpresser und Beschützer auftraten, sondern häufig auch selbst politisch und unternehmerisch tätig wurden. Wenngleich in vielen Gegenden der Insel präsent, war die Verflechtung besonders während des sogenannten *sacco di*

Palermo offensichtlich: Unter dem Motto "Wir bauen eine Stadt" wurde plan- und ziellos, immer aber gewinnträchtig vor allem der Norden Palermos mit unansehnlichen Wohnblocks gepflastert und die historische Altstadt dem Verfall preisgegeben - alles auf Kosten des architektonischen und ökologischen Erbes der Stadt. Als "Beschützer" von Baustellen, Strohmänner bei Auftragsvergaben, Eigner von Lastwagenunternehmen und Kiesgruben oder sogar als auschlaggebende Financiers im Bankwesen bereicherten sich zahlreiche *cosche* am Boom (vgl. Santino/La Fiura:101-65). Daß heißt nicht, daß "klassische" mafiose Handlungsbereiche außer acht gelassen wurden: Die häufig zitierten Untersuchungen der damaligen Antimafiakommission beispielsweise belegen die mafiose Kontrolle über die Fisch- und Lebensmittelgroßmärkte Palermos.

Parallel hierzu tat sich auch der nationale und internationale Drogenhandel als millionenschwere Einnahmequelle auf. Mafiosi, die sich als Drogenhändler versuchten, hatte es auch schon vorher gegeben - nur, sie hatten nicht soviel zu tun (McCoy 1991:38-41; Gambetta 1992:336). In den ausschlaggebenden Konsumentenländern und Industriestaaten "explodierte" der Markt erst in den sechziger Jahren. Mehrere Faktoren ermöglichten es der sizilianischen Mafia besonders ab den Siebzigern, groß in das Geschäft einzusteigen - ein Geschäft, das insbesondere darin bestand, Opium, Morphium oder Heroin aus dem Fernen und Nahen Osten zu importieren, es eventuell auf Sizilien weiterzuverarbeiten und es dann zumeist in die USA zu exportieren oder auf dem europäischen Markt zu vertreiben. Einerseits war die bis dato den Zwischenhandel mit Heroin beherrschende "French Connection" von den Strafverfolgungsbehörden geschwächt worden, andererseits konnten die Mafiosi ihre im Zigarettenschmuggel geknüpften internationalen Kontakte sowie das hier und in anderen Handlungsräumen erwirtschaftete Kapital nun auf dem Drogenmarkt zur Geltung bringen. Gleichzeitig garantierten die engen, mitunter familiären Beziehungen zu der US-amerikanischen *La Cosa Nostra* den gewinnbringenden Absatz und Vertrieb in Nordamerika, weswegen sich die Mafiosi nicht auf den freilich ebenfalls expandierenden einheimischen Markt beschränken mußten, auf dem noch andere Gruppen tätig waren und sind (vgl.Becchi/Turvani 1993:117ff.).

Mit der konkreten Abwicklung des Geschäfts waren indes relativ wenige Gruppen beschäftigt: Ein paar kümmerten sich mit ihren internationalen Kontakten um den Import von Morphium oder Heroin, andere betrieben auf Sizilien die Labors, einige unterhielten die Netzwerke in die USA und wiederum andere verfügten über das *know-how* der Geldwäsche (vgl.Stajano 1986:206-17, gm:1309). Die meisten Mafiosi aber hatten mit diesen Tätigkeiten ebensowenig zu tun wie mit der Abwicklung des Zigaretten-schmuggels: Sie wirkten lediglich als Financiers von illegalen Investment-fonds. Man kaufte, sei es als Gruppe oder als einzelner, eine gewisse Menge Morphium, ließ sie auf Sizilien zu Heroin weiterverarbeiten und besorgte dann entweder selbst den Vertrieb oder aber ließ das Heroin als Teil einer größeren Lieferung nach Übersee exportieren - all dies häufig ohne den Stoff überhaupt gesehen zu haben (lm.cpm:545; ac:319; vm:29; tb:246ff.; gm.vi.2:40-43). Eine Investition von 50 Millionen Lire konnte so im Hand-umdrehen 200 Millionen Lire abwerfen (gm:1308). Diese enormen Gewinne galt es dann zum Beispiel durch die Gründung von tatsächlichen oder nur auf dem Papier stehenden Firmen "reinzuwaschen". Somit wurde die schon im Bauboom allgegenwärtige Tendenz zur Gründung zumeist kleiner "mafioser Unternehmen" nur noch verstärkt (Catanzaro 1988:249ff.; Santino/La Fiura 1990:247ff.).

Wenngleich etwas zeitverschoben, verlief die mafiose Entfaltung in Kalabrien ähnlich. Weiträumige Erpressungen, Interventionen in Vieh- und Agrarmärkten oder der Industrie, Betrugsgeschäfte mit Subventionen der EG, Schmuggel, Drogenhandel und Waffenschieberei - die Interessen der 'Ndrangheta sind ebenso vielfältig wie die der sizilianischen Mafia. Zwei große staatliche Infrastrukturprojekte spielten eine herausragende Rolle: der Autobahnbau zwischen Salerno und Reggio sowie das Stahlwerk und der Hafen von Gioia Tauro (vgl. Arcà 1979). Die Beteiligung der 'Ndrangheta an diesen Projekten verstärkte sich im Laufe der Jahre: Während die 'Ndranghetisti bei dem 1965 begonnenen Bau der "Autostrada del Sole" und in den Frühphasen des Gioia-Tauro-Komplexes vor allem noch als aufge-zwungene oder erbetene Aufpasser, Transporteure oder Kieselsteinlieferanten tätig waren, errichteten sie in den darauffolgenden Jahren regelrechte Großunternehmen, die zuletzt auch mit den großen staatlichen und privaten Konzernen Norditaliens *joint ventures* eingingen (Fantò 1994).

Auch eine der gewaltsamsten Akkumulationsformen schlechthin, die Entführungen, trugen dazu bei, den sozialen und wirtschaftlichen Aufstieg einiger 'Ndranghetisti von Maurern oder Hirten zu Großunternehmern zu ermöglichen. War es zwischen 1950 und 1970 in Kalabrien zu ganzen drei Entführungsfällen gekommen, wurden von 1970 bis 1988 132 Menschen innerhalb Kalabriens und 55 in anderen Teilen des Landes durch die

'Ndrangheta der Freiheit beraubt. Die Einnahmen aus den Lösegeldern beliefen sich in diesem Zeitraum auf geschätzte 250 Milliarden Lire, rund 250 Millionen DM (Gambino 1975:175; Sergi 1991:147). Ab 1974 trat eine immer größere "Professionalisierung" der zumeist zwischen 15 und 20 Personen umfassenden Entführerbanden ein, womit unabhängigen Gruppen, die ohne das Placet der 'Ndrangheta zu agieren versuchten, kaum eine Chance gelassen wurde (ebd.:150ff.). Erst gegen Mitte der achtziger Jahre verzeichnete diese, so in Sizilien und Kampanien nicht zu beobachtende "Kidnappingindustrie" in Kalabrien einen Rückgang, ohne jedoch ganz zu verschwinden (DIA 1993:135f.; Cpm XI/14:373).

In einigen Fällen scheinen die erpreßten Lösegelder das Einstiegskapital in den Drogenhandel abgegeben zu haben. So meinen die Richter aus Reggio Calabria für den Fall der jonischen Küste einen klaren chronologischen Übergang von diversen mafiosen Handlungsräumen zu anderen beobachten zu können: "Unter der unbestrittenen Führung des bekannten Bosses Antonio Macrì nahm die mafiose *cosca* aus Siderno seit den ersten Nachkriegsjahren entlang der ganzen jonischen Küste eine hegemonische Stellung ein. Zu Beginn der siebziger Jahre tat sie einen Qualitätssprung, indem sie vom Viehdiebstahl, den Erpressungen und dem Zigarettenschmuggel, also den damals gewinnbringendsten Tätigkeiten, zu den Entführungen überging [...], deren Einnahmen wiederum größtenteils in den internationalen Drogenhandel investiert wurden" (TdRC 1993a:10).

Nach der Ermordung des Bosses Macrì übernahm der von dem Commisso-Clan dargestellte Nachwuchs jenes hoch strukturierte mafiose Migrationsnetzwerk, das mit seinen Außenposten in Kanada, den USA und Australien den internationalen Polizeikreisen als "Siderno-Group" bekannt ist. Die Richter weiter: "Durch den Drogenhandel errichteten die Commisso ein wahres wirtschaftliches Imperium, und es gelang ihnen auch, sämtliche ökonomische Tätigkeiten der Gegend abzuwickeln. Für jene Tätigkeiten, die nicht direkt von ihnen geleitet werden, verlangen die Commisso von allen Unternehmern die Zahlung eines Erpressungsgeldes" (ebd.:32). Mittels der Kontrolle von sieben Bauunternehmen sei es ihnen zudem gelungen, die öffentlichen Aufträge zu monopolisieren.

Trotzdem sind derart klare Übergänge von einem mafiosen Handlungraum zum anderen nicht immer so eindeutig auszumachen: Die Interessen sowohl der einzelnen 'Ndranghetisti, als auch der *ndrine* und der 'Ndrangheta sind meist vielfältig, und die verschiedensten Handlungsbereiche bestehen nebeneinander. Einen Grund dafür nennt ein 'Ndranghetista aus Lamezia Terme: "Du fragst mich, ob sich Entführungen noch lohnen, wo es doch die Droge gibt? Aber es haben doch nicht alle das Zeug für dieses Geschäft, nicht alle können es machen, es bedarf des Kapitals, der Verbindungen [...]. Nicht alle können das" (Cavaliere 1989:125). Und einer seiner Kollegen aus Kampanien, Pasquale Galasso, berichtet über die Camorra der achtziger Jahre: "Fast alle camorristischen Gruppen in Kampanien beschäftigen sich mit Drogen, [...] aber jene, die nicht in die Geschäfte mit öffentlichen Aufträgen verwickelt sind, tun es noch mehr" (pg.1:2240). Derartige legale Geschäfte mit illegalen Methoden, so Galasso weiter, könnten mitunter gewinnträchtiger als der illegale Drogenhandel selbst sein.

Für die Camorra stellte das Erdbeben von 1980 einen entscheidenden Wendepunkt für den Einstieg in die Bauwirtschaft dar: Schon wenige Tage nach der Katastrophe witterten nicht nur die Camorristi, sondern auch viele Politiker und Unternehmer die Chance, einen Teil der fortan in Milliardenhöhe fließenden Hilfsgelder in die eigene Tasche umzuleiten. Auch für das "Camorra-Unternehmen" war nun die Zeit reif. Die von den sizilianischen und kalabresischen Kollegen gesammelten Erfahrungen dürften das ihre dazu beigetragen haben - Nachzügler haben es oft leichter. Und die Camorristi entwickelten ausgeklügelte Methoden: Die extrem hohen, auf den legalen und illegalen Märkten erbeuteten Kapitalüberschüsse wurden Unternehmern, die in wirtschaftliche Not geraten waren, als Kredite angeboten. Der von der Camorra getätigte, selbstverständlich illegale Kapitalzuschuß aber mußte dann häufig mit einer Unternehmensbeteiligung bezahlt werden, die auch dazu führen konnte, daß der ursprüngliche Eigentümer langfristig sämtliche Beteiligungen an seinem Unternehmen verlor (Cpm XI/12:131ff.). Auf einer freilich größeren Skala reproduzierten diese Camorra-Gruppen damit den in Neapel und Umgebung ohnehin traditionsreichen Handlungsraum des Zinswuchers. So gehört es besonders in den *quartieri bassi* Neapels noch heute zum Alltag, daß Camorristi Zinswucher betreiben oder Gläubiger ihre Anrechte auch auf kleine Privatschulden an camorristische Gruppen "verkaufen", welche diese dann, wenn nötig mit Gewalt, von den Schuldnern eintreiben (int.27).

Daß seit den siebziger Jahren wieder uneingeschränkt von "Camorra" die Rede ist, war vor allem das Werk eines einzigen Mannes aus dem "mafiosen" Milieu des kampanischen Hinterlandes: Raffaele Cutolo. In den sechziger Jahren erstmals wegen eines Affektmordes verurteilt, den er als

22-jähriger beging, hat "Il professore" die meiste Zeit seines Erwachsenen-lebens im Gefängnis verbracht (vgl. De Gregorio 1981). Dort kam er nicht nur mit Angehörigen der 'Ndrangheta in Kontakt, sondern beschäftigte sich auch intensiv mit der in Neapel übrigens an jeder zweiten Straßenecke zu erstehenden Populärliteratur über die Camorra des 19. Jahrhunderts. Sowohl hinter den Gefängnismauern als auch während seiner kurzen Freiheits-Intermezzos von zumeist jungen Gewalttätern umringt, schuf der von Gerichtsgutachtern, "Kriminellen", Presse, ja, sogar sich selbst als *pazzo*, "verrückt", stilisierte Cutolo die "Nuova Camorra Organizzata". Die NCO war eine hierarchische, mit althergebrachten camorristischen Aufnahmeritualen und Normen ausgestattete Massenorganisation, die den Versuch unternahm, die gesamte Unterwelt Neapels und Kampaniens mit Gewalt unter ihre Kontrolle zu bringen - beispielsweise sollte für jede entladene Zigarettenkiste fortan eine Abgabe entrichtet werden. Der Widerstand gegen die Besteuerung aber regte sich rasch und führte zum losen Zusammenschluß von Cutolos Gegnern in der sogenannten "Nuova Famiglia". Beide Koalitio-nen lieferten sich zwischen 1979 und 1983 einen blutige Auseinandersetzung, bei der auf beiden Seiten Hunderte von Menschen starben und die mit der Zerschlagung der NCO endete.

Auch die staatliche Justiz trug zum Niedergang Raffaele Cutolos bei: Er wurde erneut verurteilt und wohl für den Rest seiner Tage auf die Sträflings-insel Asinara geschickt. Die Koalition seiner Gegner allerdings, der *anti-cutoliani*, zerbarst rasch: Die mit der sizilianischen *Corleonesi*-Fraktion alliierte Gruppe der Nuvoletta, die sich ohnehin erst auf die Seite der "Nuova Famiglia" geschlagen hatte, als der Ausgang des Konflikts schon abzusehen war, sah sich nun einer anderen Koalition gegenüber, die sich aus unabhän-gigen sowie anderen in die sizilianische Cosa Nostra integrierten Gruppen zusammensetzte. Nach erneuten Auseinandersetzungen blieb vor allem der unabhängige und besonders im Hinterland sehr mächtige Alfieri-Clan übrig, der gegen Ende der achtziger Jahre noch einmal erfolglos versuchte, die kampanische Kriminalität zu zentralisieren (vgl. Cpm XI/12:30ff.; Cr.pol 1993).

Von ähnlich Konfrontationen ist auch die jüngste Geschichte der Mafia in Kalabrien und Sizilien geprägt. Immer wieder, fast wellenartig, flammen Grabenkämpfe innerhalb der *cosche*, vor allem aber zwischen ihnen auf. Wie im zweiten Kapitel noch zu beschreiben, sind es strukturell bedingte Ausein-andersetzungen, deren konkrete Auslöser von außen gewöhnlich sehr schwer zu erkennen sind. Nicht aufrechterhalten läßt sich die These, die jüngsten Konflikte seien dadurch entstanden, daß eine neue Generation von Mafiosi, der jegliche Moralvorstellungen fremd seien, eine "ehrenwerte" und beispielsweise hinsichtlich des Drogenhandels mit Skrupeln behaftete ältere Generation hinweggefegt hätte. Die meisten Konflikte scheinen sich eher um sehr konkrete Machtfragen als um abstrakte Moralvorstellungen zu drehen - und das seit dem 19. Jahrhundert (vgl. Chinnici/Santino 1989:246,259). Das gilt auch für Kalabrien, wo sich in den siebziger Jahren erst eine von den De Stefano geleitete Koalition gegen den Tripodo-Clan und seine Alliierten durchsetzte, um dann in den Achtzigern ihrerseits vom Zusammenschluß der Imerti, Condello und Serraino geschlagen zu werden (TdRC 1979,1988,1993b). Die mafiose Entfaltung führt auch dazu, daß sich die internen Auseinandersetzungen mehren. Immer zahlreichere, immer kapitalkräftigere, immer hochgerüstetere Gruppen scharen sich auf engstem Raum um immer gewinnträchtigere Einnahmequellen.

Zwei große Auseinandersetzungen haben die jüngste Geschichte der Mafia in Sizilien geprägt. Inmitten einer von Generationskonflikten, Bauboom, großem gegenseitigen Mißtrauen und den Hegemonie-Ansprüchen des Mafiabosses Michele Cavataio geprägten Atmosphäre entbrannte Anfang der sechziger Jahre in Palermo der "erste Mafiakrieg" zwischen zwei mächtigen Fraktionen der Cosa Nostra. Ausgesetzt wurde der Konflikt nur durch eine externe Intervention: Nach der *strage di Ciaculli*, einem Bombenanschlag, bei dem 1963 sieben Carabinieri starben, wurden Dutzende von Mafiosi verhaftet, während Hunderte anderer vor der staatlichen Offensive in den Untergrund abtauchen mußten - der interne Konflikt wurde somit eingefroren und erst 1969 mit der Ermordung Cavataios beendet. Die Ruhe aber war nicht von Dauer: In den siebziger Jahren bildete sich mit den *Corleonesi* eine neue Fraktion, der es im "zweiten Mafiakrieg" Anfang der achtziger Jahre gelang, sizilienweit ihre Gegner - unter ihnen altehrwürdige und mächtige Bosse wie Stefano Bontade oder Salvatore Inzerillo - auszuschalten. Die Herrschaft der von Totò Riina angeführten *Corleonesi* sollte die gesamten achtziger Jahre andauern. Nicht der wachsende interne Unmut über deren Führungsstil, sondern eine erneute staatliche Offensive 1992 nach der Ermordung der Richter Giovanni Falcone und Paolo Borsellino führte dann zur Zerschlagung dieser Machtkonstellation.

Nie zuvor hat die Mafia so massiv Gewalt gegen staatliche Funktionsträger und Mitglieder der gesellschaftlichen Eliten eingesetzt, wie sie es in den letzten dreißig Jahren tat. Diese Gewaltanwendung ist das erste wichtige Merkmal der Nachkriegsperiode, und sie bricht mit einer mafiosen Kontinuität, in der die sogenannten *delitti eccelenti*, die "herausragenden Delikte", allenfalls Ausnahmen darstellten. Zum Teil läßt sich diese Gewaltanwendung mit der hier beschriebenen Expansion erklären: Je mächtiger und reicher die Mafia wurde, um so mehr stand für sie auf dem Spiel, und um so mehr verteidigte sie auch mit Gewalt ihre Pfründe. Das ist jedoch allenfalls eine partielle Erklärung, und eine genauere Hypothese bleibt noch zu erarbeiten - zumal es allein die sizilianische Mafia war, die systematisch auf die gewaltsame Konfrontation setzte (vgl. Kapitel III,6).

Die Gewaltbereitschaft entspricht durchaus der sizilianischen Vormachtstellung innerhalb der wachsenden Vernetzung zwischen 'Ndrangheta, Camorra und Cosa Nostra - dem zweiten Merkmal der Nachkriegsperiode. So neu ist diese Vernetzung freilich nicht. Schon im vorigen Jahrhundert wurden bei Gefängnis- und Verbannungsaufenthalten, Marktbeziehungen und Wehrdienst Kontakte geknüpft. Diese Austauschbeziehungen aber - und das gilt selbstverständlich nicht nur für die illegalen Handlungsräume, sondern für die gesamte italienische Gesellschaft - haben sich in den letzten fünfzig Jahren ungemein verstärkt. 'Ndranghetisti, Mafiosi und Camorristi wissen voneinander, schauen sich gegenseitig ihre Organisationsmodelle ab, vergeben untereinander schon einmal einen Mordauftrag oder handeln miteinander entlang der Routen geschmuggelter Zigaretten, Waffen und Drogen (TdRC 1979:191; 1988:191ff.; pg.1: 2246; Zagari 1992:67; Gambino 1975:89,127ff.). Immer häufiger gibt es auch Mitgliedschaften in mehr als einer Gruppe; insgesamt zeichnet sich eine stärkere "funktionale Integration" zwischen den Organisationen ab (Ciconte 1993, vgl. DIA 1993:8ff.). Meist jedoch haben die Sizilianer das Sagen: Sie sind es, die es nachzuahmen gilt, die anderen die Mitgliedschaft in der Cosa Nostra anbieten, die mitunter als Schlichter bei internen Konflikten angerufen werden, die abfällig auf die anderen herabschauen (tb.cpm:361-62;ac:316; lm.cpm:527ff.;sm: 3089ff.).

Das dritte Merkmal der Nachkriegsperiode ist die zunehmende Ausbreitung der Camorra, der 'Ndrangheta und der sizilianischen Mafia außerhalb ihrer althergebrachten Einflußgebiete. Ansatzweise hatte es sie schon immer gegeben, aber nicht in diesem Ausmaß: Auf Sizilien expandiert die Mafia in die vormals weitgehend unberührten östlichen Provinzen Syrakus, Ragusa und Messina; in Kalabrien verläuft der Vormarsch von der Hochburg Reggio Calabria gen Catanzaro und Cosenza. Angrenzende Territorien werden gewissermaßen annektiert (vgl. Lupo/Mangiameli 1989/90:40ff.). Dagegen folgt die Expansion auf nationaler Ebene einem eher kolonisatorischem Modell (vgl. Cpm XI/2:31). In der Verbannung, auf der Flucht oder als Migranten lassen sich 'Ndranghetisti, sizilianische Mafiosi und Camorristi in anderen Landesteilen nieder und gründen dort neue Gruppen, die mit den "Mutterhäusern" daheim enge Kontakte pflegen.

Derartige Außenposten verfügen nur in Ausnahmefällen über eine tatsächliche Territorialkontrolle. Trotzdem sind sie bei der Abwicklung von Entführungen, Drogen- und Waffenhandel sowie der Geldwäsche gut im Geschäft. In Mailand, dem wichtigsten Finanzplatz Italiens, tummeln sich nicht nur legale Investoren, sondern auch zahlreiche Mafiosi, welche die Stadt als Drogenhandels-Umschlagplatz und Investmentparadies für sich entdeckt haben (Cpm X/19:11). Bekannt sind nicht nur die schon länger bestehenden sizilianischen Kleingruppen in Rom und Turin oder der nach dem Versammlungsort *Autoparco Salomone* genannte Außenposten der Cosa Nostra in Mailand, sondern auch die vielfältigen Tätigkeiten von 'Ndranghetisti, Camorristi und Mafiosi in der Lombardei oder der Toskana, im Piemont oder den Abruzzen (vgl. Sciarrone 1995). "Es gibt in unserem Land keine "glücklichen Inseln" mehr", warnt die Antimafiakommission in einem ausführlichen Bericht, "das Phänomen [...] hat sich praktisch im ganzen Land ausgebreitet" (Cpm XI/11:10,17)

Die Expansion begünstigt die Vernetzung. Fernab des heimatlichen Territoriums und besonders mit illegalem Handel beschäftigt, kommen sizilianische Mafiosi, 'Ndranghetisti und Camorristi miteinander in Kontakt und kooperieren, wann immer sich eine günstige Gelegenheit bietet. Dieses externe Kooperationsmuster war schon zur Jahrhundertwende offensichtlich, als sich die mafiosen Migranten in den USA, ungeachtet ihrer unterschiedlichen Herkunft, in italo-amerikanischen Organisationen zusammenschlossen. Eine wichtige Rolle können bei der Vernetzung freilich auch unabhängige kriminelle Zusammenschlüsse spielen. Die *banda della Magliana* beispielsweise stellte ihre privilegierten Kontakte im Machtzentrum Rom sowohl der 'Ndrangheta und der Camorra als auch der sizilianischen Mafia zur Verfügung und brachte somit alle einander näher (pg.1:2297ff.).

Die Ausbreitung auf nationaler Ebene muß jedoch nicht unbedingt durch die Kolonisation vormals "unberührter" Gebiete durch Außenposten der Mafia erfolgen. Mindestens ebenso wichtig scheint die Art und Weise, wie die lokale organisierte Kriminalität die zum Mythos gewordenen Vorbilder ihrer Kollegen nachzuahmen beginnt - zumindest solange, wie sie sich als erfolgreich erweisen. Im sizilianischen Messina beispielsweise beginnt sich gegen Ende der siebziger Jahre unter Gaetano Costa eine aufstrebende Fraktion durchzusetzen, die es sich zur Aufgabe macht, die weitgehend unorganisierte Kriminalität der Stadt unter ihre Kontrolle zu bringen. Während Kontakte zur Cosa Nostra im nahegelegenen Catania bestehen und die Aufnahmerituale und Hierarchien von der 'Ndrangheta übernommen werden, ähneln das Organigramm und die interne Arbeits- und Territorialaufteilung eher der Camorra Raffaele Cutolos. Costa zimmerte sich so seine eigene Mafia (Providenti 1992). Das mafiose Modell wird in Sizilien ebenso von der *Stidda* kopiert, einem losen Zusammenschluß der lokalen organisierten Kriminalität in Provinzen wie Caltanisetta und Agrigent, bei dem auch einige Abtrünnige der Cosa Nostra eine Rolle spielen (MinInt 1994: 202ff.).

Ein weiteres Beispiel für Vernetzung, Ausbreitung und Imitation ist die Anfang der achtziger Jahre in Apulien - schon immer einem Durchgangsland illegaler Handelsware - gegründete *Sacra Corona Unita*. Zu Beginn war es besonders Raffaele Cutolo, welcher der eher fragmentierten und unorganisierten lokalen Kriminalität einen Zusammenschluß nach dem Muster der *Nuova Camorra Organizzata* nahelegte und sich dafür sogar Rückendeckung bei einigen 'Ndranghetisti und Mafiosi holte. Der Widerstand gegen die externe Vormacht aber regte sich rasch. Als in Kampanien die NCO von ihren Widersachern zerschlagen wurde, sah Giuseppe Rogoli, ein ausgeprägt egomanischer Charakter, seine Stunde gekommen. Er holte sich Unterstützung bei dem mächtigen 'Ndranghetista Umberto Bellocco, gründete unter dessen Patenschaft die eigenständige *Sacra Corona Unita* und schrieb eifrig an Statuten, die explizit seine eigene Führerschaft auf Lebzeiten festlegten. Obwohl ihre Hegemonie fortwährend von anderen Gruppen in Frage gestellt wird - unter anderem von dem ebenfalls mafiosen Imitat der "Nuova Famiglia Salentina" mit ihrem schönen Motto "Salento den Salentinern" - gelingt der SCU besonders in der Provinz Lecce eine beachtliche Zentralisierung der Erpressungen, des Zigarettenschmuggels, des Glücksspiels sowie des Drogen- und Waffenhandels (CGAC 1990; CdAL 1993; MinInt 1993:192ff.).

Und schließlich die Ausbreitung ins Ausland: Aus historischer Perspektive keineswegs neu, betrifft sie heutzutage zahlreiche Länder als je zuvor. Mafiose Außenposten gibt es in Frankreich, Spanien, Rumänien, Portugal, Venezuela, Kanada, Tunesien, Rußland oder Australien und selbstverständlich auch in Deutschland (vgl. pg.1:2251;lm.cpm:543;gm:1309;ac:337). Ähnlich wie die Außenposten in Italien unterhalten diese Gruppen enge Beziehungen zu ihren "Mutterhäusern". Je länger sie bestehen und je größer und mächtiger sie sind, um so wahrscheinlicher ist allerdings ihre Verselbstständigung.

Das herausragendste Beispiel dafür ist die italo-amerikanische Mafia. Schon zur Jahrhundertwende bestanden in den USA mafiose Gruppen wie die *Black Hand* oder die *Unione Siciliana*, die sich vornehmlich aus italienischen Migranten zusammensetzten (vgl. Abadinsky 1990:132ff.). In blutigen Auseinandersetungen und in engem Kontakt auch mit "Kriminellen" anderer Einwanderergruppen bildete sich über die Jahre hinweg *La Cosa Nostra*, eine Dachorganisation verschiedener *crime-families*, deren Benennung und Struktur erstmals 1962 durch den Mafia-Aussteiger Joseph Valachi bekannt wurde. Die Kontakte nach Italien brachen nie ab: Mehrere Generationen italienischer und italoamerikanischer Mafiosi pflegten enge verwandtschaftliche, freundschaftliche oder geschäftliche Beziehungen (vgl. Gentile 1963; Bartolotta 1987). Die gegenseitige Beeinflussung ging so weit, daß die US-Amerikaner in den fünfziger Jahren bei der Wahl des Organisationsmodells der sizilianischen Cosa Nostra Pate standen. Und trotzdem wurden beide Cosa Nostras nicht eins, sondern behielten ihre Unabhängigkeit bei (vgl. gm:1274). Tommaso Buscetta, der erfahrene Weltreisende, erklärt: "Um irgendwelche Verbindungen aufrecht zu erhalten, sind meiner Ansicht nach nunmehr die kulturellen Unterschiede zu groß und die Interessen zu verschieden" (tb:254).

4. Im Zentrum illegaler (Welt-)Märkte

Kolumbien, 1991: Eine unabhängige, aber von der Regierung unterstützte Forschungskommission wird damit beauftragt, das Gewaltszenario in den Einflußgebieten der gerade demobilisierten Guerillabewegung Ejército Popular de Liberación, der ehemals maoistischen "Volksbefreiungsarmee" EPL, zu untersuchen. Die ausgesandten Forscher treffen allerorts auf bürgerkriegsähnliche Zustände, in denen sich gegenseitig bekämpfende Privatmächte vorgeben, die "Ordnung" aufrechtzuerhalten. In dem Departement Córdoba tut sich kaum etwas ohne das Placet von Fidel Castaño, einem

Großgrundbesitzer, zumindest ehemaligen Drogenhändler und Anführer einer wahren paramilitärischen Armee, die in den achtziger Jahren die EPL und ihre bäuerliche soziale Basis äußerst brutal bekämpft und weitgehend besiegt hatte. In den *boomtowns* des westwärts angrenzenden Bananenanbaugebiets Urabá regeln aus der Guerilla hervorgegangene Milizen als "Stadtteilmafias" alle möglichen sozialen Konflikte und schützen nicht immer vor der grassierenden Kriminalität. Im Departement Putumayo an der Grenze zu Ecuador delegieren die Kokabauern- und Kleinhändler an die Guerilleros der FARC - Fuerzas Armadas Revolucionarias de Colombia, Revolutionäre Streitkräfte Kolumbiens - die Regelung der labilen, weil illegalen Geschäftsbeziehungen und den Schutz vor einer mitunter extrem gewalttätigen und korrumpierten Polizei (vgl. Csv.cor: 10ff.; Csv.ur:4; Csv.put:13).

Besonders deutlich aber wurde der kritische Zustand der öffentlichen Sicherheit in Puerto Santander, einem Ort an der Grenze zu Venezuela. Dort trafen die Forscher auf die Terrorherrschaft von nicht viel mehr als zwanzig bewaffneten Guerilleros: "Die Angst geht hier so weit, daß man noch nicht mal mehr den Freunden trauen kann". Die Leute von Puerto Santander hatten sich in den vergangenen Jahren schon mehreren revolutionären Ordnungskräften gefügt. Ursprünglich war der Einzug des EPL sogar begrüßt worden, da die Guerilleros der Willkür der städtischen und ländlichen Kleinkriminalität und der eigentlich der Guerilla nahe stehenden Milizionäre ein Ende setzten. Als sich nach den Friedensverhandlungen jedoch ein Großteil des EPL demobilisierte, blieb in Puerto Santander eine kleine Fraktion von "Dissidenten" übrig, die offiziell weiterhin um die revolutionäre Machtübernahme kämpfte, eine "Kriegssteuer" erhob und mit der Waffe in der Hand tat, was sie wollte. "Chepitos", "private Schuldeneintreiber" wurden sie verächtlich von den Kollegen des ebenfalls in der Gegend agierenden Ejército de Liberación Nacional (ELN), der Nationalen Befreiungsarmee, genannt: "Sie erpressen sogar die Dienstmädchen". Für die Leute von Puerto Santander war die Situation unerträglich geworden. Ein örtlicher Journalist suchte die Mitglieder der immerhin von der Regierung finanzierten Untersuchungskommission auf und bat sie darum, mit dem örtlichen Kommandanten der kommunistischen FARC Kontakt aufzunehmen: Er und seine Guerilleros - und eben nicht: die staatlichen Ordnungskräfte - möchten um Gottes Willen Puerto Santander vor dieser EPL-Fraktion schützen und die Territorialherrschaft übernehmen. Wochen später taten das die FARC tatsächlich - wenn auch ohne das Zutun der Untersuchungskommission (vgl. Csv.ns:7ff.).

Wie in Puerto Santander geben sich in Kolumbien vielerorts Erpresser und Beschützer die Klinke in die Hand. Von privaten Machtgruppen, die über einen gewissen Grad an Territorialkontrolle verfügen, welche ihnen häufig auch staatlicherseits "zugestanden" wird, wimmelt es im ganzen Land, und das schon seit den fernen Tagen der Unabhängigkeitskriege Anfang des 19. Jahrhunderts. So gesehen, und die Skizze der italienischen Mafia als parastaatliche Macht im Hinterkopf, ließen sich in Kolumbien viele Handlungsräume und Gruppen als "mafios" beschreiben. In Frage kämen nicht nur einzelne Guerillafronten[17], paramilitärische Gruppen oder "Selbstverteidigungsverbände", die noch heute agieren, sondern auch verschiedene lokale und regionale Fraktionen, die den Bürgerkrieg zwischen liberalen und konservativen Parteigängern in den vierziger und fünfziger Jahren dieses Jahrhunderts - die *Violencia* - zu ihren Gunsten manipulierten.

Illegale und gewalttätige private Machtgruppen gibt es viele in einem Land, in welchem der Zentralstaat sein theoretisch beanspruchtes Gewaltmonopol bis heute nicht hat durchsetzen können. Nur fällt, zumindest im Prinzip, kaum eine dieser territorialen Machtgruppen mit jenen Akteuren zusammen, die als Narcotraficantes die kolumbianische Gesellschaft der letzten zwanzig Jahre zutiefst geprägt haben. Der typische Handlungsraum der Narcotraficantes ist nicht die gesetzwidrige Machtausübung - Raub, Schutz und Erpressung auf dem legalen Sektor - sondern die Produktion und vor allem der Handel mit illegalen Genußmitteln: hauptsächlich Marihuana, Kokain und Heroin. Sie leben nicht davon, auf einem gegebenen Territorium möglichst alle legalen und illegalen Wirtschaftszweige zu "besteuern", indem sie beschützen oder erpressen, sondern verdienen Unsummen damit, ihre

---

17 Auf den "mafiosen Charakter" von zumindest Teilen der kolumbianischen Guerilla wies mich 1993 Andrés Peñate hin, damaliger Mitarbeiter des Beraterstabs für Sicherheitsfragen der Präsidentschaft. Tatsächlich gibt es Parallelen: Die Territorialherrschaft, beispielsweise, oder die Schutz-Erpressungsfunktionen und vor allem deren Bedeutung für die Legitimation und Finanzierung von Aufstandsbewegungen (vgl. Naylor 1993). Trotzdem sollte der Vergleich nicht in einer polemischen Identifizierung der Guerilla mit der Mafia münden. Es macht sehr wohl einen Unterschied, ob jemand aus eigennützigen Interessen heraus "mafios" handelt oder ob er es in Funktion eines wie auch immer gearteten selbstlosen politischen Ideals tut. Erst wenn dieses politische Ideal fehlt - und dies ist tatsächlich bei immer mehr kolumbianischen Guerillafronten der Fall - würde die Gleichsetzung nicht nur des Handlungsraums sondern auch der Gruppen Sinn machen.

Ware über mehrere Staaten hinweg zu vertreiben. Sie beuten keine Territorien aus, sie sprengen Grenzen. Primär sind sie keine Machthaber, sondern Händler. Sicher: Um auf dem Markt agieren zu können, bedarf es auch der Macht; und je erfolgreicher auf dem Markt vorgegangen wird, um so mehr Macht kann akkumuliert werden. Der Ausgangs- und Schwerpunkt des Vorgehens der Narcotraficantes aber ist ein anderer als der der Mafiosi.[18]

Alte und neue Drogen und Gewinne

Gegen Mitte der sechziger Jahre begann in den mit ihren kulturellen Werten weltweit dominierenden USA eine Umwälzung im Lebensstil vor allem der jugendlichen Bevölkerung: Waren die seit dem zweiten Weltkrieg vergangenen Jahre von Generationen geprägt worden, die tendenziell apolitisch und eher optimistisch in die Zukunft blickten, verbreitete sich ab Mitte der sechziger Jahre - nicht zuletzt unter dem Eindruck des Vietnamkrieges und besonders unter den Jugendlichen des angewachsenen weißen Mittelstandes - eine generelle Infragestellung des Gangs der Dinge. Die soziale Ordnung stand in grundlegenden Aspekten wie dem Geschlechterverhältnis und den Autoritätsstrukturen zur Debatte. Die Bewegungen und Lebensstile, die sich entfalteten, waren nicht ausschließlich, aber doch häufig gesellschaftliche Gegenentwürfe. Es war nur konsequent, daß auf andere Drogen als die der Mütter und Väter zurückgegriffen wurde, und weitgehend gleichgültig, daß diese Drogen verboten waren.

Es waren keine neuen Drogen. Einige dieser Rausch- oder Genußmittel[19]

---

18 Diese Unterscheidung ist auch von kolumbianischen Richtern, die in Italien einen Lehrgang absolvierten, unterstrichen worden (UNICRI:233).
19 Schon die Wahl der Begriffe, mit denen diese Substanzen bezeichnet werden - Droge, Betäubungsmittel, Rauschgift, Genußmittel, Suchtgift usw. - kann eine Bewertung implizieren. In dieser Arbeit soll vor allen von "Drogen" die Rede sein. Laut der hier übernommenen Definition von Sebastian Scheerer und Irmgard Vogt sind mit Drogen vor allen Dingen "psychoaktive Substanzen" gemeint. "Drogen in diesem Sinne sind alle Stoffe, Mittel, Substanzen, die aufgrund ihrer chemischen Natur Strukturen oder Funktionen im lebenden Organismus verändern, wobei sich diese Veränderungen insbesondere in den Sinnesempfindungen, in der Stimmungslage, im Bewußtsein oder in anderen psychischen Bereichen oder im Verhalten bemerkbar machen" (1989:6).

93

begleiten die Menschheit schon seit Jahrtausenden als Kulturpflanzen, Heilmittel, und mitunter sakrale Drogen: die Hanfderivate Marihuana und Haschisch, die Blätter des Kokastrauchs, das Mutterkorn, aus dem das LSD gewonnen wird und das Schlafmohnderivat Opium (vgl. Escohotado 1989). Die hier besonders relevante Koka ist eine alte Kulturpflanze der indianischen Bevölkerung der Anden und des Amazonasbeckens. Noch heute ist das Kauen von Kokablättern in vielen Gegenden Perus, Boliviens, Ecuadors, Kolumbiens und in der Amazonasregion Brasiliens verbreitet (vgl. Henman 1989). Obwohl der Alkaloidgehalt der Blätter ungleich geringer als der des Kokains ist, hilft die Koka, den Hunger zu stillen und Kräfte zu schöpfen. Gleichzeitig hat sie noch andere gesellschaftliche Funktionen: Sie wird als Tauschmittel benutzt, ist fester Bestandteil ritualisierter Arbeitstätigkeiten und findet als Heilmittel alle möglichen Anwendungen. Zudem wird dem Strauch und seinen Blättern eine sakrale Bedeutung zugemessen (vgl. Camino 1989:94ff; Silva 1990:22-23; Molano 1991). Um den traditionellen, in den Andenländern immer wieder zu Recht als kulturelles Erbe verteidigten Kokakonsum (der dem europäischen Weintrinken so unähnlich nicht ist) zu decken, gibt es sowohl in Peru als auch in Bolivien legale Anbaugebiete.

Produkte der "Moderne" dagegen waren die wirkstoffhaltigeren Substanzen Kokain und Heroin, die in der zweiten Hälfte des vorigen Jahrhunderts in den zumeist deutschen Labors der aufstrebenden pharmazeutischen Industrie extrahiert wurden. Kokain wurde erstmals 1860 von dem deutschen Chemiker Albert Niemann hergestellt, und Heroin war lange Zeit ein eingetragenes Markenzeichen der Firma Bayer, die es 1898 auf den Markt brachte und dabei auf einen ähnlich großen Erfolg wie den des Aspirins hoffte (vgl. Scheerer/Vogt 1989:350ff.; De Ridder 1991:18-19). Beide Drogen erfreuten sich jahrelang als medizinische Präparate und als Genußmittel großer Beliebtheit. Erst langsam setzte gegen Anfang des 20. Jahrhunderts eine von den USA angeführte Prohibitionswelle ein, die weltweit das gesetzliche Verbot bestimmter Drogen zur Folge hatte. Voraussetzung dafür war die Auffassung, es sei Aufgabe des Staates, jene Märkte zu regulieren, deren Entfesselung das kapitalistische System ernsthaft gefährden könnten - vor allem die Arbeits-, Geld- und Landmärkte (vgl.

Auch Alkohol oder Tabak zählen hier selbstverständlich dazu. Für einen Überblick verschiedener, auch juristischer Definitionen siehe ebenso Ambos 1993:1-5.

Polanyi 1944:273; Offe 1977). Eine Begleiterscheinung davon waren die zunehmenden Eingriffe des Staates in die Privatsphäre der Bürger - bis hin zur Regulierung ihrer Rauschgewohnheiten (Sarmiento/Krauthausen 1991). Die staatliche Fürsorge angesichts tatsächlicher gesundheitlicher Risiken aber war nur ein Element jenes komplizierten Interessengemenges, das zur Prohibition führte. Gerade in Bezug auf den Opiummarkt spielten in einer Zeit imperialistischen Kräftemessens macht- und handelspolitische Interessen eine große Rolle - England hatte im 19. Jahrhundert in zwei Kriegen China den Opiumhandel aufgezwungen, und die USA suchten nun mit ihrer Befürwortung der Prohibition, China als weltpolitischen Verbündeten zu werben (vgl. Escohotado 1989:149ff.; Scheerer/Vogt 1989:278ff.). Gleichzeitig ging daheim die Professionalisierung der Ärzteschaft einher mit einer wachsenden Feindseligkeit gegenüber Quacksalbern, denen mit Heroin und Kokain ideale Allheilmittel zur Verfügung standen (Grinspoon/Bakalar 1985). Ebenso wurden ganze Bevölkerungsgruppen - in den USA die chinesischen und mexikanischen Einwanderer sowie die schwarze Unterschicht - mitsamt ihren Drogenkonsumgewohnheiten stigmatisiert (Escohotado 1989:188; Del Olmo 1988). Innerhalb der werdenden Großmacht USA grassierte ein Puritanismus, der vorübergehend sogar das Verbot des Alkohols erzwang. Das heutzutage von vielen Menschen verinnerlichte und als gegeben angesehene Verbot der Koka-, Mohn- und Hanfderivate wurde so erst vor dem zweiten Weltkrieg gefestigt, wobei der Krieg dazu beitrug, die interkontinentalen Handelswege zu kappen und somit das Angebot zu reduzieren (Musto 1973:283). Diese Drogen - und nicht andere wie der Alkohol oder der Tabak - wurden von den meisten Staaten verboten oder zumindest starken Restriktionen unterworfen. Da jedoch der Konsum nie gänzlich zum Stillstand kam, sondern im Gegenteil seit den sechziger Jahren drastisch anschwoll, waren illegale (Welt-)Märkte geschaffen worden.

Die für den Narcotráfico besonders wichtige Handelskette des Kokains (aber auch die der Marihuana und des Heroins) nimmt meist auf den Feldern von Kleinbauern ihren Anfang. Die größten illegalen Anbaugebiete des Kokastrauchs liegen entlang der feuchtwarmen Ostabhänge der tropischen Anden zwischen 600 und 1800 Metern über dem Meeresspiegel: entlang des Huallaga-Flusses in Peru, im Chapare in Bolivien sowie im Guaviare und Putumayo in Kolumbien. Der Anbau wird zumeist von kleinbäuerlichen Familieneinheiten betrieben - Siedler, die während der letzten Jahrzehnte von der im Gebirge vorherrschenden Armut, Landnot und Gewalt förmlich ins

Tiefland "ausgestoßen" wurden und die immer weiter in den tropischen Regenwald vordringen.[20]

In den teilweise vom Staat propagierten, jedoch infrastrukturell nur unzureichend mit dem Rest des Landes verbundenen Siedlungsgebieten ist es für die Kleinbauern schwer, über das Subsistenzminimum hinaus einen zumindest bescheidenen Wohlstand zu erlangen. Die in Frage kommenden Agrarprodukte - beispielsweise Reis oder Kakao - sind an schwankende und häufig niedrige Weltmarktpreise gebunden und können wegen der unzureichenden Kommunikation mit den internen und externen Verbrauchermärkten kaum kostengünstig vermarktet werden. Eine staatliche Bezuschussung der Produkte wird durch die vorherrschenden liberalen und neoliberalen ökonomischen Paradigmen zunehmend ausgeschlossen (De Rementería 1992, Chossudovsky 1992). Die Rodung und Besiedlung der tropischen Wälder hat gleichzeitig ökologische Konsequenzen: Das Land ist schnell ausgelaugt; und die kapitalschwachen Siedler müssen weiterziehen und neu roden. Sie werden dazu auch gedrängt, denn auf ihren Fersen folgen, besonders in Kolumbien, rabiate Großgrundbesitzer, die den Siedler die Parzellen abkaufen, um eine wenig arbeitsintensive und ökologisch noch katastrophalere extensive Viehwirtschaft zu betreiben (vgl. Molano 1988). Gefangen in den Widersprüchen dieses zutiefst kapitalistischen Kreislaufs, stellt der illegale Kokaanbau aus der moralisch nicht zu verurteilenden Perspektive der Bauern den einzigen tatsächlich rentablen Erwerbszweig dar - wobei auch dieses Einkommen, wie das Auf und Ab der Anbauregionen zeigt, von den Preisschwankungen eines wenngleich illegalen Weltmarktes abhängig ist.

Der erste Verarbeitungsprozeß führt von der Koka zur Kokapaste. Ursprünglich konnte diese technologisch relativ anspruchslose Verarbeitung nur von spezialisierten "Chemikern" vorgenommen werden; die Bauern übernahmen dieses Wissen jedoch sehr rasch (und übernehmen es heutzutage ebenso im ähnlich gelagerten Fall der Verarbeitung von Schlafmohn zu

---

20 Auf die Problematik des Kokaanbaus kann hier nicht näher eingegangen werden. An Literatur mangelt es nicht. Für Bolivien vergleiche: Oporto 1989; Quiroga 1990; Córtez 1992; Mansilla 1994. Für Peru: Morales 1989; Krauthausen 1991; Rumrill 1993; Lovón 1993. Für Kolumbien: Jaramillo u.a. 1986; Molano 1987; Gros 1992; Tovar 1993. Zusammenfassende Darstellungen der Situation in allen drei Ländern finden sich beispielsweise bei Delpirou/Labrousse 1986; Lee 1989; Observatoire Géopolitique des Drogues 1993. Einen ausgezeichneten Überblick bietet Ambos 1993.

Opium). Seltener von den bäuerlichen Familieneinheiten und stattdessen zumeist von Kleinhändlern gehandhabt wird dagegen die etwas anspruchsvollere Verarbeitung der Kokapaste zur Kokainbase. Diese ist dem Endprodukt Kokainhydrochlorid, das im dritten, technologisch aufwendigsten Verarbeitungsprozeß entsteht, von Gewicht und Volumen und daher auch in den Transportkosten nahezu gleichwertig. Dadurch kann die Kokainbase sowohl direkt in den Anbaugebieten in Kokain verwandelt werden oder aber in fast beliebig entfernte, in einigen wenigen Fällen sogar europäische Laboratorien verschickt werden.

+ Marktteilnehmer   - Markteilnehmer   + Marktteilnehmer

- Produktmenge   + Produkmenge   - Produktmenge

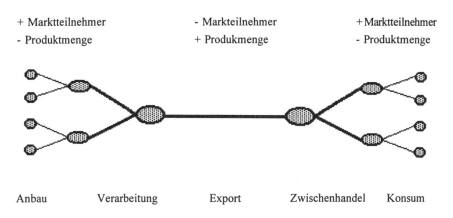

Anbau   Verarbeitung   Export   Zwischenhandel   Konsum

Abb.2 Die Marktstruktur des illegalen Kokainhandels

Vom Kokaanbau über die Zwischenprodukte Kokapaste und Kokainbase bis hin zum Kokain lichten sich die Reihen der Teilnehmer auf dem Markt: Sind es zu Anfang sehr viele Bauern und Kleinhändler, die einzeln nur verschwindend kleine Mengen des Produkts kontrollieren, werden es dann immer weniger Händler und Transporteure, die dafür um so größere Kokainmengen handhaben (vgl. Abb.2). Spätestens ab der Verarbeitung von der Kokainbase zum Kokainhydrochlorid setzt so eine tendenzielle Oligopolisierung ein - das heißt, daß sich wenige Verkäufer das gesamte Angebot aufteilen. Es ist hier, exakt in der Mitte der Handelskette, wo sich die zumeist kolumbianischen Narcotraficantes ansiedeln: Sie kaufen die Kokapaste oder -base, verarbeiten sie weiter zu Kokain, exportieren dann das

Kokain in die USA oder nach Europa und vertreiben es dort oftmals noch auf der Großhandelsebene.[21] All dies hört sich einfacher an, als es unter den erschwerten Bedingungen der Illegalität ist: Laboratorien, Lagerstätten, Transportunternehmen, Kommunikationssysteme und Korruptionsnetzwerke müssen aufgebaut, unterhalten, international koordiniert und vor den Eingriffen der Strafverfolgung abgeschottet werden. Nur größere und kapitalkräftigere Narcotraficante-Gruppen können diese Aufgaben bewältigen - der Kleinhändler in einem abgelegenen Koka-Anbaugebiet kann es ganz sicher nicht.

Ist das Kokain einmal in den Konsumentenländern angelangt, verästelt sich die Handelskette erneut. Zwischen den Großhändlern und den Konsumenten vermitteln gewöhnlich mehrere Zwischenhändler, die in immer kleineren Mengen das Kokain kaufen und vertreiben, und es meist mit anderen Substanzen strecken, um ihre eigenen Gewinne zu erhöhen (vgl. Mermelstein 1990:131; Williams 1989). Es ist auf diesen Marktsegmenten, wo das Kokain in einem einfachen chemischen Prozeß häufig zu *crack* zurückverwandelt wird - einer verunreinigten Droge, die der als *bazuco* oder *pasta* in den Andenländern konsumierten Kokainpaste oder -base ähnlich ist und deren kurzzeitige und intensive Rauschzustände ungleich gesundheitsschädlicher sind als der Konsum reinen Kokains. Immer zahlreicher, immer heterogener, immer kleiner und im Gesamtkontext immer unbedeutender sind die Gruppen und Individuen, die an diesen Marktsegmenten des *crack*- und Kokainhandels beteiligt sind. Zumeist tragen die letzten Glieder in der Handelskette die höchsten Risiken: Wer auf der Straße mit *crack*, Kokain, Marihuana oder Heroin handelt, läuft große Gefahr, früher oder später von der Polizei gefaßt zu werden.

Und schließlich die Konsumenten: Diejenigen, die beispielsweise das Kokain aus Neugier probieren, diejenigen, die es gelegentlich benutzen, diejenigen, die durch häufigen Drogenkonsum mit ihrem Leben besser fertig werden oder das zumindest glauben, diejenigen, die psychisch und/oder körperlich von den Drogen abhängig werden. Marihuana, Kokain und Heroin

---

21 Gleichzeitig werden sowohl die Vorprodukte als auch das Kokain selbst auf die einheimischen Konsumenten-Märkte in Kolumbien, Peru und Bolivien gelenkt. Diese Vermarktung wird jedoch von zumeist "kleineren" Drogenhändlern betrieben - die Narcotraficantes, um die es in dieser Untersuchung geht, sind fast immer auf den Exportmarkt ausgerichtet.

werden von ganz unterschiedlichen Menschen zu unterschiedlichen Anlässen auf unterschiedliche Art und Weise konsumiert. Ganz unzulänglich sind die gängigen Klischees - der langhaarige Student, der kifft, der aufstrebende Jungunternehmer, der Kokain schnupft, die heruntergekommene Gestalt, die sich auf einem Bahnhofsklo einen Heroinschuß versetzt (vgl. De Ridder 1991).

Eben weil das Kokain in den USA der achtziger Jahre keine Schickeria-Droge war, sondern eher in den Mittel- und Unterschichten konsumiert wurde, boomte der Markt. Manche derjenigen, die gegen Ende der sechziger Jahre erstmals Erfahrungen mit Marihuana, Haschisch und LSD sammelten, sind heute in Führungspositionen aufgestiegen - das prominenteste Beispiel ist der US-Präsident Bill Clinton, der im Wahlkampf unglaubwürdig beteuerte, er habe an der Marihuana-Zigarette nur gepafft (und trotzdem gewählt wurde: sehr viele seiner Wähler hatten es auch einmal getan). Angesichts dieser notwendigen Differenzierungen sind vermeintliche gesellschaftliche Trends nur schwierig zu ermitteln - obwohl es sie sicherlich gibt. Ganz allgemein gesprochen scheinen bestimmte Drogen mit einem unbestimmten "Zeitgeist" einherzugehen: die eher reflexive Wirkung der Marihuana und des Haschischs traf die Bedürfnisse der Jugendkultur der sechziger und siebziger Jahre besser als die *steel drug* Kokain, deren aufputschende und härtende Wirkung eher in den Achtzigern geschätzt wurde und die in den neunziger Jahren wiederum von synthetischen Drogen verdrängt wird.

Die Kokabauern in den Anden haben keine Vorstellung von denjenigen, die eines Tages ihr verarbeitetes Produkt konsumieren werden - sie kennen nur den örtlichen Händler, der ihnen die Kokapaste abkauft. Das gleiche gilt auch andersherum: Der europäische oder nordamerikanische Konsument denkt nicht an einen Kokabauern, wenn er sich Kokain besorgt, sondern an einen ihm bekannten Dealer. Für die Bauern stellen die Drogenhändler die Nachfrage dar, für die Konsumenten das Angebot (Quiroga 1991:22). Es sind somit die Narcotraficantes, die den Markt verbinden und ihn zusammenhalten. Viele, wenn auch nicht alle Aspekte des Narcotráfico lassen sich aus dieser Marktperspektive heraus erklären: Wir haben es hier mit Unternehmern zu tun, die geschickt Organisationen, Ressourcen und Netzwerke mobilisieren, um rational auf einem illegalen Markt ihre Gewinne zu maximieren (Krauthausen/Sarmiento 1991a,b).

Im Vergleich zu ihren legalen Äquivalenten zeichnen sich Märkte, die sich um den Handel mit illegalen Waren wie Drogen, Waffen oder Schmuggelgut drehen, durch eine Reihe spezifischer Merkmale aus (vgl. Arlacchi 1988a, Reuter 1983). Stets besteht, erstens, die zumindest latente Gefahr eines staatlichen Zugriffs, also der Verhaftung der Unternehmer und der eventuellen Beschlagnahmung der Waren. Deswegen sind, zweitens, Gewinne und Endverkaufspreise höher als auf legalen Märkten, denn alle Teilnehmer am Markt wollen die Risiken, die sie laufen, belohnt wissen. Unnötige Risiken aber geht keiner ein: Jeder versucht, seine Tätigkeiten zu verbergen und tritt deswegen nur mit möglichst wenigen anderen Akteuren in Kontakt; ein jeder versucht die "heiße Ware" so schnell wie möglich abzustoßen. Hieraus folgt, drittens, daß es im Vergleich zu legalen Märkten meist ungewöhnlich viele Zwischenhändler gibt. Die Summe der Preisaufschläge des Zwischenhandels droht so ins Unermeßliche zu steigen und verspricht denjenigen die höchsten Gewinne, die wie die Narcotraficantes dazu imstande sind, mehrere Zwischenhandelsschritte zu überspringen. Wie im folgenden noch gezeigt wird (vgl. Kapitel II,3), heißt das jedoch nicht, daß die Bildung großer illegaler Unternehmen, welche die Zwischenhändler ausschalten, immer erstrebenswert ist: Je stärker die Strafverfolgung bedrängt, um so sicherer kann es sein, es bei den aufgesplitterten Marktbeziehungen zu belassen. Das hängt mit weiteren Eigenschaften illegaler Märkte zusammen, denn viertens ist eine schriftliche und vertragliche Formalisierung der Transaktionen und Organisationsstrukturen nur sehr begrenzt möglich. Auch gibt es, fünftens, weder ein übergeordnetes Rechtssystem noch einen Sanktionsapparat, der die Einhaltung eventueller Spielregeln erzwingen könnte. In vieler Hinsicht ist auf illegalen Märkten jeder sich selbst der Nächste.

5. Kleine Frühgeschichte des Narcotráfico

In Italien stellen die Verwicklungen in den Drogenhandel bloß die jüngsten Episoden einer längeren mafiosen Geschichte dar, die über Jahrzehnte hinweg eine mitunter beachtliche Kontinuität an "Gruppen und Orten" aufweist. Wie aber verhält es sich nun mit einer solchen Kontinuität in Kolumbien? Genaugenommen müssen zwei Fragen gestellt werden. Lassen sich, erstens, auch in der kolumbianischen Geschichte "mafiose" Gruppen und Handlungsräume nachweisen? Und zweitens: Gibt es irgendeine Verbindung solcher Gruppen mit dem Narcotráfico? Definitive Antworten hierauf sind schwierig - bis auf die Arbeiten von Darío Betancourt und Martha Luz García mangelt es bislang an einer diesbezüglichen Forschung (1990;1994). Trotzdem lassen sich einige Vermutungen anstellen.

Ein herausragendes Merkmal der kolumbianischen Geschichte ist endemische Gewalt. Sage und schreibe neun nationale Bürgerkriege und Dutzende von regionalen Konflikten zählt der Historiker Alvaro Tirado Mejía für die Zeit nach den zwischen 1810 und 1824 ausgefochtenen Unabhängigkeitskriegen (1976:12). Es ist - bis auf die *guerra de los mil días* zwischen 1899 und 1902 - die Häufigkeit der Auseinandersetzungen und nicht so sehr ihre Intensität, die beeindruckt (vgl. Deas/Gaitán 1995:199ff.). Rein statistisch dürften in den USA innerhalb der fünf Jahre des Bürgerkriegs proportional mehr Menschen eines gewaltsamen Todes gestorben sein als in den kolumbianischen Auseinandersetzungen zwischen 1830 und 1902. Auf regionaler Ebene gab es immer wieder auch längere Perioden relativen Friedens. Politische Umstürze auf militärischem Wege gelangen nur in Ausnahmefällen (Bushnell 1992:15ff.).

Inmitten dieser Auseinandersetzungen um "große" politische Fragen, wie den zentralistischen oder föderalen, autoritären oder demokratischen Staats- und Gesellschaftsaufbau (Sánchez 1990:9), entstanden und festigten sich die beiden noch heute dominanten Parteien, die Liberalen und die Konservativen. Das Land spaltete sich in zwei Lager. Über Zwangsrekrutierung sowie Patronage- und Klientelbeziehungen wurde die "rote" oder "blaue" politische Identität auch unter der Bevölkerung über Generationen hinweg gefestigt (vgl. Zambrano 1988; González 1989). Realpolitisch aber hatte diese Spaltung klare Grenzen: Bis auf die freilich im Freund-Feind-Schema zentrale Frage der Haltung zur einflußreichen Kirche, waren weder auf politischer, noch auf sozioökonomischer Ebene große Differenzen zwischen den elitär geführten (Kriegs-) Parteien festzustellen.

Die bewaffneten Auseinandersetzungen wurden gewöhnlich nicht auf dem Schlachtfeld, sondern am Verhandlungstisch beigelegt: Kolumbiens Geschichte ist nicht nur eine Geschichte der endemischen Gewalt, sondern auch eine der fortwährenden Verhandlungen (Sánchez 1990:11). So blieb die Macht zersplittert, und zwar nicht nur zwischen den Liberalen und den Konservativen, sondern auch zwischen einer Vielzahl lokaler und regionaler Fraktionen, die sich unter dem Deckmantel der parteipolitischen Auseinandersetzung die Posten der staatlichen Bürokratie, den Landbesitz, die Verfügung über die Arbeitskraft oder den Zugang zu den Märkten streitig machten (vgl. Tirado 1976:11-31; Sánchez 1990). Es ist nicht abwegig, in einem solchen Szenario auch in Kolumbien eine Unzahl "mafioser" Handlungsräume zu vermuten. Wie auch Malcolm Deas in einem neuen Essay feststellt (Deas/Gaitán 1995:78ff.), gibt es eklatante Parallelen zwischen dem Italien und Kolumbien des 19. Jahrhunderts: Die soziale und politische Fragmentierung, die Abwesenheit eines gefestigten Gewaltmonopols, die relative Schwäche des Zentralstaats oder seine Privatisierung und Korruption durch klientelistische Seilschaften.

Das Problem aber ist: Es sind keine Gruppen zu erkennen, die eine ähnliche Kontinuität wie die der italienische Mafia aufweisen. Diese Kontinuität hat in Italien viel mit bestimmten Organisationsstrukturen zu tun. Es ist interessant, daß auch im Kolumbien des 19. Jahrhunderts freimaurerische Geheimbünde einen erheblichen Einfluß hatten: Viele, meist liberale Notabeln waren Freimaurer, unter ihnen auch mehrere Präsidenten (Montoya 1988:213-21). In Form von mündlicher und schriftlicher Populärliteratur dürfte dieses Modell auch in die unteren Bevölkerungsschichten durchgesickert sein - esoterische Heftchen, in denen mystische Deutungsmuster propagiert werden, die an das symbolische Brimborium der Freimaurer erinnern, erfreuen sich noch heute in bäuerlichen Siedlungsgebieten großer Beliebtheit (int.29). Trotzdem fehlt von Gruppen mit einer ähnlichen Bedeutung wie die der sizilianischen Mafia, der Camorra oder der 'Ndrangheta im Kolumbien des 19. Jahr-hunderts bislang jede Spur. Genaueres könnte nur eine detaillierte und auf diese Fragestellung zugeschnittene Lokalgeschichte ergeben. Die schwierige Quellenlage allerdings deutet schon an, daß das kolumbianische Szenario in vieler Hinsicht zu komplex ist. Es ist nicht ersichtlich, wie sich inmitten einer politischen und ökonomischen Instabilität derartigen Ausmaßes traditionsbewußte Geheimbünde hätten bilden können. Zudem: Viele der Konflikte Kolumbiens im vorigen und diesem Jahrhundert hängen mit der Erschließung vorher nur dünn besiedelter Lebensräume zusammen - eine Wild-West-Problematik, die es in Italien nicht gab.

Bei der Betrachtung der *Violencia*, des Bürgerkriegs zwischen liberalen und konservativen Parteigängern, der in den vierziger und fünfziger Jahren das Land erschütterte, mehren sich die Anzeichen dafür, daß auch in Kolumbien so etwas wie "italienische Verhältnisse" bestanden. Bereits

Anfang der dreißiger Jahre hatten die Liberalen ihre friedliche nationale Machtübernahme zumindest in einigen Regionen durch Gewalt gegen konservative Parteigänger gefestigt. Als 1946 erneut ein Machtwechsel stattfand, taten die Konservativen in noch größerem Ausmaß das ihre. Das Land war im Wandel begriffen: Die vielerorts ausschlaggebende Produktions- und Herrschaftsstruktur der *hacienda* erodierte zusehends, die Forderungen nach einer Agrarreform wurden immer lauter, der Kaffeeanbau schuf eine definitive Bindung an den Weltmarkt, in den schnell wachsenden Städten siedelten sich Industrien an, Gewerkschaften wurden gegründet. Die Eliten aber sperrten sich gegen politische und sozioökonomische Veränderungen und nahmen die demokratisierenden Reformen aus der ersten Amtsperiode des Präsidenten López Pumarejo (1934-1938) schon vor der konservativen Machtübernahme 1946 zurück.

Die wachsende soziale Unzufriedenheit fand ihr Sprachrohr in Jorge Eliécer Gaitán, einem linksliberalen Populisten, der zielstrebig auf die Machtübernahme zusteuerte. Der Diskurs des in Italien als Juristen ausgebildeten *caudillo* war kämpferisch, und immer wieder mobilisierte er bei großen Umzügen das "Volk" gegen die "Oligarchie" beider Parteien. Während Gaitán sich damit begnügte, dem italienischen Faschismus die eine oder andere Technik der Massenpsychologie abzuschauen, war sein wichtigster Gegenspieler, der erzkonservative Laureano Gómez, ein Protofaschist, der im zweiten Weltkrieg mit den Achsenmächten sympathisierte und beste Beziehungen zu Francos Spanien unterhielt (vgl. Bushnell 1993). Gómez' ebenso militant vorgetragene Position war das radikale Gegenstück zum *gaitanismo*: ländliche Ordnung und Katholizismus, Antikommunismus und Tradition. Das Land polarisierte sich zusehends.

Am 9. April 1948 wird Jorge Eliécer Gaitán in Bogotá erschossen. Die Stadt explodiert im sogenannten *bogotazo*: der führungslose Volkszorn legt weite Teile der Innenstadt in Schutt und Asche und wird von Armeeeinheiten gerade noch daran gehindert, den Präsidentenpalast zu stürmen, wo der konservative Mariano Ospina residiert. Die flugs ausgerufene "Revolutionäre Junta" bringt die Rundfunksender unter ihre Kontrolle und facht mit ihren Verlautbarungen den liberalen Widerstand auch im Rest des Landes an. Die verängstigte Parteispitze der Liberalen, die Gaitán schon immer mißtrauisch beäugt hatte, macht einen Rückzieher und paktiert mit der Regierung. Während so der Aufstand in Bogotá schnell niedergeschlagen wird, hält er sich in der Provinz.

103

Eine brutale Gegenoffensive nimmt ihren Lauf: Konservative Banden und Schwadronen, die häufig unverhohlen von der Kirche unterstützt werden, Polizeikräfte wie die *chulavitas* aus dem Departement Boyacá sowie Teile der Armee machen im ganzen Land Jagd auf liberale Parteigänger. Der unentschlossenen liberalen Parteispitze bleibt nichts anderes übrig, als in die Opposition zu gehen und die Wahlen von 1949 zu boykottieren, bei denen Laureano Gómez an die Macht kommt. In den Regionen organisieren die Liberalen wenn nötig auch ohne die Unterstützung ihrer nationalen Parteiführer den Widerstand und schlagen manchmal ebenso brutal zurück. Viele Ortschaften werden von der einen oder der anderen Seite politisch "homogenisiert", will heißen, alle gegnerischen Parteianhänger müssen die Gegend verlassen. In den östlichen Tiefebenen, den *Llanos*, formiert sich schließlich ein Zusammenschluß liberaler Guerillagruppen, die an die Bauernarmeen der mexikanischen Revolution erinnern und mit ihren Tausenden von Kämpfern eine eigene basisdemokratische Verfassung ausrufen.

Die revolutionäre Gefahr, die da heraufzieht, führt zu einem erneuten Schulterschluß der gemäßigten Eliten beider Parteien, die nun auf einen Militärputsch setzen. General Rojas Pinilla übernimmt 1953 die Macht, und Laureano Gómez muß ins spanische Exil, ohne sein korporatistisches Gesellschaftsprojekt in die Praxis umgesetzt zu haben. Während es der Militärregierung zwar gelingt, mit einer Generalamnestie die Guerilla in den *Llanos* zu demobilisieren, scheitert die Befriedung in anderen Landesteilen nicht zuletzt wegen Rojas Pinillas Annäherung an die konservative Rechte. Die sozialen Voraussetzungen der *Violencia* und vor allem die ungerechte Landverteilung werden nicht behoben. 1957 muß Rojas Pinilla zurücktreten. Die Eliten brauchen ihn nicht mehr: Ab 1958 tritt die *Frente Nacional* in Kraft, ein Pakt, mit dem sich Liberale und Konservative bis in die siebziger Jahre hinein penibel Regierungsgewalt und Staatsapparat aufteilen. Mehrere bewaffnete Gruppen aber bleiben außerhalb der Kontrolle des Zweiparteiensystems. Zum einen sind da ehemals liberale und konservative Banditen, die *bandoleros*, deren Entmachtung noch Jahre dauern wird. Zum anderen entwickeln sich vor dem Hintergrund einer mancherorts ausgeprägt klassenkämpferischen Konfrontation zwischen Bauern und Großgrundbesitzern einige Widerstandsgruppen zu Vorläufern jener kommunistischen Guerillabewegungen, die dann in den sechziger Jahren formal gegründet werden und somit schon einer neuen Ära der Gewalt angehören.

Soweit eine extrem geraffte Darstellung der *Violencia* (vgl. Sánchez 1992). Die parteipolitische Auseinandersetzung - tatsächlich ermordeten Konservative Liberale und Liberale Konservative - stellt jedoch bloß den kleinsten gemeinsamen Nenner einer Vielzahl unterschiedlicher regionaler Konflikte dar (vgl. Pécaut 1987:494 ff.). Je genauer man hinschaut, um so deutlicher wird, wie die parteipolitische Gewalt von lokalen Fraktionen instrumentalisiert wurde. Ein gerade für den Vergleich mit Italien interessantes Beispiel sind die Geschehnisse in der erst zur Jahrhundertwende besiedelten Kaffeeanbauregion Quindío (Ortiz 1986). Auffällig ist erstens, daß trotz des Mordens und der Verwüstung weder der Anbau, noch die Vermarktung des Kaffees zurückgingen. Der komerzielle Kreislauf wurde am Leben gehalten - und zwar vor allem von jenen kleinen Kaffeeaufkäufern und Gutsverwaltern, die auf dem Land gute Beziehungen zu den bewaffneten liberalen oder konservativen Banden und in den Ortschaften zu der jeweiligen politischen Elite unterhielten. Sie nutzten diese Beziehungen dazu, sich sowohl der Ernten als auch später der Güter vieler geflüchteter kleiner und mittlerer Kaffeebauern zu bemächtigen. Sie waren keineswegs Opfer der jeweiligen *bandoleros*, von deren relativer Territorialherrschaft sie vielmehr profitierten (vgl. Sánchez/Meertens 1983:162ff.) Dank der zwar nicht von ihnen entfesselten, aber doch manipulierten *Violencia* gelang einigen dieser *fondistas* und *agregados* eine Kapitalakkumulation, die ihnen über die Jahre hinweg den Aufstieg in die Regionalelite ermöglichte, wo zumindest ihre Nachkommen noch heute zu finden sind. Sozial aufsteigende Gruppen, welche die "Gewalt als Geschäft" entdecken und dabei komplexe Beziehungen zu Banditen unterhalten - dieses Muster kommt aus dem Mezzogiorno bekannt vor.

Im Westen grenzt der Quindío an das Zentrum und den Norden des Departements Valle an - das erste Beispiel für eine Region, in der es nicht nur Anzeichen für "mafiose" Handlungsräume gibt, sondern auch für eine gewisse Kontinuität dieser Handlungsräume hin zum Narcotráfico (Betancourt/García 1990). Besonders entlang der erst ab der Jahrhundertwende besiedelten Hänge der West- und Zentralkordillere, die das fruchtbare Cauca-Flußtal säumen, wüteten die *pájaros*, kleine konservative Todesschwadronen, die aus fanatischen Parteigängern und ehemaligen Mitgliedern einer von der konservativen Regionalregierung gegründeten Lokalpolizei bestanden. Diese Gestalten aus den Unter- und Mittelschichten der Dörfer und Kleinstädte agierten - oft gegen Bezahlung - auf dem Land und in der

Stadt. Vor allem waren die *pájaros* damit beschäftigt, konservative Weisungen auszuführen und Liberale umzubringen - sie wirkten aber auch, natürlich immer im Sinn ihrer Auftraggeber, als Ordnungskräfte angesichts der grassierenden ländlichen Unsicherheit und als Gewaltapparate, um Land- und Eigentumskonflikte zu entscheiden.

In einer zweiten Phase gingen einige *pájaros* dazu über, ihre Dienste auch unabhängig von der Parteizugehörigkeit den Meistbietenden zu verkaufen. Zu jener Zeit - ab Mitte der fünfziger Jahre - war es den Liberalen nach Jahren des Terrors gelungen, sich erneut zu gruppieren und zum Vergeltungsschlag auszuholen. Besonders im Norden des Departements Valle, wo ähnlich wie im Quindío der Kaffeeanbau vorherrschte, formierten sie ihre eigenen, ländlich verankerten Stoßtrupps, die sich meist aus jungen Männern rekrutierten, welche die konservative Gewalt hautnah erfahren hatten (vgl. Sánchez/Meertens 1983:187). Mit der Festigung des *Frente Nacional* lösten sich diese *cuadrillas* (von denen es auch konservative gab) immer mehr von ihren parteipolitischen Bezügen, und übrig blieb nicht nur die Eigendynamik mobiler Banditengruppen[22], sondern auch ihre Funktionalität für die Interessen von Kaffeeaufkäufern, Gutsbesitzern oder Viehhändlern. Erst mit dem Rückgang der politischen und ökonomischen Interessenverflechtungen war die Repression durch die Armee erfolgreich. Bis zu einem gewissen Grad jedenfalls.

Einiges nämlich spricht dafür, daß in dieser Region, wie auch in manchen Gegenden der angrenzenden Departements Quindío und Risaralda, lokale Fraktionen nie gänzlich darauf verzichteten, private Gewalt in den Dienst ihrer ökonomischen Interessen zu stellen. Schon die Erinnerung an die *Violencia* ist in den Köpfen der Menschen noch heute verhafteter als anderswo, und es gibt noch immer Konflikte und Fehden, die auf diese Zeit

---

22 Wie schon bei der Diskussion der historischen Mafia deutlich wurde, interessiert im Kontext dieser Untersuchung das Banditentum weniger als eigenständiges soziales Phänomen, sondern vielmehr als Gewaltapparat, der mit anderen, "mafiosen", Gruppen verflochten ist und häufig von ihnen manipuliert wird. Wie interessant es ist, *briganti*, *banditi* oder *bandoleros* als solche vor allem in ihren Beziehungen zur bäuerlichen Bevölkerung zu betrachten, hat besonders Eric J. Hobsbawm gezeigt (1968). In seiner klassischen vergleichenden Studie geht er sowohl auf Italien als auch auf Kolumbien ein. Hobsbawms Modell des Banditen als bäuerlichen "Sozialrebellen" freilich ist von späteren Studien ergänzt und teilweise widerlegt worden (vgl. für Italien und Kolumbien Blok 1974:131 ff.; Sánchez/Meertens 1983:24ff.; Hobsbawm 1986).

zurückgehen - das berichtet zumindest der Schriftsteller und zeitweilige Bürgermeister Tuluás, der nicht umsonst von literarischen Beschreibungen der sizilianischen Mafia fasziniert ist (int.21). Der Rückgriff auf "Privatjustiz" um Eigentumsdelikte zu sanktionieren, ist vielerorts gang und gäbe, besonders während der durch erhöhte Unsicherheit gezeichneten Kaffeernte. Örtlichen Notabeln wie Bürgermeistern, Vertretern des Kaffeeanbauer-Verbandes und sogar Pfarrern ist die Ermordung von Delinquenten durch mysteriöse "Selbstverteidigungsgruppen" oder die Polizei meist nur ein Achszelzucken wert (Csv.ris: 7ff.; vgl. Camacho 1992a:4-5).

Auffallend ist ebenfalls die weite Bandbreite der seit den Sechzigern und Siebzigern sowohl in den ländlichen als auch städtischen Gebieten praktizierten illegalen Geschäfte: Da sind Viehdiebe, Schmuggler und Entführer, Autoschieber-Netzwerke und internationale Zuhälterringe am Werk. Nicht nur die Delikt- sondern auch die Tötungs-Raten pro 100.000 Einwohner sind seit den sechziger Jahren erheblich höher als der nationale Durchschnitt - ohne daß dies durch die politische Gewalt zwischen den Streitkräften und der bewaffneten und unbewaffneten Linken erklärt werden könnte (vgl. PN.RC 1990: 319ff.;Uprimmy 1992). Und schließlich: In den achtziger Jahren festigten sich besonders im Zentrum und Norden des Departements Valle äußerst einflußreiche und gewalttätige Narcotráfico-Gruppen. Es gibt also eine Reihe von Indizien dafür, daß hier seit der *Violencia* mutmaßlich "mafiose" Handlungsräume überdauert haben und daß diese Handlungsräume auch etwas mit dem Narcotráfico zu tun haben. Es sind wohlgemerkt bloße Indizien - Darío Betancourt und Martha García behaupten eine Spur zu eilig, es gebe im Norden des Departement Valle eine Kontinuität zwischen *Violencia* und Narcotráfico, ohne diese aber gänzlich zu beweisen (1990:157, 178; 1994:244-47). Etwas aber scheint dran zu sein, und es würde sich lohnen, auch die Biographien der dortigen Narcotraficantes einmal auf diese Kontinuität hin zu untersuchen.

Eine weitere Region, wo schon seit Jahrzehnten "mafiose Verhältnisse" herrschen, ist die *zona esmeraldífera*, das Smaragdabbaugebiet nordwestlich von Bogotá zwischen den Departements Boyacá, Cundinamarca und Santander. In mehreren Gemeinden der Gegend begann die *Violencia* schon Anfang der dreißiger Jahre, als die Liberalen nach ihrem nationalen Wahlerfolg gegen eine konservative Vorherrschaft ins Feld zogen, die sich bis auf die *guerra de los mil días* der Jahrhundertwende zurückführen ließ (vgl. Guerrero 1991). In den vierziger Jahren dann schlugen die gedemütigten Konservativen wieder zurück. Da gleichzeitig in anderen Gemeinden die politischen Vorzeichen entgegengesetzt standen, durchzogen während der *Violencia* eine Vielzahl sowohl liberaler als auch konservativer Stoßtrupps die Region. Die Vehemenz, mit der sie aufeinander stießen, kann nicht verwundern: Neben diversen Landkonflikten ging es hier zumindest indirekt um die Kontrolle des überaus ertragreichen und hier schon seit Jahrhunderten mit rudimentären Mitteln praktizierten Smaragdabbaus. Zu diesem Zeitpunkt war wieder frischer Wind in das Geschäft gekommen, denn die internationalen Handelswege begannen sich nach ihrem Zusammenbruch während des zweiten Weltkriegs erneut zu entfalten (Guerrero 1993:82). Seit 1946 betrieb die Zentralbank die Minen, modernisierte die Schürfmethoden und versuchte, Abbau sowie nationale und internationale Vermarktung der Edelsteine zu monopolisieren - was vor Ort auf wenig Gegenliebe stieß. Gleichzeitig gab es weiterhin einen zwar tolerierten, aber stets illegalen Abbau, der 1960/61 durch die Entdeckung neuer Vorkommen in der alten Mine von Peñas Blancas wieder Auftrieb erhielt.

Just in jenen Jahren kehrten Efraín González und seine Leute in die Gegend zurück. Der legendäre Bandit war zwar in einer der konservativen Gemeinden des Departements Santander geboren, mußte jedoch in den Dreißigern als Kind zusammen mit seiner Familie vor dem liberalen Terror in den Quindío flüchten. Dort hatte er mit anzusehen, wie sein Vater von der Armee erschossen wurde, dort machte er sich während der *Violencia* einen Namen als äußerst effektiver LiberalenHasser und Militärstratege. Als jedoch im Quindío die Liberalen gegen ihn den gleichfalls legendären *Chispas* aufboten (Sánchez/Meertens 1983:66), folgte er dem Ruf jener Konservativen, die in seiner Heimatregion ihrerseits von einem liberalen Banditen bedroht waren. Die Effizienz, die González bei diesem Rachezug an den Tag legte, vergrößerte seinen Ruhm und dürfte dazu beigetragen haben, daß er Anfang der Sechziger neue Auftraggeber in der nahegelegenen *zona esmeraldífera* fand: "Wir zogen nach Borbur, weil es in Peñas Blancas eine gute Smaragdproduktion gab, wo wir die Ordnung herstellten", erinnert sich ein Weggefährte von González (zit. nach Uribe 1992:96).

Es war die Ordnung der *patronos*, die da hergestellt wurde - jener zumeist aus bescheidenen Verhältnissen stammenden Bosse, die mit ihren Seilschaften nicht nur den illegalen Abbau von Smaragden, sondern häufig auch ihre Vermarktung kontrollierten. Ihnen zur Hand gingen (und gehen noch heute) die *planteros*, eine Art Vorarbeiter, die jeweils Dutzende von *guaqueros*

- Smaragdschürfern - an sich banden, indem sie ihnen im voraus Werkzeug und manchmal auch Kost und Logis zur Verfügung stellten und dafür erwarteten, daß die *guaqueros* ihnen und nicht anderen *planteros* zu günstigen Preisen die gefundenen Smaragde überließen (Buendía 1988:42). Dieses Produktionssystem erinnert an die Schwefelminen im Sizilien des 19. Jahrhunderts. Die Möglichkeiten von Raub und Betrug aber waren und sind in der *zona esmeraldífera* noch viel größer und attraktiver - es geht um die Vermarktung einer Ware, die Millionen wert ist, obwohl sie auf einer Handfläche Platz haben kann. Zwischen *guaqueros* und *planteros* sowie zwischen den verschiedenen Seilschaften der *patronos* sind eine Vielzahl von Konflikten vorprogrammiert, die seit Jahrzehnten immer wieder blutig ausbrechen (vgl. Uribe 1992; Claver 1993). Wer hier die Fähigkeit hat, zumindest zeitweise *seine* Ordnung durchzusetzen, sitzt am längeren Hebel. Dafür waren Efraín González, sein wenig erfolgreicher Nachfolger Humberto "El Ganso" Ariza sowie viele andere Pistoleros zuständig.

Die Seilschaften der *patronos* sind wahre "Privatmächte, die durch den Reichtum des Smaragdabbaus entstehen und sich mit einem militärischen Zwangsapparat festigen" (Uribe 1992:99). Diese Privatmächte verfügen über eine beträchtliche Territorialkontrolle, und ein Großteil der in ihrem Einflußgebiet lebenden Menschen wird über Klientel- und Patronagebeziehungen vereinnahmt. Die *patronos* agieren als Friedensrichter, beschaffen Arbeitsplätze und investieren in die soziale Infrastruktur, wenn sie beispielsweise Straßen, Schulen oder Rathäuser errichten (Guerrero 1993:84). Seit dem Ende der sechziger und bis hinein in die achtziger Jahre befand sich der Zentralstaat auf dem Rückzug: Die Zentralbank gab ihr Monopol auf und vergab die Schürfrechte an von den *patronos* gegründete Betreibergesellschaften. Gleichzeitig jedoch sind die *patronos* sowie ihre militärischen Statthalter über Allianzen mit zumeist konservativen Regionalpolitikern mit dem Staat verstrickt. Die Politiker übernehmen die Interessenvertretung der *esmeralderos*, zehren von ihrem Wählerpotential und sehen sich mitunter auch in ihre gewaltsamen Konflikte verwickelt. Kurz: Die Seilschaften der *patronos* in der *zona esmeraldífera* sind parastaatliche Mächte wie aus dem italienischen Bilderbuch. Glaubt man dem Journalisten Pedro Claver Téllez, ist sogar die Kür des Nachfolgers eines verstorbenen *patrono* rituell geregelt (1993:49).

Die Übergänge zum Narcotráfico sind ebenso eindeutig wie vielfältig. Ausgerüstet mit einem beträchtlichen *know-how* in illegalen und gewaltsamen

Tätigkeiten, waren die *esmeralderos* mit die ersten, die Anfang der Siebziger am Drogenhandel Gefallen fanden. Schon zuvor war das Geschäft fast unbemerkt angelaufen. Seit den fünfziger Jahren operierten in Medellín diverse, sehr diskrete Drogenhändlerringe, die unter anderem Kontakt zu Santos Trafficante Jr. unterhielten, dem Kompagnon Lucky Lucianos und US-Gangster, der sich auf Kuba niedergelassen hatte und dort Heroin aufkaufte. Die kolumbianischen Geschäftspartner scheinen Mitglieder der Oberschicht gewesen zu sein, und es ist bezeichnenderweise weder über ihr Vorgehen noch über ihre Gewinne viel bekannt (Arango/Child 1984:114ff.; Jimeno 1990:26).

Richtig in Gang aber kam der Narcotráfico erst mit dem Anschwellen des Konsums in den USA ein Jahrzehnt später. Es waren Pionierzeiten, die rückblickend fast niedlich erscheinen: Selten wurden mehr als 10 oder 20 Kilo sichergestellt (El Tiempo 16/11/72, 22/2/73, 16/8/75); Benjamín Herrera Zuleta zählte mit seinen auf 40 Kilo geschätzten monatlichen Verschickungen schon zu den ganz Großen (El Tiempo 22/4/75). Häufig waren an dem regen Kleinhandel Rucksacktouristen und Dritte-Welt-bewegte Ausländer beteiligt, die nach Kolumbien flogen, um Freunde, Kunden und sich selbst mit Stoff zu versorgen sowie das Land kennenzulernen (El Tiempo 21/8/72, 6/5/73; vgl. Henman 1978; Wolff/Taylor 1989). Einige Drogenkurier-Routen führten aus dem fernen Chile, von wo häufig das Kokain herangeschafft wurde, über Kolumbien bis in die USA oder nach Kanada - nicht viel mehr als Trampfelpfade dealender Rucksacktouristen also. Derartigen *gringos* wird in Kolumbien häufig, nicht zuletzt von den Drogenhändlern selbst, die Erbsünde des Narcotráfico in die Schuhe geschoben (Anónimo 1989:13). Kolumbien aber war keine von den kulturellen Strömungen der sechziger Jahre abgeschottete Oase, sondern entwickelte sehr bald seine eigene (Drogen-) Gegenkultur. Mehr noch: Es war ganz sicher keine Gesellschaft, in der blonde Entwicklungshelfer die ausschlaggebenden Leute erst mit der Nase auf illegale Geldquellen stoßen mußten.

Die *esmeralderos* sind dafür ein gutes Beispiel. Bereits 1972 wurden östlich von Bogotá Kokapflanzungen, Kokainpäckchen sowie ein Labor entdeckt. Wie sich herausstellte, hieß der Eigentümer des Hauses Isauro Murcia und gehörte zu einem mächtigen *patrono*-Clan (El Tiempo 25/5/72, 12/8/72). Gegen Ende der siebziger Jahre begannen in der *zona esmeraldí-fera* Koka-Sträucher zu sprießen - einige Bosse waren auf die Idee gekommen, ihre Territorialkontrolle auch für ein anderes illegales Produkt

110

zu nutzen (Buendía 1988:44). Oft wurde auch die gesamte Machtstruktur gewissermaßen ausgelagert, also in anderen, entlegeneren Gegenden im Osten Kolumbiens ein ähnliches Produktionssystem errichtet wie in der *zona esmeraldífera* - bloß daß jetzt nicht mehr die *guaqueros* das letze Glied der Kette von Gefälligkeitsaustauschen bildeten, sondern die Kokabauern (Molano 1987:64-66). Im Laufe der Jahre gelang es einigen der *esmeralderos*, hier eine Territorialkontrolle zu errichten, die häufig der Guerilla abgetrotzt werden mußte. Auch der gegenwärtig mächtigste *patrono*, ein Überlebender der Auseinandersetzungen der Achtziger, dürfte diesen Weg gegangen sein, ohne allerdings seine Interessen im Smaragdabbau-Gebiet zu vernachlässigen. Die Beteuerungen von ihm und seinen Kollegen, sie seien nur "ehrliche" Smaragdhändler und hätten mit dem Narcotráfico nichts zu tun, sind mit Vorsicht zu genießen. Ihre Wahrhaftigkeit müßte eigentlich von der Staatsanwaltschaft und den Gerichten ermittelt werden, die über viele gegenteilige Indizien, nicht aber über Beweise verfügen (int.6).

Auch ein gerade mal 23-jähriger junger Mann lernte Anfang der Siebziger in der *zona esmeraldífera* das Einmaleins der illegalen Gewalt und Geschäfte (Cortés 1993:33ff.; Claver 1993:93). Sein Name wird noch öfter auftauchen: Gonzalo Rodríguez Gacha. Er war in einer Gegend nicht weit von den Smaragdminen aufgewachsen, die während der *Violencia* wegen der Agressivität der liberalen Parteigänger berüchtigt war (Uribe 1992:82). Als Pistolero wurde der junge Arbeitslose vom emporstrebenden *patrono* Gilberto Molina rekrutiert. Der ebenso aufgeweckte wie durchsetzungsfähige Rodríguez Gacha lernte schnell - und setzte seine Kenntnisse schon kurz danach im Drogenhandel ein. Sehr bald schuf auch er im Osten des Landes Aufkaufnetze für die Kokapaste und richtete erste Laboratorien ein (Cortés 1993:54ff.). Er sollte einer der ganz Großen werden.

Der aufstrebende Rodríguez Gacha schaute sich auch in der Guajira um, einer Halbinsel an der karibischen Küste, die an Venezuela angrenzt. Das "Sizilien Kolumbiens" wird diese Gegend manchmal genannt, aber das ist ungenau (Cervantes 1980:19; Sauloy/Le Bonniec 1992:2). Ihren Ruf verdankt die Guajira vor allen Dingen den *wayúu*, die zumindest seit der spanischen Eroberung und bis vor einigen Jahrzehnten als Hirten durch die Wüsten- und Steppenlandschaft der Guajira zogen. Über Jahrhunderte hinweg haben die *wayúu* auf ihrem Territorium ihre Sprache, ihr Familien- und Clansystem sowie ihre Rechtstradition bewahrt. Eine Erklärung dafür ist die Wüste als Rückzugsgebiet, die andere, ihr Geschick, den Zusammenprall mit anderen

Kulturen durch Assimilation abzufedern. Seitdem die Spanier sie im 16. Jahrhundert bedrängten und sie sich bei zumeist englischen Piraten und Waffenschmugglern mit Flinten eindeckten, haben sich die *wayúu* immer wieder auf die Austauschformen eingelassen, die an sie herangetragen wurden: den Schmuggel über Land und See, die Regionalmärkte in Riohacha oder Maicao oder die Nachfrage nach Arbeitskräften in den Salinen Manaures oder der Erdölindustrie des venezolanischen Maracaibo. Es ist zudem eine stratifizierte Gesellschaft mit klaren Unterschieden zwischen Reichen und Armen.

Die *wayúu* haben sich nie gegen den *mestizaje*, die Vermischung mit anderen Gruppen, gewehrt, sondern überließen ihre Frauen auch den Weißen und Mestizen - sofern ein angemessenes Brautgeld entrichtet wurde und das Paar sich auf dem Territorium der Frau niederließ. Obwohl ihr Lebensraum immer weiter eingeschränkt wurde, haben die *wayúu* zumindest bislang - vor der Eröffnung der gigantischen Kohlegrube und des Hafens von El Cerrejón - nie ihre ethnische Identität verloren: Ebenso wie sie fremde Elemente in ihre eigene Sozialstruktur aufnahmen, prägten die *wayúu* die umliegende Gesellschaft. Eine gemischtrassige Regionalkultur, die der *guajiros*, ist noch heute im Entstehen begriffen (vgl. Vergara 1990; Pineda 1990; Correa 1995). Von ihren Familiennamen her zu schließen, waren es häufig die Nachkommen von Frauen der *wayúu* und kolumbianischen Männern, welche wie viele andere Küstenbewohner in den Marihuanahandel und -anbau einstiegen, die sich ab Anfang der siebziger Jahre rapide ausbreiteten. Was die *wayúu* und *guajiros* in diesen Markt einbrachten, war neben ihrem *know-how* im Schmuggelgeschäft vor allem das Wissen über die geographischen Verhältnisse und eine weitgehende Kontrolle der Guajira.

Der Marihuanahandel und - anbau war der erste große Auftritt Kolumbiens auf der Bühne der weltweiten Drogenmärkte. Bis dahin wurde der US-Konsum aus anderen, vornehmlich mexikanischen und jamaikanischen Quellen gespeist. Ab 1969 aber leitete die US-Regierung unter Richard Nixon die ersten großen Anti-Drogen-Feldzüge ein: Unter massivem diplomatischen Druck wurde Mexiko dazu gebracht, mit dem hochgiftigen *Paraquat* einen Großteil seiner MarihuanaPlantagen zu vernichten (Craig 1980; Lupsha 1981; Del Olmo 1992:99). Es waren Schläge in den Wind, die ersten von vielen der US-amerikanischen Drogenpolitik. Binnen kürzester Zeit besetzte Kolumbien die Marktlücke, die durch die *crackdowns* in Mexiko und auch in Jamaika entstanden war. Einen bescheidenen Anbau und

Handel für den nationalen Konsum hatte es schon seit Jahrzehnten gegeben. Nun aber wimmelte es nur so von nordamerikanischen Piloten, Dealern und Agraringenieuren, die vor Ort das Geschäft mit dem Hanf anpriesen, Kapitalvorschüsse gewährten und Samen sowie Anleitung zum Anbau unter die Leute brachten. 1974 kam es zu den ersten großen Verschickungen, die *bonanza marimbera* war im Gange.

Das Geschäft mit der *Santa Marta Gold* und der *Punto Rojo* - den beiden bekanntesten kolumbianischen Marihuana-Sorten - zog nicht nur die Guajira, sondern die gesamte kolumbianische Küstenregion in ihren Bann (vgl. Vargas 1994a). In der Sierra Nevada de Santa Marta, dem höchsten Küstengebirge der Welt, rückten Siedler, die auf eigene Faust Marihuana anbauten, immer weiter in das Territorium der Ethnien der *kogui*, *arhuaco* und *arzario* vor (vgl. Ruiz 1980). Gewiefte Drogen-Unternehmer rekrutierten Trupps von Landarbeitern, die in nur schwer erreichbaren Gebirgsausläufern riesige und gut getarnte Plantagen anlegten. Auch angesehene Grundbesitzer stellten ihre landwirtschaftliche Produktion auf die Marihuana um (Mincom.Ca:51). Die geerntete und zu Ballen gepreßte Marihuana wurde dann mit Maulesel-Karawanen über verschlungene Pfade bis an die Küste hinunter gebracht, wo sie von Zwischenhändlern aufgekauft wurde. Diese oder weitere Zwischenhändler waren es dann, welche den Export vorbereiteten. Alle anderen Marktsegmente - der Transport in die USA sowie der Groß- und Kleinhandelsvertrieb - befanden sich meist in den Händen US-amerikanischer Piloten, Schmuggler und Drogenhändler (vgl. Cervantes 1980; Mills 1986).

Manchmal wurden die Marihuana-Ballen in den unzähligen Buchten zwischen Santa Marta und Riohacha in kleine Boote verladen, welche die Ladung dann bis zu den "Mutterschiffen" brachten, die vor der Küste warteten - eine klassische Schmugglermethode, bei der jahrzehntelange Erfahrung zum Zuge kam. Boote und Schiffe aller Art standen hoch im Kurs: Reihenweise wurden Fischkutter entführt und kurzerhand in Marihuana-Frachter umgewandelt. Ein anderer Teil der Ernte verließ Kolumbien auf dem Luftweg. In der Wüste der Guajira - die ohnehin einer natürlichen Abschußrampe gleicht - wurden Dutzende illegaler Landepisten gebaut, die dann von den US-Piloten angeflogen wurden. Das Bodenpersonal, das die Flugzeuge in Windeseile belud und die Gegend abriegelte, bestand häufig aus *wayúu*, die hier ihre Territorialhoheit ausübten. Größere Verschickungen per Luft und See waren generalstabsmäßig geplant und erforderten eine erhebliche Infrastruktur: Die Übergabe an die Mutterschiffe und Flugzeuge mußte fortwährend über Funk koordiniert werden, Tonnen von Marihuana waren heranzuschaffen, Träger und Fahrer zu überwachen und die Ermittlungsbehörden zu neutralisieren (Cervantes 1980:35ff.). Es war diese Exportkapazität, mit der die meisten größeren *marimberos* reich wurden - unter ihnen auch mehrere *guajiro*- und *wayúu*-Clans (vgl. Restrepo 1993; Burin des Roziers 1995:102ff.). Frischgebackene Millionäre, die mit den Dollars nur so um sich warfen, Kleinbauern und Bankiers, Laufburschen und Polizisten, die mitverdienten; Räuber- und Erpresserbanden, die häufig aus dem Landesinneren herbeieilten (MinCom.Ca:53); ständige gewaltsame Auseinandersetzungen und eine überwältigende Korruption: In der *bonanza marimbera* war alles vorhanden, was einen Drogenboom ausmacht.

Ab Ende der siebziger Jahre hörte die *bonanza* jedoch fast so unvermittelt wieder auf, wie sie begonnen hatte: Wiederum erwirkte vor allem der Druck der USA, daß die kolumbianische Regierung mit einem massiven militärischen Aufgebot und dem Einsatz des Pflanzengiftes *glifosfato* einen Großteil der Marihuana-Plantagen vernichtete. Der weltweiten Drogenproduktion indes tat das natürlich keinen Abbruch: Bezeichnenderweise verlagerte sich die Marihuana-Produktion in die USA selbst, wo die Konsumenten mit verbesserten Sorten wie der *sinsemilla* verwöhnt wurden und die Marihuana zu einem der wichtigsten landwirtschaftlichen Produkte avancierte. Von einem massiven Pflanzengift- Einsatz in den USA (oder den Niederlande) ist nichts bekannt.

Seien es die kriminellen Gruppen im Norden des Valle, die *esmeralderos* in Zentralkolumbien oder einige *guajiros*: Auch in Kolumbien gab es also "mafiose Handlungsräume", wo bestimmte Gruppen in ihrem eigenen ökonomischen Interesse Territorialherrschaft und Gewalt ausübten - und teilweise diese Macht dann auch auf den illegalen Märkten zur Geltung brachten. Schon der Marihuana-Boom allerdings zeigt, daß es nicht unbedingt diese quasi-mafiosen Gruppen sind, die sich der illegalen Märkte bemächtigen: Oft stellten die *guajiros* den kolumbianischen Verkäufern und US-amerikanischen Aufkäufern lediglich das Territorium, den Marktplatz, zur Verfügung. Einige von ihnen stiegen auch in den Zwischenhandel ein, aber dort trafen sie auf weitere, nach außen hin nicht immer illegale Gruppen, die aus anderen Regionen und Schichten stammten. Vor allem aber: Als die *bonanza marimbera* sich ihrem Ende zuneigte, waren die meisten Netzwerke des sehr viel größeren und ertragreicheren Kokainhandels schon anderswo gestrickt worden. Einige *marimberos* sattelten auf das neue Geschäft um - ausschlaggebend aber waren sie nicht. Im Landesinneren und besonders in den Departements Valle und Antioquia operierten bereits eine Vielzahl von Gruppen, die sich die Kokainbase aus Peru und Bolivien beschafften, sie in einheimischen Labors zu Kokain verarbeiteten und dann in die USA verschickten.

Diejenigen, die damit begannen, in einem der "wenigen multinationalen Wirtschaftszweige, die mit Erfolg von Entwicklungsländern aus betrieben werden", die Führung zu übernehmen (Dombois 1989:56), waren häufig jung und von städtischen Lebensräumen geprägt. Die wichtigsten Hochburgen der Narcotraficantes, Medellín und Cali, wurden erst ab den vierziger und fünfziger Jahren zu den heutigen Millionenstädten. Wie Gonzalo Rodríguez Gacha waren die kommenden Kokainbarone, wenn überhaupt, "bloß" in zweiter Generation von der *Violencia* geprägt. Eine Kontinuität zwischen den "mafiosen" Handlungsräumen und dem Narcotráfico, die über das bisher Geschilderte hinausgeht, ist insofern schwierig auszumachen.

6. Kokainmillionäre

Manche der Pioniere des Kokainhandels griffen auf Erfahrungen als Schmuggler zurück. Seit den fernen Zeiten des Vizekönigreichs Nueva Granada, als das spanische Handelsmonopol, beispielsweise beim Export von Edelmetallen und dem Import von Sklaven, systematisch unterlaufen wurde, hat Schmuggel in Kolumbien Tradition und genießt auch eine erhebliche gesellschaftliche Akzeptanz. In geographisch günstig gelegenen Regionen - und die Guajira ist dafür nur ein Beispiel - werden schon seit Generationen alle denkbaren Waren über die Grenzen verschoben. Auch die während der Jahrhundertwende einsetzende Industrialisierung des Departements Antioquia, das kolumbianische Modernisierungs-Paradigma schlechthin, dürfte zumindest teilweise durch ins Land geschmuggelte Rohstoffe und Maschinen erleichtert worden sein. Bis heute floriert auch ein reger Kaffee-Schmuggel, mit dem das Export-Monopol der *Federación de Cafeteros* umgangen wird.

Ebenso vielsagend über den Umgang mit steuerfreien Ein- und Ausfuhren ist die offizielle Tolerierung städtischer Schmuggelmärkte. In den *San Andresitos*, benannt nach der Freihandelszone der karibischen Insel San

Andrés, von wo auch ein Großteil der Waren stammt, wird in jeder größeren Stadt Kolumbiens eine breite Palette unverzollter ausländischer Waren feilgeboten, die von elektronischen *High-Tech*-Produkten über Bekleidung bis hin zu Schminkutensilien und Zigaretten reicht. Diese seit ihrer Gründung in den fünfziger Jahren zu properen Einkaufszentren gewachsenen Märkte ermöglichten es jahrelang, jene Waren zu erstehen, deren Import zum Schutz der einheimischen Industrie mit hohen Einfuhrsteuern belegt war - die offizielle Toleranz der *San Andresitos* schuf dergestalt ein kolumbianisch undogmatisches Ventil für die Härten des Protektionismus (vgl. Kalmanovitz 1991:122; Thoumi 1994:173ff.). Derartige bereits bestehende Schmuggelnetzwerke wurden nun auch für den Kokainhandel eingesetzt. Verónica Rivera, eine der ersten von der Presse erkorenen *reinas de la coca*, "Kokainköniginnen", besaß ebenso wie Germán Jiménez Panesso, ein weiterer Drogenpionier, Stände auf dem *San Andresito* in Bogotá (El Tiempo 28/1/76; 25/2/77). Im Departement Valle nutzten die Drogenhändler die Schmuggelrouten, die über den Pazifikhafen Buenaventura führen; in Antioquia wurden diejenigen über den Golf von Urabá benutzt (Betancourt/ García 1994:245; Arango/Child 1984:127-29; Cañón 1994:51).

Eine ebenso wichtige Schule für einige Pioniere des Narcotráfico stellte die großstädtische Kriminalität dar. Rückblickend nimmt sich das damalige Milieu der Zuhälter, Einbrecher, Autodiebe und Bankräuber relativ bescheiden aus: In Medellín beispielsweise waren die bekanntesten Unterweltler des *Barrio Antioquia* geschickte Einbrecher, die der Polizei immer wieder entwischten und sich mit der Aura großstädtischer Robin Hoods umgaben. Wer eine Pistole besaß, gehörte in den sechziger Jahren schon zu den ganz Großen, denn die meisten waren nur mit Messern und Macheten bewaffnet (vgl. Arias u.a. 1994:84). Ganz so harmlos dürfte die Kriminalität allerdings auch damals nicht gewesen sein: Gegen Ende der sechziger Jahre kam es in Medellín zu einer Reihe von Entführungen, und Anfang der siebziger Jahre entbrannte ein blutiger Konflikt um den Vertrieb geschmuggelter MarlboroZigaretten (vgl. Castro 1994:109; Strong 1995: 27ff.). Als sich dann die Gewinnchancen des Drogenhandels abzeichneten, stiegen einige herausragende Unterweltler sehr schnell auf den neuen Erwerbszweig um - unter ihnen auch der junge Pablo Escobar und sein Cousin Gustavo Gaviria (vgl. Cañón 1994:53ff.; Arango 1988:99ff.). Indes wurden auch in Cali kriminelle Erfahrungen gesammelt: Die späteren Bosse des dortigen Kartells Gilberto Rodríguez Orejuela und José Santacruz

Londoño waren bereits 1969 als Mitglieder einer Gruppe, die zwei Schweizer Staatsbürger entführt hatte, festgenommen worden (Castillo 1987:42).

Die ehemaligen Schmuggler, "Kriminellen", Smaragdhändler oder Lebenskünstler aller Art lernten das Handwerk des Kokainhandels von der Pike auf: Einige fuhren nach Ecuador, Peru und Bolivien, um dort ein Paar Kilo Kokapaste zu erwerben, andere überwachten die Verarbeitung in rudimentären Labors oder reisten mit ein bißchen Kokain im doppelten Boden ihres Koffers in die USA - und manche machten die gesamte Handelskette einmal durch (vgl. García 1991:47ff.). Der Markt stand allen offen, die über ein Minimum an Kontakten und genügend Abenteuerlust verfügten, um mit illegaler Ware internationale Grenzen zu überqueren. Mit diesen Grenzüberschreitungen, die durch das verhältnismäßig kleine Volumen des Kokains erleichtert wurden, gingen die neuen Narcotraficantes einen entscheidenden Schritt weiter als die *marimberos*: Wenn die US-Amerikaner sogar bereit waren, nach Kolumbien zu kommen, um das Zeug zu kaufen, warum es ihnen nicht gleich selber liefern? Es war ein unternehmerischer Gedankengang, der es auf die höchste Gewinnspanne überhaupt abgesehen hatte: den Unterschied zwischen dem Preis in Kolumbien und jenem in den USA. Selbst nach dem Preisverfall gegen Mitte der achtziger Jahre konnte ein Kilo Kokain, das in Kolumbien zwischen 6000 und 9000 US-Dollar kosten mochte, auf dem Großhandelsmarkt in den USA für rund 30.000 Dollar verkauft werden (Nadelmann 1986:39).[23]

Daß der Gedanke auch in die Tat umgesetzt werden konnte, hing damit zusammen, daß vielen Narcotraficantes die USA nicht mehr fremd waren. Nicht wenige hatten dort gelebt, andere verfügten zumindest über Freunde oder Verwandte, die sich dort niedergelassen hatten. Besonders aus den Departements Antioquia und Valle waren Hunderttausende in den sechziger und siebziger Jahren in die USA ausgewandert; wie in Miami gehören die Kolumbianer in vielen Städten zu den größten südamerikanischen Einwanderergruppen. Es gab daher in den USA genügend Landsleute, mit denen sich

---

23 Die Ziffern selbst sind mit Vorsicht zu genießen; andere Autoren gehen von unterschiedlichen Preisangaben aus. Auf jeden Fall aber finden sich in diesem Marktsegment die höchsten Gewinnspannen. Zu den ökonomischen Dimensionen und Auswirkungen des Narcotráfico vgl. Arrieta u.a. 1990; Gómez 1990; Kalmanovitz 1991; Reina 1992; Thoumi 1994).

auf gewohnte Art und Weise Geschäfte machen ließ. Ganz ähnlich wie die Mafia die italienische Migration in die USA ausnützte, verbargen sich die Narcotraficantes unter den kolumbianischen Auswanderern. Die überwältigende Mehrheit der Migranten hatte mit den illegalen Tätigkeiten nichts am Hut - und trotzdem boten ihre ethnischen und kulturellen Netzwerke den Narcotraficantes einen idealen Schutz vor Übergriffen der US-Strafverfolgungsbehörden, die zumindest an-fangs nur wenig Zugang zu den kolumbianischen Kolonien hatten (vgl. Krauthausen/ Sarmiento 1991a:150ff.). Viele der späteren Bosse hielten sich ab Mitte der Siebziger persönlich in den USA auf, um dort Kontakte auf dem Großhandelsmarkt und manchmal auch auf den unteren Vertriebsebenen zu knüpfen.

Die Kleinunternehmen der Pionierzeiten expandierten schnell. Innerhalb kürzester Zeit rechneten sich die Exporte nicht mehr in Gramm, sondern in Kilos und dann sehr bald in Zentnern und Tonnen.[24] Es war eine Goldgrube, auf welche die Narcotraficantes da gestoßen waren: Der Konsumentenmarkt expandierte fortwährend, und der Absatz bereitete keine Probleme (vgl. Mermelstein 1990:170). Diejenigen mit unternehmerischem Geschick reinvestierten das erwirtschaftete Kapital, suchten sich unter ihren Freunden und Verwandten Mitarbeiter, denen sie vertrauen konnten, delegierten bestimmte Aufgaben und zogen sich aus den riskantesten Marktsegmenten wie der Kuriertätigkeit zurück. Auf dem Markt begann sich eine informelle Arbeitsteilung herauszuschälen: Die einen spezialisierten sich auf die Verarbeitung oder den Transport, die anderen auf die Geldwäsche oder den Vertrieb. Vorherrschend scheint trotzdem ein weitgehend freier Wettbewerb gewesen zu sein: Am Werk waren viele Gruppen, die oft nichts voneinander wußten, mitunter zusammenarbeiteten und sich manchmal auch bekämpften (vgl. El Tiempo 1/2/78; Castillo 1987).

Ab Ende der siebziger Jahre kam es auf den US-Umschlagplätzen und vor allem in Miami zu blutigen Auseinandersetzungen zwischen verschiedenen Narcotraficante-Fraktionen. Eine weitere *reina de la coca*, Griselda Blanco,

---

24 Tonnen sind auf dem Kokainmarkt die größte Maßeinheit. Die US-amerikanische Regierung beispielsweise geht für die Jahre zwischen 1988 und 1992 von einer Gesamtproduktion von maximal zwischen 1040 und 1165 Tonnen aus (US.WH 1994). Freilich sind das sehr grobe Schätzungen, über die keine Einigkeit herrscht und die fortwährend modifiziert werden. Es ist gut möglich, daß weitaus weniger Kokain im Umlauf ist.

erwies sich hier als besonders gewalttätig (Mermelstein 1990:199ff.). Die *cocaine-wars* drehten sich weniger um Marktmonopole als vielmehr um alle möglichen kleineren Konflikte (vgl. Eddy u.a. 1988:50ff.; Gugliotta/Leen 1989:11ff.; Castro 1994:102ff.). Sicherlich spielte der verschärfte Wettbewerb und der Kampf um Marktanteile und Territorien eine Rolle - vor allem kubanische Zwischenhändler zogen hier den kürzeren. Mindestens ebenso wichtig aber waren Auseinandersetzungen darüber, wer wem wieviel Geld schuldete, wer wen bestohlen hatte oder aber auch schlicht und einfach wer wen nicht leiden konnte. Rückblickend ist vor allem bedeutsam, wer übrigblieb: Gruppen wie die von Griselda Blanco schlugen über die Stränge und gingen der Strafverfolgung ins Netz, andere wie die der Gebrüder Ochoa oder Rodríguez Orejuela, die immer mehr aus dem sichereren Kolumbien agierten, konnten weiter expandieren.

Expansion hieß: Das Geschäft industriell aufziehen. Flugzeugflotten mußten her, um die Kokapaste aus Bolivien und Peru einzufliegen. Große Laboratorien waren zu errichten, in denen wöchentlich tonnenweise Kokain produziert werden konnte. Eigene Banken und Sparkassen sollten die Geldwäsche erleichtern. Immer zahlreicher und leistungsstärker wurden vor allem die Schmuggelrouten: Jene über die Bahamas, wo sich Carlos Lehder eine ganze Insel gekauft hatte, um für die Zwischenlandung der Flugzeuge seiner Kollegen zu kassieren; die von dem US-Amerikaner Max Mermelstein koordinierten Direktrouten Florida-Kolumbien, an der auch einige ehemalige nordamerikanische Marihuana-Piloten beteiligt waren; die lange Zeit von Pablo Escobar kontrollierte *La Fania* mit Zwischenstation in Puerto Rico; der Seeweg über Buenaventura, an dem vor allem die Narcotraficantes aus Cali Gefallen fanden; das durch die Beteiligung notorischer mexikanischer Narcotraficantes ermöglichte *trampolín mexicano* und noch viele, viele mehr. Das Kokain wurde tonnenweise in die USA und manchmal auch nach Europa oder Japan verschickt.

Die Kapitalakkumulation, die dadurch ermöglicht wurde, sucht ihresgleichen und übertrifft diejenige der italienischen Drogen-Mafiosi, die ja "bloße" Vermittler zwischen größeren Heroinringen im Nahen und Fernen Osten sowie den USA waren, um ein Vielfaches. Die Investitionen der Narcotraficantes waren in aller Munde. Um 1980 erstand Pablo Escobar die riesige Hacienda Nápoles im *Magdalena Medio* zwischen Bogotá und Medellín, legten sich die Gebrüder Ochoa in dem Küstendepartement Sucre den Großgrundbesitz der Hacienda Veracruz zu, kauften die Rodríguez

Orejuela in Cali die Aktienmehrheit einer der beiden professionellen Fußballclubs auf (vgl. Torres 1995:129ff.; Gugliotta/Leen 1989:82ff.; Rodríguez 1989:58). Nur den wenigsten Kolumbianern schien damals klar zu sein, was sich da anbahnte; noch ließen sich die Narcotraficantes als folkloristische Neureiche abtun, die in den Reihen der Oberschicht nichts zu suchen hatten. Als einem Narcotraficante in Cali jedoch die Mitgliedschaft in dem exklusiven *Club Colombia* verwehrt wurde, baute er sich einfach sein eigenes, identisches Clubgebäude. Keine zehn Jahre zuvor waren viele Narcotraficantes noch Kleinkriminelle gewesen - in den Achtzigern und Neunzigern machten sie sich daran, in Kolumbien ganze Wirtschaftszweige aufzukaufen, auf internationalen Immobilien- und Finanzmärkten zu investieren und die Ranglisten der reichsten Menschen der Welt zu erstürmen (vgl. Castillo 1987:122ff.).

Schon sehr bald begann der Narcotráfico damit, seine ökonomische Macht auch militärisch abzusichern und sich eigene Gewaltapparate zuzulegen: Scharen jugendlicher Desperados in Medellín, private Wach- und Schließgesellschaften, legale parapolizeiliche Organisationen, Einheiten der Streitkräfte oder der Guerilla, israelische und britische Söldner und - vor allem - paramilitärische Verbände (Krauthausen/Sarmiento 1991a:85-100). Diese Gewaltanwendung hat das Kolumbien der letzten zwei Jahrzehnte zutiefst geprägt und ist extrem vielschichtig. Erstens haben nicht alle Narcotraficantes gleichermaßen Gewalt angewandt. Zweitens waren die Narcotraficantes nicht die einzigen, die Gewalt anwandten, sondern "nur" ein weiterer Akteur im kolumbianischen Kreuzfeuer, und das heißt auch: ein Akteur, der mit anderen koaliert, von ihnen geprägt wird und sie genauso selber beeinflußt. Drittens kommt die Gewalt des Narcotráfico in verschiedenen sozialen Beziehungen und somit auch aus verschiedenen Interessenlagen zum Zug: In der Auseinandersetzung mit der Strafverfolgung, in Konflikten mit anderen politischen und sozialen Widersachern sowie auf dem illegalen Markt selbst (vgl. Camacho 1991).

Das erste Konfliktszenario, die Auseinandersetzung mit dem Staat, ist das international bekannteste. Einige Narcotraficantes setzten sich gewaltsam gegen jegliche Strafverfolgung, besonders aber gegen die Auslieferung an die weniger eingeschüchterte und korrumpierte US-Justiz zur Wehr. Zwischen 1984 und 1991 wurden - unter vielen anderen! - ermordet: ein aktiver und ein ehemaliger Justizminister, etliche Richter, ein Generalstaatsanwalt und der Chef der Antidrogen-Polizei, der populärste Politiker des Landes sowie der Chefredakteur einer nationalen Tageszeitung. Die Gewaltanwendung, die ab 1989 auch verstärkt Bombenanschläge und politische Entführungen umfaßte, ebbte während periodischer Verhandlungsphasen immer wieder ab und wurde von ausgeklügelten juristischen Argumentationsstrategien begleitet (Orozco 1990). Daß es nicht schon vor 1991, als in der neuen Verfassung die Auslieferung kolumbianischer Staatsbürger untersagt wurde, zu einer politischen Lösung kam, hing auch mit den USA zusammen, die unter keinen Umständen eine eingeschränkte Strafverfolgung tolerieren mochten (vgl. Arrieta u.a. 1990:293ff.)

In einem anderen Szenario aber verliefen die Fronten zwischen staatlicher Strafverfolgung und Narcotráfico keineswegs so eindeutig und verschwanden häufig ganz. Der *paramilitarismo* war - und ist es örtlich noch heute - eine Allianz zwischen einflußreichen Fraktionen der Streitkräfte, der gesellschaftlichen Eliten und des aufstrebenden Narcotráfico, um gegen die Guerillabewegung, ihre soziale Basis sowie gegen ländliche und städtische Protestbewegungen vorzugehen. Dezentral in mehreren Regionen agierend, umfaßten die paramilitärischen Verbände Hunderte gut ausgebildeter und schwerbewaffneter Kämpfer, die von einer Handvoll Kriegsherren wie Fidel Castaño, Henry Pérez oder Víctor Carranza angeführt wurden. Eine wichtige Rolle spielte bis zu seinem Tod 1989 jener Gonzalo Rodríguez Gacha, der hier schon im Zusammenhang mit den Smaragdminen erwähnt worden ist und der einen regelrechten Privatkrieg gegen die kommunistische Guerillabewegung FARC sowie die ihr nahestehende legale Partei Unión Patriótica führte.

Die staatlichen Streitkräfte hielten die paramilitärischen Verbände für die wirksamste Aufstandsbekämpfung. Das Morden wurde von Dutzenden von Offizieren, unter ihnen auch hohen Generälen, unterstützt, gedeckt und mitunter sogar befohlen. Die Grundbesitzer und regionalen Eliten fanden bei den Paramilitärs Zuflucht vor den Aufständischen, die wie nirgendwo anders in Lateinamerika auf systematische Erpressungen und Entführungen zur Finanzierungsquelle ihrer Kriegsmaschinerie setzten. Aus der Sicht der Narcotraficantes indes waren die Paramilitärs häufig militärische Ordnungskräfte, die Laboratorien, Landepisten, Kokapflanzungen und manchmal auch Transaktionen vor Übergriffen schützten (USS:69ff.; Torres 1995:55ff.). Mancherorts agierten die paramilitärischen Verbände ohne eine größere Beteiligung von Narcotraficantes (vgl. Justicia y Paz 1992), anderswo waren Narcotraficantes und Grundbesitzer ein und dieselben. Viele Drogenhändler hatten ihre Gewinne in gigantische Landkäufe investiert und waren nun gleich den althergebrachten Großgrundbesitzern daran interessiert, das *latifundio* gewaltsam zu verteidigen (vgl. Medina 1990; Csv.cor; Knabe 1994:254ff.).

Wie die Kräfte gewichtet waren und wer wen manipulierte, hängt von der jeweiligen Region ab. Sicherlich aber waren es nicht immer die Narcotraficantes, die die Fäden in der Hand hatten. Ein Staat, der außerstande ist, sein Gewaltmonopol auf dem Land mit legalen Mitteln durchzusetzen; Regionaleliten, die von sozialem Unmut und allgemeiner Unsicherheit bedroht sind; kriminelle Gruppierungen, die ihre Gewaltapparate nicht nur in den Dienst anderer Interessen stellen, sondern gleichzeitig ein eigenes Spiel und einen eigenen Machtgewinn verfolgen - die Parallelen zu historischen Entwicklungen im italienischen Mezzogiorno und ganz besonders in Sizilien sind erneut unverkennbar.

Und schließlich die Gewaltanwendung auf dem illegalen Markt selbst: Nicht von allen, sondern immer nur von einigen ausgehend, wurden so Strukturen und Organisationen geschaffen, auf die im nächsten Teil dieser Untersuchung noch einzugehen ist. Ab Mitte der achtziger Jahre ordneten sich immer mehr Narcotraficantes einem von zwei Lagern zu: dem Medellín- oder dem Cali-Kartell. Neben der Debatte, wie mit der staatlichen Strafverfolgung zu verfahren sei, spielten bei dieser Aufsplitterung persönliche Feindseligkeiten anscheinend ebenso eine Rolle wie Auseinandersetzungen um Marktanteile in den USA sowie regionale Animositäten.[25] Jede einzelne dieser Fraktionen war dazu fähig, das Kokain tonnenweise in die USA, nach Europa oder Japan zu schicken - es ist durchaus möglich, daß sie sich dabei auf den Konsumentenmärkten in die Quere kamen (int.6). Die Spaltung vertiefte sich im Laufe der Auseinandersetzung, und ab 1988 lieferten sich beide Kartelle einen Kleinkrieg, der über Jahre hinweg mit unzähligen Morden, Denunziationen und Bombenanschlägen geführt wurde.

Es waren US-amerikanische Staatsanwälte und Drogenfahnder, die Mitte der Achtziger erstmals den Ausdruck "Kartelle" benutzten. Sie dachten dabei nicht an eine ökonomische Kartell-Definition mit einer impliziten Preiskon-

---

25 Über diese Spaltung gibt es eine Vielzahl verschiedener Versionen, die sich teilweise widersprechen (vgl. Castillo 1991:19ff.; Cañón 1994:161ff.; Torres 1995:128ff.; Salazar/Jaramillo 1992:80). Selbst Insider und führende Narcotraficantes scheinen sich nicht erklären zu können, was genau geschah (int.16).

trolle, die es wohl nie gegeben hat, sondern suchten einen Ausdruck, der die wiederkehrenden Bündnisse der Narcotraficantes bezeichnete und vor allem die Zusammenlegung verschiedener Strafverfahren rechtfertigte (Gugliotta/ Leen 1989:272ff.; Sauloy/Le Bonniec 1992:63ff.). Obwohl sich der Begriff - auch unter den Narcotraficantes - schnell durchsetzte, ist seine Reichweite alles andere als scharf begrenzt. Fest steht, daß die Spaltung zwischen den beiden Kartellen nie den gesamten Narcotráfico betraf und daß es stets Gruppen gab, die mit Cali und Medellín gleichzeitig kooperierten. Es war in diesen beiden Großstädten, wo sich viele Netzwerke bündelten - aber es gab und gibt auch anderswo im Land unabhängige Kleinkartelle, sogenannte *cartelitos*. Seit der *bonanza marimbera* im Drogenexport erfahren, hielten sich an der Karibikküste eigenständige Netzwerke, die sich besonders auf die Verschickung des Kokains spezialisierten. Andernorts etablierten sich im Laufe der Jahre neue Gruppen, und es gibt kaum noch eine Gegend in Kolumbien, wo keine Narcotraficantes agieren (vgl. Semana 29/6/93:26-27).

Die jüngste Expansion des Narcotráfico ging mit dem Einstieg auf einem neuen Markt einher. Vereinzelte Experimente mit der Heroinproduktion gab es schon Anfang der achtziger Jahre und gerüchteweise sogar in den Siebzigern (vgl. Strong 1995:106-07; El Tiempo 1/2/78). Erst Anfang der Neunziger aber wurde massiv in die Ankurbelung des in den Anden in Höhenlagen ab 2000 Meter ertragreichen Schlafmohnanbaus und in die Verbesserung der einheimischen Opium- und Heroin-Produktion durch eigens aus Mexiko sowie aus dem Nahen und Fernen Osten eingeflogene Experten investiert (int.15; Echandía 1995:55). Die großen Investitionen, die internationalen Kontakte und das offensichtliche *know-how*, deuten darauf hin, daß hier wahrscheinlich keine Neulinge, sondern eher bislang untergeordnete, aber erfahrene und kapitalträchtige Narcotraficantes am Werk waren (vgl. DAS 1991:10; PN.AN 1991:5). Jedenfalls expandierte der zumeist kleinbäuerliche und häufig von Guerilla- oder Polizeieinheiten geschützte Schlafmohnanbau sehr schnell, und daran hat auch der Einsatz umweltschädlicher Pflanzengifte wenig ändern können (vgl. Molano u.a.1992; Tokatlián 1993). Inwieweit sich das Geschäft auch mittel- und langfristig etablieren kann, ist noch ungewiß. Zwar schätzten nordamerikanische Behörden den kolumbianischen Anteil am US-Markt für 1993 bereits auf 15 Prozent (zit. nach MinInt 1995:189), die Qualität des kolumbianischen Heroins aber schwankt sehr stark, und es ist durchaus möglich, daß die

Narcotraficantes auf diesem illegalen Markt gegenüber den mächtigen internationalen Konkurrenten den kürzeren ziehen (Echandía 1995).

Eine derartige Diversifizierung der Produktpalette - zu der übrigens auch eine Wiederbelebung des Marihuana-Anbaus sowie Experimente mit Haschöl kommen (PN.AN 1993:8ff.; Observatoire Géopolitique des Drogues 1993:237) - zeugt eher von der Stärke als von der Schwäche des Narcotráfico: Der in den achtziger Jahren kontinuierliche Preisverfall des Kokains in den USA wird immer mehr durch neue Märkte - im Falle des Kokains, Europa und Japan - und neue Produkte wettgemacht.[26] Wie weit sich die Narcotraficantes hochgearbeitet haben, zeigt bereits ein einziges Foto, auf dem eine Boeing 727 zu sehen ist. Mit diesem, 1994 kurz beschlagnahmten Jet wurden 5,5 Tonnen Kokain nach Mexiko geschafft (Semana 28/2/95: 30-31). Gut möglich, daß der unbekannte Eigner der Boeing, der sich hinter der mysteriösen Fluggesellschaft "Aerolíneas Americanas Limitadas" verbirgt, einer jener Narcotraficantes ist, die noch vor zehn, zwanzig Jahren kleine Pakete Kokain in den doppelten Böden ihrer Koffer versteckten und sie dann höchstpersönlich in die USA schmuggelten...

7. Übergänge

Mafia und Narcotráfico sind Phänomene organisierter Kriminalität, die sich auf unterschiedliche Handlungsräume konzentrieren: Während die Narcotraficantes zumeist mit der Produktion und dem Vertrieb illegaler Waren und Dienstleistungen beschäftigt sind, spezialisieren sich die Mafiosi auf illegale Machtausübung, auf Schutz und Erpressung. Freilich ist dies eine rein analytische Unterscheidung, und die Gegenüberstellung zwischen Mafiosi als Machthabern und Narcotraficantes als Marktakteuren darf nicht zu sehr

---

26 Ein inzwischen bereits in Vergessenheit geratenes Geschäft war Anfang der achtziger Jahre das mit dem Methaqualon. Dieses anderswo auf der Welt, beispielsweise in China oder Ungarn hergestellte und mitunter von Deutschland aus verschiffte Psychopharmakon wurde in Kolumbien zu *Quaalude*-Tabletten verarbeitet und dann in die USA exportiert. Verschärfte internationale Kontrollen und große Beschlagnahmungen scheinen jedoch die kolumbianischen Narcotraficantes aus diesen Netzwerken verdrängt zu haben (DEA 1985:7; El Tiempo 31/5/80; vgl. Hess 1989:482).

strapaziert werden. In Wirklichkeit sind in Kolumbien und in Italien die Übergänge zwischen dem einen und dem anderen Handlungsraum fließend. Erstens gibt es nicht *die* Mafia oder *den* Narcotráfico. Hinter diesen Begriffen verbirgt sich eine Vielzahl von Akteuren mit unterschiedlichen Interessen. In Kolumbien gibt es neben den rein händlerisch agierenden Gruppen noch andere, die sich eher auf die Machtausübung konzentrieren. In Italien finden sich neben den "klassischen" Mafiagruppen auch unternehmerische Netzwerke und Spezialisten. Oft ist es erst das Zusammenspiel zwischen beiden Handlungsmustern, welches die organisierte Kriminalität formt - hierüber wird im nächsten, dem zweiten Kapitel der Untersuchung die Rede sein. Prägnant ließe sich allenfalls quantitativ argumentieren: In der Mafia kommen viele Macht- auf wenige Marktgruppen, im Narcotráfico viele Unternehmen auf wenige Machthaber.

Zweitens gibt es strukturelle Übergänge zwischen den Handlungsräumen. Sowohl in Italien als auch in Kolumbien können Machthaber zu Unternehmern und Unternehmer zu Machthabern mutieren. Die Mafiosi begnügen sich keineswegs damit, erpresserisch oder beschützend vorzugehen, sondern werden auch auf dem Markt aktiv (und nutzen dazu ihre Macht als Brückenkopf). Eben jener Boom der weltweiten illegalen Drogenmärkte, der schon die Zahl der Narcotraficantes anschwellen ließ, hat auch den italienischen Mafiosi Gelegenheit gegeben, sich entweder voll und ganz den Unternehmungen des Drogenhandels zu widmen oder aber sich zumindest an ihnen zu beteiligen. Die enormen Kapitalerträge, die sich auf diesen Märkten erwirtschaften lassen, haben dazu beigetragen, daß sich die erstarkten mafiosen Gruppen nunmehr gleichermaßen auf legalen wie illegalen internationalen Märkten bewegen - und dort mitunter in einer gar nicht so "satanischen Allianz" auf die Narcotraficantes treffen. Es läßt sich duchaus überlegen, ob diese Marktkräfte und -beziehungen zu einer fortschreitenden Homogenisierung zumindest der Spitzengruppen der organisierten Kriminalität unterschiedlicher Länder führen könnten (Falcone, Giovanni 1993).

Andererseits geht Markttätigkeit auch mit Machtgewinn einher. Wer wie die Narcotraficantes in seinen Geschäften eine private Boeing einsetzen kann, ist auch in anderer Beziehung mächtig. Wirtschaftlich: Die Narcotraficantes beeinflussen lokale, regionale und nationale Ökonomien. Politisch: In ihrem eigenen Interesse oder auch in demjenigen ihrer Bündnispartner können sie auf den Staatsapparat einwirken. Sozial: Besonders dort, wo sie wohnen, üben die Narcotraficantes eine oftmals auch gewalttätige Herrschaft aus.

Auf all diese Aspekte soll noch eingegangen werden. Im Moment gilt es zu unterstreichen, daß die gebündelte, auch territoriale Macht der Narcotraficantes der mafiosen Machtausübung durchaus ähneln kann.

Weil das Geschäft es so erfordert, üben auch internationale Unternehmer wie die Narcotraficantes eine strikte und militärische Territorialkontrolle aus. Jede multinationale Industrie ist auf bestimmte Ressourcen angewiesen. Der Nachschub an Rohstoffen muß beispielsweise ebenso gesichert sein wie das Funktionieren der Produktionsstätten und die Rekrutierung der benötigten Arbeitskraft. Diese Ressourcen sind - bei aller "Globalisierung" - lokal verwurzelt und müssen deswegen politisch und wirtschaftlich abgesichert werden. Wie das Beispiel der großen Erdölkonzerne in Kolumbien zeigt, ist diese Absicherung in einem Kontext großer sozialer Ungleichheit und eines nur bruchstückhaften staatlichen Gewaltmonopols noch wichtiger und schwieriger als anderswo.

Narcotraficantes siedeln ihre Kokainlabore oft in Gegenden an, die denen ähneln, in denen die Erdölmultis ihre Bohrtürme errichten. Weil sie ein illegales Geschäft betreiben, können sie jedoch ihre Infrastruktur nicht ohne weiteres vom staatlichen Gewaltapparat schützen lassen - schließlich ist dieser Apparat ja eine der Bedrohungen, die es abzuwenden gilt. Narcotraficantes müssen sich immer selbst, wenn nötig auch gewaltsam, um die Absicherung ihrer Ressourcen und Investitionen kümmern. Das gilt sogar dann, wenn sie, wie es häufig vorkommt, durch Allianzen lokale Einheiten der Polizei, der Armee oder der Guerilla vereinnahmen.

Weiterhin müssen die Narcotraficantes nicht nur ihre geschäftliche Infrastruktur vor den Übergriffen der gesellschaftlichen und staatlichen Gegner schützen, sondern auch ihr erwirtschaftetes Vermögen und sich selbst. Die Polizei kann sie verhaften und ihr Eigentum beschlagnahmen, die Guerilla oder kriminelle Banden können sie entführen oder nach Strich und Faden ausnehmen. Wiederum lassen sich diese Gefahren nicht durch den Rückgriff auf den staatlichen Gewaltapparat abwenden. Daher müssen die Narcotraficantes auch dort, wo sie wohnen und sich gewöhnlich aufhalten, ständige Sicherheitsvorkehrungen treffen (vgl. Camacho 1992b). Diese Sicherheitsvorkehrungen beinhalten nicht nur Allianzen mit den ausschlaggebenden politischen und ökonomischen Akteuren, sondern auch die Herrschaft über die Bevölkerung (vgl. Kapitel III und IV).

Mit anderen Worten: Um ihren Geschäften nachgehen zu können, sehen sich die Narcotraficantes dazu gezwungen, eine Macht auszuüben, die umfassender ist als diejenige legaler Unternehmen, weil sie auch den militärischen Aspekt beinhaltet. Es ist ihre Verfügung über Gewaltapparate, die es den Narcotraficantes erlaubt, ihren ökonomischen, politischen und sozialen Einfluß zu einer Macht abzurunden, die häufig parastaatliche Züge trägt und auch in den Dienst anderer Interessengruppen gestellt werden kann - ganz ähnlich wie in Italien. Die Territorialkontrolle ermöglicht es, weiterhin auf dem Weltmarkt Kapital zu akkumulieren. Insofern hat diese Macht für die Narcotraficantes einen anderen Sinn als für die Mafiosi: Während die Territorialkontrolle der Mafia meist dazu da ist, alle möglichen, im Herrschaftsbereich zirkulierenden Ressourcen abzuschöpfen, dient jene der Narcotraficantes eher dazu, einen woanders verlaufenden ökonomischen Ressourcenfluß zu sichern. In ihren konkreten Auswirkungen freilich unterscheiden sich diese Mächte dann kaum noch.

Über die gegenwärtigen Erscheinungsformen der organisierten Kriminalität hinaus gibt es drittens noch weitere Übergänge. Sowohl im Mezzogiorno als auch in Kolumbien läßt sich von einer beachtlichen "illegalen Tradition" sprechen (Krauthausen/ Sarmiento 1991a:140; vgl. Burin des Roziers 1995). Allerdings muß hier in zweierlei Hinsicht differenziert werden. Obwohl es erstens auch in Kolumbien einige nennenswerte Beispiele für quasi-mafiose Handlungsräume gibt, ist hier die Kontinuität nicht so ausgeprägt wie in Italien. Das mag nicht zuletzt daran liegen, daß es keine organisatorischen Paradigmen wie bei der Camorra, der 'Ndrangheta oder der sizilianischen Mafia gab. Zweitens gilt zu beachten, daß es bis heute in Kolumbien diverse Gruppen gibt, die ebenfalls in vieler Hinsicht als "mafiose Machthaber" agieren, ihre Macht jedoch wie die Fraktionen während der *Violencia* oder die heutigen Guerillagruppen explizit mit politischen Zielsetzungen rechtfertigen. Inwieweit es sich hierbei nur um leere Phrasen handelt, kann nur von Fall zu Fall entschieden werden. Soweit diese Unterscheidungen getroffen werden, scheint jedenfalls der Begriff der "illegalen Tradition" durchaus zuzutreffen. Warum die illegale Tradition sowohl in Italien als auch in Kolumbien seit so langer Zeit besteht und sich mit den Drogenmärkten zusätzlich enfaltete, darauf wird noch zurückzukommen sein.

Kapitel II
Die Strukturen

1. Illegale Organisationen

Ob und wie sich die organisierte Kriminalität organisiert, hat schon immer Kopfzerbrechen bereitet. Bereits im vorigen Jahrhundert verzeichnete Marc Monnier zwei entgegengesetzte Positionen bei der Beurteilung der Camorra: Ein Teil seiner Gesprächspartner glaubte uneingeschränkt an eine zentralisierte und allmächtige Organisation, während der andere, nach Ansicht Monniers: gutgläubig, nur einen losen Zusammenschluß von Missetätern vermutete (1863:39-41). Bei der erwähnten US-amerikanischen Debatte um das Wesen des *organized crime* wurde Cresseys Modell einer hochstrukturierten nationalen Konspiration mit der ironischen Bemerkung kritisiert, die Organisation der *La Cosa Nostra* "sei nicht komplizierter als die der *boy-scouts*". In Italien überwog jahrzehntelang die Auffassung, die Mafia existiere als Organisation gar nicht - dies, obwohl es schon immer auch gegenteilige Indizien gegeben hatte. Was den Narcotráfico anbelangt, ist die Bandbreite der Einschätzungen noch heute verwirrend weit.

Die Klärung der kriminellen Organisationsstrukturen ist nicht zuletzt ein Problem der verfügbaren empirischen Information: Zumeist ist nicht genug über die betreffenden Gruppen bekannt, und die Mitglieder dieser Gruppen sind aus naheliegenden Gründen gewöhnlich nicht dazu bereit, der Öffentlichkeit Einzelheiten mitzuteilen. Erst die Aussagen von mittlerweile Hunderten von *pentiti* ermöglichen heutzutage eine genaue Vorstellung vom organisatorischen Aufbau der Cosa Nostra. Ihre Beschreibungen konnten durch diverse Raum- und Telefonabhörungen bestätigt werden - unter anderem durch einen lange Zeit nicht beachteten "Lauschangriff" auf italo-kanadische Mafiosi in den siebziger Jahren (Stajano 1986:56-61). Zumindest bislang sind derart detailreiche Informationen für den Narcotráfico sehr viel spärlicher gesät. Es verwundert daher nicht, daß gegen Ende der achtziger Jahre selbst innerhalb der am besten informierten Institutionen, den US-amerikanischen Strafverfolgungsbehörden, die gegensätzlichsten Auffassungen über die Organisationsstrukturen der sogenannten "Kartelle" vertreten werden konnten (USS:138).

Allerdings hängt die gewählte Einschätzung nicht allein von der verfügbaren Information ab, sondern auch von ihrer Rezeption und Filterung durch Strafverfolgungsbehörden, Politik oder Medien. Seit dem 19. Jahrhundert hat es immer wieder Mafiosi gegeben, die mit ihrem Wissen über die Mafia "auspackten" - und trotzdem wurde ihnen nicht immer geglaubt oder zugehört. Bereits in den dreißiger Jahren beschrieb der Arzt Melchiorre Allegra gegenüber der Polizei genauestens die damaligen mafiosen Netzwerke. Sein Bericht aber wurde nicht beachtet - auch nicht, als er in den Sechzigern in einer palermitanischen Zeitung veröffentlicht wurde (vgl. Arlacchi 1994:X-XI). Zehn Jahre bevor Tommaso Buscetta mit seinen Aussagen die "Maxiprozesse" der achtziger Jahre ermöglichte, hatte der an Depressionen leidende Leonardo Vitale den Ermittlungsbehörden gegenüber eine ganz ähnliche Beschreibung des organisatorischen Aufbaus der Cosa Nostra geliefert. Seine Kenntnisse aber wurden als Hirngespinste eines vermeintlich geistesgestörten Menschen abgetan (vgl. Stajano 1986:5ff.).

Indem die Hinweise auf den organisatorischen Zusammenschluß der Mafia ignoriert wurden, konnte ihr Einfluß heruntergespielt werden. Daran waren all jene interessiert, die als Richter, Polizisten, Politiker oder Unternehmer regelmäßig mit den Mafiosi gemeinsame Sache machten. Andererseits hat es schon immer Berufs- und Interessengruppen gegeben, die tendenziell den organisatorischen Aufbau der Kriminalität eher über- als untertreiben. Neben "sauberen" Strafverfolgern, die auf jeden Fall Verurteilungen erreichen wollen, gehören hierzu auch Politiker, die mit dem Versprechen von Gesetzesverschärfungen auf Stimmenjagd gehen, sowie Journalisten, die nur zu gut wissen, daß Verschwörungstheorien Einschaltquoten und Auflagen steigern.

Um Fehltritte im Gestrüpp manipulierter Informationen zu vermeiden, ist es sinnvoll, vorweg zu fragen, welche Faktoren für Mafiosi und Narcotraficantes bei der Wahl ihrer Organisationsmodelle eine Rolle spielen könnten. "Organisationen" sollen hier - recht einfach - als "soziale Einheiten (oder menschliche Gruppenbildungen)" definiert werden, "die zur Verfolgung spezifischer Ziele gebildet und umgebildet werden" (Etzioni 1964:3).[27] Nicht nur bei der Mafia und dem Narcotráfico, sondern auch in vielen anderen Bereichen ist es problematisch, die Grenzen der Organisationen zu bestimmen. Ein zwar formales, aber recht effektives Kriterium kann in der Unterscheidung zwischen Mitgliedern und Nicht-Mitgliedern bestehen. Mitglieder sind meist all jene, die Weisungen der Organisation zu befolgen haben; Organisation bedeutet häufig Hierarchie (vgl. Scott 1981:246ff; Thompson u.a. 1991:171ff.).

Es wird also angenommen, daß "Kriminelle", wie im übrigen andere Menschen auch, sich so zusammenschließen, wie es die erfolgreiche Umsetzung ihrer Zielsetzungen erfordert. Die Ziele beschränken sich nicht allein auf die effiziente Betätigung im jeweiligen Handlungsraum, sondern können auch den Fortbestand der Organisation oder die Partikularinteressen einzelner Mitglieder und besonders der Anführer beinhalten (Scott 1981: 348ff.). Allgemein kann davon ausgegangen werden, daß italienische Mafiosi daran interessiert sind, Formen des Zusammenschlusses zu finden, die langfristig eine zumeist territoriale Machtausübung ermöglichen. Anders die Narcotraficantes: Sie werden sich für jenes Organisationsmodell entscheiden, das ihre illegalen Marktchancen am meisten begünstigt.

Die Illegalität ist die wichtigste Gemeinsamkeit beider Handlungsräume, und sie stellt spezifische organisatorische Anforderungen, die es sowohl in Italien als auch in Kolumbien zu lösen gilt. Damit nichts nach außen dringt und um die aus der Strafverfolgung resultierenden Risiken zu minimieren, müssen die gehandhabten Informationen geheimgehalten und die Gruppen dementsprechend strukturiert werden. Die Illegalität läßt jede exzessive Formalisierung, wie beispielsweise schriftliche Verträge, als wenig ratsam erscheinen. Überhaupt gibt es keine festgelegten Richtlinien, wie eine eventuelle Formalisierung vonstatten gehen müßte. Im rechtsfreien Raum der

---

27 Der Rückgriff auf organisationssoziologische Ansätze ist für die Erforschung von Mafia und Narcotráfico ebenso nützlich wie schwierig. Einerseits können Mafiosi und Narcotraficantes somit besser als rationale soziale Akteure begriffen und verstanden werden. Andererseits aber bietet die Organisationssoziologie nur wenig analytisches Instrumentarium zur Erforschung dieser besonderen, weil informellen und gewalttätigen, Phänomene. Vielleicht können die folgenden Überlegungen dazu beitragen, eine in dieser Hinsicht etwas eingeengte theoretische Perspektive durch die Analyse heterodoxer Organisationen zu erweitern.

Illegalität ist alles möglich und erlaubt: Anders als legale Unternehmer müssen sich Mafiosi und Narcos nicht darum kümmern, welche Organisationsformen gesetzlich vorgeschrieben sind. Ihrem organisatorischen Einfallsreichtum sind keine formalen Grenzen gesetzt.

Gleichzeitig birgt die Illegalität jedoch eine Vielzahl von Gefahren, die sich ebenfalls organisatorisch niederschlagen. Es herrscht ein ausgeprägtes Klima der Unsicherheit: Wo es keine Schiedsinstanz gibt, die ein Gewaltmonopol inne hat, wachsen die Möglichkeiten für Betrug, Raub oder Gewalt. Ein jedes Individuum und eine jede Gruppe muß diesen Gefahren selbst entgegentreten oder sie zumindest in ihrem Sinne manipulieren. Illegale Räume sind Hobbes'sche Räume des Kampfes aller gegen alle und werden immer wieder von internen Auseinandersetzungen erschüttert, die eine stabile Strukturierung der betreffenden Gruppen zusätzlich erschweren.

Zudem ist wenigstens latent ständig eine weitere Gefahrenquelle vorhanden: die staatliche Strafverfolgung. Deren Ausmaße, Taktiken und Strategien stecken einen weiteren Rahmen für die möglichen Organisationsformen ab (vgl. Dorn/South 1990). Wenn Polizei und Justiz energisch vorgehen, verringern sich die Möglichkeiten, große und formalisierte Gruppen zu strukturieren. Andererseits können die Organisationen stark anwachsen, wenn eine effektive Strafverfolgung ausbleibt. Nur scheinbar handelt es sich dabei um einen von der organisierten Kriminalität unabhängigen Faktor. Illegale Akteure auf der ganzen Welt setzen alles daran, die Strafverfolgung zu ihren Gunsten zu beeinflussen. Die Kontakte, die Geschicklichkeit und womöglich auch die Gewalt, die sie bei ihren Beziehungen zu den Strafverfolgungsbehörden und den politischen wie wirtschaftlichen Eliten an den Tag legen, können gegenüber den Konkurrenten entscheidende Wettbewerbsvorteile bedeuten. So gesehen läßt sich der Zugang zur Straffreiheit sogar als eine wahre illegale "Geschäftsressource" interpretieren (Arlacchi 1988a; Krauthausen/Sarmiento 1991a:101ff.).

Sowohl die internen Auseinandersetzungen als auch die Bedrohung durch die Strafverfolgung beeinflussen eine weitere Determinante der Organisationsformen: den Zeitfaktor. Es ist etwas anderes, ob eine Gruppe schon seit Jahrzehnten agiert und über diesen Zeitraum ihre Organisationsstruktur ausfeilt, oder aber erst seit wenigen Monaten besteht und noch nicht über eine feste Struktur verfügt. Gruppen, die auf eine lange Geschichte zurückblicken, behalten häufig organisatorische Lösungen bei, die anderen historischen Kontexten entsprungen sind (vgl.Scott 1981:219-20) - ein

Aspekt, der besonders beim Vergleich zwischen einigen Gruppen der "älteren" Mafia und des "jüngeren" Narcotráfico ins Auge springt.

Die Organisationsstrukturen sind zu guter Letzt natürlich auch soziokulturell bedingt. Autos werden in Japan etwas anders gebaut werden als in den USA oder Deutschland - das ist bekannt. Ebenso dürfte es sich auch bei illegalen Handlungsräumen und Gruppen verhalten.[28] Tatsächlich scheint es organisatorische Aspekte der Mafia und des Narcotráfico zu geben, die nur durch die soziokulturelle Einbettung des So-Wird-Es-Halt-Gemacht zu erklären sind. Gleichzeitig darf jedoch vermutet werden, daß diese organisatorischen Lösungen, soweit sie zentrale Handlungsaspekte betreffen, nur dann über längere Zeit haltbar sind, wenn sie sich als effizient erweisen. Bei Gruppen, die in ihrem Metier derart erfolgreich sind wie die kolumbianischen Drogenhändler oder die italienischen Mafiosi, steht nichts anderes zu erwarten: Ein Beharren auf wie auch immer gearteten ineffizienten Verhaltensmustern dürfte in einem extrem kompetitiven Kontext sehr schnell zum Niedergang der Organisationen führen.

Im folgenden soll vor allem auf zwei organisatorische Lösungen eingegangen werden: die sogenannte sizilianische Cosa Nostra sowie das sogenannte Medellín-Kartell. Auch in ihrem jeweiligen nationalen Kontext handelt es sich nur um spezifische Varianten innerhalb einer sehr viel weiteren Bandbreite organisatorischer Lösungen. Beide haben sich jedoch als extrem schlagkräftig erwiesen, beide sind in den letzten Jahren in das Visier der Strafverfolgung geraten und über beide ist verhältnismäßig viel bekannt. Alle drei Dinge hängen miteinander zusammen: Weil sie so mächtig und gewalttätig waren, wurden sie in einem bestimmten Moment verstärkt bekämpft, und mit ihrem Niedergang erfuhr die Öffentlichkeit mehr über sie als über alle anderen illegalen Organisationen. Unbedingt also ist Vorsicht geraten: Sowohl die Cosa Nostra als auch das Medellín-Kartell sind Auslaufmodelle. In der Illegalität sind die erfolgreichsten Organisationen diejenigen, über die man nichts erfährt. Die Organisationsstruktur eines

---

28 Das beste mir bekannte Beispiel hierfür stammt nicht aus Italien oder Kolumbien, sondern aus dem Berlin der zwanziger Jahre. Wo sonst als in Deutschland ist eine organisierte Kriminalität vorstellbar, die sich in legal eingetragenen Sport- oder Gesangsvereinen mit Namen wie "Immertreu" oder "Herzensblatt" zusammentut? Zu den Ringvereinen, ihren Ausflügen ins Grüne, ihren Tanzbällen und auch ihre illegalen Tätigkeiten vgl. Freiberg/Thamm: 25-81; Pollak 1993.

Geheimbundes ist spätestens dann hinfällig, wenn jeder einheimische Zeitungsleser und Fernsehzuschauer sich mit ihr besser auskennt als die illegalen Akteure selbst. An Faszination allerdings verlieren die Cosa Nostra oder das Medellín-Kartell dadurch nicht.

Schon der Name der Cosa Nostra verweist auf ihre unmittelbaren Ursprünge: die Kontakte mit der mehrheitlich italo-amerikanischen *La Cosa Nostra* gegen Ende der fünfziger Jahre. Strukturell gibt es jedoch ebenso deutliche Parallelen zu den mafiosen Gruppen in der Conca d'Oro der Jahrhundertwende. Es könnte also darüber spekuliert werden, daß es letzteres Organisationsmodell war, welches erst mit der Migration exportiert und dann später wieder importiert wurde (Lupo 1993a:184; anders: Arlacchi 1994:68). Auch über die geographische Reichweite sind keine endgültigen Aussagen möglich. Als Organisationsmodell ist die Cosa Nostra noch nicht einmal in ganz Sizilien verbindlich, sondern entspricht hauptsächlich demjenigen der Mafia in Palermo und seiner Provinz. Schon die Zusammenschlüsse in den Provinzen Trapani und Catania weichen teilweise deutlich von diesem Modell ab - obwohl auch diese Mafiosi sich zur Cosa Nostra rechnen (MinInt 1995:30ff.). Weiterhin gibt es auf Sizilien, wie geschildert, unabhängige mafiose Gruppen. Die Cosa Nostra ist also keineswegs mit der sizilianischen Mafia identisch. Bis Anfang der neunziger Jahre aber war sie zentralisierter, schlagkräftiger, disziplinierter, einflußreicher und geheimer als andere mafiose Organisationen. "Schlank" bis zur Unsichtbarkeit schaffte es die Cosa Nostra, jahrzehntelang präsent zu sein - und doch so zu tun, als gäbe es sie gar nicht.

2. Die "famiglia" der Cosa Nostra

Grundeinheit der Cosa Nostra ist die sogenannte *famiglia*. Es gibt ihrer viele: Seit Jahren sind es allein in der Provinz und Stadt Palermo zwischen fünfzig und sechzig, in den anderen sizilianischen Provinzen an die hundert (vgl. MinInt 1995:29-30; Cpm XI/14:103ff.). Eingeweihten und Außenstehenden sind die *famiglie* entweder unter dem Namen der sie dominierenden "Blutsfamilie" - Agate, Lo Sardo - oder unter dem Namen ihres Einflußge-bietes - *di* Bolognetta, *di* Corso dei Mille - bekannt. Tatsächlich ist jeder *famiglia* gewöhnlich ein Territorium - ein Dorf, ein Stadtviertel, ein paar

Straßenzüge - zugeordnet. Innerhalb der recht eindeutigen Territorialgrenzen waltet die Gruppe weitgehend autonom. Auch jene *famiglie*, deren Mitglieder sich im Laufe der Zeit wie die Cuntrera-Caruana aus Siculiana über mehrere Länder verteilt haben, beherrschen oft noch ein originäres Einflußgebiet.

Die Zahl der *uomini d'onore*, die eine *famiglia* ausmachen, kann stark schwanken. Durchschnittlich sind es an die 50, immer männliche Mitglieder. Gruppen, die sich aus mehr als 100 Mafiosi zusammensetzen, erregen innerhalb des Milieus nicht nur Aufsehen, sondern werden auch gewöhnlich wegen ihrer Feuerkraft mißtrauisch beäugt (vgl. Falcone, Giovanni 1991:100; Gambetta 1992:150-51). In den letzten, von internen Auseinandersetzungen und staatlicher Repression gekennzeichneten Jahren scheint ein Trend zu immer kleineren - und somit: sichereren - *famiglie* zu bestehen. Ebenso zeichnet sich ab, daß das Durchschnittsalter der Mafiosi immer höher wird. Ohnehin sind im Vergleich zu anderen kriminellen Gruppen innerhalb und außerhalb Italiens die Mitglieder der Cosa Nostra ungewöhnlich betagt: Das Durchschnittsalter liegt zwischen 40 und 50 Jahren, großväterliche Mafiosi über 60 sind keine Seltenheit (MinInt 1993:141; 1994:159-61; Santino 1992:136). Wenn der Altersdurchschnitt einer *famiglia* niedriger ist, kann das darauf hinweisen, daß diese Gruppe entweder erst seit relativ kurzer Zeit besteht oder aber daß sie eine massive Rekrutierungspolitik betreibt, die Verluste durch gegnerische Übergriffe ausgleichen soll oder Säbelrasseln bedeuten kann (vgl.gd:60).

Freilich gruppieren sich um die *famiglia* herum noch viele andere Menschen. Da ist einmal der Kreis der nächsten und entfernteren Verwandten sowie der engeren Freunde. Wenngleich sie nicht unbedingt über die Einzelheiten informiert sind, wissen alle von der gesellschaftlichen Rolle des betreffenden Mafioso, der sich ihnen gegenüber gewöhnlich loyal verhält. Neben Liebe und Affekt spielen bei diesen Beziehungen sicherlich auch instrumentelle Aspekte eine Rolle: Es lebt sich nicht schlecht an der Seite eines *uomo d'onore*, und nachteilig wirken sich seine Tätigkeiten in ökonomischer oder sozialer Hinsicht ganz bestimmt nicht aus. Ein gewisses Risiko allerdings schwingt mit: Es kann dazu kommen, daß in einer sogenannten *vendetta trasversale* auch die Familienangehörigen zu Angriffszielen gegnerischer Gruppen werden (vgl. gm.vi.3:3ff.). Hiervon betroffen sind besonders die Angehörigen der *pentiti*. Aus Vergeltung für deren Zusammenarbeit mit der Strafverfolgung wurden bis April 1993 elf Verwandte von Tommaso Buscetta ermordet, zwölf von Salvatore Contorno.

Francesco Marino Mannoia verlor seine Mutter, seine Schwester und eine Tante (vgl. Cpm XI/2:21).

Weiterhin sind die Mafiosi und ihr Anhang von einer Unmenge an Helfern, Geschäftspartnern, Bittstellern und Mitläufern umringt. Liebe und Affekt schwinden hier zugunsten ökonomischer Komplizenschaft und ängstlichem Respekt, es überwiegt eine rein instrumentelle Freundschaft oder "künstliche Verwandtschaft" wie die der Patenschaftsbeziehungen (vgl. Catanzaro 1988:76-79). Von oben herab gewährt der Mafioso jedem einzelnen von ihnen Bitten und Gefallen, die unter Umständen zurückgezahlt werden müssen: Es sind dyadische und klientelistische Beziehungen, wo beidseitige Unterstützung zugesichert wird. Und dann gibt es noch eine große Gruppe von Menschen, die mit den Mafiosi in Marktbeziehungen stehen, also von ihnen Schutz, der eine gewalttätige Unterstützung beinhalten kann, erstehen oder an sie Waren- und Dienstleistungen verkaufen: Bauarbeiter, Klein- und Großunternehmer, Waffen- und Drogenhändler, Ärzte, Anwälte, Bankiers, Politiker, Geheimdienstler... Je stärker eine Gruppe ist, um so größer sind gewöhnlich auch die konzentrischen sozialen Kreise, die sie umringen. "Totò Riina hatte einen Haufen *compari*", bemerkt Gaspare Mutolo über den wichtigsten Boß der Achtziger und seine vielen Gevatter (gm.vi.5:19).

Das Zentrum dieser mit der Metapher der schichtförmigen Artischocke treffend *cosca* genannten Formation aus Mafiosi, Verwandten, Freunden und Geschäftspartnern aber ist stets die *famiglia*. Ihre Mitglieder rekrutieren sich aus der *cosca*. Vortritt haben erstens die männlichen Söhne, sofern sie dies wollen und dazu taugen. Es gibt sie tatsächlich, die mafiosen "Familienunternehmen", wo die Blutsfamilie fast mit der *famiglia* identisch ist, allerdings seltener, als oft angenommen wird. Wieviel Brüder Teil ein und derselben *famiglia* sein dürfen, ist unter den Mafiosi ein viel diskutiertes Thema (lm.cpm:43,67; Arlacchi 1992:125-26). Im Vergleich basieren die kalabresischen *'ndrine* sehr viel stärker auf Verwandtschaftsbanden (Arlacchi 1983:133-43). Getrost darf bei der Cosa Nostra vermutet werden, daß die Selbstrekrutierung - also die Übernahme des Geschäfts oder des Berufs durch Familienmitglieder - diejenige von anderen sizilianischen (aber auch deutschen) Berufszweigen nicht nennenswert überschreitet.

Von denen, die nicht zur Familie des Anführers gehören, und trotzdem in die *famiglia* aufgenommen werden, gibt es zweierlei Art. Erstens werden hin und wieder aus dem Kreis der Klienten und Geschäftspartner neue Mitglieder rekrutiert. Beide Seiten können daran Interesse haben - müssen es aber nicht. Die sizilianischen Mafiosi, die Camorristi aus Kampanien in die Cosa Nostra aufnahmen, waren wohl auf eine größere Beteiligung bei lukrativen Geschäften wie dem Zigarettenschmuggel aus. Jener Geschäftsmann dagegen, der in Sizilien um Aufnahme in eine *famiglia* bat, wollte der Zahlung von Erpressungsgeldern entgehen und eine bessere Marktposition erringen (vm:88). Einem der ganz großen Unternehmer Siziliens wiederum rieten die Mafiosi selbst davon ab, sich um eine Aufnahme zu bemühen, damit er nicht gegenüber zuvielen mafiosen Bittstellern zu Loyalität und Hilfeleistungen verpflichtet sei (Arlacchi 1992:195).

Von größerer Bedeutung für die Rekrutierung der Mitglieder der *famiglia* aber ist, zweitens, der kriminelle Nachwuchs im sozialen Dunstkreis der *cosca*. Es sind Jugendliche, die oft schon in der Pubertät durch ihr forsches Auftreten, ihr Geschick bei kleineren illegalen Handlungen und ihre Gewalttätigkeit auffallen. Für sie stellt es ein Lebensziel dar, in den Kreis der "echten", allseits "respektierten" und von der Aura des Mysteriums umringten Mafiosi aufgenommen zu werden. Von Devianz, abweichendem Verhalten, kann keine Rede sein: Weder sehen sich die Jugendlichen selbst als Außenseiter, noch werden sie von den meisten ihrer Mitmenschen dafür gehalten (int.18). Innerhalb eines mafiosen Territoriums ist es nicht ungewöhnlich, ein Mafioso werden zu wollen.

Bis es soweit ist, können jedoch Jahre vergehen. Man wird nicht von einem Tag zum anderen Mitglied einer *famiglia* der Cosa Nostra. *Pruvamulu, potommunillo cu nualtri, videmu supergiù comi si cumporta, comu nun si cumporta*, fachsimpeln ältere Mafiosi auf Sizilianisch über den Nachwuchs: "Laßt ihn uns ausprobieren, mitnehmen, schauen wir uns an, wie er sich verhält und nicht verhält" (ga:31). "Ich klaute Motorräder, Autos, führte mal eine Erpressung durch", bestätigt ein von ihnen Auserkorener, Giovanni Drago. "Sie schauten sich halt die Art an, mich in solchen Situationen zu verhalten" (gd:60; auch: gm:1223; lm.cpm:514). Ebenso werden Informationen über die Familiengeschichte des Neulings eingeholt: In dessen näherer Verwandtschaft sollte sich kein *sbirro*, kein Polizist oder Strafverfolger, befinden. Söhne eines von der Mafia ermordeten Vaters werden gewöhnlich ebenso ausgesiebt: Wäre ein solcher Sprößling Mitglied einer *famiglia*, könnte er unangenehme Fragen stellen und versuchen, seinen Vater zu rächen - ein Konflikt zwischen den Loyalitäten zur Blutsfamilie und zur Mafiafamilie täte sich auf (Falcone, Giovanni 1991:61). Aus weniger pragmatisch denn moralisch geprägten Gründen wird auch ein Augenmerk auf die Eltern des Kandidaten gerichtet. Ein unehelicher Sohn zu sein oder "nur" geschiedene Eltern vorweisen zu können, kann einen Ablehnungsgrund darstellen (vgl. TdP 1993a; gm:1239; pg.1:2307). Freilich sind all diese Aufnahmehürden relativ: Wenn das Interesse an einem Kandidaten groß ist, wird schon einmal ein Auge zugedrückt (vgl.vm:10; lm:189).

Nach langen Beratungen zwischen den Gruppenmitgliedern und eventueller Rückfrage auch mit anderen *famiglie* wird der neue Mafioso formal in die Cosa Nostra aufgenommen. Während eines speziell einberufenen Treffens wird dem Neuling die Existenz der Cosa Nostra offenbart - ein Geheimnis, daß der Jungmafioso zumindest schon geahnt haben dürfte (lm:34). Nun erfährt er auch von ihren Regeln, Hierarchien und Gründungsmythologien.[29] Manchmal wird ihm ein letztes Mal rhetorisch die Möglichkeit geboten, der Cosa Nostra fernzubleiben - obwohl es hierzu eigentlich schon zu spät ist: davon, daß jemand noch zu diesem Zeitpunkt die Mitgliedschaft ausschlägt, ist nichts bekannt (vgl.gm:1241). Mit einer Nadel oder einem Dorn wird ihm in den Finger gestochen, um das ausdringende Blut dann auf ein Heiligenbildchen zu tupfen. Während dieses dann angezündet wird, muß der frischgebackene *uomo d'onore* eine rituelle Formel sprechen, die sinngemäß lautet: "Sollte ich die Cosa Nostra verraten, wird mein Fleisch wie dieses Heiligenbild brennen". Es folgen die Umarmungen der Mitglieder der *famiglia* und - wenn es die Umstände erlauben und die Mafiosi sich nicht gerade beispielsweise in einer Gefängniszelle befinden - ein ausgiebiges Gelage zur Feier der Neuaufnahme (vgl.Gambetta 1992:366ff.).

Die Vorbilder dieser von allen *famiglie* ähnlich praktizierten Aufnahmerituale dürften, wie erwähnt, sowohl in den elitär-geheimbündlerischen Organisationsformen des 19. Jahrhunderts als auch in der damaligen und heutigen Populärkultur zu suchen sein (ebd.:206ff.). Dabei sollten die esoterisch-mystischen Anklänge trotz ihres vermeintlich exotischen[30] und

---

29 Häufig wird auf die *Beati Paoli* Bezug genommen - ein phantasmagorischer Geheimbund "zur Bekämpfung der Diebe und zum Schutz der Schwachen", der wahrscheinlich nie existiert hat, jedoch seit seiner Beschreibung in einem 1909/1910 veröffentlichten Fortsetzungsroman ein fester Bestandteil der Folklore Palermos ist (vgl. Gambetta 1992:183-86; Schneider/Schneider 1994:301-04).

30 Zumindest für einen Außenstehenden ebenso exotisch dürften die Fahnenweihen der Bundeswehr oder die Rituale schlagender Studentenverbindungen sein.

auf jeden Fall filmreifen Charakters nicht überbewertet werden - viel wichtiger erscheinen die Funktionen des Rituals für die Geheimhaltung der Organisation. "Einige Leute waren bei der Erdrosselung von jemandem dabei. Sie sind dann aufgenommen worden, weil sie so Verantwortung übernahmen und verstanden, daß sie außerhalb der mafiosen Welt mit keinem zu reden hatten" (gm:1237). Häufig handelt es sich auch um den krönenden Abschluß der Rekrutierung: Den Jungmafiosi wird das Gefühl vermittelt, wahrhaft auserwählt zu sein. An dem mysteriösen und furchtein-flößenden Ritual teilzuhaben, wird als eine Ehre und besondere Auszeich-nung empfunden. Vor allem aber tut sich fortan - und auf Lebzeiten! (vgl.tb:28) - zwischen dem neuen Mafioso und der Außenwelt der Abgrund eines unaussprechlichen Geheimnisses auf. Ein bedrohliches Geheimnis, allemal: "Die da um den Tisch stehen, meinen nicht: Schwöre, für immer treu zu sein. Sie meinen: Wenn Du nicht treu bist, wirst Du sterben" (Anonymus 1988:111).

Es ist bemerkenswert, daß fast alle mafiosen Gruppen in Italien über Aufnahmerituale verfügen - und das, obwohl der mafiose Handlungsbereich sie eigentlich nicht zwingend erfordert. Die im Kampanien der Achtziger sehr einflußreiche Gruppe von Pasquale Galasso kam trotz ihrer typisch mafiosen Tätigkeiten ohne Aufnahmerituale aus, und gleiches gilt für die organisierte Kriminalität in anderen Städten und Ländern (pg.1:2227). Sicher mag die Funktionalität der Aufnahmerituale eine Rolle spielen, und es könnte sein, daß der rituelle Zusammenhalt den betreffenden mafiosen Gruppen einen Vorteil gegenüber anderen Gruppen der organisierten Krimi-nalität verschafft (int.19). Gleichzeitig kann jedoch angenommen werden, daß hier, meist unreflektiert, historische und kulturelle Verhaltensmuster übernommen werden: Wer ein "richtiger" Mafioso sein will, muß halt einen entsprechenden Schwur geleistet haben.

Innerhalb der *famiglia* nun trifft der neue *uomo d'onore* auf eine strenge formale Hierarchie (vgl. Abb. 3). Zuoberst steht der *capofamiglia* oder *rappresentante*. Ihm zur Hand gehen ein oder mehrere Berater ohne größere Befehlsbefugnisse, die *consiglieri*. Ebenfalls steht ihm der *vicecapo* bei, sein Stellvertreter, der manchmal zum Zuge kommt, wenn der *rappresentante* durch Gefängnisaufenthalt, Krankheit oder Tod verhindert ist. In der Hierarchie folgen die *capodecine*, denen jeweils kleinere Gruppen von manchmal auch *soldati* genannten einfachen *uomini d'onore* unterstellt sind (Stajano 1986:41; Arlacchi 1992:20-23).

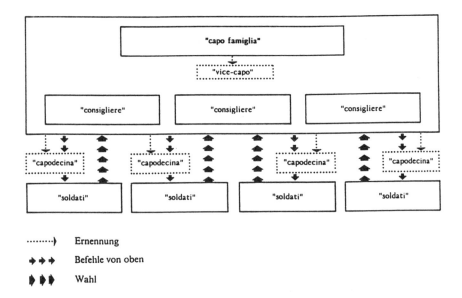

Abb. 3 Aufbau einer *famiglia* der Cosa Nostra (Quelle: Uesseler 1987)

Der *capofamiglia* und die *consiglieri* werden periodisch von allen Mitgliedern der *famiglia* gewählt, den *vicecapo* und die *capodecine* sucht sich der Capo selbst aus. Wer bei den unregelmäßig und je nach Kräfteverhältnis und Konfliktsituation abgehaltenen Wahlen zum *capofamiglia* auserkoren wird, steht normalerweise schon im Vorfeld fest: Fast immer handelt es sich um jenen *uomo d'onore*, der wegen seiner Führungsqualitäten oder seiner Gewalttätigkeit die meisten und mächtigsten Anhänger um sich schart. Vorkommen kann mitunter eine Zuspitzung zwischen zwei Rivalen, nicht dagegen die überraschende Wahl eines allseits beliebten, aber ansonsten eher hinterbänklerischen *uomo d'onore* (gm.vi.2:24; vm:29). Das ist nicht viel anders als in der nationalen und internationalen Politik.

Im Vergleich zu den Hierarchien der 'Ndrangheta - wo sage und schreibe zehn Ränge auszumachen sind (Gambino 1975:48) - handelt es sich bei der *famiglia* der Cosa Nostra um ein sehr schlankes und auch deswegen effektives Organisationsmodell. Formal haben die Befehle strikt von oben nach unten befolgt zu werden, also vom *capofamiglia* über den *capodecina* bis hin zu den gewöhnlichen Mafiosi. Ein einfacher *uomo d'onore* hat, wenn

140

nötig bis zur Selbstaufgabe, strikten Gehorsam zu leisten. "Der ist wie Jesus Christus, wenn er will, daß ich lebe, werde ich leben; wenn er mich ermorden lassen will, werden sie mich ermorden", sagt ein Mafioso über seinen Boß (ac:282).[31] Trotzdem kommt es vor, daß durch Verhandlungsgeschick, passiven Widerstand oder simple Untätigkeit Befehle verweigert werden (gm.vi.5:26; Arlacchi 1992:158). Eine derartige, zumeist nur gelegentliche Gehorsamsverweigerung dürfte jedoch von dem Status des betreffenden *uomo d'onore* abhängen - es ist nicht anzunehmen, daß sich alle Widerstreben leisten können.

Die formale Position eines *uomo d'onore* innerhalb der Hierarchie muß nicht mit seinem Status identisch sein (Falcone, Giovanni 1991:101). Bekanntestes Beispiel hierfür ist Tommaso Buscetta (oder zumindest die Art und Weise, wie er sich darstellt): Obwohl er nie zu mafiosen Ämtern und Würden kam und auch selten in Sizilien weilte, galt er als einer der einflußreichsten Mafiosi Palermos. Ebenso sagt die formale Hierarchie nicht zwingend etwas über die effektive Arbeitsteilung aus. Zum einen unterscheiden sich die Tätigkeiten eines *uomo d'onore* kaum von denen eines anderen, denn dafür gibt es meist zuwenig spezialisierte Aufgaben. Viele Mafiosi gehen einem legalen Beruf nach und verbringen den Rest des Tages damit, sich mit anderen Mafiosi zu treffen, Bittsteller zu empfangen und beim Tratsch in der Bar die Ohren zu spitzen (vgl. Gambetta 1992:34ff.). Nur ab und an müssen sie zur Tat schreiten, ein Erpressungsgeld kassieren, eine Drohung inszenieren oder möglicherweise einen Menschen ermorden.

Gerade bei Gewalttaten jedoch schält sich oft eine informelle Arbeitsteilung heraus, die gefährlichere Aufgaben an die aufstrebenden Jungmafiosi delegiert. In den achtziger Jahren scheinen in Palermo mit den *gruppi di fuoco* regelrechte Rollkommandos junger mafioser Killer gebildet worden zu sein (ga:6ff.;gd:62-65). Zynisch ließe sich von einer Selektion späterer mafioser Führungskräfte sprechen: Der Nachwuchs, der überlebt und besonders gewalttätig ist, rückt eines Tages in der Hierarchie nach oben, um dann nur noch, wenn überhaupt, aus Prestigegründen sowie unter sicheren

---

31 Dabei fragt sich, wer der Boß ist. Seit Ende der achtziger Jahre ist eine organisatorische Variante zu verzeichnen: Es gibt *uomini d'onore*, die unter Ausschaltung des *capodecina* direkt dem *capofamiglia* oder sogar einem externen Boß unterstehen - und von deren Existenz die anderen Mitglieder der *famiglia* mitunter nicht wissen (gm.vi2:10-11; ga:3; ac:325).

Umständen selbst Hand anzulegen (Arlacchi 1992:159). "Das finde ich logisch", urteilt der Italoamerikaner Nick Gentile. "Wie überall gibt es in der ehrenwerten Gesellschaft die Respektpersonen und die Bedürftigen. Die einen geben Ratschläge und diskutieren, die anderen agieren [...]. Bedürftige sind die Jungen, die vorankommen wollen und ihren Mut mit Aufopferung, Courage und Risikoliebe beweisen müssen [...]. Sie wollen jemand werden [...]. Ihr Schicksal hängt von den Bossen ab, auf die sie treffen und für die sie agieren. Es gibt Bosse, die ihnen dabei helfen, sich zurechtzufinden, zum Beispiel ein Geschäft aufzumachen oder eine gute Stelle zu finden. Aber es gibt auch unehrliche Bosse, die sich dieser jungen Bedürftigen bedienen und sie dann ermorden lassen" (Gentile:59).

Weitere Ansätze einer informellen Arbeitsteilung finden sich bei einigen spezialisierten Aufgaben: Der eine Mafioso hat eine glückliche und ehrliche Hand bei der Buchhaltung, der andere kann mit Sprengstoff umgehen, der nächste tut sich als Chemiker bei der Heroinproduktion hervor (vgl. vm:20, 48ff.; gd:73,79; lm.cpm:516). Auch die delikaten Kontakte zu wichtigen Politikern, Unternehmern oder Strafverfolgern werden zumeist nur von Einzelnen gehandhabt. Während aus der Sicht des "legalen" Partners hierbei Sicherheitserwägungen eine Rolle spielen, steht für den mafiosen Kontaktmann die ihm durch diese Exklusivität erwachsene interne Macht im Vordergrund.

Ein mündlich überlieferter Normenkodex schreibt das Verhalten eines jeden *uomo d'onore* vor. Auch wenn diese Regeln nicht immer eingehalten werden, sind sie theoretisch für alle Mitglieder der Cosa Nostra bindend. Das erste und wichtigste Normenbündel soll die Geheimhaltung der Organisation und ihrer Tätigkeiten garantieren: Strikt verboten ist es, allen Außenstehenden - inklusive den engsten Familienangehörigen - von der Existenz und den Interna der Cosa Nostra zu berichten. Insbesondere gilt diese Vorschrift natürlich für jegliche Mitteilung an die Strafverfolgungsbehörden. Der Geheimhaltung ebenso zuträglich ist jene raffinierte Regel, die vorschreibt, daß ein *uomo d'onore* sich nie explizit als solcher zu erkennen geben darf - auch nicht gegenüber anderen Mafiosi. Damit sich zwei fremde *uomini d'onore* als Mafiosi erkennen, bedarf es deswegen eines dritten, der die beiden mit den Worten "è la stessa cosa", "er ist das gleiche", untereinander bekannt macht.

Auch innerhalb der Gruppe verbieten sich aus Sicherheitsgründen freizügige Mitteilungen über vergangene, gegenwärtige und zukünftige

Unternehmungen. Inmitten von Mißtrauen und Konkurrenzdenken ist die Information fragmentiert und geheim: Es kann sogar gefährlich sein, bestimmte Dinge zu wissen (vgl. Arlacchi 1994:84ff.). Dies ist allen Mafiosi bewußt, und so wird denn auch einer weiteren Regel große Bedeutung zugemessen: Ein *uomo d'onore* sollte seine Kollegen nicht mit neugierigen Fragen durchlöchern, sondern zuhören, was sie ihm aus freien Stücken erzählen. Nicht alle halten sich daran; einige platzen schon bei der Vorstellung mit der Frage heraus, von wo der neue Bekannte denn her kommt. Überhaupt klatschen und tratschen Mafiosi ähnlich wie andere Menschen auch, besonders wenn sie sich im Gefängnis befinden (vgl. lm:141; gm:1230; gm.vi.5:39).

Die Geheimniskrämerei treibt merkwürdige Blüten: Mafiosi lieben es, mit für den Außenstehenden unverständlichen Andeutungen, Gesten und Zeichen zu kommunizieren. Von dieser Zeichensprache, welche diejenige der ohnehin schon lebhaft gestikulierenden Italiener noch übertrifft, geht eine Faszination aus, der nicht nur Groschenroman-Leser, sondern auch Strafverfolger und Experten verfallen. Wiederum ist es ein furchteinflößendes Mysterium, mit dem sich die Mafiosi umgeben und das ihren Zwecken durchaus dienlich ist. Die Effektivität dieser Kommunikationsform allerdings sei dahingestellt. Über die Gefängnisbesuche berichtet Leonardo Messina: "Sie reden mit Gesten, aber bevor sie irgendetwas verstehen, bedarf es einer halben Stunde, und die Besuchszeit ist vorbei" (lm.cpm:601). Wie aus einem Stück von Ionesco kommt auch ein mit Andeutungen gespicktes Telefongespräch von 1987 zwischen den Gebrüdern Francesco (F) und Tommaso (T) Inzerillo daher:

T: Es wird gesagt, daß der "Kurze" sich mit dem "Nilpferd" sieht...
F: Wer ist der Kurze?
T: Wer der Kurze ist? Ist das nicht der, der alles in der Hand hat?
F: Aber wo läßt er sich sehen? Warum ist der nicht drinnen?...
T: Wer?
F: Der Kurze.
T: Er ist drinnen.
F: Seit wann?
T: Ja, also...
F: Haben sie den nicht vor ungefähr zwei Monaten geschnappt?
T: Wen?

F: Den "Geschorenen"?

T: Aber ist der Geschorene nicht rausgekommen?

F: Von wem sprichst Du?

T: Ist er nicht herausgekommen?

F: Von wegen herausgekommen, nein, nein.

T: Schau, der ist herausgekommen.

F: Also ich weiß es nicht.

T: Nein, ich spreche von seinem Freund, dem Kurzen.

F: Aber wer ist dieser Freund, der Kurze?

T: Der Kurze... Der, der dort alles in der Hand hat. Ist das nicht der Kurze? Der von dort... Der aus Corleone...

F: Hm...ich weiß nicht...aber der... die lassen sich zur Zeit nicht sehen... von niemandem.

T: Aber er sagt, daß sie sich sehen... Ist es nicht er, der zur Zeit alles in der Hand hat?

F: Ja...

(Endlich: Francesco scheint verstanden zu haben, daß es sich bei dem Kurzen um niemand anders als Totò Riina handelt. Das Gespräch geht noch eine Weile ebenso grotesk weiter: TdP 1990.)

Eine weitere Regel soll den aus der Geheimhaltung resultierenden Kommunikationsschwierigkeiten Abhilfe verschaffen: *Uomini d'onore* sind dazu verpflichtet, untereinander die Wahrheit zu sagen. Dieses Gebot ist aus naheliegenden Gründen besonders von Richtern und Staatsanwälten hervorgehoben worden, denn von ihm hängt die juristische Beweiskraft der *pentiti*-Aussagen ab, deren Berichte über das Innenleben der Cosa Nostra im strikten Sinne zumeist bloße *hearsay evidence* darstellen (Stajano 1986:44ff.; Falcone, Giovanni 1991:58ff.). Die Richter stützten sich dabei vor allem auf die frühen und weitreichenden Aussagen über das Wahrheits-Gebot Tommaso Buscettas (tb:138-39, 247). Buscetta aber machte später in dieser Frage einen Rückzieher nach dem anderen: Plötzlich war die Wahrheit nur dann Pflicht, wenn es um die Belange der Cosa Nostra ging; plötzlich mußte der *uomo d'onore* nur noch seinem Vorgesetzten wahre Rede und Antwort stehen (tb.cpm:423-25). In Wirklichkeit dürften sich *uomini d'onore* nicht seltener anlügen als es strenggläubige und gottesfürchtige Katholiken tun - und das schon lange bevor die vermeintlich "diabolische" Fraktion der

Corleonesi die Sitten verrohte und mit gezielten Falschinformationen Zwietracht säte (vgl. Arlacchi 1992:24-25; 1994:XI).

Ein zweites Normenbündel bezieht sich auf Disziplin und Loyalität. Wie bereits erwähnt, ist jedem Befehl strikt Folge zu leisten. Untereinander haben sich *uomini d'onore* solidarisch zu verhalten: Sollte es erforderlich sein, muß Beistand geleistet werden; Absprachen sind unbedingt einzuhalten; nur Außenstehende dürfen beraubt werden; wenn irgend möglich, sollten Geschäfte nur mit anderen Mafiosi getätigt werden (vgl. Falcone, Giovanni 1991:98; Stajano 1986:52; Arlacchi 1992:56ff.). Das Verhältnis zwischen Befehlshörigkeit und Loyalität kann dabei von einer *famiglia* zur anderen variieren: Während vertikal durchstrukturierte Gruppen wie die der Santapaola in Catania ihren Mitgliedern sogar ein reguläres Gehalt auszahlen (MinInt 1995:34), erinnern andere *famiglie* eher an gemeinnützige Vereine, in denen zwar bestimmte Tätigkeiten wie beispielsweise Erpressungen autorisiert und gemeinsam betrieben werden, das einzelne Mitglied ansonsten jedoch große Freiheiten hat, um "privat" weitere legale und illegale Einnahmequellen anzuzapfen (vgl. Arlacchi 1992:142; gm:1297). Investitionen in den Drogenhandel können aus Fonds der *famiglia* finanziert werden, um dann die Rendite an jeden einzelnen auszuschütten. Manchmal kann der einzelne *uomo d'onore* es aber auch vorziehen, allein Geschäfte zu machen (gm:1308; Falcone, Giovanni 1989:206). Wichtig ist, daß der Einzelne auf einen effektiven "Rechtsschutz" der *famiglia* vertraut: Sollte er ins Visier der Strafverfolgung geraten, darf er erwarten, daß die Gruppe einen Anwalt stellt, kommt er ins Gefängnis, sollten sich die Kollegen um seinen Unterhalt und den seiner Verwandtschaft kümmern. Ob dies dann tatsächlich geschieht, steht allerdings auf einem anderen Blatt (tb:99; vm:55; Arlacchi 1992:143).

Das dritte Regelpaket dreht sich um Verhaltensweisen, die grob um die Frage der "mafiosen Ehre" gruppiert werden können. So bezieht sich das Kontaktverbot mit der Polizei nicht nur auf eventuelle Aussagen über die Cosa Nostra, sondern auf jegliches Hilfegesuch an die Behörden. Ein *uomo d'onore* sollte bei der Polizei keinen Diebstahl, keinen Mord anzeigen (vgl.Stajano 1986:48; lm:159). Solange er glaubwürdig vor dritten als Beschützer gelten will, muß er seine Macht eigenständig unter Beweis stellen und den Taschendieb allein finden und bestrafen. Allerdings gibt es Ausnahmen: Wird einem *uomo d'onore* ein Wagen gestohlen, darf er dies bei der Polizei melden, denn es könnte ja sein, daß der Dieb mit dem Auto einen Gesetzesbruch begeht, der dann später dem tatsächlichen Wagenbesitzer zur Last gelegt wird (vgl. Arlacchi 1992:219). Auch Vincenzo Marsala weiß von einem Fall zu berichten, wo Diebe angezeigt wurden, weil es zu auffällig gewesen wäre, es nicht zu tun (vm:121ff.).

Eng verbunden mit dem Zwang, die eigene Autorität ständig unter Beweis zu stellen, ist auch die Haltung gegenüber den Frauen. Daß ein Mafioso bei seiner Rekrutierung tadellose Familienverhältnisse aufweisen sollte, ist bereits erwähnt worden. Auch der aktive *uomo d'onore* sollte am besten verheiratet sein, keine Liebhaberinnen haben, unerbittlich über die sexuelle Treue seiner Lebensgefährtin wachen und vor allem nicht im Traum daran denken, den Frauen seiner Kollegen nachzustellen (vgl.lm:90; Anonymus 1988:110). Offensichtlich spielen hier Erwägungen zur Konfliktvermeidung und Sicherheit eine Rolle: Da die Vorschrift, den Frauen nichts von den eigenen Tätigkeiten zu erzählen, oft nicht eingehalten wird (und gar nicht kontrolliert werden kann), stellt jede Liebhaberin und jede Frau, die sich von ihrem Mann abwendet, ein Sicherheitsrisiko dar (vgl.Cpm XI/2:30). Als Erklärung aber reicht das nicht aus. So ist die negative Sanktionierung der weiblichen sexuellen Untreue kein ausschließliches Merkmal der Cosa Nostra, sondern läßt sich in ganz Sizilien und vielleicht sogar noch ausgeprägter in Kalabrien finden. Ein Mann, dessen Frau mit jemand anderem schläft, trägt das Kainsmal des "Schwächlings" und wird öffentlich verspottet. Ein Mafioso, dessen Sache es nun einmal ist, Macht auszuüben, kann sich eine solche "Blöße" noch weniger leisten als andere Männer.

Selbstredend gelten die Anforderungen an die sexuelle Treue des Partners weniger in der umgekehrten Richtung: Wenn *uomini d'onore* Liebhaberinnen haben, wird trotz des Verstoßes gegen die Regeln meist ein Auge zugedrückt (vgl.gm:1238-39, sm:3110). Ein gegenteiliges Beispiel ist der Frauenheld Tommaso Buscetta, der für seine Umtriebe sogar bestraft wurde. Jedoch darf in seinem wie auch in anderen Fällen angenommen werden, daß bei der Sanktionierung noch andere Gründe eine Rolle spielten und Buscettas Freundinnen nur einen willkommenen Vorwand darstellten (vgl. Arlacchi 1994:63; Gambetta 1992:163ff.). Indes sind diese Beschuldigungen auch als Vorwände bemerkenswert, da sie ja offensichtlich für die anderen *uomini d'onore* legitime Sanktionsgründe darstellen. Viele Mafiosi glauben daran, daß man sich so zu verhalten hat. Vincenzo Marsala und Salvatore Umina durften zwar unverheiratet mit ihren Freundinnen zusammenleben, aber diese Situation war doch ein "zu lösendes Problem" (vm:118).

Die Verletzung all dieser Regeln wird je nach Schwere des Vergehens und je nach Interessenlage der Bosse, die hierüber zu urteilen haben, bestraft. Es gibt nur zwei mögliche Sanktionen: Ausschluß aus der Cosa Nostra oder Tod. Wer zeitweise oder lebenslang verstoßen wird, darf mit den *uomini d'onore* keinen Kontakt mehr aufnehmen und wird somit nicht nur von den Geschäften ausgeschlossen, sondern auch - und das mag noch schwerer wiegen - von der gemeinsamen Lebenswelt (tb:90-91; gm:1246; ac:281). Wird das Vergehen als schwerer eingestuft, und das scheint besonders in den letzten Jahrzehnten häufiger vorzukommen (vm:95), wird ein Todesurteil ausgesprochen, das noch Jahre danach vollstreckt werden kann. Im Unterschied zu der historischen 'Ndrangheta gibt es bei der Cosa Nostra praktisch keine intermediären Sanktionen.

Ein Mafioso also hat diszipliniert und verschwiegen, loyal, stark und seriös zu sein - nur dann ist er ein *uomo d'onore*, ein wirklich ehrenwerter Mann. Diese Ehrvorstellungen stellen in vieler Hinsicht die *corporate identity* der Mafia dar: Eine Identität, die sowohl nach außen als auch nach innen legitimatorische Funktionen hat. Auf die Implikationen dieses Diskurses - das Männlichkeitsideal, die Selbstinszenierung und die externe Legitimierung - wird an anderer Stelle noch einmal zurückzukommen sein (vgl. Kapitel IV). Vorerst kann festgehalten werden, daß diese Ehrvorstellungen erstaunlich genau dem Handlungsraum der Machtausübung und seinen steten internen Kraftproben entsprechen. Nur wer verschwiegen ist, kann weiter agieren, nur wer diszipliniert und loyal ist, kann vom Gruppenzusammenhalt profitieren, nur wer sich jeglichen Affront verbietet, kann gegenüber den Konkurrenten bestehen. Hinter dem Sich-Respekt-Verschaffen steht sehr unmittelbar eine Machtfrage: Mafiosi, die sich alles bieten lassen, laufen schnell Gefahr, von mächtigeren Kollegen niedergemacht zu werden. Vincenzo Marsala meint genau dies, wenn er sagt, die wichtigsten Eigenschaften eines Mafioso seien "Unbarmherzigkeit und Entschlossenheit" (vm:79) - und faßt damit eigentlich auch die Ehrvorstellungen zusammen.

"Die Cosa Nostra ist aus Regeln gemacht, aber da sind dann noch die konkreten Fälle mit ihren Nuancen und Komplikationen. Und da sind jene, die die Regeln benutzen. Und die Ausnahmen und Mißbräuche. Die tolerierten, die zur Schau gestellten und jene, die bestraft werden. Viele Bosse glauben, sich Mißbräuche erlauben zu können. Sie halten das für ein Zeichen von Stärke", berichtet Antonino Calderone (Arlacchi 1992:105-06). Sicherlich klaffen bei jeder Organisation Anspruch und Realität auseinander.

Das besondere an der Mafia aber ist die Unmittelbarkeit, mit der nach Versagen der normativen Regelungen und Sanktionen die physische Gewalt als entscheidendes Machtkriterium auf den Plan tritt. Da jeder einzelne *uomo d'onore* letzten Endes auf seine eigene Gewalttätigkeit vertraut und gewissermaßen ein unabhängiges Machtuniversum darstellt, hängt die Entscheidung, ob er sich zu seinen Ungunsten an eine Anordnung oder Vorschrift hält oder ob er sich das Recht herausnimmt, sie zu übergehen, immer von der eigenen Schlagkraft ab: Wo Gewalt nicht monopolisiert wird, ist das Recht des Stärkeren ausschlaggebend.

Es ist in der extremsten Disjunktive - der zwischen Leben und Tod - wo sich das Paradoxon des mafiosen Zusammenhalts am deutlichsten zeigt. "Von wem haben sie Angst, ermordet zu werden?", fragt ein Anwalt Gaspare Mutolo. "Sagen wir von diesen meinen Freunden. Wir sind nämlich alle *amici*, Freunde...aber...wenn ich sage, daß ich Angst habe...alle Männer der Cosa Nostra stellen eine potentielle Gefahr dar", antwortet er (gm.vi.5:96). Auch die vielleicht beliebteste Mord-Modalität macht das deutlich: Das Opfer wird zu einem Ausflug ins Grüne, einem Mittagessen oder einer Unterredung eingeladen, damit es sich in Sicherheit wähnt - um dann aus heiterem Himmel heraus, beim freundlichen Plausch, hinterrücks erdrosselt zu werden. Jemanden so abzuschlachten, ist zweifellos höchst effektiv. Zu beachten ist aber auch die ungeheure Paranoia, die derartige Tötungsmodalitäten zwischen den *uomini d'onore* auslösen (vgl. Violante 1993:26; gm:1232,1275; ac:282).

Gleich einem Kartenhaus bricht die labile mafiose Ordnung so immer wieder in sich zusammen - zum Beispiel, wenn es darum geht, Gewinne aufzuteilen oder, mehr noch, wenn die Führung zur Debatte steht (vgl. Cpm X/21:16; gm.vi.4:12ff.; vm:32ff.). Von Zeit zu Zeit wachsen innerhalb der *famiglia* neue, zumeist junge Anführer heran und stellen die Autorität der Bosse in Frage. Die aber sind nicht immer dazu bereit, ohne weiteres abzutreten, und scharen ihrerseits Getreue um sich (vgl. gm.vi.4:12,27). Wenn derartige, schnell eskalierende Machtkämpfe zwischen zwei Fraktionen nicht geschlichtet werden - eine Möglichkeit, die im nächsten Abschnitt erörtert wird - münden sie fatal in einer gewaltsamen Auseinandersetzung. Selbst die Besonneren müssen dann erkennen, daß die Ermordung einer der beiden Rivalen die einzige Möglichkeit darstellt, die Gruppeneinheit zu bewahren (vgl.pg.1: 2247). Gelingt weder eine Schlichtung noch eine physische Eliminierung, zerbirst die *famiglia*.

148

3. Die "commissioni": Rotary Club oder Diktatur?

Das Spannungsverhältnis zwischen Autonomie und organisatorischer Einbindung, welches schon in den Beziehungen des einzelnen *uomo d'onore* mit seiner *famiglia* zu Tage tritt, ist im Falle des Zusammenschlusses verschiedener *famiglie* noch offensichtlicher. So warten die Gerichtsakten des "Maxiprozesses" von Palermo der achtziger Jahre mit einer Interpretation der Mafia auf, die in ihrer Perspektive der bisherigen Darstellung weitgehend eigenständiger *famiglie* widerspricht: "Die Cosa Nostra hat eine einheitliche Struktur, die strikt vertikal und pyramidal angeführt wird" (Stajano 1986:IX). Die Richter bezweifeln nicht, daß an der Basis dieser Struktur die *famiglie* stehen, sie meinen aber, daß diese Gruppen nur über wenig Handlungsfreiheit verfügen. Zumindest seit den achtziger Jahren seien die *famiglie* nicht viel mehr als ausführende Organe der ihnen übergeordneten Hierarchie der *commissioni*, der "Kommissionen", und vor allem jener der Provinz Palermo (int.24).

Dies ist eine juristische Intepretation. Juristen haben gewöhnlich andere Interessen als Sozialwissenschaftler, da ihnen mehr am Verurteilen gelegen ist als am Verstehen. An diesem Anspruch gemessen, hat sich die pyramidale Einschätzung der Cosa Nostra zweifellos als höchst effektiv erwiesen: Mafiosi, die Mitglied eines Führungsgremiums sind, haben Befehlsgewalt und tragen Verantwortung - und lassen sich somit für eine Vielzahl von Delikten zur Rechenschaft ziehen. Trotzdem oder vielleicht gerade deswegen ist diese These nicht unumstritten: Andere richterliche Instanzen und besonders der Kassationshof, das oberste Berufungsgericht, haben sich lange Zeit gegen diese Interpretation gesträubt und eher eine föderale als eine zentralisierte Struktur der Cosa Nostra vermutet. Wichtig sind vor allem die verfahrenstechnischen Implikationen des jeweiligen Ansatzes: Aus der "föderalistischen" Interpretation folgt eine Verteilung der Verfahren an verschiedene, den Mafiosi möglicherweise wohlgesonnene Gerichtshöfe, aus der "zentralistischen" Perspektive dagegen die Kompetenz sei es der erfahrenen Palermitaner Richter oder der ursprünglich von Falcone konzipierten "Superstaatsanwaltschaft" für mafiose Delikte (vgl. Fiandaca 1993; Santino 1992:146-49; Di Lello 1994:208 ff.).

Sicherlich wäre jede Analyse der Cosa Nostra, die nur auf den *famiglie* basiert, unvollkommen. Erstens ist die Autonomie jeder einzelnen *famiglia* relativ: Zwar verfügt sie auf ihrem Gebiet über territoriale Hoheitsrechte, die vor allem das Erpressungs-Schutz-Monopol beinhalten, ihr Handeln aber tangiert oft direkt die Interessen der anderen Gruppen, die ja häufig nur ein paar Straßenzüge weiter walten. Zweitens sind alle *famiglie* Teil der Cosa Nostra: Meist identisch aufgebaut, verfügen sie über die gleichen Regeln und teilen eine gemeinsame *corporate identity*. Ein Mafioso hat sich nicht nur gegenüber den Mitgliedern seiner Gruppe loyal zu verhalten, sondern steht auch allen anderen *uomini d'onore* gegenüber in der Pflicht. Hin und wieder kommt es sogar vor, daß Mafiosi von einer *famiglia* in die andere wechseln (gm.vi.2:13;vm:62). Drittens war bis in den sechziger und siebziger Jahren vorgeschrieben, daß jeder Neuzugang in eine *famiglia* den anderen Mafiagruppen mitgeteilt werden mußte, um so eventuelle Sicherheitsbedenken noch im Vorfeld auszuräumen (gm:1240; tb.cpm:363). Viertens ist undenkbar, daß ein krimineller Nobody und seine Freunde von einem Tag auf den anderen nach allen Regeln der Kunst eine eigene *famiglia* gründen, um dann um Aufnahme in die Cosa Nostra zu ersuchen. Sowohl ein *uomo d'onore* als auch eine *famiglia* kann nur durch andere Cosa-Nostra-Mitglieder gekürt werden. Insofern ist der Einschätzung Giovanni Falcones und seiner Kollegen nur beizupflichten: Zumindest aus dieser Perspektive ist die Cosa Nostra eine einheitliche Organisation.

Die Frage, was zuerst war, ob die *famiglie* oder ihr Zusammenschluß, ist nicht eindeutig zu beantworten. Weder die mafiosen Gruppen noch ihre Abstimmungsinstanzen dürften vor den fünfziger Jahren so aufgebaut gewesen sein wie hier beschrieben - und doch gab es sie mit Varianten schon vorher. Fest steht, daß die Gründung der *commissioni* als übergeordnete Instanzen auf einen Denkanstoß italo-amerikanischer Kollegen der *La Cosa Nostra* zurückgeht, die bei einem Besuch 1957 in Sizilien ihr Organisationsmodell anpriesen (Arlacchi 1994:65ff.). Für die Jahre unmittelbar davor wird häufig die große Unabhängigkeit und Isolation der *famiglie* unterstrichen, die möglicherweise damals noch gar nicht so hießen und vielleicht auch etwas anders aufgebaut waren (vgl. Chinnici/Santino 1989:237; Gambetta 1992:149ff). Kontakte zwischen den Gruppen und möglicherweise auch diverse organisatorische Zusammenschlüsse aber dürften seit dem 19. Jahrhundert stets bestanden haben (vgl. Lupo 1993a; Pezzino 1995:190; Arlacchi 1992:30).

Allein schon die Bereitschaft, in den fünfziger Jahren die *commissioni* als übergeordnete Instanzen zuzulassen, deutet daraufhin, daß zumindest die Idee eines solchen Zusammenschlusses den sizilianischen Mafiosi nicht fremd war. Allerdings wurde das von den Italoamerikanern vorgestellte Modell in einigen Punkten den sizilianischen Verhältnissen angepaßt (Arlacchi 1994:68ff.). Angesichts der Vielzahl von *famiglie* verbat es sich, ein jeder von ihnen einen Sitz in der *commissione provinciale* einzuräumen. Meist drei oder mehr Gruppen werden deswegen in einem *capomandamento* zusammengefaßt (vgl. Abb.4). Die zugehörigen *famiglie* bestimmen, oft in Absprache mit der *commissione provinciale*, einen Sprecher des *capomandamento* und seinen Stellvertreter. Alle Sprecher der *capomandamenti* einer Provinz bilden die *commissione provinciale*. Ihr steht ein theoretisch als *princeps inter pares* geltender Sekretär oder *capo commissione* vor, den die Kommissionsmitglieder aus ihren eigenen Reihen auswählen und der damit beauftragt ist, die Treffen einzuberaumen und zu koordinieren (vgl.gm:1228; ac:279ff.;lm.cpm: 516ff.).

Interprovinzielle Kommission für Sizilien

"commissione interprovinciale"								
"capo commissione"								
Palermo	Agrigent	Trapani	Calta-nisetta	Ragusa	Enna	Catania	Siracusa	Messina
("Kollegialorgan")								

Aufbau in einer Provinz (z. B. Palermo)

"commissione provinciale"					
"capo commissione"					
"capo mandamento"	"capo mandamento"	"capo mandamento"	"capo mandamento"	"capo mandamento"	"capo mandamento"
"capo famiglia"	"capo famiglia"	"capo famiglia"	"capo famiglia"	"capo famiglia"	"capo famiglia"
1 2 3	4 5 6	7 8 9	10 11 12	13 14 15	16 17 18

Abb. 4 Die *commissioni* der Cosa Nostra (Quelle: Uesseler 1987)

Die meisten anderen sizilianischen Provinzen haben zumindest zeitweise über ähnliche Gremien verfügt, deren Aufbau und Repräsentanz jedoch von der *commissione* Palermos abweichen konnten. Es ist bezeichnend, daß die Idee, aus den Sekretären der *commissioni provinciali* eine *commissione regionale* oder *interprovinciale* zu bilden, in der bis dato eher zweitrangigen Provinz Catania aufkam: Gegen Mitte der siebziger Jahre versuchte der dortige Provinzsekretär Giuseppe Calderone, mit dieser Instanz der Übermacht und Willkür Palermos entgegenzuwirken und sizilienweit verbindliche Regeln durchzusetzen (Arlacchi 1992:124ff.). Die *commissione regionale* scheint allerdings nur kurzzeitig bestanden zu haben und dürfte als demokratische Abstimmungsinstanz mit dem Vormarsch der *Corleonesi* zunehmend hinfällig geworden sein. Darüber, inwieweit sie in den achtziger Jahren funktionstüchtig war und es noch heute ist, gibt es nur wenig Informationen.

Angesichts der Labilität der *commissione regionale* sind die Aussagen Leonardo Messinas, weiterhin beständen eine nationale, ja, sogar eine weltweite *commissione*, wenig glaubwürdig (lm.cpm:527ff.). Wenn sich Mafiosi schon regional nicht einigen können, wie sollen sie es dann auf nationaler oder internationaler Ebene? Auch die nachweisbare Autonomie der weitaus meisten kriminellen Gruppierungen außerhalb Siziliens spricht gegen diese These. Der innerhalb der Cosa Nostra eher zweitrangige und provinzielle, wegen seiner spektakulären Aussagen jedoch vielzitierte *pentito* Messina dürfte hier einer internen Mythenbildung aufgesessen sein. "Ich glaube, daß es nicht viele *uomini d'onore* gibt, denen die gesamte Struktur der Organisation bekannt ist [...]. Der interne Informationsfluß ist sehr beschränkt", hatte derselbe Messina bei einer anderen Gelegenheit eingestanden (lm:5,41).

Insofern ist die *commissione* der Provinz Palermo auf jeden Fall das wichtigste Kollegialorgan. Die bloße Existenz einer regelmäßigen Zusammenkunft führender Mafiosi ist so bemerkenswert nicht: Es ist gang und gäbe, daß die herausragenden Vertreter eines sozioprofessionellen Milieus zusammenkommen, um Erfahrungen auszutauschen und Kontakte zu knüpfen. Man weiß voneinander, man kennt sich - es sind fachsimpelnde Kollegen unter sich. Mehr oder weniger formalisierte und kriminelle Gipfeltreffen gibt es eigentlich überall. In Kalabrien bestand die Tradition, einmal im Jahr bei einer Wallfahrt zusammenzukommen (TdRC 1979: 205). Die Camorristi in Kampanien tauschen sich ab und an ebenso untereinander aus wie die Narcotraficantes in Kolumbien (oder die Soziologen in Deutschland).

Sinn und Zweck derartiger Treffen ist natürlich nicht nur das gemütliche Beisammensein, sondern auch gemeinsame Geschäfte einzuleiten - in bezug auf die US-amerikanische *La Cosa Nostra* spricht Mark H. Haller von einem

"Rotary Club" (1990:227). In der *commissione provinciale* werden Unternehmungen besprochen und vereinbart, die mehrere *famiglie* betreffen. Diese Unternehmungen haben sich im Laufe der Jahre geändert: Wenn vormals der Viehdiebstahl geteilter Anstrengungen bedurfte und gemeinsame Profite abwarf, so galt in der Nachkriegszeit gleiches für den Drogenhandel und die Kontrolle der Bauwirtschaft. Obwohl sich um die Abwicklung des Geschäfts nur wenige kümmern, erfordert beispielsweise der Import von Heroin oder Kokain nach Sizilien oft die Kapitalbeteiligung mehrerer *famiglie* - auch, um für alle Beteiligten das Risiko zu minimieren (gm:1236). An größeren, mehrere Gemeinden betreffenden Bauprojekten können verschiedene mafiose Gruppen verdienen - vorausgesetzt, es wird abgesprochen, welcher Unternehmer an wen zu zahlen hat (vgl. tb:149-50; lm:104; ac:293). Um jemanden in Palermo-Stadt ermorden zu lassen, kann es sinnvoll sein, einen Killer aus der Provinz kommen zu lassen (vm:10).

Ebenso erleichtert die *commissione provinciale* die Zusammenarbeit in all jenen Fragen, die die Strafverfolgung betreffen. Wenn die staatliche Justiz in "Maxiprozessen" gegen mehrere *famiglie* gleichzeitig vorgeht, trägt sie indirekt auch zur Festigung einer gemeinsamen mafiosen Verteidigungsstrategie bei, deren Abstimmung dann in der *commissione* erfolgen kann. Kommt es zu Berufungsprozessen vor den höchsten Instanzen der italienischen Justiz, so dem Kassationshof in Rom, liegt es ebenfalls nahe, daß es die *commissione* und nicht eine zweitrangige *famiglia* ist, welche die richterlichen Entscheidungen zu beeinflussen sucht. Je höher gepokert wird, um so wichtiger wird die Kräftebündelung - dies gilt auch für den Umgang mit politischen Entscheidungsträgern auf regionaler und nationaler Ebene (vgl.ac:285). Nicht mit dem Capo einer einzelnen *famiglia* traf sich Giulio Andreotti - wenn die Aussagen der *pentiti* denn diesbezüglich stimmen - sondern mit den Repräsentanten der jeweils tonangebenden Fraktion der Cosa Nostra (vgl. PdR 1995).

In aller Interesse liegt auch eine gewisse Zügelung der Gewaltanwendung. Im Prinzip gilt, daß eine jede *famiglia* auf ihrem Territorium das Gewaltmonopol beansprucht, und insofern andere Mafiosi hier weder erpressen noch morden dürfen, wenn der betreffende *capofamiglia* nicht einverstanden ist. Die von einer einzelnen mafiosen Territorialherrschaft angeordnete Ermordung eines Polizisten, eines größeren Unternehmers oder eines Politikers kann jedoch ebenso die angrenzenden *famiglie* in Gefahr bringen - die Strafverfolgung macht gewöhnlich keine Unterschiede. Eine zentrale

Vorschrift besagt daher, daß jeder "wichtige" Mord von der *commissione* autorisiert werden muß, damit alle anderen *famiglie* gewarnt werden können (tb:14,110;gm:1237;lm:22). Hieraus aber folgt, daß die Entscheidung über derartige Morde zumindest theoretisch in der Hand der *commissione* liegt.

Darüberhinaus wird nicht nur bei der präventiven Zügelung, sondern auch bei der offensiven Anwendung von Gewalt kooperiert: Hinter "herausragenden Delikten" wie den Ermordungen des Präfekten Carlo Alberto Dalla Chiesa 1982 oder des Richters Giovanni Falcones 1992 stecken gewöhnlich strategische, mit der Straffreiheit aller Mafiosi kalkulierende Überlegungen. Indem die *commissione* den Anspruch auf die Monopolisierung dieser Art von Gewaltanwendung erhebt, werden die Kräfte mehrerer Gruppen gebündelt. Wichtiger noch: Die *commissione* ist dazu befugt, über die Hierarchien hinweg und unter größter Geheimhaltung Ermordungen anzuordnen, was einen wichtigen Einschnitt in die Souveränität der *famiglie* bedeutet (tb:105).

Neben der Abstimmung gemeinsamer Unternehmungen sowie der Gewaltzügelung oder -entfesselung dient die *commissione* vor allem als Schiedsinstanz, und zwar um Konflikte sowohl innerhalb der *famiglie* als auch zwischen ihnen zu schlichten. Die Informationen über diese Schiedstätigkeit sind spärlich gesät, und ganz offensichtlich stößt hier die Formalisierung sehr schnell auf die durch das Recht des Stärkeren vorgegebenen Grenzen. Im Prinzip hat die *commissione* darüber zu wachen, daß die Regeln der Cosa Nostra eingehalten werden - auch jene, die sich auf das individuelle Verhalten beziehen. Sie kann *uomini d'onore* aus der Cosa Nostra ausstoßen sowie Todesurteile verhängen; ihren Weisungen ist strikt Folge zu leisten (tb:110). Der *commissione* kommen somit "Disziplinierungs-Funktionen" des mafiosen Fußvolks zu (tb:21-22; vgl. Gambetta 1992:155).

Allerdings ist nicht eindeutig festgelegt, welche Konflikte an die *commissione* herangetragen werden - kleinere Regelverstöße beispielsweise werden häufig noch innerhalb der *famiglia* geahndet. Auch der *capomandamento*, der Sprecher mehrerer angrenzender *famiglie*, kann als Vermittler bemüht werden (vm:5). Die *commissione* muß dann eingeschaltet werden, wenn die Konflikte eine "gewisse Relevanz" haben und der zuständige *capofamiglia* befangen ist (Arlacchi 1994:79,117). Häufig ist das der Fall, wenn es um die Nachfolge eines *capofamiglia* geht. Die *commissione* kann dann eine Anhörung der Konfliktparteien einberaumen und eine friedliche Schlichtung versuchen. Um ihren Schiedsspruch danach in die Praxis umzusetzen, macht sie häufig von einer weitreichenden Befugnis Gebrauch: Sie darf *reggenti* einsetzen, vorläufige *capofamiglie* also, welche die betreffende Gruppe interim bis zu den nächsten Wahlen leiten (lm:3;vm:74)

Ebenso beschäftigt sich die *commissione* mit Auseinandersetzungen zwischen den *famiglie*: Grenzstreitigkeiten, Geschäftsdispute und alle möglichen Feindseligkeiten sind an der Tagesordnung. Die *commissione* verfügt über weitreichende Kompetenzen, um in diese Konflikte einzugreifen. Sie kann Territorialgrenzen neu ziehen und ein *capomandamento* umstrukturieren. Ebenso kann sie ganze *famiglie* neu ordnen - so indem sie eine Gruppe von *uomini d'onore* einer anderen *famiglia* zuordnet oder eine zu große *famiglia* in zwei teilt (vgl.vm:54; gm.vi.4:9ff.). Sogar die Auflösung einer gesamten *famiglia* ist möglich. Die betroffenen *uomini d'onore* werden dann entweder einer anderen Gruppe zugeordnet oder aber allesamt aus der Cosa Nostra ausgeschlossen (tb:147).

Eine Auseinandersetzung zwischen den *famiglie* innerhalb ein und desselben *capomandamento* stellt noch das übersichtlichste Konfliktszenario dar. Sehr viel komplizierter wird es, wenn sich darüber hinausgehende und gegeneinander antretende Koalitionen bilden. Manchmal ist der Frontverlauf durch verwandtschaftliche Beziehungen vorgegeben: Durch Über-Kreuz-Heiraten sind einige *famiglie* eng miteinander verstrickt und stehen sich gegenseitig bei (ga:4-5,23; gm.vi.3:11; lm:74). Mitunter aber machen die Konflikte selbst vor diesen Bindungen nicht halt, und es kann passieren, daß Mafiosi ihre Cousins, Söhne und Schwiegersöhne umbringen sollen und manchmal auch müssen (gm.vi.4:11ff; gm.vi.5:23ff.). Je mehr *famiglie* in einen Konflikt verwickelt sind, um so schneller verliert die *commissione* ihre Neutralität. Erfaßt der Konflikt einen Großteil der Cosa Nostra, wird die *commissione* gewissermaßen von innen heraus gesprengt - als Vertreter von *capomandamenti* und *famiglie* sind ihre Mitglieder befangen und Teil der Auseinandersetzung selbst. Das aber geschieht regelmäßig: Tatsächlich haben die commissioni seit ihrer Gründung immer nur kurzzeitig effektiv funktioniert.

Das strukturelle Problem ist unschwer zu erkennen: Die *commissione* ist nicht wirklich eine übergeordnete, neutrale und mit einem Gewaltmonopol ausgestattete Instanz. Stattdessen gleicht sie einem Gremium individueller Gewaltmächte, die sich, sofern sie nur stark genug sind, jederzeit das Recht herausnehmen, Absprachen und Regeln nicht einzuhalten sowie Schiedssprüche nicht anzuerkennen - die Parallelen zur internationalen Politik sind hier offensichtlich. Die normative Ordnung der Cosa Nostra ist gut durchdacht und wird trotzdem ständig außer Kraft gesetzt, weil keiner das verhindern kann. Mehr noch: Mit ihren weitreichenden Kompetenzen wird die *commissione* selbst zum wichtigsten Beutegut für die Machtgelüste einzelner mafioser Gruppen. Wie schon im Inneren der *famiglia* brechen auch hier die formalen Normen schnell zusammen, sobald die Messer gewetzt werden.

Schon die Gründung der *commissione* und der mit ihr einhergehende Souveränitätsverlust der *famiglie* entfachte erste Konflikte (Arlacchi 1994:115ff.). Aus Sorge um eine gleichgewichtige Repräsentanz war festgelegt worden, daß der Posten eines *capomandamento* nicht von einem *capofamiglia*, sondern nur von einfachen *uomini d'onore* eingenommen werden dürfe: eine nur schwer zu verdauende Souveränitäts-Einschränkung für einige bis dato selbstherrlich waltende *capofamiglie*, die weder dazu bereit waren, auf die Führung der *famiglia* zu verzichten, noch einen vorgesetzten *capomandamento* zu dulden. Zu ihnen gehörte auch Angelo La Barbera, Oberhaupt der *famiglia* Palermo-Centro und aufstrebender Boß der Jahre des Baubooms und des beginnenden Drogenhandels. Nur mit Mühe konnte er davon überzeugt werden, eine alternative Lösung - die der ursprünglichen Regelung eigentlich zuwider laufende Einsetzung seines Bruders als *capomandamento* - zu akzeptieren. Erzwingen konnte seine Unterordnung keiner.

Zudem überschnitt sich die Einführung der *commissione* mit einem Generationenkonflikt: Die alteingesessenen und in ihrer Territorialherrschaft gefestigten Bosse waren nicht dazu bereit, sich nun plötzlich von jüngeren und aufstrebenden Mitgliedern der *commissione* befehligen zu lassen (ebd.:138). Aus dieser Unzufriedenheit heraus bildete sich Anfang der sechziger Jahre eine Fraktion, welche die neuen Spielregeln nach außen hin widerspenstig akzeptierte, tatsächlich aber alles daran setzte, die *commissione* auszuhebeln und sich selbst in eine hegemoniale Position zu hieven (Arlacchi 1992:62ff.). Unter der Leitung von Michele Cavataio nutzte sie geschickt die strukturellen Schwächen des neuen Organisationmodells und säte Zwietracht, anstatt eine wenig Erfolg versprechende offene Konfrontation zu suchen. Ab Dezember 1962 wurde im sogenannten "ersten Mafia-Krieg" eine Reihe hochrangiger Mafiosi ermordet, ohne daß sich Cavataio und seine Leute zur Täterschaft bekannten. Die Opfer waren so ausgesucht, daß sich der zwingende Verdacht ergeben mußte, bei den Mördern handele es sich um andere CosaNostra-Gruppen. Innerhalb der verwirrten *commissione* bildeten sich zwei Fraktionen heraus, die sich gegenseitig der Gewalttätigkeiten bezichtigten. Verdachtsmomente, die diesen oder jenen Mord aus dieser oder jener Meinungsverschiedenheit oder Auseinandersetzung erklären konnten, gab es unendlich viele.[32]

Die meisten *capomandamenti* unter der Führung von Salvatore Greco waren davon überzeugt, daß die Hauptveranwortlichen für das Blutvergießen im Umkreis der Gebrüder La Barbera zu suchen seien, die daraufhin aus der *commissione* ausgestoßen und zum Tode verurteilt wurden. Als Forum und Schiedsinstanz aller mafiosen Gruppen war die *commissione* somit lahmgelegt. Wenngleich einige Mafiosi durchaus bemerkten, daß irgendetwas nicht stimmte, schlugen alle Vermittlungsversuche fehl. Die La Barbera und ihre Verbündeten setzten sich mit beträchtlicher Feuerkraft zur Wehr, und die Cavataio-Fraktion half durch weitere Morde dem verallgemeinerten Mißtrauen nach. Höhe- und Schlußpunkt dieses sogenannten "ersten Mafiakrieges" war die Explosion einer Autobombe, bei der 1963 sieben Polizisten starben.

Daraufhin nun griff der Staat erstmals entschieden in das Geschehen ein und entfesselte eine Repressionswelle, die zur Verhaftung, Überwachung oder Verbannung Hunderter von *uomini d'onore* führte. Das mafiose Desaster war perfekt: Diejenigen, die den "Krieg" überlebt hatten, marschierten hinter Gitter oder tauchten unter; die kläglich an ihren Aufgaben gescheiterte *commissione* traf nicht mehr zusammen; und es wurde sogar die Losung ausgegeben, die *famiglie* seien bis auf weiteres aufzulösen (tb:147ff.). Inmitten des "Rette-sich-wer-kann" war zumindest in der Provinz Palermo an eine formale Organisation nicht mehr zu denken. Freilich war somit auch das Vorhaben der Cavataio-Fraktion gescheitert, eine hegemoniale Stellung

---

32 Und dementsprechend viele Versionen gibt es auch über die Hintergründe des "ersten Mafia-Krieges". Die Rolle Cavataios ist erst durch die Aussagen Buscettas und Calderones ans Licht gekommen. Zuvor hatten Polizei, Richter und Parlamentarier meist einen Konflikt um Einnahmen aus dem Drogenhandel vermutet, der dann, irgendwie, zum definitiven Bruch zwischen den La Barbera und den Greco sowie ihren jeweiligen Verbündeten geführt haben sollte. Diese noch heute bei Salvatore Lupo (1993a:199-200) oder Paolo Pezzino (1995:220ff.) angeführte Interpretation ist jedoch wenig einleuchtend. Auch ohne Michaele Cavataio eine herausragende Rolle beizumessen, ist der "erste Mafia-Krieg" auf "hegemoniale Ambitionen" zurückzuführen, also vor allem auf einen "Kampf um das Kommando" (Chinnici/Santino 1989:260).

innerhalb der Cosa Nostra einzunehmen. Trotzdem dauerte es noch Jahre, bis auch die anderen Mafiosi verstanden, was passiert war. Wieder auf freiem Fuß, wurde Cavataio 1969 ermordet.

Die staatliche Repression nämlich nahm 1968/69 ein jähes Ende: Teils aus Mangel an Beweisen, teils aus Laxheit sprachen Gerichtshöfe in Catanzaro, Bari und Palermo Dutzende führender Mafiosi frei (vgl. Di Lello 1994: 95ff.). Innerhalb kürzester Zeit formierte sich die Cosa Nostra neu. Ein Triumvirat wurde damit beauftragt, die Reorganisation zu leiten: Luciano Leggio aus Corleone, Gaetano Badalamenti aus Cinisi und Paolo Bontade sollten ein gleichgewichtiges Kräfteverhältnis garantieren. Mit der wahrscheinlich von Leggio angeordneten Ermordung des regionalen Generalstaatsanwalts Pietro Scaglione - das erste *delitto eccelente* seit dem vorigen Jahrhundert - zeigte die Cosa Nostra, daß sie wieder einen ernstzunehmenden Machtfaktor darstellte. Intern wurden einige *famiglie* und Grenzziehungen umstrukturiert und 1973 unter dem Vorsitz von Gaetano Badalamcnti erneut die *commissione* einberufen (vgl. Lupo 1993a:206).

Mitte der siebziger Jahre wurde auch die *commissione regionale* gebildet. Eine der wichtigsten Entscheidungen der neuen sizilienweiten Instanz war es, allen Cosa-Nostra-Gruppen die Durchführung von Entführungen zu untersagen, womit weiträumige staatliche Fahndungen verhindert und die gemeinsame Sicherheit garantiert werden sollte. Vielleicht auch wegen fehlender Traditionen und *know-hows* auf diesem Gebiet hielten sich die weitaus meisten *famiglie* an die Vorgabe und entführten allenfalls außerhalb Siziliens. Bis auf eine Ausnahme: Ohne sich explizit dazu zu bekennen, kidnappte 1975 die Luciano Leggio unterstehende *famiglia* aus Corleone einen Schwager von Nino Salvo, jenem *uomo d'onore*, der zusammen mit seinem Cousin Ignazio das legale und private Steuereintreibungs-Monopol in Sizilien innehatte. Die Entführung war nicht nur deswegen brisant, weil eine Vorgabe der *commissione regionale* mißachtet wurde, sondern auch, weil es sich bei dem Opfer um den Verwandten eines steinreichen Mafioso handelte, der den Schutz und das Vertrauen mächtiger *famiglie* in Palermo genoß. Angesichts des zweideutigen Spiels der *Corleonesi*, die sich als Vermittler und nicht als Entführer ausgaben, vermochte die Gruppe um Stefano Bontade nichts für ihren Protegé auszurichten: Der Entführte wurde tot aufgefunden (Arlacchi 1992:122ff.).

Schon früh zeigte dieser Fall, daß es erneut eine Gruppe gab, die nicht daran dachte, sich an die Regeln zu halten und dazu auch nicht gezwungen werden konnte. Luciano Leggio und sein Stellvertreter Totò Riina setzten sich über alle Absprachen hinweg: Beispielsweise stellten sie ihre Neuzugänge nicht den anderen Mafiosi vor (tb:127), vereinnahmten unter ihrer Führung junge *uomini d'onore* verschiedener *famiglie* und mißachteten damit alle Befehlshierarchien (gm:1230) oder ließen den Carabinieri-Oberst Giuseppe Russo ermorden, ohne jemandem vorher Bescheid zu geben (Arlacchi 1992:253-54; gm.vi.1). Rückblickend ist unschwer zu erkennen, daß hinter der Mißachtung der Vorschriften ähnliche Hegemonialansprüche wie die Michele Cavataios standen. Und die Anzeichen mehrten sich: Gegen Ende der siebziger Jahre brachen in den eher peripheren Provinzen wie Catania oder Caltanisetta fast unvermittelt erbitterte Machtkämpfe aus. Vormals untergeordnete Fraktionen gingen inner- und außerhalb der *famiglie* gewalttätig gegen die Anführer vor. Gemeinsam war all diesen aufstrebenden Gruppen eigentlich nur eins: ihre Rückendeckung durch die *Corleonesi*.

Sizilienweit hievten so die *Corleonesi* ihnen wohlgesonnene Mafiosi in die Führungspositionen. Erst dann schritten Anfang der Achtziger Totò Riina und seine Gefährten (Luciano Leggio war inzwischen zu einer langen Haftstrafe verurteilt worden) zur Machtübernahme in der mächtigsten Provinz Palermo. An der Zahl ihrer Untergebenen gemessen, waren dort Bosse wie Stefano Bontade weit mächtiger, aber sie verstanden immer noch nicht richtig, was vor sich ging (Arlacchi 1992:270). Wie in den anderen Provinzen auch wurden die *famiglie* von innen heraus gesprengt, indem unzufriedene *uomini d'onore* dazu ermutigt wurden, sich ihrer Anführer gewaltsam zu entledigen. 1981 wurden Stefano Bontade und Salvatore Inzerillo, die wichtigsten Widersacher der *Corleonesi* ermordet. "Es war kein Mafiakrieg", erinnert sich Gaspare Mutolo, "es war Verrat" (gm:1231, ähnlich: tb:154,271).

Bis zuletzt versuchten die althergebrachten Bosse an die *commissione* zu appelieren - und erkannten viel zu spät, daß diese Schiedsinstanz längst von den *Corleonesi* kontrolliert wurde. Gaetano Badalamenti war schon Jahre zuvor unter nicht geklärten Umständen aus der Cosa Nostra verstoßen worden. Sein Nachfolger als Leiter der *commissione*, Michele Greco, täuschte Neutralität und gute Absichten vor, war aber in Wirklichkeit mit Riina verbündet. Spätestens jetzt war die *commissione* zu einer Farce geworden (vgl. tb:31ff.). Antonino Calderone, rückblickend: "Die Regeln der Cosa Nostra, die Bindungen an die Bosse der *famiglie*, zählten nichts gegenüber dem obersten Gesetz der Mafia: dem des Stärkeren" (Arlacchi 1992:270-71).

Gegen 1983 war die Machtübernahme vollzogen. Alle Gegner der *Corleonesi* waren entweder tot oder flüchtig, und es gab keine Widersacher mehr. Unbestrittene und gefürchtete Anführer der Sieger waren Gruppen wie die Santapaola aus Katanien, die Madonia aus Palermo und vor allem Totò Riina und seine Gefährten aus Corleone. Ein höchst autoritärer Führungsstil hielt in der Cosa Nostra Einzug. Nicht nur, daß die *Corleonesi* die *commissioni* gänzlich kontrollierten und von innen heraus befehligten - in ihrem eigenen Interesse versuchten Totò Riina und seine Verbündeten auch, die Machtbefugnisse dieser Instanzen weiter auszubauen: Die *capomandamenti* Palermos sollten reduziert werden, um Entscheidungen besser durchsetzen zu können, und als direkter Untergebener der *Corleonesi* wurde anscheinend die Figur des *ambasciatore*, des Botschafters, geschaffen (lm.cpm:520; vgl. gm:1244). Von dem repräsentativ-demokratischen Gründergeist der *commissioni* blieb nach dem Gemetzel nicht viel übrig. Aus dem Rotary-Club schien eine Diktatur geworden zu sein.

Soweit das von den *pentiti* vermittelte Bild. Ihre Aussagen aber sind gerade diesbezüglich mit Vorsicht zu genießen, da sie mehrheitlich jener Fraktion angehörten, die den *Corleonesi* unterlegen war. Sicherlich war während der achtziger Jahre der Führungsstil der *Corleonesi* ungleich härter als der ihrer Vorgänger. Gleichzeitig aber muß unterstrichen werden, daß es sich bei den *Corleonesi* nicht um eine kleine diktatorische Gruppe handelte, sondern um eine breite Koalition, die durch alle *famiglie* ging. Allein durch Gewaltandrohung war diese Koalition nicht zusammenzuhalten. Der engste Kreis um Riina mußte sich gleichzeitig vor den Bündnispartnern und den Mitläufern legitimieren - um so mehr, da jede *famiglia* ja weiterhin über ein bedrohliches Gewaltpotential verfügte. Insofern mußten die von den *Corleonesi* befehligten *commissioni* den Untergebenen auch etwas bieten: gute Geschäfte, eine informelle Rechtssicherheit und vor allem Schutz vor der Strafverfolgung. Andernfalls liefen sie bei allen diktatorischen Befugnissen Gefahr, ihrerseits von unzufriedenen und machtlüsternen Gruppen hinweggefegt zu werden.

Einiges spricht dafür, daß die *Corleonesi* gegen Ende der achtziger Jahre diesem Legitimationszwang nicht mehr ganz gewachsen waren. Mancherorts wuchs der Unmut über ihre Herrschaft (vgl.lm:45; gd:80-81). Ob hieraus eine weitere Machtumwälzung hätte resultieren können, muß ungewiß bleiben: Aus ihrem Legitimationszwang heraus begingen die *Corleonesi* eine Reihe von Fehlern, die erneut die strukturell immer überlegene staatliche

160

Strafverfolgung auf den Plan riefen. Wie es dazu kommen konnte, wird hier vorerst hintenan gestellt (vgl. Kapitel III,6), um zuerst noch einen Blick auf die Narcotraficantes sowie die Verstrickungen mit den Eliten zu werfen. Jedenfalls ist seit 1992 praktisch die gesamte Führungsspitze der Cosa Nostra verhaftet worden. Das Weiterbestehen der *commissioni* ist ungewiß, und die Situation ähnelt derjenigen der sechziger Jahre. Ob sich *diese* Cosa Nostra noch einmal von den Schlägen der Strafverfolgung erholen kann, ist zweifelhaft und hängt vom Ausgang der vielen Prozesse gegen die *Corleonesi* ab. Dank der *pentiti* mangelt es diesmal nicht an Beweisen.

4. Kokainhandel oder die unsichtbare Hand des Marktes

Anders als bei der italienischen Mafia läßt sich beim Narcotráfico nur schwer eine Grundeinheit umreißen. Relativ problemlos ist noch ihre Benennung: Es geht um das einzelne Drogenhandelsunternehmen. Sehr viel komplizierter wird es jedoch, wenn dieses Unternehmen genau eingegrenzt werden soll. Wo hört auf dem illegalen Markt eine Organisation auf, wo beginnt die andere? Ist diese oder jene Person der Organisation zuzurechnen oder nicht? Eine engere Definition von Organisation, wie sie hier gehandhabt wird, erfordert eine klare Abgrenzung von der Umwelt - entweder man gehört ihr an oder nicht. Im Falle der mafiosen *famiglia* bereitete dieses Kriterium keine größeren Schwierigkeiten, denn das Aufnahmeritual legt eindeutig die Mitglieder der jeweiligen Organisation fest.

Bei einem legalen Wirtschaftsunternehmen wäre das Äquivalent des Aufnahmerituals die Unterzeichnung eines Arbeitsvertrages - wobei es wohlgemerkt verschiedene Verträge mit unterschiedlicher Bindungskraft zwischen der Organisation und den Individuen geben kann. Im engeren Sinne gehört man einem Wirtschaftsunternehmen nur dann "wirklich" an, wenn durch einen Vertrag festgelegt worden ist, daß im Gegenzug für eine regelmäßige Entlohnung die Weisungen der Organisation auszuführen sind. Illegale Akteure wie die Narcotraficantes allerdings hüten sich davor, Verträge schriftlich abzufassen. Eindeutigen Aufschluß darüber, wer einem Drogenhandelsunternehmen angehört und wer nicht, könnten höchstens die Lohnlisten bieten. Lohnlisten aber sind, sofern überhaupt existent, nur in den seltensten Fällen Strafverfolgern oder Wissenschaftlern zugänglich.

Über das Verhältnis zwischen dem einzelnen Mitglied und dem Unternehmen hinaus sorgen weiterhin die möglichen Beziehungen zwischen den Organisationen für Verwirrung. Ist ein Unternehmen, das Etiketten für eine Großbrauerei herstellt, Teil der Großbrauerei oder nicht? Zumindest wenn ein restriktiver Organisationsbegriff benutzt wird, hängt das vom Handlungsspielraum dieses Unternehmens ab: Als eine eigenständige Organisation ist es erst dann wirklich unabhängig, wenn es die Freiheit hat, Etiketten auch für andere Brauereien zu produzieren, sich also seine Kunden nach eigenem Gutdünken aussuchen kann (vgl. Gambetta 1992:106-07). In der legalen Wirtschaft verfügen die Zulieferunternehmen zumeist über diese Wahlfreiheit - zumeist, aber nicht immer: Technische Restriktionen, Marktmonopole, Produktionsnetzwerke und -auslagerungen lassen auch hier die Organisationsgrenzen verschwimmen (vgl. Powell 1991).

Die in der Öffentlichkeit gängigste Darstellung der Drogenhandelsunternehmen legt das Bild gigantischer und wohlstrukturierter Organisationen nahe. Die von den Strafverfolgungsbehörden erarbeiteten und von der Presse verbreiteten Organigramme beschreiben, wie unter einer einzigen Führungskuppel verschiedene Zweige ein und derselben Organisation sämtliche im Drogenhandel anfallenden Aufgaben bewältigen: Verarbeitung, Export, Geldwäsche, Rechtsberatung usw. (vgl. Abb.5). Impliziert wird somit, daß einzelne und mutmaßlich wenige Organisationen - die "Kartelle" - das gesamte internationale Marktspektrum kontrollieren, also vom Einkauf der Kokapaste in den bäuerlichen Gebieten bis hin zum Verkauf an die Endkonsumenten in den Industrieländern. Wer das glaubt, kann auch die Mitgliederzahl dieser Organisationen beziffern: So schätzte die US-amerikanische Drogenbehörde DEA gegen Ende der achtziger Jahre, daß zusammen an die 24.000 Menschen dem Medellín- und dem Cali-Kartell verbunden seien - unter der Führung einiger weniger Bosse, versteht sich (USS:147ff; vgl. USJ:16). Wie bereits erwähnt und ganz ähnlich wie in Italien hat diese Einschätzung etwas mit den Strategien der Strafverfolgung zu tun: Der Ausdruck "Kartell" wurde in den USA just dann in Umlauf gebracht, als es darum ging, verschiedene Prozesse zusammenzulegen und spezielle Gesetze gegen die organisierte Kriminalität anzuwenden.

Sicherlich handelt es sich bei den Kartell-Organigrammen, wie ein Drogenpolizist einwendet, nur um "Hilfskrücken", die dazu da sind, eine komplizierte Realität anschaulich zu vereinfachen (int.1). Fraglich jedoch ist, ob derartige Darstellungen die Realität überhaupt noch widerspiegeln oder sie bis zur Unkenntlichkeit verzerren. Selbst innerhalb der Strafverfolgungsbehörden wird daran gezweifelt, daß riesige Organisationen den Drogenmarkt kontrollieren. In Wirklichkeit gäbe es so gut wie keine größeren und hierarchisch aufgebauten Unternehmen, sondern bloß eine Unmenge zumeist kleiner und labiler Zusammenschlüsse von Narcotraficantes (int.3,28). An die Stelle der wohlgeordneten Drogenimperien tritt bei dieser Auslegung schnell das Chaos des unorganisierten Marktes.

Abb. 5 Kolumbianische Drogenhandels-Organisation
nach Auffassung der Policía Antinarcóticos (1994)

163

Eine unvoreingenommene Betrachtung scheint jenen, die allenfalls eine lose Strukturierung vermuten, Recht zu geben. Was allgemein mit der Produktion, dem Export und dem Vertrieb des Kokains umschrieben wird, umfaßt in Wirklichkeit eine ganze Reihe teilweise hoch spezialisierter Aufgaben, die zudem noch über mehrere Staaten verteilt sind. Während in den Pionierzeiten das Geschäft von Einzelkämpfern ausgebaut wurde, die sich noch um alles kümmerten, hat sich der Markt seitdem stark ausdifferenziert. Einzelkämpfer mag es immer noch geben (int.3,6), aber sie sind längst nicht mehr so ausschlaggebend. Stattdessen gibt es Gruppen, die sich auf die Heranschaffung und die Weiterverarbeitung der Kokainbase spezialisieren, welche, die als Lagerhalter oder Transporteure agieren, solche, die das Kokain auf Großhandelsebene vertreiben, andere, die für die Geldwäsche zuständig sind, und noch einige mehr (vgl. u.a. Rice 1989; Mermelstein 1990; Velásquez 1993). Häufig sind diese Unternehmen recht klein und unabhängig. Sie scheinen die Freiheit zu haben, die von ihnen gebotenen Waren- und Dienstleistungen an den Meistbietenden zu verkaufen.

Die kapitalträchtigeren und bekannteren Unternehmen gruppieren sich um das wichtigste Nadelöhr des Geschäfts: die *Routen* des Kokainexports in die großen Verbraucherländer. Relativ einfach ist es, in einer abgelegenen Ortschaft Kokainbase zu Kokain zu verwandeln oder einen Drogentransport über die grüne Grenze zwischen Peru und Kolumbien zu bringen (vgl. Molano 1989:301ff.). Erheblich komplizierter und gefährlicher aber gestaltet sich der Transport größerer Mengen Kokain über mehrere Länder hinweg - wovon auch zeugt, daß hier der größte Preissprung stattfindet. Die Absatzmöglichkeiten des exportierten Kokains stellen ein zusätzliches Problem dar: Es genügt nicht, die Droge bis in die Verbraucherländer zu schaffen, sie muß auch an vertrauenswürdige Kunden verkauft werden. Als Umschlagplätze müssen Depots eingerichtet werden, von denen aus die Großhändler beliefert werden (int.1,22). Transport und Absatz erfordern also vielfältige Hilfeleistungen und Kontakte, und das um so mehr, weil nicht nur die Strafverfolgung eines einzigen Landes, sondern die mehrerer Staaten ausgetrickst oder vereinnahmt werden muß: "Etablierte Routen" sind genaugenommen "Routen der Korruption" (int.22).

Gelingt es jedoch, diese Schwierigkeiten zu bewältigen, und steht eine Route erst einmal, kann sie eine wahre "illegale Autobahn" sein, auf der Tonnen Kokain exportiert und möglicherweise auf dem Rückweg gleich noch Dollars und Waffen importiert werden (vgl. Mermelstein 1990:132ff.;Torres

1995:542). Die Mitglieder des Netzwerkes sind dabei selten Teil einer einzigen Organisation: Das Funktionieren der "Autobahn" wird vielmehr durch das Zusammenwirken einer Vielzahl unabhängiger Gruppen wie Flugzeugbesitzern, lokalen Drogenhändlern, Zollbeamten-Ringen oder Lagerhaltern gewährleistet. Trotzdem liegt die Gesamtkoordination in der Hand einzelner oder weniger, zumeist in Kolumbien ansässiger Organisationen. *Jede Route hat ihre Besitzer.*

Nun ist jedoch der Besitzer der Route nicht unbedingt identisch mit dem Besitzer des exportierten Kokains. Routeninhaber lassen häufig andere Unternehmen an ihren Verschickungen teilhaben. Sie tun dies einerseits, um ihre Gewinne zu maximieren: Für die Speditionsleistung müssen die anderen Unternehmen einen Prozentsatz des Wertes der verschickten Ware entrichten. Andererseits geht es darum, die Risiken der stets drohenden Beschlagnahmungen - eines strukturellen Merkmals illegaler Märkte - zu verringern. Sollte die Ladung abgefangen werden, halten sich für alle Beteiligten und besonders den Routeninhaber selbst die Verluste in Grenzen. "Keiner setzt alles auf eine Karte", beobachtet ein Polizeioffizier (int.22).

Die erste Möglichkeit besteht in der Zusammenstellung eines Kapitalpools (int.17,20). Da der Einkauf und die Ausfuhr mehrerer Hundert Kilo Kokain kostspielig sind, rechnet es sich für den Exporteur, Investoren anzuwerben, die nicht unbedingt aus dem kriminellen Milieu stammen müssen. Der Kapitalpool erleichtert es, eine größere Verschickung zusammenzustellen und durchzuführen. Sobald das Kokain sein Ziel erreicht hat und die Erlöse wieder eingeführt sind, wird den Investoren - nach Abzug einer Kommission - ein Vielfaches ihres Einsatzes ausgezahlt.

Eine zweite, überaus häufige Modalität ist die Beteiligung anderer Narcotraficantes an einer Verschickung (int.6,9,22,23). Mit den *Partnerschaften* taucht hier ein zentrales Element der Marktstruktur auf. Eine Route, über die regelmäßig Tonnen verschickt werden, bietet Exportmöglichkeiten für mehrere große Exporteure: Du stellst 500, der andere 400, ich 600 Kilo, und alle verdienen wir. Da die größeren Exporteure meist über eigene Kontakte auf dem Absatzmarkt verfügen, wird die Ladung häufig wieder aufgespalten, nachdem sie am Bestimmungsort angelangt ist. Wichtig ist, daß die Teillieferungen dabei auseinandergehalten werden können: Die Kokainpakete werden durch Symbole gekennzeichnet, die dem Eingeweihten bedeuten, wem sie gehören, an wen sie weiterzuleiten sind und welchen Reinheitsgrad der Stoff hat (int.3,6,22).

Freilich ist die routinemäßige Verschickung mehrerer Hundert Kilo Kokain noch immer für jeden einzelnen Exporteur ein großes Unterfangen. Er kann weiter aufteilen, indem er beispielsweise an die informelle Börse geht. Diese Börse ist gewöhnlich ein unbestimmter Raum - die Gerüchteküche des Milieus - manchmal jedoch auch ein bestimmter Ort - so die Pferdekoppel "La Pesebrera" in Envigado (vgl.Bahamón 1991:52ff.). Wenn ein großer Export angekündigt wird, schwärmen Dutzende von kleinen Narcotraficantes aus, um so schnell wie möglich 30, 40 oder 50 Kilo Kokain selbst herzustellen oder - häufiger - zu kaufen, mit denen sie sich am Geschäft beteiligen können (int.5,21). Die Erlöse aus dem Verkauf auf dem Konsumentenmarkt werden ebenso wie die Rendite des Kapitalpools gewöhnlich erst im nachhinein ausgezahlt: Während der Routeninhaber die Rolle des Spediteurs übernimmt, für die er auch mit einer prozentualen Gewinnbeteiligung entlohnt wird, ist der Kleinunternehmer solange Besitzer eines Anteils der Kokainladung, bis die Droge von einem Großhändler in den USA oder Europa erstanden wurde.

Eng verbunden mit den beiden vorherigen Varianten ist eine dritte: die Versicherung gegen eventuelle Beschlagnahmungen. Ein Exporteur, meist der Routeninhaber selbst, bietet den Teilhabern an einer Lieferung eine Versicherungspolice, die auf Grundlage des Großhandelspreises in den USA und des Gewichts der Verschickung errechnet wird. Der Versicherer verpflichtet sich zur Rückerstattung der gleichen Menge Kokain in Kolumbien, falls etwas schief gehen sollte (USS:132; García 1991:206-07; vgl. Sauloy/Le Bonniec 1992:48). Freilich sind sich die Beobachter nicht darüber einig, ob dieses System noch heute, nach dem Tod seines wahrscheinlichen Erfinders, Pablo Escobar, besteht (int.3,6).

Derartige Exportvarianten belegen, daß die Kokainverschickung kaum von einer einheitlichen Organisation durchgeführt wird. Der Markt ist relativ offen - wer über Kapital und die notwendigen Kontakte verfügt, kann sich an ihm ohne weiteres beteiligen. Zudem wird niemand zu einer Kapitalinvestition, einer Verschickung oder einer Versicherung gezwungen. Das Huckepack-System rechnet sich für alle. "Wenn ich ein mittlerer Drogenhändler bin, werde ich keine eigene Route einrichten", kommentiert ein Beobachter (int.7). Die Exportmodalitäten zeigen jedoch auch, daß zumindest dieser Abschnitt des Kokainhandels nicht gänzlich unorganisiert verläuft und sehr wohl Markthierarchien bestehen. Der Routeninhaber nimmt eine herausragende Position ein: Er koordiniert das Netz; er kann entscheiden, wer mitmischen darf; er verdient von allen am meisten. Seine Rolle ähnelt in mancher Hinsicht der eines Karawanenführers in der Wüste: Bei der Durchquerung einer feindlichen Umwelt liegt es im Interesse aller ansonsten unabhängigen Beteiligten, daß jemand die Führung übernimmt.

Nun stellt sich für die großen Exporteure und Routeninhaber die Frage, inwieweit es sich für sie lohnt, im Netzwerk des Marktes stromauf oder stromabwärts, also vertikal zu expandieren. Bereits der Verkauf an die Großhändler vor Ort stellt eine Expansion in Richtung des Konsums dar. In den Depots beginnt eine Handelskette, die sich über mehrere Zwischenhändler erstrecken kann. Das hier von den Großhändlern erstandene Kokain - beispielsweise 100 Kilo - wird später aufgeteilt, mit anderen Substanzen gestreckt und dann in 10-Kilo-Portionen an weitere Zwischenhändler verkauft, die genauso verfahren, um dann 1 Kilo an ihre Kunden zu verkaufen. Diese machen hieraus 100-Gramm-Päckchen und leiten sie an jene Dealer weiter, welche die direkten Ansprechparnter der Konsumenten sind. Da alle Zwischenhändler ihr Risiko zu kompensieren suchen, kommt es bei jeder Transaktion zu einem erheblichen Preisanstieg. Diese Gewinnspannen einzubehalten und die Zwischenhändler zu überspringen, ist aus ökonomischen Gesichtspunkten für den kolumbianischen Exporteur zweifellos reizvoll.

Tatsächlich kann es vorkommen, daß Händler beispielsweise auf der 10-Kilo-Ebene direkt den Exporteuren Rechenschaft schuldig sind - und insofern als Teil deren Organisation angesehen werden können (int.6,22). Bei dieser Marktexpansion in den Vertriebssektor hinein greifen die Exporteure meist auf lateinamerikanische Migranten im allgemeinen und kolumbianische im besonderen zurück - je vertrauter diese Landsleute für die Narcotraficantes sind, desto fremder sind sie für die örtlichen Strafverfolgungsbehörden, die sich in dem Migrantenmilieu nicht auskennen. Besonders kolumbianischen Mitarbeitern können die Exporteure zudem damit drohen, daß bei unkorrektem Verhalten ihren Familien daheim etwas zustoßen könnte (Camacho 1992a:22).

Bei aller ökonomischen Rentabilität ist die Expansion in den Vertriebssektor hinein mit großen Risiken verknüpft. Je mehr Mitglieder ein illegales Unternehmen hat, um so schwieriger ist es, alle Untergebenen zu kontrollieren, und um so größer ist die Gefahr, daß eines dieser Mitglieder die Anführer an Polizei und Justiz verrät. Aufwendige Geheimhaltungsstrategien, bei denen eine "Zelle" des Unternehmens nichts von der anderen weiß, können diese Gefahr zwar eindämmen, aber nicht gänzlich aus der Welt schaffen.[33] Ebenso und vielleicht noch schwerwiegender sind die finanziellen Risiken: Die Verluste, die durch eine mögliche Beschlagnahmung der Ware entstehen, werden hier nicht mehr von den Zwischenhändlern getragen, sondern von den Exporteuren selbst, die durch ihre Marktexpansion ja weiterhin Besitzer des Kokains sind. Vieles spricht dafür, daß auf Drogenmärkten deswegen die meisten Akteure versuchen, die "heiße" Ware so schnell wie möglich an andere zu verkaufen - und sich eher selten dazu durchringen, Zwischenhändler zu überspringen.

Ähnliche Erwägungen sind auch für die Expansion stromaufwärts gültig, also in Richtung des Koka-Anbaus. Einmal ist es für den Exporteur möglich, die Verarbeitung der Kokapaste und der Kokainbase zu Kokain selbst zu übernehmen. Immer wieder gelingt es der kolumbianischen Antidrogenpolizei, größere Laboratorien zu zerstören, die nachweisbar Exporteuren und Routeninhabern gehören. Das bekannteste Beispiel hierfür ist der sogenannte Tranquilandia-Komplex, der 1984 bei einem gemeinsamen Vorgehen der kolumbianischen und der nordamerikanischen Drogenbehörden aufgefunden und zerstört wurde (vgl. Gugliotta/Leen 1989:129ff.). Auch die Eigner anderer Labors mit großen Produktionskapazitäten, Personalaufwand und technischer Ausstattung waren in höheren Marktsegmenten angesiedelt (vgl. Torres 1995:43ff.; USS:127). Aber gerade die Tatsache, daß diese "Kokainfabriken" manchmal in die Hände der Behörden fallen, dürfte ebenfalls in die Erwägungen der Exporteure miteinfließen: Die bei Beschlagnahmungen drohenden Verluste sind so groß, daß es unter Umständen eben doch günstiger ist, das Kokain von anderen Unternehmen zu erstehen. Diese Lieferanten können kleinere Unternehmer sein - wovon die vielen Mini-Labors im Departement Valle zu zeugen scheinen (vgl. MinCom.Va:52ff.) - oder aber auch Großorganisationen darstellen, die - wie nicht zuletzt in Peru und Bolivien - ihrerseits Interesse an einer Expansion in Richtung des Exports bekunden (vgl. USS:92ff.).

Was für die Verwandlung der Kokainbase in Kokain gilt, trifft ebenso noch weiter stromaufwärts auf das Marktsegment des Koka-Anbaus und der

---

33 Derartige Organisationsstrategien wurden mitunter von ehemaligen Mitgliedern der in diesen Dingen hoch spezialisierten Guerillabewegungen vermittelt (int.11,14). Auch in Brasilien profitierte die organisierte Kriminalität des *Comando Vermelho* von dem klandestinen *know-how* politischer Untergrundkämpfer (Amorim 1993:39ff.).

Kokapaste zu. Es gibt große Kokaplantagen, die offenkundig nicht durch Kleinbauern bewirtschaftet werden, sondern durch Dutzende von Tagelöhnern eines größeren Unternehmens (Molano 1989:305ff.). Besonders in jüngster Zeit mehren sich die Indizien dafür, daß große Exporteure über ihre eigenen Kokaplantagen verfügen (Semana 20/12/94: 24ff.). Trotzdem darf bezweifelt werden, daß es sich hierbei um eine verallgemeinerte Praxis handelt. Da den Bauern vergleichsweise niedrige Preise für die Kokapaste gezahlt werden, ist es aus unternehmerischer Sicht sicherlich zu verkraften, daß die Koka nicht in Eigenregie angebaut wird - zumal die erheblichen Risiken einer Zerstörung großer Plantagen auf die Bauern mit ihren kleinen Parzellen abgewälzt werden.

Vieles deutet also darauf hin, daß weder stromauf noch -abwärts für die Exportunternehmen einheitliche organisatorische Lösungen existieren, sondern andauernd verschiedene Varianten ausprobiert werden: Mal expandiert die Organisation, mal kontrahiert sie, mal tut sie durch diverse Partnerschaften beides gleichzeitig (vgl. Cañón 1994:265). Immer geht es für die Exporteure darum, die Gefahren, die mit der Strafverfolgung zusammenhängen, gegen die Profite, die bei einer Expansion auf dem Markt locken, abzuwägen. Risikominimierung und Gewinnmaximierung: Es sind diese beiden klassisch-unternehmerischen und auf illegalen Märkten nur noch verschärften Zielvorgaben, denen sich die Narcotraficantes immer wieder aufs neue stellen müssen.

Die wandelbare Marktstruktur mit ihren vielen unterschiedlichen Akteuren wirkt sich auch auf den internen Aufbau der Exportunternehmen aus. Wenn Dienstleistungen und Waren auf dem Markt von anderen Unternehmen erstanden werden, dürfte ein kleiner Kern aktiver Unternehmensmitglieder genügen, um effizient und sicher zu agieren. Eklatant ist jedoch das offensichtliche Fehlen formalisierter Unternehmensstrukturen, Hierarchien und Normen. Zwar lassen sich wie folgt verschiedene Ränge und Rollen unterscheiden[34], in der Realität aber scheinen sie häufig zu verschwimmen.

An oberster Stelle stehen ein oder mehrere Anführer, die sämtliche Unternehmensfäden in ihrer Hand halten und die größten Gewinne einheimsen. Sie sind umringt von einer Reihe enger Mitarbeiter, "Statthalter

---

34 Soweit nicht anders vermerkt, sind die folgenden Abschnitte über die interne Struktur der Exportunternehmen belegt in Krauthausen/Sarmiento 1991a:38-58.

ersten Grades" sozusagen, die möglicherweise in allen Geschäftsbereichen kompetent oder aber auch nur für einen größeren Bereich - die Kokainverarbeitung, eine Route, ein Vertriebsnetz - zuständig sind (vgl. Torres 1995:226,514). Bei den meisten größeren Kokainunternehmen rekrutiert sich dieser engere Kreis des Unternehmens vornehmlich aus Verwandten und guten Freunden. Häufig scheinen sich Geschwister die Führerschaft zu teilen: die Ochoas, die Rodríguez Orejuela oder die Santacruz. Alle möglichen anderen Verwandten können, wie bei Pablo Escobar, als engere Mitarbeiter auftreten (vgl. Cañón 1994:145). Weitere "Statthalter" rekrutieren sich aus guten Freunden, die den Bossen mitunter seit ihrer Kindheit bekannt sind.

Die Erklärung für diesen Rückgriff auf Freunde und Verwandte - der im übrigen, wenngleich nicht so häufig, auch in der legalen Wirtschaft vorkommt - ist recht einfach: Wenn in illegalen Geschäften überhaupt jemand Vertrauen geschenkt werden kann, dann jenen Freunden und Verwandten, deren Loyalität *nicht nur* rein geschäftlich bedingt ist. Gegenüber der Strafverfolgung wird der engere Führungskreis somit effektiv abgeschottet: Deren regelmäßige Versuche, verdeckte Ermittler oder kollaborierende Drogenhändler in die höheren Etagen der Narco-Unternehmen einzuschleusen, haben dadurch nur wenig Aussicht auf Erfolg.

Dagegen gelingt es der Strafverfolgung ab und an, Vertrauensleute unter jene Mitarbeiter zu mischen, die schematisch als "Statthalter zweiten Grades" betrachtet werden können: Solche, die für den Aufkauf des Kokains in einer bestimmten Region Kolumbiens zuständig sind, eine bestimmte Etappe des Transports koordinieren oder die Übergabe des Kokains an die Großhändler leiten (int.6). Schon hier aber kann die Organisation gewissermaßen ausfransen: Ob diese "Statthalter zweiten Grades" tatsächlich dem Unternehmen angehören und ihm gegenüber verpflichtet sind, ist oft nicht nur für den Außenstehenden eine Ermessensfrage. Ein Beispiel dafür ist die Geschichte von Jorge Enrique Velásquez, wie sie von ihm selbst erzählt wird (1993: 41ff.). "El Navegante" besorgte für Gonzalo Rodríguez Gacha an der Karibikküste die Verschiffung von Kokainladungen. Als er, der über seine eigene Organisation verfügte und trotzdem Rodríguez Gacha als "Chef" bezeichnet, eines Tages dazu aufgefordert wurde, einen ähnlichen Transport auch für Pablo Escobar einzufädeln, wußte er nicht, was er tun sollte: Durfte er als Mitarbeiter von Gacha für ein anderes Unternehmen arbeiten oder nicht? Er hielt Rücksprache mit dem Transportchef und Neffen von

Rodríguez Gacha, Pascual, und siehe da, er durfte: Escobar und Gacha arbeiteten partnerschaftlich zusammen.

Desweiteren gibt es eine ganze Reihe von ausgebildeten Spezialisten, die dem Unternehmen auf die ein oder andere Art und Weise verbunden sind. Dazu zählt der Buchhalter, der sich um Ein- und Ausgaben kümmert, der Chemiker, der die Verarbeitung des Kokains in den Labors überwacht, der Pilot, der die Radarüberwachung überlistet, der Finanzexperte, der die Geldwäsche überwacht, oder der Rechtsanwalt, der sich mit den Paragraphen auskennt. Genau wie bei den "Statthaltern zweiten Grades" ist hier wahrscheinlich nur von Fall zu Fall zu entscheiden, ob sie tatsächlich als Teil der Organisation oder eben nur als "freie Mitarbeiter" anzusehen sind. Die Buchhalter mögen mit ihrem brisanten Wissen vollwertige Mitglieder der Unternehmen sein, ein regelmäßiges Gehalt beziehen und Weisungen befolgen (vgl. PN.CE:66-7; Torres 1995:476ff.). Das muß jedoch nicht immer so sein und ganz bestimmt nicht im Fall der anderen Spezialisten, die ihr *know-how* möglicherweise auch in den Dienst anderer, befreundeter Unternehmen stellen.

Sei es, daß sie dem engeren Führungskreis selbst unterstehen, den "Statthaltern zweiten Grades" oder aber den Spezialisten: Es gibt Mitglieder der Kokainunternehmen, die ein regelmäßiges Gehalt beziehen, um sich ausschließlich zumeist einfachen, aber gefährlichen Aufgaben zuzuwenden: Laboranten, Leibwächter, Bewacher eines Kokainlagers oder Chauffeure (vgl.PN.CE:53). *Lavaperros*, Hundewäscher, werden diese Angestellten mitunter genannt: Sie sind diejenigen, die die "Drecksarbeit" machen und die größten Risiken eingehen. Nur wenn es ihnen gelingt, zu ihren Bossen eine engere Beziehung aufzubauen - und hierzu sind bei Leibwächtern und Chauffeuren die Voraussetzungen gut - mag es sein, daß sie ihre gänzlich untergeordnete Stellung nach oben hin ausbauen können (Bahamón 1991:33).

Anführer, Statthalter, Spezialisten und einfache Angestellte: Diese analytische Perspektive läßt viele Menschen außen vor, die ebenso mit dem Exportunternehmen zu tun haben. Was ist mit dem legalen Geschäftsmann, der sein Kapital für eine Operation zur Verfügung stellt? Was mit dem Polizeioffizier, der auf die Lohnliste gesetzt wird, damit er über die Absichten der Strafverfolgung berichtet? Was mit dem Politiker, der dafür bezahlt wird, daß er im Parlament den Narcotraficantes den Rücken freihält? Alle drei widmen sich dem Drogenhandel nicht hauptberuflich, sondern arbeiten den

Narcotraficantes zu. Je nachdem, ob sie als Teil des Unternehmens aufgefaßt werden oder nicht, wächst oder schrumpft dessen Umfang.

Darüber hinaus können der Organisation auch noch all jene Mitarbeiter zugerechnet werden, die mit dem Drogengeschäft selbst nichts zu tun haben, dafür aber mit der Handhabung der legalen Investitionen: der Manager eines Hotels, der Gutsverwalter eines Landbesitzes oder der Geschäftsführer einer Drogeriekette. Der hier gewählte Ansatz schließt all diese Zuarbeiter und Angestellten aus dem Drogenhandelsunternehmen als solchem aus und betrachtet sie zusammengenommen eher als eine, der *cosca* nicht unähnliche, erweiterte Gruppe. Derartige Außenbeziehungen der Narcotráfico-Unternehmen werden noch ausführlicher erläutert (vgl. Kapitel III).

Die beschriebene Rangordnung überschneidet sich mit jener anderen, die sich aus der Handhabung der Information ergibt. Je weiter "unten" sich jemand in der Hierarchie befindet, um so weniger weiß er vom Gesamtumfang der Unternehmensaktivitäten. Ein Lagerhalter in den USA verfügt über so gut wie keine Information über den Aufkauf des Kokains in Kolumbien; dem einfachen Handlanger sind möglicherweise sogar seine unmittelbaren Vorgesetzten unbekannt. Letzten Endes haben nur der Anführer und möglicherweise noch dessen engste Mitarbeiter die gesamte Handelskette im Blick - wobei auch sie dann bei Details wie dem Namen eines beliebigen Handlangers bei einer zweitrangigen Operation passen müssen. Diese Informationszersplitterung findet sich auch bei legalen Unternehmen, wiederum ist sie dort jedoch weniger ausgeprägt. Auf illegalen Märkten gilt zusätzlich die Maxime, daß jeglicher Informationsfluß nach außen verhindert werden muß. Die Polizei kann so viele durchaus der Organisation zugehörige Handlanger verhaften, wie sie mag: Über das Geschäft und das Unternehmen selbst wird sie dadurch kaum etwas erfahren.

Informell wie die Hierarchien sind auch die impliziten Regeln des Geschäfts, und im Unterschied zu der italienischen Cosa Nostra scheint es noch nicht einmal einen mündlichen Normenkodex zu geben. Rein analytisch lassen sich zwei zentrale Vorschriften ausmachen: Verschwiegenheit und Seriösität. Weniger formalisiert, aber ebenso allgegenwärtig wie bei der italienischen Mafia, gilt auch für den Narcotráfico das "Gesetz des Schweigens". Außenstehenden, vor allem der Polizei und der Justiz, nichts über das Geschäft zu berichten, ist eine grundsätzliche Regel, die unmittelbar aus der Illegalität des Handelns entspringt. Wer durch seine Aussagen die illegalen Praktiken offenlegt und somit der Strafverfolgung Vorschub leistet, bedroht gleichermaßen Akteure, Unternehmen und Markt. Im Normalfall besteht ohnehin kein Grund, sich an die Ermittlungsbehörden zu wenden: Schließlich ist ein jeder daran interessiert, weiterhin an zukünftigen Geschäften beteiligt zu sein. Damit diese Beteiligung auch gewährleistet ist, hat der einzelne Narcotraficante dabei nicht nur den "Mund zu halten", sondern gleichzeitig - dies ist die zweite Komponente eines informellen Normensystems - "seriös" zu sein (int.9,22,23; Vélasquez 1993:31ff.,64). Es gilt, sich an Absprachen zu halten, Anordnungen geflissentlich auszuführen, schnell, zuverlässig und korrekt zu arbeiten. Die *corporate identity* des Unternehmertums, welche die Narcotraficantes mitunter zu vermitteln suchen, stimmt mit diesen geschäftlichen Anforderungen durchaus überein (vgl. Kapitel IV,5).

Die Kriterien für die Seriösität sind praktisch die gleichen, wie sie in der legalen Wirtschaft vorherrschen; psychische Labilität, wie sie sich im übermäßigen Konsum harter Drogen oder Alkoholmißbrauch offenbart, wird ungern gesehen. Was das Verhalten Frauen gegenüber anbelangt, scheint es keine ausdrücklichen Normen zu geben - weder für den Umgang mit Lebensgefährtinnen und Geliebten, noch bei der Auswahl von Opfern geplanter Gewalttaten. Die Narcotraficantes verhalten sich Frauen gegenüber nicht besser oder schlechter als andere kolumbianische Männer. Auch hier aber kann angenommen werden, daß ein Narcotraficante, der einer Geliebten nach der anderen von seinen Geschäften erzählt, früher oder später von seinen Kollegen als Sicherheitsrisiko eingestuft wird. Jemand, der all diese Seriösitäts-Kriterien nur unzureichend erfüllt, wird in der Umgangsprache Medellíns als ein *faltón*, ein "Patzer", bezeichnet. Und *faltones* werden entweder von vornherein oder nach kurzer Zeit von den Geschäften ausgeschlossen - oder aber, sollten sie aus Sicherheits- und Profiterwägungen eine Gefahr darstellen, ermordet.

Die hier beschriebenen Hierarchien und Normen - das muß nochmals unterstrichen werden - sind rein analytische Kategorien, die in der Realität häufig verschwimmen. Interessant ist, daß mehr oder weniger formalisierte Arbeitsbeziehungen häufig nur in Bezug auf die einfachen Angestellten, die Spezialisten und die legalen Partner bestehen: Im Fall der Organisation von Pablo Escobar waren es anscheinend allein sie, die ein regelmäßiges Einkommen bezogen. Im Kern des Unternehmens dagegen war die Entlohnung unregelmäßiger, aber ungleich attraktiver: Den Untergebenen oder Familienangehörigen der Organisation wurde die Möglichkeit geboten, mit ihren eigenen "Quoten" an Exporten teilzuhaben (vgl. PN.CE:56,99;

Torres 1995:458; Cañón 1994:266). Der engste Kreis um Pablo Escobar scheint sogar wie sein Cousin Gustavo Gaviria oder sein Bruder Roberto Escobar über eigene Routen verfügt zu haben, an denen der *patrón* zwar teilhatte, die aber nicht unbedingt die seinen waren (vgl.Torres: 166ff.,386). Anstatt hierarchischer Beziehungen zumindest in diesem Fall also individuelle marktwirtschaftliche Gewinnbeteiligungen: Aus dieser Perspektive scheint sich sogar das Unternehmen von innen heraus zu verflüchtigen.

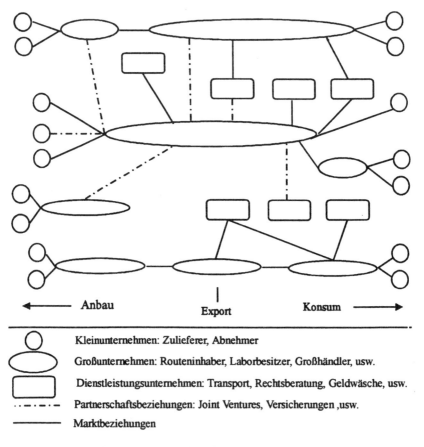

←——— Anbau | Konsum ———→
              Export

◯ Kleinunternehmen: Zulieferer, Abnehmer

⬭ Großunternehmen: Routeninhaber, Laborbesitzer, Großhändler, usw.

▭ Dienstleistungsunternehmen: Transport, Rechtsberatung, Geldwäsche, usw.

··—··—··— Partnerschaftsbeziehungen: Joint Ventures, Versicherungen ,usw.

———— Marktbeziehungen

Abb. 6 Netzwerke und Geschäftsvarianten des Kokainhandels

Es läßt sich vorläufig zusammenfassen: Die sogenannten "Kartelle" sind oft nicht mehr als "Gelegenheits-Vereinigungen zur Drogenverschickung"

174

(García 1991:207), an denen viele Gruppen und Individuen teilhaben. Eine herausragende Stellung innerhalb dieser "illegalen Konglomerate" (MinCom.Va:77) nehmen die großen Exporteure und Routeninhaber ein, die untereinander häufig Partnerschaften eingehen und deren Organisationen durchaus zu einer vertikalen Integration anderer Marktsegmente fähig sind. Strategien zur Risikominimierung führen jedoch vielfach zu einer Zersplitterung des Marktgeschehens: Auf dem Kokainmarkt gilt sehr häufig *small is beautiful*. Die Organisationen selbst scheinen nur wenig formalisiert und hierarchisiert zu sein. Sogar innerhalb der großen Exportunternehmen können Marktbeziehungen an die Stelle von regulären Arbeitsverhältnissen treten. Es ist das Interesse aller Akteure an den außerordentlich hohen Gewinnen, das den Narcotráfico zusammenschweißt.[35]

Der gesamte Markt ebenso wie die einzelnen Unternehmen lassen sich auch als die Verflechtung einer Unzahl "klandestiner Netzwerke" betrachten (vgl. Arlacchi 1988a:236ff.; Krauthausen/Sarmiento 1991a:131ff.). "Der kennt den, und der kennt jenen" (int.1), lautet das Grundmuster dieser zumeist auf *face to face*-Beziehungen basierenden Netzwerke, an denen "jede Menge Leute beteiligt sind" (int.6). Es ergibt sich eine organisatorische Unbestimmtheit, die für alle illegalen Akteure von Vorteil ist: Einheitliche Organisationsstrukturen können von den Ermittlungsbehörden lahmgelegt werden - nicht so das marktwirtschaftliche Chaos vieler kleiner, mittlerer und großer Unternehmen, die immer wieder unterschiedlich miteinander in Kontakt treten. Die Aussagekraft der "Hilfskrücken" offizieller Organigramme tendiert angesichts eines derartigen Marktgeschehens wahrscheinlich gegen Null. Um auch nur annähernd die Realität widerzuspiegeln, müßte eine graphische Darstellung der Organisationseinheiten im Kokainhandel

---

35 Zu ähnlichen Ergebnissen kamen auch Adler (1985) sowie Reuter und Haaga (1989), welche die Organisationsstrukturen auf den höheren Marktebenen in den USA untersuchten. Die Gespräche, die Reuter und Haaga mit 20 inhaftierten Kokainhändlern zumeist US-amerikanischer Nationalität führten, ergaben das Bild eines Marktes mit geringfügigen Zugangsbeschränkungen, kaum vorhandener Spezialisierung, seltener Gewaltanwendung und hoher Informationszersplitterung. "Die von unseren Informanten beschriebenen Handelsbeziehungen", schreiben sie, "ähnelten mehr Netzwerken als hierarchischen Organisationen" (ebd.:54). Einen Netzwerkbegriff zur Analyse des kolumbianischen Narcotráfico befürwortet auch Pierre Kopp (1995).

zumindest die vielen möglichen Varianten andeuten (vgl. Abb.6).[36] Von links nach rechts auf der Handelskette und ausgehend vom zentralen Nadelöhr des Exports expandieren und kontrahieren die Unternehmen auf schwer vorhersehbare Art und Weise.

5. Pokern um die Ordnung: Das Medellín-Kartell

Den Narcotráfico, wie bisher, ausschließlich aus einer Marktperspektive heraus zu betrachten, ergibt ein komplexes, aber harmonisches Bild: Eine Vielzahl von Menschen trifft auf diesem Markt zusammen, um freiwillig und friedlich miteinander ins Geschäft zu kommen. Eine Tonne Kokapaste, ein Zentner Kokainbase oder ein Kilo Kokain wechseln den Besitzer, Preise werden je nach Angebot und Nachfrage ausgehandelt, Käufer und Verkäufer freuen sich ob des gelungenen Geschäfts, und alle sind mehr oder weniger zufrieden, solange Gewinne verbucht werden können, was meistens der Fall ist. Allenfalls ökonomische Erwägungen bereiten Kopfzerbrechen: Lohnt es sich für mich, diese Ware oder jene Dienstleistung auf dem Markt zu erstehen, oder soll ich sie nicht besser selber herstellen oder anbieten?

Derlei Marktperspektiven sind immer trügerisch (auch im Hinblick auf die legale Wirtschaft), denn sie blenden einen zentralen Aspekt aus: die Unsicherheit. Ohne näher auf die zahlreichen Unwägbarkeiten einzugehen, denen sich besonders illegale Akteure gegenüber sehen, bleibt unverständlich, wieso beispielsweise in Medellín Kenner des Milieus nur skeptisch den Kopf schütteln, wenn ihnen der Narcotráfico als eine ungeordnete Ansammlung von Netzwerken präsentiert wird. "Hier befolgte alle Welt die Befehle von Pablo Escobar", erwidern sie dann mit einer Entschiedenheit, die keine Widerrede zuläßt (int.14).

Einmal kann nicht davon ausgegangen werden, daß immer anstandslos gezahlt wird. Wie schon erwähnt, erfolgen die Zahlungen für das Kokain

---

36 Sicher ließe sich auch gegen die angeführten Cosa-Nostra-Organigramme einwenden, daß sie die sehr viel komplexere Realität nur sehr unbefriedigend wiedergeben. Im Unterschied zum Narcotráfico (oder zu dem, was wir von ihm wissen) aber besteht immerhin eine formalisierte Struktur - die im Handlungsraum der Machtausübung im übrigen auch sinnvoller als auf dem Drogenmarkt ist.

meist im nachhinein: Ein Händler kauft einem Laborbesitzer 50 Kilo ab, bezahlt sie aber erst dann, wenn er diese 50 Kilo an seine eigenen Kunden weiterverkauft hat. Soweit die Abmachung. Es kann aber auch sein, daß der Händler dann doch nicht zahlt. Vielleicht, weil er nicht will: 50 Kilo können einen Gesamtwert von 300.000 US-Dollar darstellen, und die möchte er für sich behalten. Vielleicht, weil er nicht kann: Die 50 Kilo sind von der Polizei beschlagnahmt worden, und jetzt weiß er nicht, woher er das Geld nehmen soll. Weiterhin ist Betrug möglich: Das angeblich hochprozentige Kokain stellt sich als ein Verschnitt heraus, die grünen Dollars als Falschgeld, die sichere Schmuggelroute als ein Bluff. Oder aber es kommt zum Raub, und Ware oder Geld werden schlicht und einfach entwendet. Ein Lagerhalter verschwindet mit dem ihm anvertrauten Kokain, ein von einem Drogenhändler angelegtes Geldversteck wird geplündert, ein Kurier zweigt ein paar Gramm der ihm anvertrauten Kilos ab.

Wahrscheinlich sind solche Vorfälle seltener als oft angenommen (int.3; vgl. Reuter/Haaga 1989). Auch auf illegalen Märkten gelten spieltheoretische Überlegungen zur Entstehung von Kooperation: Jeder einzelne tendiert dazu, sich an die geschäftlichen Abmachungen zu halten, weil es in seinem eigenen Interesse liegt. Derjenige, der betrügt, verbaut sich die Möglichkeit zukünftiger Geschäfte mit dem betrogenen Handelspartner. Fortdauernde Geschäftsbeziehungen aber sind zumeist profitabler als ein einmaliger Betrug: Die Frage, ob man sich an die Abmachungen halten soll, reduziert sich auf eine Kosten-Nutzen-Rechnung, die kooperatives Verhalten durchaus belohnen kann (vgl. Vanberg 1987; Opp 1987).[37] Das trifft im Prinzip auch

---

37 Wie ein Beispiel erläutern mag, handelt es sich um komplexe Zusammenhänge. Wenn Akteur A von X betrogen wird und deswegen nichts mehr von ihm wissen will, kann X zu den Akteuren B oder C gehen in Geschäftsbeziehungen treten, wobei er sich erneut überlegen kann, ob er wiederum betrügt oder nicht. In diesem Fall sind jedoch zwei Voraussetzungen impliziert: Die Akteure B und C muß es tatsächlich geben - A darf also kein Monopol innehaben -, und sie dürfen nichts von dem unloyalen Verhalten von X gegenüber A wissen, da sie dann wahrscheinlich nichts mehr mit X zu tun haben wollen. Beide Voraussetzungen sind auf dem Kokainmarkt, freilich mit Abstrichen erfüllt: Der Markt ist relativ "offen", und es gibt zumeist mehrere Anbieter; der Markt ist "geheim", und im Prinzip redet keiner über seine eigenen Geschäftskontakte (von der Gerüchteküche des Milieus einmal abgesehen). Dieser mangelnde Informationsfluß schließt den Markt aber auch wieder: Dem Betrüger nützt die Existenz anderer Anbieter wenig, wenn er von ihnen nichts weiß - insofern wäre für X ein kooperatives Verhalten gegenüber A doch wieder ratsam.

auf den Kokainhandel zu: Die meisten Narcotraficantes betrügen nicht und zahlen ihre Schulden, weil sie an zukünftigen Geschäften interessiert sind. Sie erwarten ein solches Verhalten auch von ihren Handelspartnern - daher die bereits erwähnte hohe Wertschätzung der Seriösität.

Die hohen Gewinnspannen des Drogenhandels steigern jedoch die Attraktivität des Betrugs. Wenn ein Drogenhändler einen anderen um eine Million US-Dollar prellt, verscherzt er sich die Möglichkeit, zumindest mit diesem Geschäftspartner weitere Millionen zu verdienen - die nicht unbeträchtliche Summe von einer Million aber, die hat er erst einmal. Wichtiger noch: Betrüger oder Räuber haben auf illegalen Märkten ein leichtes Spiel, weil es im Prinzip keine Instanz gibt, welche die Einhaltung geschäftlicher Abmachungen überwacht und ihre Erfüllung erzwingt (vgl. Weber 1922: 182ff.). Betrogene Drogenhändler können sich nicht an die Justiz wenden, um zu ihrem Recht zu kommen. Sie können sich allenfalls selber ihr Recht verschaffen oder dafür sorgen, daß andere es für sie tun.

Die bislang erwähnten Unsicherheitsfaktoren - Zahlungsverweigerung, Betrug oder Raub - entspringen dem Markt selbst. Räuber und Erpresser aber müssen nicht unbedingt in die Handelskette eingegliederte Narcotraficantes sein, sondern können auch von außen kommen. Eine Vielzahl von Individuen und Gruppen versucht, sich von den Gewinnen des Narcotráfico eine Scheibe abzuschneiden, ohne wirklich am Handel beteiligt zu sein. Auch "kriminelle" Narcotraficantes können Opfer von "kriminellen" Autodieben oder Entführern werden. Noch bedrohlicher sind andere illegale Gruppen, die wie die Guerillabewegungen unter Umständen sehr wohl in der Lage sind, den Narcotraficantes mit Gewalt ihren Willen aufzuzwingen. Und schließlich ist auch die größte Bedrohung schlechthin - die staatliche Strafverfolgung - externen Ursprungs.

Jeder Narcotraficante und jedes Unternehmen legt sich eigene Strategien zurecht, um sich unangenehme Überraschungen zu ersparen (vgl. Krauthausen/Sarmiento 1991a:198ff.). Dies gilt besonders im Umgang mit neuen Geschäftspartnern: Wenn möglich werden Erkundungen über ihre bisherigen Tätigkeiten eingezogen, wenn möglich wird ihre Seriösität erst einmal auf die Probe gestellt. Immer gilt es, nicht nur einen geplanten Betrug oder Raub auszuschließen, sondern auch einen eventuellen Verrat, also die Zusammenarbeit des anderen mit den Ermittlungsbehörden. Neue Geschäftspartner müssen sich erst langsam das Vertrauen der Gegenseite erarbeiten. Haben sie dieses Vertrauen einmal gewonnen, ist es möglich, daß sie weiterempfohlen werden. Bei aller Verschwiegenheit dürfte sich innerhalb des kriminellen Milieus eine seriöse Reputation durchaus herumsprechen.

Darüber hinaus den *background* des Handelspartners zu prüfen oder darauf zu vertrauen, daß er weiter im Geschäft bleiben will, kann nur noch mit gewaltsamen Sanktionen gedroht werden. "Wer nicht alles zahlt und wer nicht schnell zahlt, zack-zack, Mann: der stirbt", erzählt der Narcotraficante "Ponchera" (Castro 1994:212). Manchmal richtet sich die Gewaltandrohung nicht nur gegen den Einzelnen, sondern auch gegen seinen engsten Verwandten- und Bekanntenkreis. Um Zahlungen zu gewährleisten, wird von den Gläubigern mitunter eine Geisel genommen: Bis ihr mir zahlt, bleibt dieser Verwandte oder jener Mitarbeiter von euch in meiner Macht - zahlt ihr mir nicht, ergeht es ihm dreckig (vgl. Mermelstein 1990:112). Ebenso muß ein in die USA oder nach Europa gesandter Lagerhalter oder Gewährsmann damit rechnen, daß im Falle seiner Zusammenarbeit mit den Ermittlungsbehörden den Verwandten daheim etwas zustoßen könnte. Im engsten Verwandten- und Bekanntschaftskreis eines Schuldners der Narcotraficantes aus Cali gehen plötzlich Anrufe ein, bei denen sich am anderen Ende der Leitung jemand freundlich über das Wohlergehen des Schuldners erkundigt: eine unverhüllte Drohung der Gläubiger, die nicht zuletzt signalisieren, wieviel sie über den in Verdacht Geratenen wissen (int.3).

Ob die gewaltsame Sanktion dann im Falle eines Vertrauensbruchs tatsächlich eintritt, steht auf einem anderen Blatt. Die betreffenden Narcotraficantes werden darüber befinden, wieviel Aufwand ihnen dieser Fall wert ist. Für den Bedrohten allerdings ist das nur ein schwacher Trost, denn ganz abschätzen kann er sein Risiko nicht. Er wird zumindest gerüchteweise über schreckliche Präzedenzfälle informiert sein, und allein die Angst, daß es ihm ähnlich ergehen könnte, mag ihn dazu bewegen, sich an die Abmachungen zu halten. Diese Präzedenzfälle existieren zuhauf: Die gewalttätigen Vergeltungsmaßnahmen im Narcotráfico werden von den Gerüchten zwar aufgebläht - die Geschichten über die Vorkommnisse sind immer zahlreicher als die Vorkommnisse selber - erfunden aber sind sie nicht, wie schon ein flüchtiger Blick auf die lange Liste der in den achtziger Jahren ermordeten Narcotraficantes zeigt (vgl. Castillo 1987). "Ponchera" berichtet über mehrere Fälle grausamst massakrierter Schuldner: "Entweder man zahlt", bemerkt er lakonisch, "oder es kommt der mit der Motorsäge" (Castro 1994:211).

Diejenigen Gruppen, die nicht glaubhaft Gewalt androhen können, laufen Gefahr, von anderen Gruppen überrannt zu werden. *No dejársela montar,* lautet denn auch einer der wichtigsten Grundsätze des Narcotráfico, was vornehm übersetzt heißt: "Sich nicht drangsalieren lassen". Wie auch bei der italienischen Mafia geht es darum, sich "Respekt" zu verschaffen. Viehdiebe, die sich an dem Rinderbestand eines Narco-Landsitzes vergehen, werden kurzerhand ermordet, und ihre Kleidung wird als Warnung an die Umzäunung gehängt (taz 10/2/89:9). Das Credo ist einfach: Wer sich einmal betrügen, berauben oder einschüchtern läßt, riskiert, immer so behandelt zu werden, denn schließlich können sich derartige Schwächen herumsprechen. Ein leitender Beamte der Medelliner Staatsanwaltschaft bestätigt: "Jede Narcotraficante-Organisation, die etwas auf sich hält, muß über eine Gruppe von Killern verfügen, um sich Respekt zu verschaffen - wenn nicht, werden sie für Händler gehalten, und in diesem Land sind die Händler die ersten, die erpreßt werden" (int.20).

Ein typisches Beispiel dafür, wie auf dem Markt Konflikte gelöst werden, ist die von einem kolumbianischen *pentito* erzählte Geschichte der Gebrüder Jairo und Alejo Durán (Semana 28/9/93:46-47). "Jairo "El Mico" Durán war einer der Großen des Küsten-Kartells. Er hatte die Kontakte mit dem Kartell von Galizien, in Spanien. Außerdem handhabe er die Verschickungsrouten der Drogen über Jamaika und die Bahamas. Eine der Lieferungen wurde auf Saint Vincent beschlagnahmt. Es waren sechs Tonnen, und die Verluste wurden auf vier Millionen Dollar veranschlagt. Die Partner von Durán hatten eine Vereinbarung, die besagte, daß die eventuelle Beschlagnahmung einer Lieferung von demjenigen zu verantworten war, der sie verschickt hatte und der deshalb auch für die Verluste aufkommen mußte. "Mico" tat, als sei nichts gewesen und zerstritt sich mit seinen ehemaligen Partnern [...]. Er zog nach Medellín, und dort nahmen sie die Verfolgung auf. Ein als "Caracol" bekannter Killer wurde unter Vertrag genommen, und der war die vergeblichen Versuche, das Geld einzutreiben, bald leid. Dann wurden 300 Millionen Pesos gezahlt, um "Mico" zu eliminieren. Das Geld wurde eine Woche vor dem Mord gezahlt. Alex Durán, der Bruder von "Mico", erfuhr davon und bot an, die Schulden in zwei Quoten zu bezahlen [...]. Als Alex Durán den ersten Scheck ausstellte, vergaß "Caracol" den Killern, die bereits in Bogotá weilten, Einhalt zu gebieten. Die Operation wurde wie geplant ausgeführt [...]. Als Alex Durán von dem Tod seines Bruders erfuhr, schwur er Rache. Den Bossen von der Küste paßte das überhaupt nicht, und sie befahlen uns, ihn zum Schweigen zu bringen [...]. Es wurde mit Maschinengewehren auf alles geschossen, was nicht niet- und nagelfest war".

180

Wie unschwer zu erkennen, kann die von einzelnen Gruppen praktizierte Privatjustiz den Markt kaum stabilisieren. Nicht zuletzt führt sie dazu, daß diejenigen, die über ein beträchtliches Gewaltpotential verfügen, die Abwicklung der Transaktionen in ihrem Sinne bestimmen können. Große Narcotraficantes nehmen ihre kleinen Handelspartner manchmal nach Strich und Faden aus - angesichts ihrer Feuerkraft kann sie dafür keiner zur Rechenschaft ziehen (vgl. Sauloy/Le Bonniec 1992:48). Narco-paramilitärische Machthaber fordern Wege- oder Schutzgelder, damit andere auf ihrem Gebiet agieren dürfen (vgl. ebd.:79ff.). Auch mag es hin und wieder vorkommen, daß Gewalt angewandt wird, um unliebsame Konkurrenten vom Markt zu verdrängen und möglicherweise in einer Kokaanbau-Region oder auf einem Absatzmarkt ein Monopol zu errichten - die immer wieder angeführte, aber gewöhnlich nicht bewiesene Auseinandersetzung zwischen dem Medellín- und dem Cali-Kartell um den Großhandelsmarkt in New York dürfte, sofern sie tatsächlich stattfand, in diese Sparte fallen (int.1,10,23; vgl. Reuter/Haaga 1989).

Die soziologische Lösung *par excellence*, um der internen und externen Unsicherheit entgegenzutreten, bestünde darin, die Ordnungsfunktionen an eine übergeordnete Instanz zu delegieren. In den niedrigeren Marktsegmenten - denen des Kokaanbaus und der Verarbeitung der Kokapaste und Kokainbase - findet sich eine solche Instanz tatsächlich: Guerillagruppen übernehmen die Rolle der Ordnungshüter. Unter zumeist großem Zuspruch der Bevölkerung überwachen die Guerilleros die Preisabsprachen, schützen vor der Kleinkriminalität und halten die Strafverfolgung fern - und kassieren dafür, manchmal von den Bauern, manchmal von den Drogenhändlern, prozentuale Gewinnbeteiligungen, die dann der Finanzierung des Krieges und mitunter auch der persönlichen Bereicherung der Aufständischen zugute kommen (Jaramillo u.a. 1986; Molano 1987; Krauthausen 1991; Csv.put). Drei Faktoren qualifizieren die Guerilla - beispielsweise die kolumbianischen FARC oder den peruanischen Sendero Luminoso - für diese Rolle: Erstens ist die Feuerkraft der Aufständischen meist größer als diejenige, die einzelne Klein-Drogenhändler erlangen können; die Guerilla verfügt also häufig über die effektive Territorialherrschaft. Zweitens handelt es sich um einen Akteur, der in der Illegalität agiert, und dem es insofern nichts ausmacht, illegale Geschäftsabsprachen zu überwachen. Drittens ist die Guerilla zumindest theoretisch - in der Praxis kann das manchmal anders aussehen - eine neutrale Instanz, die nicht am Geschäft selbst, sondern an der politischen

Machtübernahme interessiert ist und die sich insofern relativ wenig von ökonomischen Interessen vereinnahmen läßt.[38]

Diese Lösung kann jedoch nur dort funktionieren, wo die Ordnungsinstanz - in diesem Fall die Guerilla - sehr viel mächtiger ist als die Akteure, mit denen sie zu tun hat. In höheren Marktsegmenten ist das nicht mehr der Fall. Dort verfügen große Exporteure über ihre eigenen Gewaltapparate und sind nicht dazu bereit, sich den Aufständischen unterzuordnen. Allenfalls kommt es zu Zweckbündnissen: Guerillafronten bewachen gegen Bezahlung die Laborkomplexe der Narcotraficantes, beiderseitig werden Gefälligkeiten ausgetauscht, man trifft sich auf dem internationalen Waffenmarkt, einzelne Guerilleros und vielleicht auch ganze Gruppen betätigen sich als Sicherheitsberater oder mischen direkt im Geschäft mit (Castro 1985; Villaraga/Plazas 1994:223-24; Sauloy/Le Bonniec 1992:210ff.). Immer jedoch sind es schwierige Beziehungen zwischen bewaffneten Kontrahenten, die trotz allen pragmatischen und finanziellen Allianzen entgegengesetzten ideologischen Lagern angehören: hier die Verfechter einer sozialistischen Ordnung, dort die aufstrebenden Abenteuerkapitalisten und Großgrundbesitzer. Gonzalo Rodríguez Gacha rächte sich für angebliche Vertragsbrüche der FARC - O-Ton Gacha: "Sie kassierten für das Aufpassen und organisierten danach Überfälle" (Corral 1991:175) - mit seiner maßgeblichen Beteiligung an jener paramilitärischen Allianz, die Hunderten von Guerilleros und linken Politikern das Leben kostete. "Anfangs dachten alle, daß die Narcotraficantes sehr gute Alliierte seien", erinnert sich ein ehemaliger Kommandant der EPL (int.7). Doch auch diese einstmals maoistische Guerillabewegung wurde im Küstendepartement Córdoba von den paramilitärischen Gruppen des Fidel Castaño faktisch militärisch besiegt (vgl. Csv.cor).

Nun gibt es auf dem Markt interne und externe Unsicherheitsfaktoren, die nur schwer durch vereinzelte Narcotráfico-Gruppen in den Griff zu bekommen sind und die stattdessen ein gemeinsames Vorgehen nahelegen. Es war die Bedrohung durch die städtische Guerillabewegung M-19, die 1981 erstmals einen Schulterschluß der Narcotraficantes bewirkte (vgl. Castillo 1987:111ff., 1991:202-06; García 1991:65ff.; Gugliotta/Leen

---

38 Bei starker Korruption kann auch der Staat selbst zu einer solchen Schiedsinstanz werden: Durch selektive Ermittlung werden diejenigen illegalen Gruppen, die sich nicht an den *modus vivendi* zwischen Kriminalität und Behörden halten, von der Strafverfolgung aus dem Markt verdrängt (vgl. Chambliss 1978; sowie Kapitel III,3).

1989:91ff.). Einmal auf die gigantische illegale Kapitalakkumulation aufmerksam geworden, machten sich die Guerilleros daran, diese Einnahmequelle durch Entführungen von Drogenhändlern und ihren Verwandten anzuzapfen. Unter anderem gelang es ihnen, eine Schwester der Gebrüder Ochoa in ihre Gewalt zu bringen. Die Narcotraficantes sahen sich plötzlich vor jenem Dilemma, das sich grundsätzlich in allen Entführungsfällen auftut: Entweder sie hielten den Forderungen stand und riskierten dadurch das Leben ihrer Verwandten oder aber sie zahlten das Lösegeld und empfahlen sich so auch als zukünftige Erpressungsopfer. Letzteres war eine Bedrohung, die alle anging.

Erstmals wurden größere Treffen von Narcotraficantes einberufen, die zwar voneinander wußten, ansonsten aber weitgehend unabhängig auf dem Markt agierten: Angeblich war dies die Geburtsstunde der freilich erst später so genannten "Kartelle". Es wurde beschlossen, jegliche Verhandlungen mit den Entführern abzulehnen und eine Gegenoffensive in Gang zu setzen. Eigene Fahndungstrupps durchforsteten die Unterwelt, und Mitglieder sowie Unterstützer der Guerilla wurden ihrerseits gefangengesetzt, ermordet oder den Behörden ausgeliefert. Binnen kürzester Zeit gelang es so, die entführte Martha Nieves Ochoa freizupressen. Auch mittel- und langfristig ging die Rechnung der Narcotraficantes auf. Die in ihre Schranken verwiesene M-19 willigte in ein Stillhalte-Abkommen ein, und die gesamte, ansonsten entführungswütige kolumbianische Guerilla unterließ es ein Jahrzehnt lang, große Drogenhändler oder ihre Verwandten zu kidnappen. Erst Anfang der neunziger Jahre versuchten es die kommunistischen FARC in Cali erneut - und mußten wiederum nach einer brutalen Gegenoffensive der dortigen Narcotraficantes klein beigeben.

Der Schulterschluß der Narcotraficantes wurde sogar formalisiert: In den während der Entführung der Ochoa-Schwester über einem Fußballstadion abgeworfenen Flugblättern wurde die angeblich von 223 Narcotraficantes finanzierte Gründung des MAS bekanntgegeben: *Muerte a Secuestradores*, "Tod den Entführern". Die MAS-Todesschwadron aber war weniger eine einheitliche Organisation der Narcotraficantes als ein mancherorts noch heute gebräuchlicher Name für die irreguläre Aufstandsbekämpfung, die vor allem von den Streitkräften betrieben wird. Praktisch von Beginn an waren Dutzende von Mitgliedern der Geheimdienste und Streitkräfte am MAS beteiligt (vgl. Sauloy/Le Bonniec 1992:230ff.). Nicht die "Kartelle" wurden 1981 aus der Taufe gehoben, sondern allenfalls die paramilitärische Allianz.

Die Entführungskrise und ihre aus der Sicht der Narcotraficantes erfolgreiche Beilegung dürfte jedoch in anderer Hinsicht lehrreich gewesen sein: Nunmehr bewiesen war die Effektivität einer Zusammenarbeit, die über das strikt Geschäftliche hinausging und die jetzt nicht mehr ökonomisch ausgerichtet war, sondern militärisch und politisch - und ebendazu da war, den ökonomischen Gewinn abzusichern. Jetzt galt es, der staatlichen Strafverfolgung entgegenzutreten. Sowohl an der Ermordung von Justizminister Rodrigo Lara Bonilla 1984 als auch bei den nachfolgenden Verhandlungen um eine eventuelle Kapitulation war eine Gruppe von Narcotraficantes beteiligt, die für sich in Anspruch nahm, auch ihre Kollegen zu repräsentieren (vgl. Arrieta u.a. 1990:232ff.; Cañón 1994:110ff.).

Besonders eine Maßnahme der Strafverfolgung bedrohte alle Drogenhändler gleichermaßen: die Auslieferung an die USA. War die kolumbianische Justiz noch relativ einfach zu korrumpieren oder einzuschüchtern, so galt dies für die Judikative in den Vereinigten Staaten nicht mehr. Gerade für die großen Narcotraficantes bedeutete eine Auslieferung an die USA mit hoher Wahrscheinlichkeit eine lebenslange Haftstrafe, und die galt es unter allen Umständen abzuwehren. Ob ein Staat seine Bürger an einen anderen ausliefert, ist nun aber eine grundsätzliche Frage, die nur in den höchsten politischen und juristischen Instanzen entschieden werden kann. Um auf diese Instanzen wirkungsvoll einzuwirken, war die Kooperation zwischen den Narcotraficantes unumgänglich.

Es gab Meinungsverschiedenheiten über die Art und Weise, wie der Strafverfolgung entgegenzutreten sei: Die einen - das Medellín-Kartell - setzten eher darauf, Staat und Gesellschaft mit Gewalt ihre Straffreiheit aufzuzwingen, die anderen - das Cali-Kartell - mißbilligten diese Strategie und befürworteten stattdessen eine friedfertigere Korrumpierung der betreffenden Ermittlungsbehörden und Entscheidungsinstanzen.[39] Selbst innerhalb des Medellín-Kartells aber waren nicht alle Narcotraficantes an der Gewaltanwendung beteiligt. Vielmehr taten sich zwei Organisationen hervor: die von Pablo Escobar und jene von Gonzalo Rodríguez Gacha. Obwohl

---

39 "Friedfertig" waren die Narcotraficantes aus Cali immer nur in Bezug auf die Strafverfolgung. Gegen sonstige interne und externe Widersacher haben auch sie regelmäßig Gewalt angewandt. Die im folgenden am Beispiel von Pablo Esobar und seinen Machenschaften zu beschreibenden Schutz-Erpressungsmechanismen haben wahrscheinlich auch bei der Kohäsion des Cali-Kartells eine Rolle gespielt (int.7,8,22).

gleichzeitig beide Narcotraficantes als Großexporteure immense Gewinne erwirtschafteten, waren ihre Ziele und ihr Vorgehen ausgeprägt militärisch und politisch. Nicht zuletzt spiegelte sich das in den hierarchischen Zügen ihrer Organisationen. "Wenn man ihre Befehle nicht ausführt, ermorden sie einen. Sie brauchen einem das nicht zu sagen, man weiß, daß das Gesetz so lautet", berichtet der Untergebene eines äußerst gewalttätigen Statthalters von Pablo Escobar (zit. nach Torres 1995:423). Ebenso wurden die organisationsinternen Beziehungen stärker formalisiert. Den Mitgliedern der auch paramilitärischen Organisation von Gonzalo Rodríguez Gacha waren bestimmte Aufgabenfelder und Identifizierungsnummern zugeteilt (Velásquez 1993:41ff.; DAS 1989, DAS o.D.).

Es gebe in Kolumbien "Händler" und "Mafiosi", unterscheidet nicht grundlos Carlos Lehder, ein Narcotraficante, der Anfang der Achtziger ganz oben mitmischte und später an die US-Justiz ausgeliefert wurde (Spiegel TV:21-22). Es ist nicht jedermanns Sache, Gewalt anzuwenden, und die Sache von Unternehmern, auch illegalen Unternehmern, ist es eher nicht. Die interne und externe Unsicherheit dürfte von den meisten eher als Last denn als Berufung empfunden werden (vgl. Castro 1994:111). Für das wahre Unterfangen - den Handel mit illegalen Drogen - stellen Betrug, Raub, Gewalt und Strafverfolgung vor allem Hindernisse für den wünschenswerten Gang der Geschäfte dar. Die Gewaltanwendung ist für die weitaus meisten Narcotraficantes allenfalls ein Mittel zum Zweck, nicht der Zweck selbst. Um als illegaler Unternehmer in Ruhe Millionen erwirtschaften zu können, wünscht sich der "typische" Drogenhändler Schutz vor den internen und externen Bedrohungen. Ihm geht es darum, sich voll und ganz dem Markt zu widmen: Wenn andere sich um die Sicherheit kümmern, um so besser. Unternehmer sind bereit, dafür zu zahlen.

Gewalt und Markt, Unsicherheit und Schutz: Es ist kein Zufall, daß hier wieder die Begriffe des ersten Kapitels auftauchen. Besonders die Organisation von Pablo Escobar spezialisierte sich darauf, anderen Narcotraficantes Schutz zu verkaufen. Der wohl bekannteste Aspekt dieser Tätigkeit war der Kampf gegen die Auslieferung. Escobar und seine Getreuen ordneten Dutzende von Attentaten gegen hochrangige staatliche und gesellschaftliche Funktionsträger an, um die Beendigung der Auslieferung durchzusetzen. Die Verantwortung für diese Anschläge übernahm gewöhnlich die Terrorgruppe *Los Extraditables*, "Die Auslieferbaren", hinter der sich wenig mehr als Pablo Escobar, eine Gruppe befreundeter Narcotraficantes sowie ein

Journalist verbargen, der bei der Abfassung der Kommuniqués half. Der düstere Briefkopf ihrer Verlautbarungen war Programm: "Wir ziehen ein Grab in Kolumbien einem Kerker in den USA vor" (PN.CE:76ff.).

Mindestens ebenso wichtig aber war, daß Pablo Escobar auch der internen Unsicherheit entgegentrat. Er sorgte für Ordnung im Geschäft. Die von ihm befehligten *oficinas*, "Büros", waren gewissermaßen Inkasso-Agenturen, an die sich Gläubiger wenden konnten, um Schulden einzutreiben. Gegen eine Beteiligung an der Gesamtsumme strömten Escobars Leute aus und zwangen Zahlungsunwillige wenn nötig mit Gewalt dazu, ihre Schulden zu bezahlen. "Sie zogen los, entführten das Subjekt, trieben von ihm die Schulden ein, nahmen ihm all seinen Besitz ab, kehrten zurück und zahlten demjenigen, dem er nicht gezahlt hatte [...]. Was sie zusätzlich kassierten, behielten die Banditen und Pablo Escobar selbst ein", erzählt der ehemalige Chefermittler gegen Pablo Escobar (int.22, vgl. PN.CE:50). In der Darstellung des Journalisten Ramón Jimeno liest sich das so: "Das Gute an der *oficina* war, daß sie das Geschäft organisierte, den *faltones* ein Ende bereitete und das Gesetz errichtete. Entweder man hielt sich an die Abmachungen oder man zog den kürzeren. Es war Schluß mit den Diebstählen der Ware, mit dem Verlust von Flugzeugen, mit den unvorhergesehen Bestechungsgeldern [...]. Nunmehr ging es darum, auf der Seite des Königs zu stehen, damit keiner sich traute, einem falsch zu kommen" (1990:27).

Auf der Seite des "Königs" Escobar zu stehen, hieß, ihm Tribut zu zollen. Manchmal ließ der Exporteur Pablo Escobar andere Drogenhändler an seinen Exporten teilhaben. Mindestens ebenso häufig aber beteiligten die anderen Escobar an ihren eigenen Verschickungen: Ihm wurde stets eine Quote eingeräumt (vgl.PN.CE:99). Einerseits läßt sich diese Freizügigkeit als eine weitere Spielart des schon erwähnten Versicherungssystems interpretieren. Allein das Wissen darüber, nicht nur dem ursprünglichen Handelspartner, sondern auch dem gefürchteten Pablo Escobar Rechenschaft ablegen zu müssen, ließ Schuldner Himmel und Hölle in Bewegung setzen, um das Geld aufzutreiben. "Sein Name war Garantie" (int.22). Andererseits aber wurden diese Beteiligungen auch erpreßt: Ausnahmslos mußten alle Narcotraficantes Escobar an ihren Verschickungen beteiligen.

Zudem galt es, den Kampf gegen die Strafverfolgung zu finanzieren. Der Krieg der *Extraditables* war kostspielig, und Escobar dachte gar nicht daran, ihn selber zu finanzieren. Wer nicht freiwillig eine Art Kriegssteuer entrichtete, wurde von Escobars Leuten, meist mit Entführungen, dazu gezwungen. Auch legale Unternehmer wurden zur Kasse gebeten. Wie fließend die Übergänge zwischen Escobars Rolle eines militärischen Bevollmächtigten der Drogenhändler und der eines marodierenden Erpressers waren, zeigt die Kontoführung: Millionen wurden regelmäßig von der *cuenta de las empanadas*, der "Kriegskasse", auf die Privatkonten Pablo Escobars überwiesen (PN.CE:46). Es gab keine Alternative: Entweder man stand auf der Seite Escobars oder man war sein Feind. Langfristig suchte Escobar möglicherweise einen Korridor quer durch Kolumbien zu errichten, für dessen Überquerung dann alle Drogenhändler eine Art Wegegeld zu zahlen gehabt hätten (int.3). Daß die Bosse aus Cali die geforderten Abgaben nicht tätigen wollten, mag eine Rolle bei der Spaltung zwischen dem Medellín- und dem Cali-Kartell gespielt haben. Ansonsten jedoch ordneten sich auch außerhalb des Departements Antioquia die meisten Narcotraficantes Escobar unter. *El Loco*, "der Verrückte", wurde er im Milieu manchmal genannt - aber nur hinter vorgehaltener Hand (Cañón 1994:220).

Escobar war so furchteinflößend, weil er wirtschaftlich, politisch und sozial so mächtig war. Seit den Pionierzeiten Mitte der siebziger Jahre hatte er unaufhörlich Kapital akkumuliert. Die Einnahmen aus seinen eigenen Exporten sowie die Abgaben der anderen Drogenhändler summierten sich monatlich zu Millionen Dollar. Alle wichtigen Personalentscheidungen in der Regionalpolitik des Departement Antioquia bedurften seiner Zustimmung und auch auf nationaler Ebene war sein Einfluß beträchtlich. Jahrelange gemeinnützige Investitionen in den ärmeren Stadtvierteln Medellíns sowie die Übersteigerung regionaler Ressentiments hatten ihn schlicht und einfach zu *Pablo*, dem Volkshelden, gemacht. Sein Informantennetz hatte die Effizienz und die Ausmaße eines polizeilichen Geheimdienstes; Hunderte von zumeist jugendlichen Pistoleros waren ihm hörig; und er war mit jenen paramilitärischen Kriegsherren wie Gonzalo Rodríguez Gacha und Fidel Castaño verbündet, die weite Landstriche in Kolumbien kontrollierten. Pablo Escobar war dazu fähig, Anfang der neunziger Jahre den gesamten kolumbianischen Staat zu destabilisieren. Seine Macht grenzte an Allmacht.

Zumindest im engeren Sinn stand jedoch auch hinter dieser Macht keine gigantische Organisation. Auf dem Höhepunkt seiner Herrschaft bestand Pablo Escobars Organisation aus wenig mehr als fünfzig Leuten: Er selbst und ein paar enge Vertraute, einige Bandenchefs und Buchhalter sowie eine Reihe von einfachen Angestellten, die sich vor allem um die wechselnden Verstecke für den Boß kümmerten (PN.CE 1990). Es war eine stark auf

187

militärische Zielsetzungen ausgerichtete Organisation: Bis auf wenige Ausnahmen sucht man unter den engsten Mitarbeitern vergeblich nach Drogenhandels-Spezialisten. Statthalter wie *Pinina, Mugre* oder *Tyson* waren aus den *gangs* der Millionenstadt Medellín hervorgegangen. Ihre Aufgabe bestand darin, ihre eigenen und getrennten Netzwerke zumeist jugendlicher Gewalttäter und Banden aufrechtzuerhalten.

Im Unterschied zur italienischen Mafia, wo die auch *soldati* genannten *uomini d'onore* zumeist Mitglieder einer *famiglia* sind, war der ausführende Gewaltapparat nicht in die Organisation eingegliedert. Als echte Agenturen beschränkten sich die *oficinas* darauf, für einzelne Aufträge gewalttätige Arbeitskraft zu vermitteln. Die Gewalttäter waren keineswegs Angestellte von Escobar. Sobald kein Geld mehr floß, sobald die einzelnen Aufträge nicht mehr bezahlt wurden, hatte es mit dem Morden, Entführen oder Bombenlegen ein Ende (vgl. ebd.:53ff,125ff.). Die Dienstleistung Gewalt wurde auf dem Markt erstanden, und Escobars Stärke lag unter anderem darin, daß er sie verläßlich bezahlen konnte: *Recuerde. Los Extraditables sí pagamos*, stand auf einem in der Unterwelt verteilten Steckbrief gegen den damaligen Polizeigeneral Miguel Maza Márquez - "Erinnere Dich daran, daß wir *Extraditables* in der Tat zahlen" (ebd.:76A).

Die Organisation des späten Pablo Escobar war in geradezu klassischem Sinne ein *power-syndicate*, wie es Alan A. Block für das New York der zwanziger und dreißiger Jahre beschrieben hat (1980). Der Kampf gegen die Auslieferung, die Durchsetzung einer internen Ordnung und die Vergabe von Exportquoten waren Leistungen, die allen Narcotraficantes zugute kamen. Inmitten eines rechtsfreien Raumes voller Unwägbarkeiten und Bedrohungen schwang sich Escobar zum Beschützer auf und verlangte im Gegenzug nicht nur Geld, sondern auch Unterordnung. Um in Ruhe Geschäfte machen zu können, waren die anderen Narcotraficantes dazu bereit - in mancher Hinsicht delegierten sie die Ordnungsfunktionen an Pablo Escobar. Allerdings blieb ihnen auch keine andere Alternative, denn sie wurden genötigt: Hätten sie nicht gezahlt, hätten sie sich nicht untergeordnet, wären sie dazu gezwungen worden. Schutz und Erpressung gingen stets ineinander über. Je weniger aber Escobar zu bieten hatte, um so mehr überwog die Erpressung.

Juni 1991: Nach jahrelangen schweren Auseinandersetzungen ist es Pablo Escobar gelungen, die Bedrohung durch die Auslieferung endgültig abzuwenden. Nachdem die Verfassungsgebende Versammlung die Auslieferung kolumbianischer Staatsbürger an andere Staaten verboten hat, stellt sich Pablo Escobar den Ermittlungsbehörden und geht somit auf die von der Regierung nach dem US-Vorbild des *plea-bargaining* erlassenen Dekrete ein: Drogenhändlern, die sich freiwillig stellen und zumindest ein Teilgeständnis ablegen, wird ein Strafnachlaß zugesichert. Escobar zieht in ein improvisiertes Gefängnis in der Nähe Medellíns ein, dessen Bau er selbst überwacht hat. Von dort aus verlangt er weiterhin von allen Narcotráfico-Gruppen die Zahlung der Quoten - schließlich habe er dafür gesorgt, daß die Last der drohenden Auslieferung nun von allen abgefallen sei, schließlich müsse er weiterhin für die Korrumpierung der Behörden und seine eigene Sicherheit aufkommen.

Während Escobars Gerichtsverfahren noch im Gange sind, entwenden seine Leute im Juli 1992 20 Millionen US-Dollar aus einem Versteck der einflußreichen Drogenhändler-Gruppen Moncada und Galeano. Für Fernando Galeano ist es ein klarer Fall: Es geschieht nicht zum ersten Mal, daß ein Gelddepot ausgehoben wird, und diesmal gehören die Räuber bestraft. Für Escobar dagegen handelt es sich um eine Beschlagnahmung: Derartige Summen zu horten, stehe in keinem Verhältnis zu den mickrigen 150.000 - 200.000 US-Dollar-Zahlungen, die monatlich von den Moncada und Galeano geleistet worden seien. Escobar läßt nach einem heftigen Wortwechsel in dem von ihm kontrollierten Gefängnis Fernando Galeano und Gerardo Moncada erschießen und leitet danach einen Rachefeldzug ein, bei dem auch noch andere Mitglieder der Moncada- und Galeano-Unternehmen ermordet, ihr Besitz beschlagnahmt und ihre Routen übernommen werden (vgl. Torres 1995:434ff.; Cañón 1994:311ff.). Obwohl Pablo Escobar seine Macht noch einmal beeindruckend demonstriert, ist es der Anfang vom Ende: Die Regierung kann dem Treiben im Gefängnis nicht mehr tatenlos zusehen, Escobar wird erneut flüchten und später zu Tode gehetzt (vgl. Vargas 1994b; Strong 1995).

Spätestens im Gefängnis war Pablo Escobar kein Beschützer mehr, sondern nur noch ein Erpresser. Ohne nennenswerte neue Leistungen zu bieten, verlangte er Zahlungen für einen Erfolg der Vergangenheit: die Beendigung der Auslieferungen. Pablo Escobar hatte ausgedient, und die Narcotraficantes begannen, ihn zu hintergehen: Im Unterschied zu Beschützern werden Erpresser früher oder später von den anderen Akteuren hinweggefegt. Escobar bäumte sich noch einmal in gewohnt brutaler Art und Weise auf, aber offensichtlich war es nunmehr für alle an der Zeit, mit ihm abzurechnen: für die ihm einst hörigen Narcotraficantes, für das Cali-Kartell, für die Paramilitärs, für die Smaragdhändler, für die kolumbianischen und US-amerikanischen Geheimdienste und Ermittlungsbehörden.

Und doch hatte Escobar jahrelang über einen beträchtlichen Teil des Kokainexports geherrscht. Mit seiner Schutztätigkeit *organisierte er die Kriminalität*. Seine Machtausübung schuf Hierarchien, die nur teilweise mit denen des illegalen Marktes übereinstimmten. Aus der Marktperspektive machte es wenig Sinn, von einem Medellín-Kartell zu sprechen, aus der (militärischen) Machtperspektive schon eher. Escobars Wirken schuf eine Klammer, die einen ansonsten vielfach ausufernden Markt zusammenhielt. Nachdem er und viele seiner Getreuen tot waren, löste sich *dieses* Medellín-Kartell tatsächlich auf - eine ganze Reihe Kokainunternehmer aber sind weiterhin in Antioquia aktiv (int.9,20). Solange es sie gibt, dürfte es nicht lange dauern, bis neue Beschützer und Erpresser auftauchen, um inmitten der illegalen Unsicherheit mit Ordnung und Sicherheit zu pokern.

6. Geheimbünde und Netzwerke

Die organisatorischen Unterschiede zwischen der Cosa Nostra und dem Narcotráfico sind beträchtlich. Hier Geheimbünde mit einer strikten Abschottung nach außen und einer restriktiven Rekrutierungspolitik, dort wechselnde Netzwerke, Geschäftsbeziehungen und Unternehmen, an denen im Prinzip alle teilhaben können, sofern sie über Kontakte und Kapital verfügen. Hier Hierarchien und Befehlsgehorsam, dort Partnerschaften und Gewinnbeteiligung. Hier Formalisierung in Ritualen und Normen, dort Informalität im Umgang und Verhalten. Organisatorisch rigide die Cosa Nostra, fließend und oft verschwimmend der Narcotráfico.

Ein Großteil dieser Unterschiede läßt sich damit erklären, daß die gewählten Organisationsmodelle unterschiedliche Aufgaben erfüllen (vgl. Catanzaro 1993). Die Mafiosi schließen sich so zusammen, wie es die illegale Machtausübung erfordert, also der Erpressungs-Schutz-Komplex und die mit ihm einhergehende Territorialkontrolle. Hierzu ist ein hierarchisches und geschlossenes Organisationsmodell funktional. Die Kolumbianer dagegen bemühen sich, die effektivste Organisationsform für die Produktion und den Vertrieb illegaler Waren zu finden. Relativ kleine, locker strukturierte, aber ebenso auf Geheimhaltung bedachte Gruppen sind hier sehr viel funktionaler als große, formalisierte Organisationen.

Machtausübung und Markttätigkeit aber schließen sich nicht gegenseitig aus, sondern siedeln sich sowohl in Kolumbien als auch in Italien an entgegengesetzten Enden eines einzigen Kontinuums an: Mafiosi können auch auf dem Markt tätig werden, und Narcotraficantes auf dem Gebiet der Machtausübung. Wenn nun die Wahl der Organisationsmodelle etwas mit dem jeweils dominierenden Handlungsraum zu tun hat, müßte umgekehrt auch gelten: Wo italienische Mafiosi sich stärker mit illegalen Drogenmärkten beschäftigen, ähneln ihre Organisationsstrukturen eher denen des Narcotráfico, und wo Narcotraficantes vor allem Macht ausüben, erinnern die Organisationsstrukturen an die Cosa Nostra. Diese Beweisführung ist tatsächlich möglich.

Die in den siebziger Jahren sprunghaft angestiegene Beteiligung von *uomini d'onore* am illegalen Weltmarkt für Heroin verstärkte die Instabilität der Cosa Nostra und drohte, die formalen Strukturen zu zersetzen. Der Goldrausch des Drogenhandels hatte seinen Höhepunkt Anfang der achtziger Jahre und ebbte dann nach Erfolgen der italienischen und US-amerikanischen Strafverfolgung (die unter klingenden Namen wie *Pizza Connection* oder *Operation Irontower* bekannt sind) schnell wieder ab. Es gab nur wenige Inhaber internationaler Routen, und diejenigen, die es waren, stammten meist aus *famiglie*, die schon seit Generationen Erfahrungen im Schmuggel gesammelt hatten. Trotzdem beteiligten sich die meisten anderen Gruppen ebenso wie einzelne *uomini d'onore* an diesen Routen, und zwar mit Kapitalinvestment-Mechanismen, die denjenigen des Narcotráfico sehr ähneln. Weiterhin agierten und agieren einige *famiglie* auch auf dem internen Markt.[40]

---

40 Die Bedeutung Siziliens auf dem weltweiten Drogenmarkt war stets geringer als diejenige des kolumbianischen Narcotráfico. Ökonomisch machen die Rendite aus dem großen Absatz des Kokains die höheren Gewinnspannen des Heroins wett. Die Sizilianer waren immer nur eine Gruppe von Drogenexporteuren unter ferner liefen; viele andere Netzwerke, besonders aus dem fernen Osten, beliefern den größten Konsumentenmarkt in den USA. Die kolumbianischen Gruppen dagegen hatten dort fast von Beginn an einen Marktanteil, der mit einiger Berechtigung auf 70 bis 80 Prozent geschätzt wird. Wegen ihres geographisch ungünstigen Stützpunkts waren die Mafiosi immer nur Zwischenhändler zwischen größeren Netzwerken, während die Kolumbianer das große Netzwerk schlechthin darstellten.

"Als ich nach Palermo zurückkehrte", berichtet Tommaso Buscetta über das Jahr 1980, "fand ich neben einem unglaublichen Reichtum eine ebenso ausgeprägte Verwirrung in den Beziehungen zwischen den verschiedenen *famiglie* und den *uomini d'onore* vor" (tb:248). Plötzlich waren alle nur noch darauf aus, mit Kapitalinvestitionen oder dem An- und Verkauf von Heroin so schnell und soviel Geld wie möglich zu machen, plötzlich wurden auch mit Nicht-*Uomini d'onore* Geschäfte gemacht und Abmachungen getroffen, plötzlich hatten die formalen Hierarchien nur noch wenig mit dem Marktgeschehen zu tun. Waren die Geheimhaltungs-, Disziplin-, Loyalitäts- und Ehrgebote schon immer eine zweischneidige Sache gewesen, verloren sie nun mit dem Einstieg auf dem Drogenmarkt noch mehr an Verbindlichkeit. Der Handel selbst war - von den Routen einmal abgesehen - organisatorisch ähnlich unbestimmt wie derjenige in Kolumbien. Auf die bohrenden Fragen der Staatsanwaltschaft, wer denn nun am Drogenhandel beteiligt gewesen sei, konnte der Insider Gaspare Mutolo auch nur seufzen: *Ci sono tanti modi di fare il traffico di droga* - "Es gibt so viele Arten, den Drogenhandel abzuwickeln..." (gm.vi.2:40).

Es läßt sich so eine Hypothese aufstellen, die noch in anderen Fällen überprüft werden könnte: Die Akteure auf den internationalen illegalen Drogenmärkten neigen dazu, offene, flexible und häufig kleine Organisationsstrukturen und Netzwerke zu begünstigen. Diese These würde nicht zuletzt erklären, wieso die ab und an von der internationalen Strafverfolgung erzielten Erfolge bei der Verfolgung einzelner, auch mächtiger Gruppen sich nur selten auf die Marktstruktur als solche ausgewirkt haben. Würden große Organisationen sich den Handel aufteilen, müßte es gelingen, mit der Ausschaltung einer dieser großen Organisationen den gesamten Markt zu beeinträchtigen. Einem Markt aber, der aus einer Unzahl von kleinen, großen und mittleren Gruppen und einer Vielzahl von Netzwerken besteht, ist mit vereinzelten Schlägen nicht beizukommen.

Dort hingegen, wo sich die Narcotraficantes mehr der Machtpolitik zuwenden, bevorzugen sie stärker hierarchische und formalisierte Organisationsmodelle. Das Beispiel von Pablo Escobars Gruppe ist bereits beschrieben worden. Eine andere, allerdings stark von militärischen und geheimdienstlichen Komplizen geprägte Variante ist die der paramilitärischen Verbände, derer sich vor allem Gonzalo Rodríguez Gacha bediente, um mit Gewalt seine zumeist eigenen Geschäfte abzusichern. Formale Mitgliedschaft mit regelmäßiger Entlohnung, strikte Hierarchien und absoluter Befehlsgehorsam, Ausbildung und soziale Leistungen kennzeichneten die para-militärischen *Armeen* (DAS 1989).

Die Prämisse der Handlungsräume allerdings reicht nicht aus, um die organisatorischen Unterschiede gänzlich zu erklären. Erstens spielt auch das Ausmaß der Strafverfolgung eine Rolle. Das ist schon allein daran offen-sichtlich, daß auf Sizilien gewinnbringender Drogenhandel weniger betrieben werden kann als in Kolumbien: Selbst wenn es die klimatischen Bedingun-gen erlaubten, könnten keine größeren Kokaplantagen angelegt werden, selbst wenn die geographische Lage Italiens in Bezug auf die Routen des weltweiten Drogenmarkt günstiger wäre, könnten nicht viele große Laboratorien installiert werden. Das staatliche Gewaltmonopol und die Strafverfolgung sind in Italien zumindest auf diesem Gebiet viel präsenter als in Kolumbien.

Was sich jedoch sehr wohl etablieren konnte, war die mafiose Machtaus-übung. Daß dies über Generationen hinweg geschah, verleiht zweitens der sizilianischen Mafia eine Altehrwürdigkeit, die sich auch in ihrem organisa-torischen Aufbau wider-spiegelt. Die Zeit und der Raum, die sie für ihre Institutionalisierung nutzen konnten, finden sich noch heute in einigen ihrer organisatorischen Züge wie dem Aufbau in *famiglie* und vor allem dem Bestehen eines Aufnahmerituals wieder. Wenngleich diese organisatorischen Lösungen durchaus eine erhebliche Geheimhaltung gewährleisten, sind sie nicht zwingend: Wenn in Kolumbien illegale Macht und Territorialherr-schaft ausgeübt werden soll, wird mit dem *know-how* von Guerilla und Geheimdiensten auf zeitgemäßere Organisationsmodelle als das der Geheimbünde des vorigen Jahrhunderts zurückgegriffen.

Wie die Bedeutung von Schand- und Ehrzuweisung als Normensystem und Sanktionsmittel bei der Cosa Nostra zeigt, gibt es drittens kulturelle Faktoren, welche auf die Organisationen einwirken. Inwieweit der Ehrkom-plex tatsächlich ein Orientierungsmodell darstellt, das auch die anderen Gesellschaftsmitglieder teilen, kann erst beantwortet werden, wenn die Querverbindungen zwischen der Mafia und ihrer Umwelt genauer untersucht werden (vgl. Kapitel IV,5). Vorerst kann festgehalten werden: Der Ehrkom-plex entspricht sehr genau den Anforderungen der Macht- und Gewaltaus-übung.

Bei allen Unterschieden gibt es jedoch ebenso eine zentrale Gemeinsam-keit zwischen der Cosa Nostra und dem Narcotráfico: Beide müssen mit den Konsequenzen der Illegalität zurechtkommen. In beiden Fällen besteht erstens eine staatliche Legalität, die sich per Definition gegen die Illegalität wehren muß. Sowohl die ökonomischen Unternehmungen als auch jeder einzelne Mafioso und Narcotraficante sind latent immer von der Strafverfolgung bedroht. Zweitens müssen die illegalen Akteure auch in ihren Handlungsräumen mit jenen Schwierigkeiten fertig werden, die das Fehlen einer staatlichen Legalität mit sich bringt. Im Prinzip gibt es keine vorgeschriebene Regeln, die das Verhalten bestimmen, keine Schiedsinstanzen, vor denen Konflikte ausgetragen werden können, kein Gewaltmonopol. Mafia und Narcotráfico ist somit ein starkes Bedürfnis nach Sicherheit und Ordnung gemein.

Die Cosa Nostra verfügt hierzu über ein minimales Normensystem, daß weitaus formalisierter und komplexer als das des Narcotráfico ist. Trotzdem sind die wichtigsten Regeln die gleichen - vor allem: Verschwiegenheit und Seriösität. Auch die wichtigsten Sanktionen sind dieselben: Ausstoß aus der Cosa Nostra oder Ausschluß aus den Geschäften und das Todesurteil. Sicher verfügt die Cosa Nostra über formalere Schiedsinstanzen und einen quasi institutionalisierten Sanktionsapparat, der zumindest theoretisch sogar ein gewisses Gewaltmonopol ausübt. Wie labil die *commissioni* jedoch waren, zeigt sich darin, daß gewalttätige Koalitionen immer wieder von ihnen Besitz ergriffen. Die ursprünglich beabsichtigte Unparteilichkeit durch egalitäre Repräsentanz wurde fortwährend außer Kraft gesetzt. Allerdings mußten sich diejenigen Fraktionen, welche die *commissioni* beherrschten, vor den anderen gleichzeitig mit Sicherheits- und Ordnungsfunktionen legitimieren. Eine ganz ähnliche Dynamik findet sich auch im Narcotráfico, der zwar keine formalen Schiedsinstanzen und Sanktionsapparate aufweist, wo jedoch Pablo Escobar in einer informelleren und unmittelbareren Art und Weise versuchte, dieses Vakuum zu füllen.

Interessant ist, daß der späte Pablo Escobar sich immer mehr auf die illegale Machtausübung, also auf den Handlungsraum, der hier als typisch mafios betrachtet wurde, spezialisierte. Der "mafiose" Charakter der Organisation Escobars reflektiert sich auch in ihrem deutlichen territorialen Bezug. Escobars beschützende und erpresserische Tätigkeit in dem Departement Antioquia beschränkte sich nicht auf den Drogenhandel, sondern machte sich auch in anderen Bereichen bemerkbar - so in der Schutzherren-Rolle in den ärmeren Viertel Medellíns oder in der Kontrolle der Unterwelt. So hatten nicht nur die Narcotraficantes Zahlungen zu entrichten und Weisungen zu befolgen, sondern auch die Entführer (vgl. PN.CE:51 ff.).

Vielsagend ist ein wahrlich "mafioser" Schutzbrief, den die Polizei in einem Auto fand: "Dieser Wagen gehört meiner Schwester Alba Marina Escobar. Wenn Sie ihn klauen, geben Sie ihn bitte zurück, sie ersparen sich so Unannehmlichkeiten". Unterschrift und Fingerabdruck: Pablo Escobar.

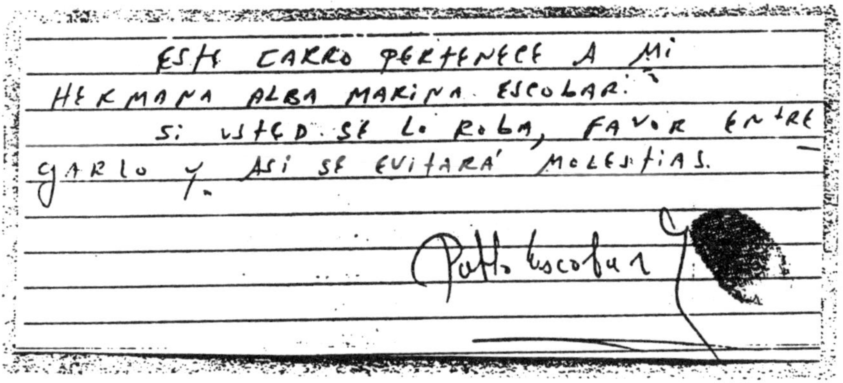
ESTE CARRO PERTENECE A MI
HERMANA ALBA MARINA ESCOBAR.
SI USTED SE LO ROBA, FAVOR ENTRE
GARLO Y ASI SE EVITARÁ MOLESTIAS.

Pablo Escobar

Abb. 7 Von Pablo Escobar unterzeichneter Schutzbrief

Kapitel III
Das Umfeld

1. "L'intreccio" - die Verflechtung

Man kann nicht behaupten, die "Kriminellen" besäßen von ihren Mit- und Gegenspielern eine allzuhohe Meinung - sie haben dazu auch wenig Grund. Vor der Antimafiakommission berichtet der Camorrista Pasquale Galasso über ein Gespräch mit dem Boß Carmine Alfieri: "Ich sagte ihm: Das sind Geier, dieser Auftrag ist noch gar nicht geboren, noch ist das Projekt, die Auftragsvergabe nicht geboren, und schon wollen sie an ihm teilhaben. Ich, der ich in meinem Leben tausendmal das Leben riskiert habe, Pistole gegen Pistole mit meinem Feind, sagte: "Kann das möglich sein? Das sind Geier, Schakale". Und Alfieri erklärte mir dann den Auftrag und sagte mir: "Das sind die Unternehmer, Du solltest erstmal die Politiker sehen..." (pg.1:2277).

Unternehmer werden zu Schakalen und Politiker zu Aasgeiern: Es ist schwer zu sagen, wer von den legalen und illegalen Akteuren, die an der organisierten Kriminalität beteiligt sind, am "schlimmsten" ist. Wenn man so will, sind sie genauso "schlimm", sind sie ein- und dasselbe. Bislang sind Mafia und Narcotráfico scharf von ihrem gesellschaftlichen Umfeld getrennt worden, um sie genauer betrachten zu können. Nun ist es an der Zeit, diese Trennung wieder aufzuheben. Die organisierte Kriminalität ist kein bösartiger Fremdkörper, der eine ansonsten "gesunde" Gesellschaft befällt. Eine Vielzahl von vermeintlich unbescholtenen legalen Akteuren ist an ihren Tätigkeiten interessiert und profitiert von ihnen.

Die Handlungsräume selbst entstehen erst durch die Wechselbeziehungen zwischen der Gesellschaft und der organisierten Kriminalität - und sei es, weil der Beschützer einen Beschützten braucht und der Drogenhändler einen

197

Drogenkonsumenten. Dieser Austausch zwischen der Legalität und Illegalität kann mit Vincenzo Ruggiero als das eigentliche Wesen der Mafia und des Narcotráfico angesehen werden: "Organisierte Kriminalität sollte [stattdessen] durch den von ihr etablierten externen Beziehungstypus mit ihrer individuellen, kollektiven und korporativen Klientel definiert werden [...]. Allgemein kann nahegelegt werden, daß organisierte Kriminalität in solchen Kontexten existiert, wo Beziehungen oder Überlappungen zwischen legalen und illegalen unternehmerischen Vorgehensweisen beobachtet werden. Wie auch anderen Subjekten sollte der organisierten Kriminalität eine Identität zuerkannt werden, die - *inter alia* - von der mit anderen Akteuren etablierten Interaktion abhängt. Mit anderen Worten könnte es fruchtbar sein, den Brennpunkt der Analyse von dem internen Apparat wegzubewegen und ihn auf diese 'Beziehung' zu zentrieren. Diese beinhaltet eine *wechselseitige Bereitstellung von Dienstleistungen und eine wechselseitige unternehmerische Förderung von legaler und illegaler Wirtschaft*" (1993:143, Hervorhebung im Original). Ein Austausch also, der nicht nur mit der legalen Wirtschaft, sondern - wie hinzugefügt werden könnte - auch mit dem Staat und der gesamtem Gesellschaft stattfindet.[41] Hypothetisch ließe sich demnach eine simple Regel aufstellen: Je mehr gesellschaftliche Interessen es gibt, für die die organisierte Kriminalität funktional ist, um so stärker wächst diese organisierte Kriminalität auch an.

Die organisierte Kriminalität unterhält Verbindungen sowohl nach "unten" zu der Bevölkerung im allgemeinen und den Unterschichten im besonderen - einem Aspekt, dem das vierte Kapitel dieser Untersuchung gewidmet ist - als auch nach "oben" zu den ausschlaggebenden gesellschaftlichen Institutionen und Eliten. Es ist letzteres *intreccio*, wie es auf Italienisch schön heißt, letztere "Verflechtung", die hier im Vordergrund stehen soll: ein

---

41 Diese Überlegungen von Ruggiero erinnern an das *social system of organized crime* von Alan Block, das von den "wechselseitigen Dienstleistungen zwischen professionellen Kriminellen, Politikern und Klienten" gekennzeichnet ist. Block setzt es der *social world of organized crime* entgegen, die das "Milieu der professionellen Kriminellen" erfaßt (1980:10-11). Würde dieser Begriffsapparat übernommen werden, hätte sich diese Untersuchung bislang auf die *social world* der organisierten Kriminalität konzentriert und ginge nun zu dem zugehörigen *social system* über. Auch der Kriminologe Alessandro Baratta wählt in seiner Analyse der Mafia einen relationalen Ansatz und definiert die Mafia als ein "Beziehungssystem, an dem Staat und mafiose Organisation teilhaben" (1994:96).

dichtes Beziehungsgestrüpp zwischen "Kriminellen" auf der einen Seite, und Richtern, Unternehmern, Bischöfen, Politikern oder Geheimdienstlern auf der anderen. Besonders drei Gruppen und Institutionen scheinen beim Vergleich des *intreccio* in Kolumbien und Italien von Bedeutung: die staatlichen Ermittlungbehörden und Geheimdienste, die Politik und die Verwaltung, sowie die legale Unternehmerschaft.[42]

Aus der Sicht der illegalen Akteure lassen sich beim *intreccio* zwei zentrale Zielsetzungen unterscheiden: Mafiosi und Narcotraficantes sind erstens daran interessiert, mit bestimmten legalen Akteuren ins Geschäft zu kommen, und zweitens von anderen - und zwar den an der Strafverfolgung beteiligten - in Ruhe gelassen zu werden. Die Suche nach Straffreiheit ist ein zentraler Topos der Beziehungen zwischen der organisierten Kriminalität und ihrer Umwelt: immerfort muß daran gedacht werden, die Ermittlungsbehörden, die Justiz oder die Politik defensiv zu vereinnahmen oder offensiv abzuschrecken. Die unterschiedlichen Zielsetzungen können sich jedoch mitunter in ein und derselben Beziehung verstricken: Manchmal fordern Mafiosi und Narcotraficantes, beispielsweise von Geheimdiensten, im Austausch gegen ihre Hilfestellungen unmittelbar die Straffreiheit; manchmal werden Politiker kontaktiert, damit sie die Strafverfolgung abwehren und beispielsweise als Aufsichtsräte einer Bank Freundschaftsdienste leisten.

Zum Teil besteht das *intreccio* aus individueller, sozusagen "einfacher" Korruption: Von dem einzelnen Gefängniswärter, der im Sold der Mafia steht, über den obersten Richter, der zu ihren Gunsten urteilt, bis hin zum Hotelier, der den Drogenhändlern ihr Geld wäscht, sind Individuen am Werk, die ihre privaten Interesse verfolgen. Je mehr es jedoch von ihnen gibt und

---

42 Es gibt selbstverständlich noch weitere Beteiligte. Auf die vielen Freiberufler - Rechtsanwälte, Unternehmensberater, Leibärzte, Architekten - die als Spezialisten ihr *know-how* in die illegalen Handlungsräume einbringen, kann hier nur am Rande eingegangen werden. Zu erwähnen wären ebenfalls die Kontakte zu Vertretern der Kirche: Sowohl in Italien als auch in Kolumbien gibt es Priester und Bischöfe, die mit Mafiosi und Narcotraficantes in regen Geschäfts- oder Freundschaftsbeziehungen stehen (vgl. Gambetta 1992:55ff.; Gentile 1963:177-78; Castillo 1987:64,68; Strong 1995:78ff.). Auch die Presse ist von Bedeutung: Mafiosi und Narcotraficantes versuchen regelmäßig, sich eine wohlwollende Berichterstattung zu sichern. Journalisten und Massenmedien werden durch Gewaltanwendung oder finanzielle Bevorteilung vereinnahmt (vgl. Cpm X/10; sm:3126; pg2:2738 ff.; Bartolotta 1987; PN.CE:69ff.; Duzán 1992).

je stärker sie miteinander in Kontakt sind, um so feinmaschiger legen sich diese Netzwerke über ganze Bereiche des sozialen Lebens wie die Wirtschaft oder die Politik. Besonders in Kolumbien und Italien wäre es beschönigend, hier nur von "individueller und vereinzelter Korruption" zu sprechen. Ähnlich wie die staatliche Korruption kann das *intreccio* einen systemischen Charakter annehmen.[43] Dabei gibt es noch eine zweite Variante, die diesen systemischen Charakter hervorbringt: Wenn die legalen Mitspieler nicht mehr bloße Individuen sind, sondern ganze Institutionen, die zumindest ihrer Ansicht nach ein übergeordnetes, kollektives Interesse verfolgen.

Unterschieden werden kann auch nach der Qualität der Beziehungen. Es gibt Austauschbeziehungen zwischen der Legalität und Illegalität, die nur kurze Zeit andauern, und andere, die sich über Jahre hinziehen. Es gibt weiterhin Beziehungen, die eher horizontal sind - also gleichrangige Partner verbinden - und solche, die vertikale Züge und Machtgefälle aufweisen. Letzteres ist besonders dann der Fall, wenn eine der beiden Seiten auf Gewalt zurückgreift, um ihre Vorstellung davon, wie die Beziehungen aussehen sollten, durchzusetzen.

In den folgenden Abschnitten wird einerseits deutlich werden, daß die verschiedenen Handlungsräume unterschiedliche Interessenverflechtungen hervorbringen, und andererseits, daß die Sorge um die Strafverfolgung große Ähnlichkeiten bei den Außenbeziehungen der Mafia und des Narcotráfico bedingt. Das *intreccio* kann mitunter ein relativ harmonisches Zusammenleben zwischen organisierter Kriminalität und gesellschaftlichen und staatlichen Eliten ermöglichen. Weder in Kolumbien noch in Italien ist das jedoch unbedingt ein Dauerzustand: Sobald diese Beziehungssysteme zusammenbrechen, kann sich der Abgrund einer gewaltsamen Konfrontation auftun.

---

43 Der US-amerikanische Strafrechtler Philipp B. Heymann operationalisierte jüngst den Begriff der "systemischen Korruption" in Bezug auf staatliche Instanzen wie folgt: Von ihr könne dann die Rede sein, wenn erstens grundsätzlich für staatliche Amtsgänge die Einschaltung eines Vermittlers empfohlen wird und zweitens derjenige, der einen Beamten besticht, im Moment des Zahlens nichts zu befürchten hat. Mit anderen Worten tritt systemische Korruption dann ein, wenn die käufliche Erstehung und die Veräußerung von Amtsfunktionen der "normale Gang der Dinge" im Umgang eines Staats mit seinen Bürgern ist. Heymann trug seine Überlegungen auf einem Seminar der Friedrich-Ebert-Stiftung in Berlin vor (Februar 1995).

2. Eine mörderische Disjunktive

Sie mögen noch so bekannt sein, es mag noch so intensiv nach ihnen gefahndet werden: Es ist immer wieder eklatant, wie unbehelligt und in welcher Seelenruhe Mafiosi und Narcotraficantes oft vor sich hin leben können. Das beste Versteck für die sizilianischen Mafiosi war jahrelang ihr eigenes Zuhause - nur in Ausnahmefällen schauten die Ermittlungsbehörden einmal vorbei (gm:1234). Die Beine vertrat man sich am besten zwischen eins und vier, wenn sich ganz Palermo - die Polizei eingeschlossen - eine Mittagspause gönnte (ac:316). Auch in Kolumbien, sei es in Cali im Villenviertel Ciudad Jardín oder in den Hochhausburgen von *El Poblado* in Medellín, waren die Narcotraficantes mit ihren Leibwächtertrupps und ihrem demonstrativ zur Schau gestellten Reichtum eigentlich nicht zu übersehen - und doch wurde sehr häufig weggesehen.

Für Mafiosi und Narcotraficantes ist es zunächst einmal wichtig, über Frühwarnsysteme zu verfügen, um von einer bevorstehenden Operation der Ermittlungsbehörden zu erfahren. Das kann mitunter recht unspektakulär sein, so wenn diese Information eher zufällig durch eine undichte Stelle innerhalb des Repressionsapparates nach außen dringt: "Einmal sollte gegen meinen Cousin und andere ein Haftbefehl ergehen", erzählt Antonino Calderone. "Sogar die Wahrsagerin wußte es... Diese Kartenlegerin war die Schwester der Geliebten des Richters Foti, eines Staatsanwalts in Katanien. Der nahm sich seine Arbeit mit nach Hause und las ihr [der Liebhaberin, Anm. d. Autors] alles vor. Danach sagte die es der Schwester. Unter anderen ist auch meine Frau zu dieser Kartenlegerin gegangen, die ihr sagte, daß meine Angelegenheiten gut laufen würden" (ebd.:303). Solch glücklichen Umstände jedoch sind eher die Ausnahme als die Regel: Mafiosi und Narcotraficantes müssen meist nachhelfen, damit aus den Ermittlungsbehörden heraus die ausschlaggebenden Informationen an sie weitergeleitet werden. Mitunter bedienen sie sich hierzu klassischer Tricks: Ein hochrangiger Offizier und Leiter der Sonderermittlungseinheit gegen das Cali-Kartell erlag 1994 dem Reiz einer von den Narcotraficantes geschickten Liebhaberin - eine wahre kolumbianische Mata Hari, wie die Presse schrieb (Cambio 16 Colombia: 15/8/94).

Über derlei Anekdoten hinaus aber müssen Narcotraficantes und Mafiosi gewöhnlich für die Information bezahlen - je nach der Korrumpierbarkeit der Beamten und der erbrachten Leistung ganz indiskret große Geldsummen, so meistens in Kolumbien, oder auch, wie in Italien üblich, etwas diskretere Geschenke (gm.vi.5:64; pg.2:2736). Besonders in Kolumbien kann von Einzelfällen nicht die Rede sein: Große Narcotraficantes verfügen über Netzwerke hochrangiger Informanten, die sie fortwährend über die Schritte der Strafverfolgung unterrichten (vgl. Velásquez 1993:100 ff.). Mitunter reichen die Verflechtungen bis ganz oben: beispielsweise füllten sich beispielsweise auf wundersame Art und Weise die Privatkonten eines nationalen Polizeichefs (vgl. Semana 19/4/94:34).

Auch wenn die Frühwarnsysteme scheitern, gibt es für die Mafiosi und Narcotraficantes oftmals noch eine Chance, sich freizukaufen - wiederum in Kolumbien häufiger als in Italien. Was bei einer solchen Verhandlung geschieht, zeigt ein Abhörprotokoll der kolumbianischen Polizei. Ein großer Drogenhändler wird von einem vermutlich der Armee angehörenden und einem Oberst unterstehenden 28-Mann-Trupp festgenommen.[44] Der *Extraditable*, der "Auslieferbare" ruft Pablo Escobar an. Es lohnt, längere Ausschnitte aus dem Gespräch wiederzugeben (PN.CE:58-65):[45]

"[...]
Extraditable: Ich bin hier mit den Herren zusammen. Sie sagen, wieviel wir ihnen also anzubieten haben [...].
Pablo Escobar: Sag ihnen... Wieviele sind es? Wieviele?
E.: Es sind 25.
P.E.: 50 Millionen Pesos.
E.: Nichts, das käme überhaupt nicht in Frage (im Hintergrund hört man: 28 operativos, aber die Großen, die uns befehligen). 28 sind an der Operation beteiligt, aber es gibt da noch die anderen Leute von oben.

---

44 Im Polizeibericht wird lediglich festgestellt, daß es "möglicherweise" die Armee war. Die Mannschaftsstärke und "andere, in jenem Moment getätigten Erkundungen in Medellín" würden darauf hinweisen (PN.CE:66). Etwas Skepsis allerdings ist angebracht, denn die abhörenden Beamten gehören einer polizeilichen Sonderermittlungseinheit gegen das Medellín-Kartell an. Sie würden nicht unbedingt andere Polizei-Einheiten anschwärzen - auch nicht in einem geheimen, damals nur hohen Regierungskreisen zugänglichen Bericht.

45 Die mit runden Klammern gekennzeichneten "Stimmen im Hintergrund" erscheinen genauso in der Abschrift. In eckigen Klammern und kursiver Schrift sind Anmerkungen des Autors angefügt. Die bei beiden Gesprächspartner wiederkehrende Anrede *hermano* (im Sinne von "Mann!") wurde zur besseren Lesbarkeit mehrmals gestrichen.

P.E.: Ja, aber sie... Sag' ihnen, daß es schon eine angemessene Sache sein muß, daß sie da eine sehr übertriebene Forderung stellen [...], daß wir mit ihnen zusammenarbeiten, damit alles ruhig bleibt, damit ich zufrieden bin, sie auch, wir alle zufrieden sind.

E.: [...] Ja, *hermano*, wir denken hier über die Sache nach. Hör mal, Partner, sie sagen, daß nein, daß nichts läuft.

P.E.: Sag ihnen, daß wir verhandeln sollen [...]. Sie wissen doch, daß wir nicht am Arbeiten sind, wir sind in Schwierigkeiten, im Krieg [*Escobar spielt auf die gewaltsame Auseinandersetzung mit dem Staat an*] [...]. Du arbeitest im großen Stil, du weißt, wie die Sache aussieht, ich helfe dir, weil du mein Freund bist [...].

E.: Nein, die sind sehr erschrocken [...]. Ich sage ihnen, es gebe kein Problem und mit mir noch weniger, weil es kein Problem gibt, sie sind sehr erschrocken, und sagen, daß ich mehr bieten muß, oder daß wir jetzt abfahren.

P.E.: Sag' ihnen, daß wir gerade ein Kommuniqué herausgegeben haben, wo wir von Frieden reden, und daß wir den Frieden unterzeichnen werden und daß wir mit niemandem Probleme haben werden und noch weniger mit jenen, die sich gut benehmen. Wenn sie sich gut benehmen und mit uns zusammenarbeiten, *hermano*, was sollen wir dann mit ihnen für Probleme haben.

E.: Daß sie sich gut benehmen, sagen sie, daß du wüßtest, daß sie auf deiner Seite stehen.

P.E.: Warum sagst du ihnen nicht, daß sie sich von dort fortbewegen sollen und wir verhandeln woanders, damit sie etwas heruntergehen, sollen sie doch ein paar losschicken, aber wir müssen uns einigen, es ist halt so, daß man soviel Geld noch nicht mal aus der Bank der Republik herausholen kann.

E.: Die sind drauf und dran, mit mir abzufahren.

P.E.: Nun gut, wenn sie nicht mit uns zusammenarbeiten wollen... [...].

E.: [...] Du weißt, wie es um mich steht.

P.E.: Deswegen, aber eine angemessene Sache. Die sind sehr am Übertreiben.

E.: Sie sagen, daß wir dann losmüssen.

P.E.: Aber wir werden uns doch nicht erpressen lassen, *hermano*, soviel Geld ist halt unmöglich.

E.: Nein, Leute, das muß beredet werden, warum hilfst Du mir nicht, ich trag auch mein Teil dazu bei.

P.E.: Aber woher soll ich das ganze Geld denn nehmen, hast Du nicht die Probleme gesehen, die ich habe? Nein, sag ihnen, daß sie sich auf etwas Angemessenes einlassen müssen, damit ich mit der Abmachung zufrieden bin und sie mir gegenüber beruhigt sind. Wenn ich mich nämlich über eine Abmachung ärgere, ist keiner zufrieden (im Hintergrund hört man: [...] Der Witz ist, daß wir alle zufrieden sind... Laßt uns eine Sache machen, schau eine gerechte Sache... So werdet ihr mich schädigen ... Du willst sterben) [...].

E.: Also, was machen wir?

P.E.: Gut, biete Hundert an, aber kommen wir zu einer Abmachung, die mich nicht wütend macht, denn wenn mich das nervt, stell Dir das vor... So was Übertriebenes, eine Unverschämtheit, die Sache muß angemessen sein, ich gebe ihnen also hundert Millionen Pesos.

E.: Sekunde, bitte.

[...]

E.: Entweder ihr besorgt ihnen einen *medio peso* [*eine halbe Million US-Dollar*] oder wir fahren los, weil sie so viele sind. Das stimmt wirklich, daß sie viele sind, ich habe viele Leute gesehen. Wenigstens sind diese Leute umgänglich, sind ganz in Ordnung.

P.E.: Schau her, *medio peso* sind 220 Millionen Pesos, ich gebe ihnen 150, damit ich beruhigt bin, sie lenken auch ein, wir bleiben Freunde, wir greifen uns unter die Arme und sie liefern uns den Verräter aus, den brauchen wir auch [...].

E.: [...] Nein, es ist schwierig, denn die Leute da oben halten die Hände auf [...], und sie bestehen darauf, daß sie viele Leute sind.

P.E.: Gut, also sag' ihnen, daß wir die Differenz teilen [...].

E.: Hm..., daß nein, *hermano*, die Typen da oben seien zu raffgierig.

P.E.: Sag' ihnen, sie sollen die Schotten nicht dicht machen, damit wir mit ihnen und mit denen da oben befreundet bleiben, daß es mich interessiert, Freunde zu haben, daß sie mit mir zusammenarbeiten und mir den Verräter ausliefern.

E.: Sekunde, bitte... Nein, nichts läuft... Es tut mir leid, Partner, *hermano*, ich würde dich nicht stören, wenn ich hier nicht drinstecken würde.

P.E.: Eben [...]. Also, wieviel wollen sie? [...]

E.: Diese Leute sagen, daß nein, daß ich dann also mit ihnen mitkommen muß.

P.E.: Aber was nehmen die dich denn für 20 Millionen mit [*Escobar spielt hier vermutlich auf die staatlich ausgeschriebene Belohnung an*], sie haben doch schon 200 in der Tasche. Sag' ihnen, sie sollen jetzt aufhören mit dem Quatsch, sie sollen diesen Blödsinn jetzt abschließen.

E.:Hermano, Du weißt doch, was ich alles mache, ich rede ständig auf sie ein, Mensch, ist das ein Problem.

P.E.: Also gut, *hermano*, schließen wir diesen Blödsinn so ab.

E.: Was machen wir? [...]

P.E.: Schließ' die Sache also mit fünfhundert Grünen ab [*die halbe Million US-Dollar*], verstanden?

E.: Okay.

[...] [*Escobar gibt Anweisungen an seinen Statthalter Pinina, um das Geld zu besorgen*]

P.E.: Gut, du weißt, daß ich mindestens zwei Stunden für die Erledigung brauche, ruf mich also um drei Uhr nachmittags nochmal an. Paß' aber auf, diese Telefone und alle Verbindungen, alles wird abgehört, man kann keine Adressen nennen, sondern nur den Ort soundso, verschlüsselt, verstanden?

E.: Ich rufe nochmal an.

P.E.: Sag' ihnen, sie müssen uns sagen, wer der Informant ist.

E.: Okay."

Die langwierige Verhandlung spricht Bände über den Narcotráfico und seine Beziehungen zum staatlichen Repressionsapparat. Da sind vermutlich Soldaten, Unteroffiziere und Offiziere, die eine Chance wittern, einmal in ihrem Leben wirklich an Geld zu kommen. Fetzen ihrer Unterhaltung sind später nachzulesen, eine andere Ermittlungsbehörde zeichnet alles auf. Die Militärs sind zwischen ihrer Dienstpflicht und der Perspektive, ihre schlechten Gehälter aufzubessern, hin- und hergerissen, und sie haben Angst, es mit der Allmacht eines Pablo Escobar zu verscherzen. Das Schicksal eines *Extraditable*, der Escobar offensichtlich nahe steht, ist in ihrer Hand. Genaugenommen, nicht nur in ihrer: Über ihnen gibt es noch weitere Offiziere, die, wenn auch nicht vor Ort, doch von dem Vorfall wissen und für ihr Weggucken ebenfalls entlohnt werden wollen. Escobar versucht, die Muskeln spielen zu lassen. Immer wieder weist er darauf hin, wie wichtig es sei, daß er selber *tranquilo* und *contento*, beruhigt und zufrieden verbleibe. Eigentlich ist das Geld kein Problem, eine halbe Million US-Dollar sind für ihn innerhalb von zwei Stunden aufzutreiben. Aber Escobar ist Geschäftsmann, eine halbe Million ist eine halbe Million, und das

Geld wird nicht zum Fenster herausgeschmissen. Der *Extraditable* wechselt den Tonfall, wird zunehmend nervös, entschuldigt sich bei Escobar und fleht ihn an. Escobar ärgert sich, gibt aber immer weiter nach. Am Ende enthält die Abmachung auch die Auslieferung des Informanten. Es kann davon ausgegangen werden, daß er nicht mit dem Leben davon kam.

Die Beziehungen zwischen korrumpierten Mitgliedern der Strafverfolgung und den Narcotraficantes können, wie gesagt, auch über die sofortige und persönliche Straffreiheit hinausgehen und eher den Charakter von Geschäftsbeziehungen oder Angestelltenverhältnissen annehmen. Ein Oberst der Flughafenpolizei in Bogotá, der mit seinen Leuten dafür sorgt, daß Kokainkuriere problemlos die Kontrollen passieren, bildet als Relaisstation einer Route gewissermaßen ein eigenes Unternehmen, welches eine wichtige Dienstleistung auf dem Markt anbietet (El Espectador 2/9/94:8-A). Schon wegen seiner Uniform kann auch in Kalabrien ein *carabiniere* als Bote und Drogenkurier nützlich sein (TdRC 1993a). Viele Offiziere der kolumbianischen Armee und Polizei werden von Drogenhändlern davon überzeugt, ihren Dienst zu quittieren und als Sicherheitsspezialisten bei den Narcotraficantes anzuheuern - eine kleine Auswahl von Fällen schildert Oberst Augusto Bahamón, jemand der selbst, möglicherweise unverschuldet, in den Strudel eines Korruptionsskandals geriet (Bahamón 1991:57-73). Leicht pathetisch klagt er: "So viele gute Offiziere, so tief gefallen; aus unseren Reihen ausgetreten und in den Netzen des Drogengeschäfts gefangen so viele andere; so viele Mitglieder der Polizeiinstitution davon überzeugt, daß um die Kriminellen zu bekämpfen und den Staat zu verteidigen, es angebracht ist, zu noch schlimmeren Kriminellen als die Drogenhändler zu werden" (ebd.:148).

Neben dem Wunsch, sich zu bereichern, kann Furcht eine ebenso große Rolle spielen. Es ist die Disjunktive *plata o plomo*: Geld, wenn die Beamten das Angebot annehmen, und Bleikugeln, wenn sie es ablehnen. Je ungeschützter der Betroffene, um so schwerer die Wahl. Schon in Italien wird ein Polizeioffizier in der Provinz nur ungern gegen einen lokalen, überaus mächtigen *capofamiglia* vorgehen; auch in Italien kommt es immer wieder vor, daß Ermittlungsbeamte von der Mafia ermordet werden (vgl. Chinnici/ Santino 1989:217). Die Situation in Kolumbien ist für Strafverfolger noch beängstigender. Anfang der neunziger Jahre zahlte Escobar zwei Millionen Pesos, weniger als 5000 US-Dollar, für jeden ermordeten Polizisten, sowie fünf Millionen Pesos für einen toten Polizeioffizier (Torres 1995:345ff.;

PN.CE:53). Die Beamten lebten meist in jenen ärmeren Stadtvierteln Medellíns, die von den Banden kontrolliert wurden. Auf dem Nachhauseweg, im Laden an der Ecke, vor der Kneipe waren sie ihren Mördern ausgeliefert: ein Großteil der 248 zwischen 1990 und 1991 in Medellín ermordeten Polizisten dürfte auf diese Weise eliminiert worden sein (vgl. Gómez u.a. 1993:9).[46]

Als Escobar sich dann der Justiz stellte und in das von seinen Leuten erbaute Gefängnis *La Catedral* zog, konnte er von dort aus weiter seinen illegalen Tätigkeiten nachgehen: Wie sich spätestens beim Desaster der versuchten Einnahme des Gefängnisses und der Flucht Escobars 1992 herausstellte, waren alle Beteiligten - begonnen bei den Soldaten, die in den umliegenden Wäldern lagerten, über das Wachpersonal bis hin zum Gefängnisdirektor - dem Narcotraficante gänzlich ergeben (PGN 1992). Sofern sie nicht schon im Vorfeld von der Escobar hörigen Gemeindeverwaltung Envigados angestellt worden waren, ließen sich die Gefängniswächter und Soldaten sehr schnell bestechen. In einer Mischung aus Dilettantismus, Furcht und Korruption ignorierte die Zentralregierung in Bogotá, was in der *Catedral* vor sich ging, und bot den Verantwortlichen vor Ort kaum Rückendeckung. Ohne nennenswerte Unterstützung von außen mußten die Beamten also mit jenem Escobar zusammenleben, der gerade unter Beweis gestellt hatte, daß er mächtig genug war, ungestraft Hunderte Polizisten ermorden zu lassen. Es klingt grotesk, wenn der Gefängnisdirektor feststellt: "Die Zellen wurden nicht abgeschlossen. Wo es keine Schlösser gibt, da kann man nicht abschließen" (ebd.:119), oder wenn er zugibt, nie einen Schritt in die Schlafräume der Gefangenen getan zu haben - schon gar nicht, wenn die Häftlinge Besuch hatten: "Sie hatten Gefallen an der Intimität" (ebd.:121). Blieb ihm aber etwas anderes übrig?

---

46 Das an Polizisten verübte Massaker hatte sein Gegenstück in Massakern, die von den Ermittlungsbehörden selbst begangen wurden. Dutzende von zumeist jugendlichen Bandenmitgliedern, aber auch Unbeteiligte dürften derartigen Vergeltungsschlägen zum Opfer gefallen sein (vgl. taz 21/10/89:3; Uribe 1994:12-14). Armee-Oberst Bahamón spielt in der soeben zitierten Passage auch hierauf an. Wenngleich im Moment nicht explizit auf die staatliche Gewaltanwendung eingegangen werden kann (vgl. VI,1), sollte sie doch immer im Hinterkopf behalten werden. Der Jurist Rodrigo Uprimmy hat in einer These formuliert: "Die Gewalt des Narcotráfico unabhängig davon zu betrachten, wie er bekämpft wird, ist nicht nur irreführend, sondern verhindert auch ein besseres Verständnis und die Suche nach Alternativen der Handhabung" (1992:90).

Was für große und kleine Polizisten, Gefängniswärter und Militärs gilt, trifft ebenso auf Justizangestellte zu, die sich - sollte es soweit kommen - mit den Straftaten der Mafiosi und Narcotraficantes beschäftigen. Wie aus einem Haftbefehl und Presseberichten hervorgeht, erwirkte Richter Alfonso Lamberti vom Berufungsgericht Neapel die verschiedensten Begünstigungen für die Camorra-Größen Carmine Alfieri, Domenico Lamberti und Gennaro Citarella: "die Aufhebung oder Minderung von Überwachungs- und Verbannungsmaßnahmen, die Aufhebung oder Minderung von Kautionen über Hunderte von Millionen Lire, die ganze oder teilweise Aufhebung der Beschlagnahmung von Vermögenswerten, die gänzliche oder teilweise Ablehnung der Anfechtungen der Staatsanwaltschaft" (TdS 1993:2-3). Lamberti ließ sich dafür bezahlen: nicht nur mit Geld, sondern auch mit Rolex- und Cartier-Uhren. Eigentlich ist es nur eine Frage der Definition, ob Staatsbedienstete wie dieser Richter - und auch andere seiner Kollegen besonders in Kampanien[47] - nur "Kriminelle" decken oder selber "Kriminelle" sind. Lamberti jedenfalls scheint nicht nur an den Geschäften der Alfieri-Gruppe beteiligt gewesen zu sein, sondern bediente sich wahrscheinlich auch des Gewaltapparates dieser Gruppe, um zwei Bombenanschläge gegen den angeblichen Liebhaber seiner Frau zu verüben. Allerdings kam auch er nicht ungeschoren davon: Bei einem gegen ihn gerichteten Attentat einer gegnerischen Camorra-Gruppe starb seine Tochter (ebd.).

Cali, September 1994, eine der vielen Geschichten über die Willkür der Narcotraficantes, diesmal von einem Richter erzählt, der hier "Valbueno" heißen soll (int.8). Als Untersuchungsrichter befaßte sich Valbueno mit der Ermordung eines ehemaligen Kollegen, der seine Richterkarriere quittiert hatte, um sich anscheinend auf Geschäfte mit den Narcotraficantes einzulassen. Zusammen mit seiner Familie war er in einem Auto massakriert worden. Eine zufällig anwesende Polizeistreife tötete in einem darauffolgenden Schußwechsel zwei der Mörder. Zuerst wußte der mit dem Fall beauftragte

---

47 Das *intreccio* mit der Justiz scheint in Kampanien dichter geknüpft gewesen zu sein als anderswo in Italien (vgl. Cpm XI/12:81ff.). Nicht alle Camorra-Gruppen jedoch verfügten über diese Kontakte. So wurde die Alfieri-Gruppe von anderen Camorristi gebeten, mit dem Vorsitzenden Richter Boccassini zu sprechen, damit der Boss Ciro Mariano nicht in zweiter Instanz zu einer lebenslangen Haftstrafe verurteilt würde: "Mariano bat unsere Gruppe um den Gefallen, sich für den Fall zu interessieren, und nach einer Entlohnung von 100 Millionen Lire geschah das auch" (pg1:2305).

Valbueno nicht, woran er war. Erst nach und nach ergaben seine Recherchen, daß es sich bei dem Auftraggeber des Mordes um einen der berüchtigsten Narcotraficantes des Departement Valle, "Malpaso", handelte. Als Malpaso von Valbueno und seinen Nachforschungen erfuhr, muß er angeordnet zu haben, auch noch diesen Untersuchungsrichter aus dem Weg zu räumen. Valbueno war also in Lebensgefahr und bat Vertraute von Malpaso darum, den Drogenhändler umzustimmen. Mit Erfolg: Der Mordbefehl wurde ausgesetzt, und Valbueno stellte dafür die Untersuchungen ein. Daß er mit dem Leben davon kam, beurteilt er rückblickend so: "Ich schulde ihm (Malpaso) einen Gefallen" - und in gewisser Hinsicht hat er damit recht.

Auch in Italien und vor allem in Sizilien sind seit den siebziger Jahren eine ganze Reihe von Richtern ermordet worden: Cesare Terranova, Rocco Chinnici, Antonino Saetta, Rosario Livatino, Antonio Scopelliti, Giovanni Falcone, Paolo Borsellino. Schon statistisch allerdings ist die Situation in Kolumbien weitaus gravierender: So vermutet eine Untersuchung der Comisión Andina de Juristas für den Zeitraum zwischen 1979 und 1991 hinter mindestens 45 der 213 Anschläge (Ermordungen eingeschlossen) an Richtern und Staatsanwälten die Urheberschaft von Narcotraficantes (Bonilla 1992:49ff.). Vor diesem Hintergrund ist die in der Disjunktive *plata o plomo* enthaltene Gewaltandrohung für Betroffene wie den Richter Valbueno sehr ernst zu nehmen.

3. Hüter der öffentlichen Ordnung

Oberstes Ziel der Strafverfolgungsbehörden ist die Aufrechterhaltung einer scheinbaren "öffentlichen Ordnung" - ein Auftrag, der nicht immer einfach einzulösen ist, und zwar auch dann nicht, wenn sich die Korruption einzelner Mitglieder oder ganzer Teile der Behörden in Grenzen hält. Schon in von Gewaltkriminalität eher wenig betroffenen Ländern wie den Niederlande oder Deutschland kann es den Ermittlungsbehörden ratsam erscheinen, über einen Aspekt der Illegalität hinwegzusehen, um einen anderen unter Kontrolle zu bringen: Das Wirken eines Zuhälterringes in einem Rotlichtviertel oder der Verkauf von Heroin in der Nähe des Bahnhofs wird toleriert, um damit weiteres Übel abzuwenden. Welches das größere Übel ist, entscheidet dabei nicht die Strafverfolgung, sondern Politik, Medien, Interessengruppen:

Drogenkonsum und -verkauf wird beispielsweise auf dem Bahnhofsvorplatz, nicht aber vor Kindergärten toleriert.

Die Beispiele Prostitution und Drogenhandel verdeutlichen, daß die Ermittlungsbehörden oft überfordert sind, wenn sie ein gesetzwidriges Verhalten, das auf einer tatsächlich bestehenden Nachfrage nach illegalen Waren und Dienstleistungen basiert, unterbinden sollen. Der staatliche Sanktionsapparat befindet sich in einer Falle: Während angesichts der gesellschaftlichen Akzeptanz des Gesetzesbruches effektiv nicht viel gegen ihn zu machen ist, drängen andere Bevölkerungsgruppen auf ein unnachgiebiges Vorgehen. Die Lösung besteht dann meist in einem *modus vivendi*, mit dem die Ermittlungsbehörden beiden Seiten gerecht zu werden versuchen: Während den illegalen Akteuren signalisiert wird, daß sie weiterhin, aber möglichst maßvoll agieren dürfen, gaukeln sporadische Schläge der Öffentlichkeit vor, daß sehr wohl etwas unternommen wird (vgl. Chambliss 1978). Auch für die Ermittlungsbehörden geht die Rechnung auf: Der andauernde Fluß staatlicher Ressourcen in ihre Budgets wird mit dieser Taktik gesichert.

In Gesellschaften mit sehr hohen Deliktraten wie Kolumbien und Italien ist es ohnehin unmöglich, den "kriminellen" Gesetzesbruch ganz zu unterbinden. Es gilt also zu entscheiden, auf wen sich die Strafverfolgung konzentriert. Mit anderen Worten: Wer bleibt unbehelligt von den gelegentlichen Operationen, mit denen die Öffentlichkeit beruhigt werden soll? Erstens sicherlich diejenigen, denen die Strafverfolgung noch gar nicht auf die Schliche gekommen ist (was allerdings häufig eine Frage der in die Nachforschungen investierten Zeit und Ressourcen ist). Zweitens diejenigen, die zahlen - auf diese "einfache" Korruption wurde bereits eingegangen. Drittens diejenigen, die den *modus vivendi* respektieren: so ein Drogenhändler, der sich darauf beschränkt, friedlich und im Verborgenen eine Substanz zu vertreiben, die von den Konsumenten nun einmal gewollt wird. Viertens diejenigen, die den Ermittlungsbehörden bei der Verfolgung jener illegalen Akteure unter die Arme greifen, die in das Visier der Strafverfolgung geraten sind (weil eine Tolerierung ihrer Tätigkeit grundsätzlich nicht akzeptabel schien oder eben weil sie nicht zahlten, stillhielten oder mitarbeiteten).[48]

---

48 Eine solche stillschweigende Übereinkunft zwischen der Strafverfolgung und der organisierten Kriminalität verläuft natürlich selten so schematisch, wie sie hier zwecks besseren Verständnisses ihrer strukturellen Möglichkeit dargestellt wird. Peter Reuter

Die stille Übereinkunft zwischen den Ermittlungsbehörden und dem Cali-Kartell zur Bekämpfung von Pablo Escobar bietet das Paradebeispiel einer nur im weitesten Sinne korruptionsbedingten Kollaboration zwischen organisierter Kriminalität und Strafverfolgung. Nachdem es gegen Mitte der achtziger Jahre zum Bruch zwischen Pablo Escobar und den Bossen aus Cali gekommen war und das Medellín-Kartell durch seinen Konfrontationkurs gegen den Staat immer stärker in das Visier der Strafverfolgung geriet, paktierten die Ermittlungsbehörden mehr oder weniger offen mit Cali, um Escobar zu bekämpfen (vgl. Sauloy/Le Bonniec 1992:69ff.) Aus staatlicher Sicht war das eine pragmatische Entscheidung, die offensichtlich auch von den US-Behörden mitgetragen wurde. Beide Kartelle auf einmal anzugehen, war unrealistisch. Der Feind meines Feindes ist mein Freund, hieß der Gedankengang: Beide Narcotraficante-Koalitionen waren ohnehin in eine äußerst gewaltsame Auseinandersetzung verstrickt, die von beiden Seiten mit Bombenanschlägen, Morden und Denunziationen an die Behörden ausgetragen wurde.

Die Narcotraficantes aus Cali spielten in der Endphase der Konfrontation mit Escobar ab 1989 eine große Rolle: Während sie alles daran setzten, eigenständig das Medellín-Kartell anzugreifen und zu unterwandern, kooperierten sie regelmäßig mit der Strafverfolgung (Velásquez 1993: 153-54). Im Gegenzug wurden die Bosse aus Cali über Jahre hinweg von der Strafverfolgung ignoriert. Pablo Escobar selbst wurde nicht müde, in den Kommuniqués der *Extraditables* die Leiter der Geheimdienste DAS und DIJIN, General Miguel Maza Márquez und Oberst Oscar Peláez Carmona nicht nur der Komplizenschaft mit dem Cali-Kartell, sondern auch schwerer Menschenrechtsverletzungen zu bezichtigen (vgl. García 1991:389). Nach Escobars Flucht aus dem Gefängnis 1992 war der Schulterschluß zwischen den Behörden, dem Cali-Kartell sowie abtrünnigen Fraktionen des Medellín-Kartells dann kaum noch zu verbergen (int.4; vgl. Semana 31/5/95:38-45).

(1983:124-26) und Ethan A. Nadelmann (1987/88) haben darauf hingewiesen, daß eine vollständige Vereinnahmung der Strafverfolgung schwierig ist: Dafür gibt es auf nationaler und internationaler Ebene zu viele verschiedene Ermittlungsbehörden, die häufig miteinander konkurrieren und sich so auch gegenseitig bewachen. Die Kräfteverhältnisse können sich indes auch ändern: Lupsha beispielsweise beschreibt verschiedene Phasen zentralisierter und dezentralisierter Drogenkorruption in Mexiko (1992).

Auch der offizielle Sprachgebrauch spiegelte die Kollaboration wider: Während Escobar und seine Leute als *narcoterroristas*, mit denen kein Auskommen möglich war, gebrandmarkt wurden, handelte es sich bei den Rodríguez Orejuela und ihren Verbündeten schlicht und einfach um *narcotraficantes*, gegen die angesichts der weltweiten Dimension des Drogenhandels ohnehin nicht viel zu machen sei. Heraufbeschworen wurde ein *modus vivendi*, bei dem Narcotraficantes, die nicht gewaltsam gegen den Staat vorgingen, mit Toleranz rechnen konnten. Dabei wurde in Kauf genommen, daß auch die Drogenhändler aus Cali gegen Konkurrenten auf dem Drogenmarkt und andere Widersacher regelmäßig Gewalt anwandten. Das Resultat des stillschweigenden Paktes war nach Escobars Tod in Cali zu sehen: Jahrelang von der Strafverfolgung unbehelligt, gelang es den dortigen Narcotraficantes, die Kokainexporteure Medellíns geschäftlich zu überrunden und in der Stadt und ihrer Umgebung eine erhebliche wirtschaftliche, politische und militärische Kontrolle auszuüben. Bevor dann auch die Strafverfolgung gegen Cali wieder aufgenommen wurde, worauf besonders die US-Behörden drängten, mußte erst einmal das engmaschige Kollaborationsnetz zerstört werden: 1994 wurde in Cali gut die Hälfte des Offizierkorps der Polizei wegen des Verdachts auf Korruption geschaßt (El Espectador 14/8/94).

Allianzen der Ermittlungsbehörden mit einer Fraktion des illegalen Spektrums, um eine andere zu bekämpfen: Von der Mafia als "pragmatische Dimension des Staates", wie Anton Blok es genannt hat (1974:128), ist schon die Rede gewesen. Es war die sizilianische Mafia, die mehrfach entscheidend zur Bekämpfung des Banditentums beitrug. Seit den fernen Tagen der *militi a cavallo*, als Mafia und staatlicher Sanktionsapparat oft noch ein und dasselbe waren, zieht sich das rote Band der Kollaboration mit der Strafverfolgung bis in die Gegenwart. An Informanten, die ihre mafiosen Konkurrenten vor den Behörden anschwärzen, um selber unbehelligt davonzukommen, hat es noch nie gemangelt - heutzutage beziehen sie als *pentiti* lediglich eindeutiger Stellung. Damals wie heute sieht die Strafverfolgung über die Delikte der kollaborierenden Mafiosi großzügig hinweg, paktiert also mit ihnen, um mit der gewonnenen Information andere Gruppen effektiver bekämpfen zu können.

Fast überall, wo eine einflußreiche organisierte Kriminalität agiert, gibt es eine weitere Sphäre der Zusammenarbeit, die mehr Teilnehmer umfaßt, noch höher angesiedelt und deutlicher im politischen System verankert ist:

die gemeinsame Bekämpfung der legalen und illegalen politischen Opposition. Die Konfliktlinien verlaufen in Kolumbien und Italien ähnlich. Erstens wurden oder werden in beiden Ländern scharfe Auseinandersetzungen um die gesellschaftlichen Eigentums- und Machtverhältnisse ausgefochten. Die linke, teilweise kommunistische Opposition schien eine ernste und fundamentale Bedrohung für das "herrschende System" darzustellen. Zweitens waren beide Länder mehr oder weniger bedeutende Nebenschauplätze des Kalten Krieges. Da sie auf der gleichen Frontseite standen, waren sie einem übergeordneten Prinzip mit geostrategischer Bedeutung unterworfen: Die kommunistische Machtübernahme ist unter allen Umständen zu verhindern. Die organisierte Kriminalität war dazu vielerorts ein willkommener und idealer Verbündeter. In diesem zentralen, weil übergeordneten Aspekt des *intreccio* waren Mafia und Narcotráfico systemtragend. Aus der Sicht zumindest eines Teils der staatlichen Machthaber zählte das mehr als die Systembedrohung, die aus anderen Aspekten der illegalen Handlungsräume hervorging.

"Als die beiden führenden Praktiker der klandestinen Künste finden kriminelle Syndikate und Nachrichtendienste oft als natürliche Alliierte zusammen" hat Alfred McCoy einmal geschrieben (1986:243). Die Geheimdienste sind jene staatlichen Institutionen, die damit beauftragt sind, die Systemgefährdung wenn nötig auch mit rechtswidrigen Mitteln abzuwenden. Da dies nicht zu offensichtlich geschehen darf, ist es aus geheimdienstlicher Sicht sinnvoll, den offenen Rechtsbruch an andere Gruppen zu delegieren. Hier kommt die organisierte Kriminalität zum Zug, da sie illegale Waren, Dienstleistungen und Kapital, die andernfalls nur schwer zu erstehen sind, relativ problemlos beschaffen kann. Die Geheimdienste nutzen die kriminellen Mittelsmänner, um in eine Illegalität zu expandieren, deren Zutritt sogar ihnen eigentlich verwehrt ist (vgl. Uesseler 1993:113ff.). Für ihren Beistand erhält die organisierte Kriminalität eine beträchtliche institutionelle Rückendeckung, sprich Straffreiheit.

Die Vorgesetzten der Geheimdienste, die politischen Machthaber, sowie die anderen staatlichen Repressionsapparate können von diesen Praktiken wissen und sie gutheißen, müssen es aber nicht. Geheimdienste entwickeln geheime Eigendynamiken, die wie bei anderen Organisationen auch der Selbsterhaltung dienen: Wenn unsere Daseinsberechtigung darin besteht, die kommunistische Machtübernahme zu verhindern, müssen wir uns dieser Aufgabe ganz und gar widmen; wenn diese Gefahr nicht besteht, sollten wir sie heraufbeschwören, um weiterbestehen zu können. Im Notfall - der mit dem Zusammenbruch der Sowjetunion tatsächlich eintrat - müssen andere Gefahren wie zum Beispiel der Drogenhandel gefunden werden. Aus ehemaligen Verbündeten können dann Gegner werden. Befragt über die Möglichkeit einer verstärken Einmischung der Streitkräfte und der Geheimdienste in die Drogenbekämpfung, sagte ein US-General: "Es kann sein, daß wir dann wieder etwas zu tun haben" (zit. nach Dale/Marshall 1991:3).

Im Sizilien der Nachkriegszeit ebenso wie im Kolumbien der achtziger Jahre waren Mafiosi und Narcotraficantes entscheidend an der Repression der Bauernbewegungen beteiligt, die eine gerechtere Landverteilung forderten. Jahrzehnte liegen dazwischen, andere Akteure waren an dem Geschehen beteiligt und auch die Ausmaße der Repression sind unterschiedlich. Im Prinzip jedoch ging es um das gleiche: Eine Allianz zwischen Mafiosi oder Narcotraficantes, althergebrachten Großgrundbesitzern und staatlichen Gewaltapparaten verteidigt gewaltsam die herrschenden Besitzverhältnisse gegen eine aufbegehrende und benachteiligte Bevölkerung - und die Geheimdienste spielen eine wichtige Rolle bei der Koordination dieses Bündnisses. In Kolumbien besaß die Bauernbewegung mit der Guerilla eine bewaffnete Rückendeckung, und das verkomplizierte und verschärfte die Konfrontation zusätzlich - letzten Endes ging es aber auch hier vielerorts um die Landfrage. Ebenso wie die Mafiosi waren die Narcotraficantes nicht nur Handlanger des *latifondo*, sondern gleichzeitig selber expandierende Großgrundbesitzer.

Die Todesopfer des Terrors zählen sich in Kolumbien anders als in Sizilien nicht in Dutzenden, sondern in Tausenden. Auch in den Städten tobte der "schmutzige Krieg"; in Medellín, Cali und Bogotá wurden Gewerkschaftler, Studentenführer, Menschenrechtler und Guerillasympathisanten ermordet. Von Region zu Region weisen die Konfliktverläufe verschiedene Züge auf, und nicht immer waren die Narcotraficantes in dieser Allianz präsent oder ausschlaggebend. Bei allen regionalen Besonderheiten wurde der Krieg jedoch so gut wie immer von örtlichen Mitgliedern der Streitkräfte zumindest gedeckt, wenn nicht sogar angeleitet (vgl. Amnesty International 1989; Americas Watch 1990). Das Massaker und der Schulterschluß mit den Narcotraficantes wurde jahrelang sogar von höchsten Regierungsinstanzen als der Preis für die Aufstandsbekämpfung angesehen und paßte auch vorzüglich zu der in den USA konzipierten militärischen Doktrin der Nationalen Sicherheit. Eine wichtige Rolle spielten polizeiliche und militärische

Geheimdienste und Geheimzirkel, die zu der offensichtlichen interregionalen Koordinierung der Auseinandersetzungen beitrugen (Justicia y Paz 1992:68ff.).[49]

Internationale Geheimdienste wie der britische SAS, der israelische Mossad und die US-amerikanische CIA waren zumindest informiert, daß in Kolumbien einige ihrer angeblich ehemaligen Agenten paramilitärische Verbände ausbildeten, große Waffenimporte aus Israel in die Wege leiteten und als bezahlte Söldner kläglich gescheiterte Kommandooperationen ausführten (vgl. Duzán 1992:131-56; Sauloy/Le Bonniec 1992:221-84). Eine direktere Einmischung dieser Dienste in die internen Angelegenheiten Kolumbiens kann zwar nicht nachgewiesen werden, steht jedoch zu vermuten. Hingegen kann bewiesen werden, daß der Drogenhandel einen jener Kanäle darstellte, die von der CIA und dem National Security Council unter Oliver North aufgetan wurden, um entgegen dem Willen des US-Kongresses die aufständischen Contras in Nicaragua zu finanzieren. Von der CIA beaufsichtigte Schmuggler-Ringe mit Sitz in Panama, Honduras oder Costa Rica flogen Kokain in die USA und Waffen zurück nach Nicaragua. Während die US-Drogenbehörde DEA diskret wegschaute, wurden somit den nicht nur kolumbianischen Narcotraficantes wahrlich sichere, weil durch höchste Stellen gedeckte Routen geboten (vgl. Dale/Marshall 1991).

Die USA waren also erheblich stärker in den Kokainhandel verwickelt als Kuba oder Nicaragua, die freilich ebenfalls zumindest zeitweise ihre Geheimdienste darauf ansetzten, den Narcotraficantes Routen zu verkaufen und somit willkommene Einnahmequellen zu erschließen (García 1991: 199-223; Causa 1/89; Gugliotta/Leen 1989: 145ff.). Der geheimdienstliche Morast personifizierte gewissermaßen in der Gestalt des Generals Manuel

---

49   Die Doktrin der Nationalen Sicherheit wurde in den Sechzigern in den USA entworfen und über sämtliche Militärakademien Lateinamerikas verbreitet. Ihre zentrale These war, daß dem internationalen Feind - der UDSSR - allerorts innere Feinde entsprachen: die örtlichen kommunistischen Parteien, die Gewerkschaften, die sozialen Bewegungen, die Guerilla. Deren Bekämpfung - später auch *low-intensity-warfare* genannt - wurde somit auch geostrategisch gerechtfertigt (vgl. Washington Office on Latinamerican Affairs 1993:245-249). Wie die Übernahme dieser Doktrin in Kolumbien vonstatten ging, läßt sich in dem Pamphlet "Verletzung der Souveränität: Die UDSSR in Kolumbien" der *geheimnisvollen* Stiftung IDEAS, "Integración para el desarrollo y la acción social", nachlesen (1987). Zum Einfluß der Doktrin der Nationalen Sicherheit beim Aufbau der paramilitärischen Verbände siehe Medina 1990:166-70.

Antonio Noriega, jenes CIA-Agenten und starken Mannes in Panama, der über Jahre hinweg mit allen, aber auch wirklich allen zusammenarbeitete - bis er vom Weißen Haus fallengelassen, durch eine militärische Invasion in seinem eigenen Land festgesetzt und in Florida als Drogenhändler verurteilt wurde (vgl. Kempe 1990). Für Regierungen und Geheimdienste ist der Drogenhandel mithin nicht nur eine willkommene illegale Einnahmequelle, sondern ebenso eine publikumswirksame Propagandawaffe gegen ideologische Feinde oder ehemalige Verbündete.

Auch in der italienischen Nachkriegsgeschichte haben Geheimdienste eine wichtige Rolle gespielt. Schon früh machten die westlichen Verbündeten Italien als einen Schwachpunkt in der gemeinsamen Front gegen den Kommunismus aus; die strategische Lage im Mittelmeer spielte hier ebenso eine Rolle wie die starke kommunistische Opposition. Die geheimdienstliche Bedeutung Italiens wurde bereits in den unveröffentlichten Zusatzprotokollen der NATO- Gründungsakte unterstrichen, und die CIA leistete tatkräftige Hilfe beim Aufbau der einheimischen Dienste (De Lutiis 1991:38ff.). Schon damals wurde im Rahmen der *Operation Gladio* mit *Stay Behind* eine hochgeheime Organisation geschaffen, die im Falle einer nationalen und internationalen kommunistischen Machtübernahme daheim in Italien den Widerstand organisieren und dem Vormarsch der Kommunisten auch präventiv entgegentreten sollte. Die Geschichte klingt abstrus, und es sind nur wenige Details bekannt, aber es hat diese Organisation tatsächlich gegeben. Da die "rote Gefahr" auf sich warten ließ, versuchte der militärische Geheimdienst SISMI noch Ende der Achtziger, die Organisation *Stay Behind* mit Kompetenzen in der Mafiabekämpfung auszustatten - ein Vorhaben, das dann allerdings von Regierungschef Andreotti persönlich unterbunden wurde und die offizielle Auflösung einer Organisation mit sich brachte, die aufgehört hatte, geheim zu sein. Es gibt Indizien dafür, daß *Stay Behind* als Mafia-Ermittlungsbehörde ohnehin denkbar untauglich gewesen wäre: Eines ihrer Trainingslager befand sich in Trapani, einer mafiosen Hochburg in Sizilien, und der Leiter der sizilianischen Division scheint Kontakte zur Cosa Nostra unterhalten zu haben (vgl. Cipriani u.a. 1993; Nicastro 1993:161-68; Cpm XI/2:100-103).

Der SIFAR erst, dann der SID und später die SISMI und die SISDE: Immer wieder wurden im Laufe der Jahrzehnte die italienischen Geheimdienste umbenannt und halbherzig reformiert, immer wieder griffen die *Agenten 007* - wie die "Schlapphüte" von der italienischen Presse genannt werden

- mit großangelegten Bespitzelungsaktionen, Sabotageakten und konspirativer Zusammenarbeit mit der rechtsradikalen Szene in das interne politische Geschehen ein. Bei der "doppelten Loyalität gegenüber der Verfassung und den supranationalen Geheimdiensten" scheint die Verfassung oft den kürzeren gezogen zu haben: In acht der *stragi*, der Terroranschläge zwischen 1969 und 1984, darf eine Komplizenschaft der Geheimdienste vermutet werden - zumindest wurden die Nachforschungen der ermittelnden Staatsanwaltschaften systematisch von ihnen sabotiert (vgl. De Lutiis 1991,1994).

Auch die Cosa Nostra arbeitete mitunter mit rechtsradikalen Terroristen zusammen, so beim von ihr 1984 befohlenen Anschlag auf den Schnellzug 904, bei dem 15 Menschen starben. Eine Schnittstelle für die Kontakte zwischen den diversen mafiosen Gruppen, den Terroristen und den Geheimdiensten war in diesem wie auch in anderen Fällen die *banda della Magliana*, die führende Fraktion der organisierten Kriminalität im Machtzentrum Rom (vgl. pg.1:2297; Cpm XI/2:95-97). Ebenso ermöglichten Freimaurergruppen und Logen den Geheimdiensten, Beziehungen zum mafiosen Untergrund zu knüpfen. Direkte Kontakte zur Cosa Nostra dagegen pflegte wahrscheinlich Bruno Contrada, der zeitweilige Chef der Sizilien- und Sardinien-Abteilung des SISDE und Kabinettschef des mit Koordinationsaufgaben betrauten Hochkommissariats im Kampf gegen die Mafia (vgl. Nicastro 1993).

Genauer läßt sich das italienische *intreccio* zwischen Geheimdiensten, Politik und organisierter Kriminalität an der sogenannten Cirillo-Affäre betrachten (Cpm XI/12:105-31; pg.1:2256ff.; Sales 1993:239-45). Am 27. April 1981 entführten die Roten Brigaden Ciro Cirillo, den Baudezernenten der Region Kampanien und Präsidenten des Komitees zum Wiederaufbau nach dem Erdbeben. In der nationalen Öffentlichkeit wenig beachtet, sorgte die Entführung in Kampanien für große Aufregung: Cirillo saß nicht nur am Schalthebel ökonomischer Macht schlechthin (dessen korrupten Mißbrauch die Roten Brigaden auch anprangern wollten), sondern war gleichzeitig die Nummer zwei von Antonio Gava, dem mächtigen örtlichen Chef der christdemokratischen *corrente dorotea*. Gava und seine Verbündeten in der römischen Führungsspitze der *Democrazia Cristiana* setzten Himmel und Hölle in Bewegung, um Cirillo freizubekommen. Der Entführungsort, Torre del Greco, lag im Hoheitsgebiet der Nuova Camorra Organizzata von Raffaele Cutolo. Schon am nächsten Tag suchten Mitglieder des SISDE den Camorraboß im Gefängnis auf, um ihn dazu zu bewegen, seine Kontakte in der Unterwelt für die Befreiung Cirillos zu mobilisieren.

Bei diesem und weiteren Treffen mit Vertretern der Geheimdienste und Emissären der christdemokratischen Führungsspitze erklärte sich Cutolo zu einer Vermittlungstätigkeit gegenüber den Roten Brigaden bereit. Als Gegenleistung wurde ihm versprochen, daß er und seine Gefolgsleute in den Genuß von Strafnachlässen, Haftbegünstigungen und wohlwollenden psychiatrischen Gutachten kommen würden. Ebenso ausgehandelt wurde anscheinend eine Favorisierung bei Auftragsvergaben an jene Unternehmen, die der Nuova Camorra Organizzata nahestanden. Raffaele Cutolo und sein Vertrauter Vincenzo Casillo hielten sich an die Abmachungen, und dank ihrer langwierigen Verhandlungen mit inhaftierten Mitgliedern der Roten Brigaden wurde Cirillo nach der Zahlung eines Lösegeldes im Juli 1981 wieder freigelassen.

Daraufhin bekam Cutolo ein paar Monate lang Oberwasser und holte zu großen Schlägen gegen die Konkurrenten der Nuova Famiglia aus. Nicht zuletzt in den Augen des camorristischen Fußvolks verschaffte ihm der Schulterschluß mit Geheimdiensten und Christdemokraten eine ungeheure Macht. Als jedoch seine vermeintlichen Verbündeten ihre Versprechen nur unzureichend einlösten, versuchte Cutolo die beteiligten Politiker mit der Drohung zu erpressen, die Details über die Befreiung Cirillos publik zu machen. Antonio Gava wandte sich daraufhin an die Camorra-Gruppe von Carmine Alfiere, einem der mächtigsten Gegner der Nuova Camorra Organizzata. Das war der Anfang vom Ende Cutolos: Politiker, Unternehmer und Geheimdienstler wechselten die Fronten, und Cutolo wurde zunehmend isoliert. Carmine Alfieri bestand darauf, allen Eingeweihten die neuen Machtverhältnisse möglichst eindrucksvoll vorzuführen: Obwohl eine andere Mordmodalität einfacher gewesen wäre, hatte es eine Autobombe zu sein, die 1983 Vincenzo Casillo tötete. "Das Attentat auf Casillo hatte eine doppelte Bedeutung [...]: Erstens mußte Cutolo klargemacht werden, daß er ausgespielt hatte, daß es mit den Kontakten zu den Geheimdiensten, den Politikern, usw. vorbei war. Außerdem wollte Alfieri den Politikern demonstrieren [...], daß er der Boß sei" (pg.1:2318).

Beispiele wie der Pakt gegen das Medellín-Kartell und der schmutzige Krieg in Kolumbien, die Contra-Finanzierung in Nicaragua sowie die *stragi* und die Cirillo-Affäre in Italien bieten einen ersten Einblick in Interessenüberschneidungen zwischen vermeintlich "bösen", weil illegalen, und vermeintlich "guten", sprich legalen Akteuren. Was die Strafverfolgung anbelangt, sind die Ausmaße der "einfachen Korruption" in Kolumbien zweifellos größer als in Italien. Darüber hinaus jedoch ist das italienische *intreccio* von organisierter Kriminalität, Korruption und geheimen übergeordneten Interessen dem kolumbianischen sehr ähnlich. Daß sich in Kolumbien die mit den Narcotraficantes zusammenarbeitenden Staatsbediensteten in Tausenden zählen, wohingegen in Italien nur in Hunderten, mag auch damit zusammenhängen, daß die Geschäfte und somit auch das Korruptionspotential der Narcotraficantes um ein Vielfaches größer sind als die der Mafiosi.

4. Von kleinen und großen Politikern

Sei es auf lokaler, regionaler oder nationaler Ebene, sei es in Kolumbien oder in Italien: Die Verflechtungen zwischen der organisierten Kriminalität und der Politik sind allgegenwärtig. In Italien sind zwischen 1991 und Anfang 1994 75 Gemeindeverwaltungen wegen des Verdachts auf mafiose Infiltration aufgelöst worden (Cpm XI/14:41). Diverse Parlamentarier und führende Parteipolitiker sowie der mehrmalige Regierungschef Giulio Andreotti müssen sich vor Gericht wegen der Beteiligung oder der Beihilfe an einer mafiosen Vereinigung verantworten. In Kolumbien kommen derartige Ermittlungsverfahren erst seit 1994 richtig in Gang, aber es steht außer Zweifel, daß die meisten Kommunalverwaltungen und Regionalpolitiker beispielsweise in den Departements Valle und Antioquia, ein Teil des Kongresses und sogar Regierungsmitglieder den Narcotraficantes hörig sind. Mit dem praktischen Präfix *narco* werden viele Wörter gebildet, die vorläufig letzten sind *narcoparlamentarismo* und *narcodemocracia*.

Es ähneln sich die Ausmaße, nicht unbedingt die Modalitäten des politischen *intreccio*. Selbstverständlich hat die Suche nach Straffreiheit für Narcotraficantes und Mafiosi einen ähnlichen Stellenwert, und die Politiker können hier gleichermaßen von Nutzen sein. "Die Politiker machen die Gesetze und all den Rest. Deswegen muß die Mafia fragen, gucken, wie die Sachen laufen, wissen", erklärt Antonino Calderone (ac:330). Es ist die Politik, die gesetzgeberisch und ausführend über Legalität und Illegalität befindet - schon deswegen ist es für Mafia oder Narcotráfico eine Sein-oder-Nichtsein-Frage, sie zu beeinflussen. Über die Gesetzgebung hinaus bestimmt die Politik, besonders auf lokaler und regionaler Ebene, auch den Gang der

Verwaltung, und die ist für Mafiosi und Narcotraficantes auf unterschiedliche Art und Weise interessant: Während es in Kolumbien vielfach "nur" darum geht, sich günstige legale Investitionsmöglichkeiten und Schutz vor eventueller Verfolgung zu verschaffen, ist in Italien die Kontrolle über die Verwaltung oft ein unmittelbarer Teil des mafiosen Handlungsraums selbst. Illegale Machthaber pflegen zu legalen Machtträgern andere Beziehungen, als es illegale Unternehmer tun. Auch die konkreten Vorteile, die sich die Politiker vom *intreccio* versprechen, können sich unterscheiden: Es kann um Stimmen bei den nächsten Wahlen gehen, um Geld für den Wahlkampf, um Gewaltanwendung beinhaltende Dienstleistungen oder um andere Gefallen. Ganz allgemein bieten Mafia und Narcotráfico zumeist willkommene Finanzierungs- und Machtquellen, die sowohl persönlich oder aber auch kollektiv von politischen Seilschaften oder ganzen Parteien genutzt werden können.

Um ihre Ziele zu verwirklichen, können Mafiosi und Narcotraficantes versuchen, direkt in die Politik einzugreifen, also selber zu Politikern zu werden. Am einfachsten ist dies auf lokaler Ebene. Für eine *famiglia*, die ohnehin auf ihrem Territorium eine erhebliche militärische, wirtschaftliche und soziale Macht innehat, ist es naheliegend, auch die lokale politische Macht unter ihre Kontrolle zu bringen. Ob das auch möglich ist, hängt vor allem davon ab, wie groß die mafiose Macht ist und inwieweit sich die Mafiosi noch anderen Gruppen, so beispielsweise den Großgrundbesitzern, unterordnen. Der historische Elitenwandel, der seit dem vorigen Jahrhundert in vielen Gemeinden im Inneren Siziliens stattgefunden hat, spiegelt sich auch darin wider, daß die *famiglia* mitunter selbst Bürgermeister und Gemeinderäte stellt - womit bis zu einem gewissen Grad auch die von ihr ausgehende außerstaatliche Gewalt gezügelt wird (Catanzaro 1988:129, vgl. Cavaliere 1989:101). Oft ist dies durchaus im Sinne der nächsthöheren regionalen Instanzen, die dadurch wie die verflossenen aristokratischen Politiker womöglich ein festes Stimmenpotential an sich banden oder wie die Alliierten die "öffentliche Ordnung" herstellten. Während die 'Ndrangheta in Kalabrien noch heute sehr direkt die lokalen politischen Institutionen besetzt (Cpm XI/14:49ff.), verhielt und verhält es sich mit der Camorra anders. Aufgrund ihrer untergeordneteren Stellung und innerhalb eines komplizierteren städtischen Umfelds wie Neapel ist ihr die formale politische Machtausübung zumeist verwehrt geblieben.

Auch der Einfluß in der Regionalpolitik hängt von der mafiosen Stärke und der übergeordneten politischen Interessenlandschaft ab. In Sizilien mehrte er sich durch die mafiose Expansion sowie durch den Übergang vom Notabeln- zum Massenklientelismus ab den fünfziger Jahren. Neben diversen anderen Politikern war auch Salvo Lima, der jahrzehntelang unbestrittene Anführer der *Democrazia Cristiana* in Sizilien, ein *uomo d'onore*. Seine auch innerhalb der Mafia geheimgehaltene formale Mitgliedschaft in der Cosa Nostra konnte indes erst in den achtziger Jahren dank der Aussagen der *pentiti* bewiesen werden - zuvor galt er zumeist als das Paradebeispiel für einen Politiker, der aufs engste mit den Mafiosi zusammenarbeitete, jedoch nicht unbedingt einer von ihnen war (vgl. Santino 1984; PdRP 1995). Bei aller Loyalität, welche die Mitgliedschaft in der Cosa Nostra sicherlich gewährleistete, sollte sie allerdings nicht überschätzt werden: Lima war Vollzeit-Politiker und nicht Vollzeit-Mafioso.

Besteht ein derartiger regionaler Einfluß, ist es nur folgerichtig, daß vereinzelte Mafiosi auch in die nationale Politik vordringen. Es gibt Parlamentarier, die gleichzeitig *uomini d'onore* sind (ac:287ff.). Es sind jedoch nicht viele, und im allgemeinen wird in der nationalen Politik eher die indirekte Einflußnahme bevorzugt. Die Schichtzugehörigkeit der Mafiosi sowie die regionale Verankerung und der Souveränitätsanspruch illegaler Mächte mögen hier eine Rolle spielen. Zudem dürften auch Sicherheitserwägungen von Bedeutung sein, denn je höher die politischen Instanzen, um so dünner wird für kriminelle Akteure die Luft - inmitten einer zumindest auf den Anschein von Legalität bedachten Öffentlichkeit sind sie sehr leicht angreifbar.

Wie leicht, erfuhren Anfang der achtziger Jahre in Kolumbien die Narcotraficantes Carlos Lehder und Pablo Escobar, als beide versuchten, ihren erst kurz zuvor errungenen Reichtum in politische Macht umzusetzen (vgl. Castillo 1987:224ff.; Sauloy/Le Bonniec 1992:28ff.). Das *Movimiento Latino Nacional* von Carlos Lehder war eine Regionalbewegung mit einer konfusen antiimperialistisch-faschistoiden Ideologie, deren wichtigster Programmpunkt die Abschaffung der Auslieferung kolumbianischer Staatsbürger an die USA war. Die Suche nach Straffreiheit kennzeichnete auch Escobars *Civismo en Marcha*, eine Bewegung, die mit den Geldern des Drogenhändlers in Medellín Wohnungsbauprojekte und Sportplätze errichtete. Dankbare Nutznießer dieser Einrichtungen ermöglichten es dem Narcotraficante, 1982 als stellvertretender Abgeordneter auf einer Liste der Liberalen Partei in das Repräsentantenhaus gewählt zu werden. Einmal im Kongreß angelangt, tat sich Escobar allerdings nicht mit Debattenbeiträgen hervor, sondern durch die großzügige Bewirtung anderer Parlamentarier auf seiner *hacienda* Nápoles (Cañón 1994:100).

Die politischen Karrieren beider Narcotraficantes aber sollten nicht von Dauer sein: Lehder tauchte unter und löste seine Bewegung auf, als die USA Anfang 1983 ein Auslieferungsgesuch gegen ihn stellten; Escobar legte sein Mandat nieder, als die Zeitung El Espectador seine kriminelle Karriere publik machte, ein Richter daraufhin einen Haftbefehl erließ und der Kongreß seine parlamentarische Immunität aufhob. Es war keine gute Idee gewesen, sich in der Politik zu versuchen: Politik geht mit Öffentlichkeit einher, und Öffentlichkeit ist angesichts der drohenden Strafverfolgung für Narcotraficantes eher schädlich denn nützlich. Schmerzlich bewußt wurde Lehder und Escobar die Doppelmoral einer Gesellschaft, die Narcogelder zwar mit offenen Händen empfängt, die Drogenhändler aber stigmatisiert (Arrieta u.a. 1990:226ff.). Wahrscheinlich war es Pablo Escobar selbst, der als anonymer Autor diese Zwiespältigkeit geißelte und ihre Konsequenzen beschrieb: "Angesichts der Erfahrungen, was passiert, wenn man öffentlich auftritt, bleiben heutzutage die meisten Bosse anonym. Obwohl es mehr geworden sind und sie über mehr wirtschaftliche Macht verfügen, kennt sie keiner, und die Schritte gegen sie bleiben ohne Wirkung" (Anónimo 1989: 49).

Es ließe sich einwenden, daß seit den siebziger Jahren in Kolumbien mehrere Kongreßabgeordnete wegen Drogenhandels verurteilt wurden (vgl. Castillo 1987). Zumeist jedoch handelt es sich bei ihnen um Politiker, die sich an Drogengeschäften beteiligten, und nicht um Narcotraficantes, die zu Politikern wurden. Diese Unterscheidung ist wie schon im Fall von Salvo Lima zugegebenermaßen schwierig - sie macht jedoch Sinn, wenn diese Fälle mit denen von Pablo Escobar und Carlos Lehder verglichen werden, die den umgekehrten Weg gingen. Narcotraficantes, die in die Politik einsteigen, sind eher dort auszumachen, wo die Gefahr einer Stigmatisierung geringer ist: auf der lokalen und regionalen Ebene, in den Gemeinderäten und Departements-parlamenten. Fast unbemerkt von der nationalen Öffentlichkeit scheint sich beispielsweise im Departement César die politische Dynastie der Gnecco etabliert zu haben - ein Familienname, der bereits 1987 auf einer Narcotrafi-cante-Liste der Antidrogenpolizei von Santa Marta erschien (int.7,25; Castillo 1987:230-33).

Trotzdem gibt es weniger Beispiele für eine direkte Intervention in der Politik als in Süditalien. Das hängt sicherlich auch damit zusammen, daß illegale Unternehmer, wie übrigens auch ihre legalen Kollegen, einfach weniger an der doch zeit- und kraftraubenden politischen Tätigkeit interessiert sind. Unternehmer, seien es Bankiers oder Narcotraficantes, ziehen es gewöhnlich vor, indirekt auf die Politik einzuwirken, um sicherzustellen, daß ihre Interessen gewahrt bleiben.

Wenngleich ähnlich ausschlaggebend, geht die indirekte Einflußnahme auf die Politik in beiden Ländern anders vonstatten: In Italien ist das wohl wichtigste Bindeglied zwischen der Politik und der Mafia das mafiose Stimmenpotential, in Kolumbien ist es die Wahlkampffinanzierung. Mafia-, Camorra- oder 'Ndrangheta-Gruppen kontrollieren mehr Stimmen, als sie im engeren Sinne Mitglieder haben, denn Freunde, Verwandte und Bekannte halten sich bei ihrem Wahlverhalten gewöhnlich an die Anweisungen der Bosse. Sie müssen dazu nicht gezwungen werden: "Ein Großteil von Torre Annunziata teilt, wenn nicht materiell, so doch geistig diese Gruppenmentalität, die in Torre Annunziata existiert" (sm:3123). Da die Mafiosi immer für eine Hilfestellung gut sind, wird es ihnen keiner abschlagen, den "richtigen" Kandidaten zu wählen, einen Kandidaten, der ja wiederum neue Gefallen ermöglichen kann (vgl. pg.2:2748-49). Es ist der Gefälligkeitsaustausch einer Klientelbeziehung. "Meine Beteiligung an der Politik hatte nie etwas Mysteriöses", meint der altgediente Mafioso Nick Gentile selbstgefällig. "Es handelte sich um die normale Tätigkeit eines *capo elettores*, eines Wahlchefs, dessen Einfluß zweifellos von der langen Erfahrung und dem Prestige der *onorata società* stammte" (1963:172).

Bereits die an die 6000 Stimmen, die so bei einer großen *famiglia* in Sizilien zustande kommen, können die Ergebnisse von Kommunalwahlen erheblich beeinflussen. Die Stimmenpakete aller *famiglie* summiert, mag die Cosa Nostra nach Schätzungen der Palermitaner Richter allein in der Provinz Palermo 180.000 Stimmen kontrollieren (zit. nach Santino 1994a:43; vgl. Falcone, Giovanni 1989:202; ac:285). Dies ist jedoch mehr ein Gedankenexperiment: Wenngleich mitunter von der *commissione provinciale* Anweisungen erlassen werden und auch die *commissione regionale* ursprünglich das Wahlverhalten der Cosa Nostra koordinieren sollte, verfügen die einzelnen *famiglie*, ja, die einzelnen *uomini d'onore*, über große Freiheiten bei der Unterstützung von Kandidaten, die schließlich auch verschiedenen Wahlkreisen angehören (ac:281; tb.cpm:374; lm.cpm:550).

Die Auswahlmöglichkeiten erfassen jedoch nicht das gesamte Parteienspektrum: Traditionsgemäß stimmten die sizilianischen Mafiosi weder für die faschistische MSI noch für die Kommunistische Partei PCI - mit den einen machten sie schlechte historische Erfahrungen, von den anderen trennte sie der antimafiose Kurs der Kommunisten und eine ganze Weltanschauung. Damit war die ideologische Stellungsnahme aber auch schon erschöpft - im übrigen wählten und wählen *uomini d'onore* ihre politischen Favoriten, genau wie die Kollegen der Camorra und 'Ndrangheta, aus reinem Utilitarismus heraus (Cpm XI/2:29,65). Da die *Democrazia Cristiana* jahrzehntelang die ausschlaggebende politische Partei war, wurden zumeist ihre Kandidaten erkoren: "Wir hatten den strikten Befehl, DC zu wählen, weil es die einzige gute Partei war; es waren zumindest in Palermo die einzigen Personen, die uns auf einer höheren Ebene einen Gefallen tun konnten...", berichtet Gaspare Mutolo. "Die DC vermittelte ein Image der Stärke [...], von der DC hatten wir schon immer reden gehört" (gm:1284). Freilich kamen auch andere Politiker in den Genuß mafioser Stimmen - vor allem, als sich Mitte der Achtziger Jahre Unzufriedenheit über die DC breit machte und ihr mit einem Protestvotum für die Sozialisten signalisiert wurde, daß sie sich fortan stärker um die gerichtlichen Belange der Mafiosi kümmern müsse (PdRP 1995:755ff.). Auch Kandidaten der ehemaligen Liberalen und Republikanischen Parteien und sogar die Querdenker der Radikalen Partei haben schon mafiose Stimmen erhalten.

Die Unterstützung kann unterschiedlich eingeleitet werden. Mafiose Gruppen können sich ohne das Wissen des Betroffenen für einen Kandidaten entscheiden, weil sie ihn für vertrauenswürdig halten - wichtig ist nur, daß ihm auch mitgeteilt wird, wem er seine Wahl zu verdanken hat: "Die Verwicklung ist somit viel subtiler. Der Nutznießer ist beruhigt, weil er um nichts gebeten und objektiv auch Schwierigkeiten hat, eine erhebliche Zuwendung jener Personen abzulehnen, mit denen es nicht gut ist, auf Kollisionskurs zu gehen; auf der anderen Seite weiß die Organisation sehr wohl, daß sie, wenn es ihr gelegen kommt, den Stadtrat oder Abgeordneten immer daran erinnern kann, daß viele seiner Stimmen ihre sind. Es ist vorhersehbar, daß die Verwaltungsentscheidungen des Gewählten den Interessen der mafiosen Gruppe zumindest nicht widersprechen werden", analysiert ein Richter aus Messina (Providenti 1992:56).

Wohl noch häufiger weiß der Politiker schon vor der Wahl von der mafiosen Hilfestellung. Es mag sein, daß es für ihn nicht das erste Mal ist, er schon seit vielen Jahren dank der Mafia gewählt wird und möglicherweise schon immer Teil der *cosca* war. Es gibt Loyalitäten zwischen Politikerdynastien und Mafiagruppen, die sich schon seit Jahrzehnten hinziehen (pg.1: 2265,2278). Vielleicht wird es aber auch aller Voraussicht nach eng bei den Wahlen, der Politiker braucht jede Stimme, nimmt deswegen Kontakt mit der Mafia auf und zahlt ihr womöglich auch noch für ihre Unterstützung (Cpm XI/2:65; lm.cpm:552). Ebenso kann es sein, daß der Kandidat auf zukünftige Geschäfte spekuliert oder in politische Zwistigkeiten verwickelt ist, für die er mafiose Rückendeckung benötigt (PdRN:103ff.). "Fünf oder sechs Monate vor den Wahlen gibt es ein Kommen und Gehen all dieser Politiker, die mit unserer camorristischen Gruppe Kontakt hatten und vorstellig werden, um die Stimmen einzuheimsen. Sie signalisieren also zum x-ten Male ihre Verfügbarkeit, und in jenem Moment entsteht ein Markt" (pg.1:2278).

Ein Markt, auf dem, zumindest in dieser ersten Phase, meist kein Geld fließt: Die Vereinnahmung von Politikern durch Spenden in ihre Wahlkampfkassen ist in Italien eher die Ausnahme als die Regel. Pasquale Galasso zahlt einem Senatskandidaten 40 Millionen Lire, aber hier mag auch eine Rolle gespielt haben, daß es sich um seinen Anwalt handelte (pg.1:2313). Der Abgeordnete Occhipinti erhält von der *famiglia* in Caltanissetta 5 Millionen Lire für seinen Wahlkampf, zahlt sie jedoch später nach seiner Wahlniederlage wieder zurück (CdD IV/149:2). Antonino Calderone jedenfalls hat keinen Zweifel: "Den Politikern wird nur die Stimme gegeben" (ac:320).

Sind die Kandidaten dank der mafiosen Hilfe einmal in Amt und Würden, verläuft die weitere Zusammenarbeit meist reibungslos, und die Mafiosi müssen sie "nicht zweimal um einen Gefallen bitten" (sm:3105). Es ist viel, was Politiker für Mafiosi tun können. Nationale Politiker sollten natürlich dafür Sorge tragen, daß die Gesetzgebung gegen die Mafia nicht ausufert. Das ist nicht immer möglich, und öffentlich bekunden läßt es sich schon gar nicht. Dafür allerdings haben die Mafiosi Verständnis: Auf die tatsächliche Loyalität kommt es bei den begünstigten Politikern an und nicht auf ihre Stellungnahmen vor der Presse (tb.cpm:428). Effektiver sind Politiker meist, wenn es darum geht, mißliebige Ermittlungsbeamte zu versetzen (pg.1:2315; ac:309). Sehr häufig sollen sie auch auf Richter und Staatsanwälte einwirken, damit die Mafiosi in laufenden Verfahren wohlwollend behandelt werden (gm:1283ff.;PdRN:129ff.; De Gregorio 1981).

Politiker kontrollieren zudem die Postenverteilung in der staatlichen Bürokratie und den staatseigenen Unternehmen und können somit den Mafiosi und ihren Günstlingen - wie auch anderen Wählern - begehrte Arbeitsplätze verschaffen (vm:18; PdRN:110ff.). Im kalabresischen Rosarno, wo die Pesce-Gruppe der 'Ndrangheta fast uneingeschränkt waltet, werden nicht weniger als 30 Angestellte der Kommunalverwaltung der *cosca* zugerechnet - systematisch waren die örtlichen Kandidaten der Sozialistischen Partei vereinnahmt worden (TdPa:36ff.). Ebenso gibt es eine Vielzahl kleinerer Gefallen, für die Politiker gut sind: beispielsweise um einen eingezogenen Führerschein wiederzuerlangen oder um innerhalb eines staatlichen Bauprojekts eine Wohnung zu bekommen (vm:15ff.). Vor allem aber sind die Politiker ausschlaggebend, wenn es darum geht, öffentliche Aufträge zu ergattern - hierauf soll eingegangen werden, wenn mit der Unternehmerschaft auch der dritte Akteur dieses spezifischen *intreccio* vorgestellt ist.

Da die Gefallen nicht nur in eine Richtung fließen und auch die Politiker oft Bitten an die Mafiosi stellen, entsteht ein dichter Filz. In Kampanien fragt ein Kongreßabgeordneter die örtlichen Camorristi, ob sie ihm dabei behilflich sein könnten, Raubgut wiederzuerlangen. Ebenso bittet er sie darum, ein befreundetes Unternehmen von Erpressungen auszusparen (sm: 3104-06). Mitunter werden die Politiker auch in die internen Konflikte der organisierten Kriminalität hineingezogen. Nicht immer können sie dabei wie in dem Cutolo-Alfieri-Konflikt abwarten, welche Fraktion die Überhand behält, um sich dann auf die Seite der Sieger zu schlagen. In Kalabrien ist der Parlamentsabgeordnete Paolo Romeo an der Aushandlung eines Waffenstillstandes beteiligt, der die Konflikte zwischen den "Destefaniani" und den anderen Clans beilegen soll - was allerdings auch dazu führt, daß der mit Paolo De Stefano verbündete Romeo für die Gegenseite zu einem militärischen Angriffsziel wird (CdD IV/465). Ebenso in die militärische Auseinandersetzung hineingezogen wird der Christdemokrat Antonio Gava: In Kampanien läßt der Boß Imparato dessen Verwandte überfallen, um seinen Erzfeind und Gava-Freund D'Alessandro zu schädigen (pg.1:2287). Die Unterscheidung zwischen organisierter Kriminalität und Politik schmilzt in solchen Fällen sehr schnell dahin.

Sie schwindet möglicherweise auch im eklatantesten Fall des politischen *intreccio* Italiens: Seit September 1995 muß sich der mehrmalige Regierungschef Giulio Andreotti wegen der Beteiligung an einer mafiosen Vereinigung vor Gericht rechtfertigen. Im Kern bezichtigt ihn die Palermitaner Staatsanwaltschaft, seit den siebziger Jahren mit führenden Bossen der Cosa Nostra einen regen Gefälligkeitsaustausch betrieben zu haben, der die Ermordung unliebsamer Journalisten und möglicherweise auch Politiker genauso beinhaltet haben soll wie die Vertuschung dunkler Finanzgeschäfte und vor allem Wahlabsprachen mit der Cosa Nostra (PdRP 1995). Diversen *pentiti* zufolge soll sich Andreotti sogar persönlich erst mit Stefano Bontade und später mit Totò Riina getroffen haben.

Interessant ist, wie die Staatsanwaltschaft die Hintergründe der Verflechtung analysiert (ebd.:873ff.). Giulio Andreottis Machtposition in der italienischen Politik habe nicht so sehr von seinen Regierungsämtern hergerührt, sondern von der Kontrolle einer *corrente*, einer nationalen Seilschaft innerhalb der *Democrazia Cristiana*, und dem hiermit einhergehenden Mitspracherecht bei der Verteilung einer Unzahl bürokratischer Posten. Ebenso wie anderswo in Italien ordneten sich die lokalen christdemokratischen Politiker auf Sizilien einem Regionalpolitiker unter, in diesem Fall dem *uomo d'onore* Salvo Lima, der wiederum auf nationaler Ebene über einen anderen politischen Boß namens Andreotti verfügte. Eindeutig von der Cosa Nostra vereinnahmt war die Lokal- und die Regionalpolitik. Die Stimmen Salvo Limas oder seiner Schützlinge waren zu einem erheblichen Teil mafiose Stimmen, die jedoch bei nationalen Belangen summiert zu denen Andreottis wurden.

Um sich diese Stimmen zu erhalten, war der Regierungschef anscheinend dazu bereit, seinen großen Einfluß beispielsweise vor dem Kassationshof für die Straffreiheit der Mafiosi geltend zu machen - nicht immer mit Erfolg, wohlgemerkt (ebd.:261ff.). Andreottis Wirken erschöpfte sich natürlich nicht in diesem mafiosen *intreccio*, denn schließlich galt seine staatsmännische Aufmerksamkeit den vielfältigsten Bereichen der sozialen Wirklichkeit. Sein wichtigstes Standbein in der nationalen Politik allerdings war die *corrente*, und deren Stärke hatte viel mit mafiosen Stimmen und Machenschaften zu tun. Ohne die Urteilsverkündung in dem vermutlich sehr langwierigen Prozeß abzuwarten und allein aufgrund der Anklageschrift läßt sich folgende Einschätzung wagen: Der Politiker Andreotti war kein Mafioso, aber ohne die Mafiosi wäre er nicht ein derart erfolgreicher Politiker gewesen.

Im Vergleich zu Italien spielt in Kolumbien die Wahlkampffinanzierung eine größere Rolle - auch hier erweisen sich die Narcotraficantes als "unternehmerische" Akteure. Bereits in den siebziger Jahren zeigte sich die elitäre politische Führungsschicht in der Hauptstadt Bogotá darüber entsetzt, wie besonders an der Atlantikküste bis dato eher zweitrangige Regionalpolitiker mit Drogengeldern zur Macht griffen (Camacho 1981:83ff.). Seitdem erfährt die Öffentlichkeit regelmäßig über Drogengelder in der Politik. 1983 versuchten die Narcotraficantes den später von ihnen ermordeten Justizminister Rodrigo Lara Bonilla öffentlich damit zu erpressen, daß sie ihm Wahlkampfspenden des Drogenhändlers Evaristo Porras nachwiesen (Cañón: 93ff.;vgl. Semana 28/9/93:40-41). 1984 bezichtigte Carlos Lehder den damaligen Präsidenten Belisario Betancur, er habe während des Präsidentschaftswahlkampfes 1982 wissentlich von den Narcotraficantes eine hohe Geldsumme angenommen und sich zudem noch beim Wahlkampf ihrer Hubschrauber bedient (Arango/Child 1985:107).

Auch in den darauffolgenden Jahren drangen Details über das *intreccio* an die Öffentlichkeit, aber weder die Strafverfolgung noch eine andere Instanz gingen diesen Hinweisen systematisch nach. Unabhängig von ihrer Parteizugehörigkeit stand offensichtlich eine ganze Reihe auch nationaler Politiker in regen Geschäftsbeziehungen mit den Narcotraficantes. Wie dicht jedoch das *intreccio* gewebt war, wurde erst mit der systematischen Strafverfolgung des Cali-Kartells deutlich. Dokumente, die bei Durchsuchungen sichergestellt wurden sowie diverse Zeugenaussagen bewiesen, daß sich reihenweise Kongreßabgeordnete in Cali von den Narcotraficantes empfangen und bewirten ließen und von den legalen Unternehmen des Kartells Millionen Pesos auf ihre Konten überwiesen bekamen. Ein Direktoriumsmitglied der Liberalen Partei und besonders enger Vertrauter der Rodríguez Orejuela scheint sogar monatlich mit 5 Millionen Pesos - über 8000 DM - für seine Dienste entlohnt worden zu sein. Andere Kongreßmitglieder empfingen ein "Weihnachtsgeld" über 20 Millionen Pesos. Wie die Mitschnitte von Telefongesprächen belegen, nahmen die Kontakte besonders während des Wahlkampfs von 1994 nie dagewesene Ausmaße an.[50]

Manchmal beschränken sich die Narcotraficantes nicht darauf, Wahlkämpfe zu finanzieren und Bankkonten zu füllen, sondern bieten auch andere

---

50 Vgl. hierzu: Cambio 16 Colombia 8/8/94:20-22; Semana 2/5/95:30-32, 22/5/95:22-25; 25/7/95:22-28; 1/8/95:32-34. Noch in der Anfangsphase der Ermittlungen hegte ein persönlicher Bekannter der Rodríguez Orejuela und linker Kongreßabgeordneter wenig Zweifel daran, daß "nahezu die gesamte politische Klasse von der Mafia berührt ist". "Politik machen", fuhr er fort, "kostet in Kolumbien viel Geld. Ein nationaler Wahlkampf kann in Kolumbien 2 Milliarden Pesos kosten [knapp 4 Millionen DM]. Allein für meinen eigenen Wahlkreis benötigte ich 60 Millionen [an die 120.000 DM]. Woher das Geld nehmen? Ich nahm es nicht von den Narcotraficantes. Andere tun es." (int.12). Monate später wurde bekannt, daß die Staatsanwaltschaft auch gegen diesen Politiker ermittelt.

Leistungen: So forderte Pablo Escobar - ganz Kriegsherr - bei Verhandlungen über ein Stillhalteabkommen mit den Guerilla-Milizen in Medellín, daß "seinen" Politikern der Wahlkampf in den von diesen Selbstjustizgruppen kontrollierten Stadtvierteln ermöglicht werden müsse (int.14). Dem mafiosen Vorgehen ähnlich werden mitunter auch Stimmenpakete eingebracht. Pablo Escobar beispielsweise befahl einem Untergebenen schriftlich: "Für die Wahl von Juan Gómez in die Verfassungsgebende Versammlung ist Wahlkampf zu machen. Daß die Familie und alle helfen und zu den Versammlungen gehen" (PN.CE:81).

Der Konservative Juan Gómez Martínez entging als Chefredakteur der Zeitung *El Colombiano* nur knapp einem Entführungsversuch der Narcotraficantes, befürwortete dann aber während des "Drogenkrieges" als Bürgermeister von Medellín einen Dialog mit ihnen (taz 21/10/89:3). Gómez Martínez wurde von der Regierung Ernesto Samper später zum Transportminister ernannt. Hinter seiner konzilianten Haltung gegenüber den Narcotraficantes muß nicht Korruption stecken - das Bürgermeisteramt in einer Stadt wie Medellín dürfte realpolitisch prägen. Realpolitik aber ist meist im Sinne derjenigen, welche die Macht innehaben: Escobar jedenfalls war von Gómez Meinung genügend angetan, um ihm mit seinen Stimmen zu helfen, Delegierter der *Constituyente* zu werden. Diese Versammlung verbot in der von ihr erarbeiteten neuen Verfassung ausdrücklich die Auslieferung kolumbianischer Staatsbürger. Ob es dabei ganz mit rechten Dingen zugegangen ist, wird verschiedentlich bezweifelt. Es existiert eine Videoaufnahme, in der einem Delegierten für seine Befürwortung des Auslieferungs- Verbots Geld angeboten wird. Die nachfolgenden Untersuchungen allerdings endeten mit der Interpretation der Staatsanwaltschaft, daß es sich bei der Episode um einen Täuschungsversuch von Escobars Gegnern gehandelt habe (El Espectador 16/8/94; El Tiempo 29/8/94).

Das Beispiel der *Constituyente* verdeutlicht trotzdem, was die Narcotraficantes auf der nationalen Ebene für ihre Unterstützung erwarten: Politiker sind vor allem dazu da, die Straffreiheit zu garantieren. Daß die Narcotraficantes darin nicht enttäuscht werden, ist wiederholt am Abstimmungsverhalten und Debattenklima im Kongreß deutlich geworden. Ende 1989 wurde dort eine geplante Volksabstimmung über die Notwendigkeit einer neuen Verfassung damit gekippt, daß die Bürger auch gleichzeitig entscheiden sollten, ob Narcotraficantes an die USA ausgeliefert werden sollten oder nicht - angesichts der terroristischen Einschüchterung während des Drogenkrieges ein abgekartetes Spiel. Damals wurde im Kongreß nicht nur gezahlt, sondern auch gedroht. Wie aus dem Mitschnitt eines Telefongesprächs zwischen Escobar und einem mit ihm verbündeten Kongreßabgeordneten hervorgeht, übte der Boß persönlich Druck aus: "Schau mal: Die auf der Seite [des späteren Präsidenten] Gavirias sind, sind auf der Seite eines Toten, sag' ihm [einem anderen Abgeordneten], daß er sich zu seinen eigenen Gunsten nicht den Toten anschließen soll" (PN.CE:96). Fünf Jahre später und bereits in der Ära des Cali-Kartells verabschiedeten die Kongreßabgeordneten dann ein neues Strafgesetzbuch. Bereits in dem zuständigen Ausschuß war "viel Geld zu sehen", wie ein Parlamentarier berichtet (int.12). In den Korridoren des Kongresses soufflierte außerdem ein Dutzend Anwälte des Cali-Kartells einigen der Abgeordneten, wie sie bei den einzelnen Paragraphen abstimmen sollten - vor laufenden Fernsehkameras, wohlgemerkt (vgl. Semana 2/11/93:38-43).

Nicht immer geht es um so hochgesteckte Ziele. Eine Wahrsagerin und "Hexe", die Gesprächspartnerin des Journalisten Germán Castro Caycedo, berichtet, wie der Narcotraficante Jaime Builes eine Regionalpolitikerin des Departements Antioquia und ihre Seilschaft unterstützte: "Jaime verpflichtete sich dazu, während des Wahlkampfes und auch am Wahltag den Transport der Wähler, der Politiker und der Teams zu übernehmen, das gesamte während des Wahlkampfs und am Wahltag benötigte Propagandamaterial zu liefern, denen, die für unsere Listen wählten, Mittagessen und andere Anreize zu bieten, die Stimmen der Arbeiter auf all seinen Landgütern hier und in anderen Gemeinden "festzumachen" [...] und Bargeld für die Arbeit im Südosten zu stellen [...]. Als Gegenleistung haben Gabrielita [die Politikerin] und ihre Freunde in der Departementsversammlung dem Gouverneur gesagt, daß es eine 1-A-Priorität sei, die Ernennung Solas [der Frau von Builes] als Funktionärin mit diplomatischer Immunität in der kolumbianischen Botschaft in Mexiko zu erlangen, und der Gouverneur war einverstanden" (Castro 1994:170-71). Builes hielt seine Versprechen, und die Wahlen wurden zu einem Erfolg: Allein in der Kleinstadt Fredonia konnte die betreffende Fraktion der konservativen Partei ihren Stimmenanteil verdreifachen. Die politischen Gegner allerdings wurden auf die Nähe zwischen dem Narcotraficante und dem Gouverneur aufmerksam und erzwangen dessen Rücktritt - womit auch die Chancen schwanden, Builes Frau mit Hilfe des Präsidenten, der den Narcotraficante ebenfalls persönlich kannte, einen diplomatischen Posten zu verschaffen. Ein ganzer Wahlkampf für die Ernennung in einer Botschaft - der Austausch kleiner und großer Gefallen dürfte ebenso wie in Italien den Beziehungsalltag zwischen Politik und organisierter Kriminalität prägen.

Es ist kein Zufall, daß diese Beschreibung der politischen Sponsorentätigkeit eines Narcotraficante in vielem an das italienische *intreccio* erinnert: Zwar spielt das Geld eine größere Rolle, letzten Endes aber wird es auch in Kolumbien nur dafür eingesetzt, Stimmen "zu binden", um auf lokaler Ebene eine bestimmte Seilschaft stark zu machen. Die wiederum verschafft sich bei der regionalen Führung Gehör, welche die Entscheidungen der Zentralregierung beeinflußt. Klientelistische Seilschaften, auf italienisch *correntes*, spielen in der kolumbianischen Politik eine ebenso herausragende Rolle (vgl. Kapitel V,1). Durch den Narcotráfico besonders vereinnahmt sind jene Seilschaften, welche die Hochburg der paramilitärischen Allianz, den *Magdalena Medio*, auch noch nach dem Tod von Gonzalo Rodríguez Gacha beherrschen und ihre Stimmen schon seit Anfang der Achtziger renommierten Führern der liberalen Partei zukommen lassen (El Espectador 18/4/94:6-A; El Tiempo 2/10/94:8-A). Die Verbindung zwischen dem regionalen und dem nationalen *intreccio* tritt dabei ebenso wie in Italien besonders bei landesweiten Wahlkämpfen zutage. Sei es in Cali, an der Küste oder am Amazonashafen Leticia: Bei den Präsidentschaftswahlen 1994 wurden vielerorts und besonders seitens der Kampagne des Liberalen Ernesto Samper lokale und regionale Seilschaften kontaktiert, die aus ihren Verbindungen zu den Narcotraficantes kein Geheimnis machten (vgl. Semana 28/9/93:38-42; El Tiempo 3/8/95:8-11A).

Nun zeigte jedoch eben dieser Präsidentschafts-Wahlkampf 1994 deutlicher denn je, daß die lokale und regionale Vermittlung auch durch eine direkte nationale Finanzierung übersprungen wird. Die Narcotraficantes aus Cali zahlten mindestens 5 Milliarden Pesos, über 7 Millionen DM, in die Wahlkampfkasse des siegreichen Kandidaten Ernesto Samper von der Liberalen Partei. Das kann mit (illegalen) Mitschnitten von Telefongesprächen[51] sowie zwei zentralen Zeugenaussagen bewiesen werden: Desjenigen,

---

51 Wie die "*narcocasettes*" mit den Gesprächen zwischen den Gebrüdern Rodríguez Orejuela und ihrem Vertrauten Alberto Giraldo aus dem geheimdienstlichen Morast in die Hände des unterlegenen konservativen Kandidaten Andrés Pastrana gelangten, ist bislang ungeklärt. Daß die US-Behörden an diesem Schachzug zumindest beteiligt waren, ist zu vermuten (vgl. Semana 28/6/94:23; int.23).

der zahlte - eines Buchhalters vom Cali-Kartell - und desjenigen, der das Geld empfing - des Schatzmeisters der Wahlkampf-Kampagne (vgl. El Tiempo 3/8/95:8-10A). Die Narcotraficantes erhofften sich von dieser Investition eine zuvorkommende Behandlung, sprich Strafnachlässe, bei ihrer geplanten Übergabe an die Justiz. Samper hingegen brauchte die Gelder dringend, um in dem Kopf-an-Kopf-Rennen mit dem konservativen Gegenkandidaten Andrés Pastrana bestehen zu können. Seine Wahlkampfleiter, unter ihnen den späteren Verteidigungsminister Fernando Botero, soll er angewiesen haben: "Tut, was nötig ist, aber laßt es mich nicht wissen" (Semana 1/8/95:28).

Eigentlich taugt Ernesto Samper nicht als Paradebeispiel eines korrupten Politikers, denn seine Interessen gehen über die Problematik des Narcotráfico weit hinaus. Als Alberto Giraldo, der wichtigste Unterhändler der Narcotraficantes, euphorisch feststellte: "Dieser Samper signalisiert wirklich, daß er ein guter Freund ist", erwiderte ihm einer der Gebrüder Rodríguez Orejuela: "Hoffentlich dreht er uns auf dem Weg nicht den Rücken zu [...]" (Semana 5/7/94:31). Das war eine nur zu wahre Vorahnung.[52] Als kurz nach dem Wahlsieg Sampers die Telefonmitschnite von Gesprächen über die Wahlkampffinanzierung publik wurden, konnte Ernesto Samper gar nicht anders, als dem Weißen Haus und dem US-Kongreß beweisen, daß er sich nicht hatte vereinnahmen lassen - andernfalls wäre Kolumbien mit harten außen- und handelspolitischen Sanktionen belegt worden (vgl. Semana 4/4/94, 7/2/95, 7/3/95). Noch vor Ablauf seines ersten Amtsjahres wurden so die Gebrüder Rodríguez Orejuela, José Santacruz Londoño und weitere führende Narcotraficantes verhaftet - Erfolge der Strafverfolgung, die der Präsident immer wieder zu seiner öffentlichen Verteidigung anführte. Schon deswegen ist Samper tatsächlich kein Narco-Politiker - und doch wäre er ohne die Narcotraficantes wohl nicht Präsident geworden.

Es ist Zufall, daß sich in Kolumbien der Skandal um die Wahlkampf-Finanzierung just zu jener Zeit enfesselte, als in Palermo der Prozeß gegen Giulio Andreotti anlief - nicht aber, daß es in beiden Fällen noch weitere offensichtliche Parallen gibt. Sowohl Samper als auch Andreotti bedienten sich mit dem mafiosen Stimmenpotential oder den Drogengeldern einer

---

52   "Im Wahlkampf ist man gefragt, aber danach vergessen sie einen", konstatierte schon der verbitterte Gonzalo Rodríguez Gacha, als ihm im Drogenkrieg alle den Rücken zuwandten (Corral 1991:171).

illegalen Ressource, die über ihren politischen Erfolg entscheiden konnte. Gleich welche konkreten Gegenleistungen sie dafür zu erbringen hatten, trugen beide Regierungschefs somit maßgeblich dazu bei, die illegalen Akteure noch zusätzlich zu stärken. Deutlichere Beispiele für die, freilich nicht immer harmonische wechselseitige Förderung zwischen der Politik und der organisierten Kriminalität sind schwer vorstellbar.

5. Unternehmer lassen nicht lange bitten

Sobald das gesetzwidrig erwirtschaftete Kapital in den legalen Wirtschaftskreislauf eingebracht wird, entstehen vielfältige mikro- und makroökonomische Verknüpfungen zwischen der Legalität und der Illegalität, die ebenfalls als Bestandteil des *intreccio* aufgefaßt werden können. Die Milliarden US-Dollar, die in den letzten Jahren aus dem Drogenhandel nach Kolumbien zurückflossen, lösten sich nicht in Luft auf, sondern wurden investiert. Politiker und Bankiers, Grundstücksmakler und Autohändler, Architekten und Börsenmakler, Bauarbeiter und Dienstmädchen verdienen an den Drogendollars - wobei vorerst auf einem anderen Blatt steht, ob die Investitionen auch tatsächlich volkswirtschaftlich sinnvoll sind oder vielmehr in unproduktiven Bereichen verpuffen.

Es gibt legale Akteure, die an dem ursprünglich illegalen Kapital mehr verdienen als andere. Umberto Santino spricht für Italien von einer "mafiosen Bourgeoisie", die über die engeren Kreise der Illegalität hinausgeht (vgl. Santino 1994b). Um die Vielzahl legaler Akteure zu erfassen, die im Schatten des Narcotráfico Reichtum akkumulieren, könnte ein solcher analytischer Ansatz auch in Kolumbien nützlich sein (vgl. Camacho 1988:92ff.;Kalmanovitz 1991). Diese weitgefaßtere Narcobourgeoisie dürfte besonders in jenen Branchen zu finden sein, die am meisten von den Drogengeldern profitieren: im Markt für Luxusgüter und in der Bauwirtschaft, dem Hotelgewerbe und der Agrarindustrie, der Finanzwirtschaft und der Rechtsberatung. Die Liste kann sehr lang sein: In einer Stadt wie Cali gab es bis vor kurzem kaum eine größere wirtschaftliche Tätigkeit, an denen nicht auf die eine oder andere Weise örtliche Narcotraficantes beteiligt waren, und dementsprechend viele Menschen partizipierten zumindest indirekt an den Einnahmen des Drogenhandels (int.5,13).

Sowohl in Italien als auch in Kolumbien ist jedoch die Frage, bis wohin diese ökonomischen Beziehungen noch spezifische Merkmale der illegalen Handlungsräume aufweisen und somit als Teil des *intreccio* betrachtet werden sollen. Mit anderen Worten: Was unterscheidet die Investorentätigkeit der Narcotraficantes und Mafiosi von derjenigen anderer ökonomischer Gruppen? Aus der Perspektive der Strafverfolgung sind die Geldwäsche und die nachfolgenden Investitionen ein integraler Bestandteil der illegalen Tätigkeit. Aus der sozialwissenschaftlichen Perspektive dagegen ist die Herkunft des Kapitals weniger wichtig als die Art und Weise, wie es eingesetzt wird. Ein Unternehmen, das illegales Kapital auf ganz und gar legale Weise einsetzt, ist zumindest aus sozialwissenschaftlicher Sicht kein kriminelles Unternehmen (vgl. Catanzaro 1988:250).

Wer "gutes legales" und "schlechtes illegales" Kapital unvermittelt gegenüber stellt, läuft Gefahr, die Marktwirtschaft zu verklären. *A priori* kann nicht davon ausgegangen werden, daß heute unbescholtenes Kapital auch tatsächlich auf moralisch und gesetzlich einwandfreie Art und Weise erstanden wurde. Genausowenig darf von vornherein vorausgesetzt werden, daß legale Unternehmer sich immer an die Gesetze halten, während ihre illegalen Kollegen jederzeit und allerorts gesetzwidrig handeln. Es ist häufig darauf hingewiesen worden, daß Mafia und Narcotráfico durch ihre hohe Verfügbarkeit an Kapital und ihrem Interesse an der Geldwäsche den Wettbewerb verzerren und, wenn überhaupt, nur unproduktive Teile der Volkswirtschaft fördern (vgl. Arlacchi 1983:94ff.; Uesseler 1989; Urrutia 1990). Dabei wird jedoch ignoriert, daß auch die legale Wirtschaft zumal in Kolumbien und Italien nicht wie im ökonomischen Lehrbuch funktioniert, sondern im Gegenteil ohnehin derartige Tendenzen aufweist (Ruggiero 1992; vgl. Centorrino 1990:12; Thoumi 1994:59ff.).

Es ist insofern sinnvoll, die Analyse des *intreccio* zwischen organisierter Kriminalität und Unternehmertum auf diejenigen Bereiche zu beschränken, die in den illegalen Handlungsräumen verankert sind: So im Narcotráfico beispielsweise der Handel mit in der Drogenproduktion benötigten Chemikalien, bei der Mafia die Bauwirtschaft und die Auftragsvergabe, und in beiden Fällen der Waffenhandel sowie, mit Abstrichen, die Geldwäsche, die ja oft schon in legale Investitionen übergeht. Diese ökonomischen Tätigkeiten, die auch professionelle Dienstleistungen wie beispielsweise die Rechtsberatung beinhalten, werden von den illegalen Handlungsräumen erfordert, und das *intreccio* nimmt daher spezifische Züge an, die über die allgemeineren indirekten ökonomischen Verflechtungen hinausgehen. Es ist hier, wo die "kriminellen Bourgeoisien" entstehen und wo das meiste Geld gemacht wird. Aus der Sicht italienischer Mafiosi ist das Unternehmertum natürlich als Erpressungsopfer interessant: Die Besitzer von Läden, Baustellen oder Fabriken müssen ein Schutzgeld bezahlen, um ihren Geschäften nachgehen zu können. Dabei sind die Unternehmer oft auch Nutznießer des mafiosen Schutzes. Besonders deutlich wird das am Beispiel der *cavalieri del lavoro*, jener vier großen Unternehmensgruppen, die in Catania jahrelang sämtliche größere staatlichen Aufträge unter sich aufteilten und die gesamte Regional-ökonomie beherrschten (Fava 1991:55-70). Über die Beziehungen der örtlichen *famiglia* zu den *cavalieri* Carmelo und Pasquale Costanzo berichtet Antonino Calderone: "Carmelo konnte sich nur auf eine Art wehren: Hin und wieder, wenn er und sein Bruder mit etwas nicht einverstanden waren, ließ er durchblicken: "Die Freunde meines Bruders sind damit nicht glücklich". Die Freunde waren mein Bruder und ich [...] Wir ließen auf den Baustellen Bomben hochgehen" (ac:290).

Die mafiose Feuerkraft diente den Costanzo nicht nur dazu, ihre Verhandlungsposition gegenüber den anderen *cavalieri* zu stärken, sondern auch um aufmüpfigen Arbeitern entgegenzutreten, sich unabhängiger Erpresser zu erwehren und Aufträge in anderen Regionen Siziliens zu ergattern (ebd.:292-93). "Danach behaupten sie noch, der Mafioso sei ich!", protestiert Calderone vor der Antimafiakommission (ac:290). Regelmäßig luden die Costanzos die großen Capos auf ihre Landgüter ein, um sie dort mit fürstlichen Essen und Jagdpartien zu beeindrucken (Arlacchi 1992:197). Sehr schwer nachzuvollziehen ist denn auch die Argumentation jenes Richters, der 1991 die *cavalieri* Costanzo und Graci als unschuldige Opfer einer nun mal bestehenden mafiosen Herrschaft sah (Fava 1991:167-78).

Ebenso wie Unternehmer "mafios" vorgehen, können Mafiosi auch "unter-nehmerisch" tätig werden. Den führenden 'Ndranghetisti, die sich 1974 in den Bau des Stahlwerks von Gioia Tauro einschalteten, waren drei Prozent Schutzgeld nicht genug - sie forderten und erhielten für ihre Gruppen die Auftragsvergabe der Transport- und Rodungsarbeiten. Die Konzerne aus dem Norden Italiens, welche die Bauarbeiten übernahmen, mußten nicht lange zur Kasse gebeten werden: Kaum in Kalabrien angelangt, erkundigten sich ihre Vertreter bereits, an wen zu zahlen sei. Der finanzielle Spielraum für die Zahlungen war - nicht zu Ungunsten der Konzerne - vorhanden: Staatlicher-seits wurde von Beginn an mit Mehrkosten von 15 Prozent wegen des

"Kalabrien-Risikos" gerechnet (TdRC 1979; Forgione/Mondani:24ff.; Arlacchi 1983:110-13).

Ohnehin ist die Geschichte des gigantomanischen Gioia-Tauro-Komplexes ein Lehrstück politisch-unternehmerisch-mafiosen Klüngels: Durch die Revolte von Reggio Calabria 1970 aufgeschreckt, stilisierte die römische Zentralregierung den Bau eines Stahlwerks und eines Industriehafens zum Allheilmittel, um nun auch in eine der ärmsten Gegenden Italiens den wirtschaftlichen Fortschritt einziehen zu lassen (vgl. Arcà 1979:66ff.). Einwände, das Projekt sei überdimensioniert, ökologisch katastrophal und angesichts des Erdbeben-Risikos in der Gegend sowohl gefährlich als auch unsinnig, wurden genauso systematisch in den Wind geschlagen, wie das Risiko der mafiosen Erstarkung in einer historischen Hochburg der 'Ndrangheta unbeachtet blieb. Gioia Tauro mußte gebaut werden. Als die Arbeiten einmal angelaufen waren, verschwanden die letzten Skrupel, und immer neue Etappen des Projekts wurden in Angriff genommen: Zuviel Geld war für Politiker, Unternehmer und 'Ndranghetisti im Spiel. Erst richterliche Anordnungen in den achtziger und neunziger Jahren konnten Gioia Tauro stoppen. Die kilometerlangen Piers eines "der größten Häfen des Mittelmeers" aber waren schon gebaut - und viele hatten daran verdient. Ohne ein einziges Mal benutzt worden zu sein, verrotten sie jetzt (vgl. Cpm X/24; La Repubblica 20/1/94:4-5).

Schon die frenetischen Jahre des *saccos di Palermo*, der "Plünderung" während des Baubooms in der sizilianischen Hauptstadt, hatten die vielen möglichen Verstrickungen zwischen legalen Unternehmern und Mafiosi offengelegt. Die *uomini d'onore* besorgten nicht nur die *guardianie*, den Schutz der Baustellen, sondern handelten auch mit Grundstücken, belieferten größere Baufirmen mit den benötigten Materialien und besaßen ihre eigenen Unternehmen. Häufig gingen sie auch gewalttätig vor. All dies war durchaus im Sinne zumindest einiger legaler Unternehmer[53], unter ihnen auch nationaler Baulöwen: Die privilegierten Beziehungen zur mafiosen Macht trugen dazu bei, die eigenen Profite zu steigern. Vor allem wartete die Cosa

---

53 Umberto Santino und Giovanni La Fiura unterscheiden erstens zwischen Unternehmen, deren Teilhaber Mafiosi sind, zweitens jenen, die Geschäftsbeziehungen zu den Mafiosi unterhalten, drittens anderen, die von ihnen "beschützt" werden, viertens solchen, die "Opfer" der Mafia sind, und fünftens denjenigen, die überhaupt keine Beziehungen zu den Mafiosi unterhalten (1990:118).

Nostra mit Kontakten zu jenen bürokratischen und politischen Instanzen auf, welche die Baugenehmigungen erteilten - und beispielsweise darüber hinwegsahen, daß dieses oder jene von den Baulöwen ins Auge gefaßte Grundstück eigentlich als Grünfläche ausgewiesen war und deshalb nicht hätte bebaut werden dürfen (Santino/La Fiura 1990:146 ff.).

Der *sacco di Palermo* bleibt ohne das politische *intreccio* unverständlich. Wie beschrieben unterhielten die *uomini d'onore* ausgezeichnete Beziehungen zu der regionalen *Democrazia Cristiana*, die ab den fünfziger Jahre in Sizilien einen neuen, von Massenklientelismus und Korruption gezeichneten Politik-Stil eingeführt hatte. Es bildeten sich diverse Seilschaften aus Politikern, Unternehmern, Verwaltungsbeamten, Mafiosi und Freiberuflern, die sich die Erträge aus dem *sacco di Palermo* zu eigen und manchmal auch streitig machten (Cpm XI/2:58). Die funktionale Differenzierung zwischen den einzelnen Berufsgruppen war dabei gering - in mancher Hinsicht widmeten sich alle als "Sozialunternehmer" dem Handel mit Freundschaft, Verwandtschaft, Einfluß, Beziehungen und Gefälligkeiten, um sich die begehrten materiellen Ressourcen anzueignen (Catanzaro 1988:224).

Die illegale Vermittlung von *appalti*, von staatlichen Aufträgen und Unteraufträgen, ist in den letzten drei Jahrzehnten immer weiter verfeinert worden und bildet in allen drei Regionen das Herzstück des *intreccio*. Die finanzielle Voraussetzung dafür ist der massive staatliche Ressourcentransfer aus dem Norden und Zentrum Italiens in den Süden. Um sich dieser milliardenschweren Ressourcen zu bemächtigen, haben sich vielerorts als *comitati d'affari*, "Geschäfts-Komitees", bekannte Netzwerke gebildet, die auf lokaler, regionaler und nationaler Ebene die Gelder monopolisieren und ihren Mitgliedern zuschanzen (vgl. CdD IV/256; CdD IV/417; pg.1:2270ff.; Centorrino 1990:95 ff.). Eine zentrale Rolle spielen selbstverständlich die Politiker und die von ihnen abhängigen Verwaltungsbeamten: Sie sind es, die sowohl auf nationaler als auch auf regionaler Ebene die Ressourcen kontrollieren und kleine und große Aufträge - den Bau einer Schule, einer Straße oder eines Stahlwerks - erst ermöglichen. Die an den *appalti* interessierten Unternehmen entrichten an diese Politiker und Bürokraten Bestechungsgelder, um bei der vielfältig manipulierten Auftragsvergabe eine Chance zu haben.

Gerade bei größeren *appalti* vergeben die mitunter nationalen Unternehmen gleichzeitig *subappalti*, Unteraufträge, an lokale und regionale Firmen. Ob sie es wollen oder nicht, müssen sich die Großunternehmen dabei mit den mafiosen Gruppen arrangieren. Allein dafür, daß sie überhaupt in deren Herrschaftsgebieten agieren dürfen, sind Schutzgelder zu entrichten, die drei bis fünf Prozent des Auftragsvolumens ausmachen können (pg.1: 2275;lm.cpm:548). Sei es als Inhaber oder Beschützer/Erpresser der kleineren Unternehmen verlangen die Mafiosi außerdem eine Vergabe der *subappalti* in ihrem Interesse (vgl. pg.2:2744). An den Mafiosi ist schon deswegen kein Vorbeikommen, weil sie mit ihrem Stimmenpotential gleichzeitig einen großen Einfluß auf die Politik und Verwaltung haben. Ein freier Wettbewerb um die Aufträge findet daher nicht statt: In den *comitati d'affari* einigen sich Politiker, Unternehmer und Mafiosi in nicht immer einfachen Verhandlungen schon frühzeitig darauf, wer wann welche Aufträge erhält. Außenseiter, die nicht zu diesen Netzwerken gehören, haben keine Chance: "Wenn morgen früh zwei tüchtige, normale Ingenieure mit Hochschulabschluß, anständige Kerle, ein Unternehmen gründen, können sie als *Subappalti*-Firma nicht an einem großen Auftrag teilhaben, wenn sie nicht mit uns von der Camorra oder den Politikern verbunden sind. Will sagen: Wenn dieses neue Unternehmen nicht der Firma, die den Auftrag bekommen hat, oder einem Politiker empfohlen wird, wird es nie arbeiten können" (pg.2:2745). Wenn aber *newcomer* blockiert werden, ist der Marktwirtschaft die Dynamik genommen.

Eine bemerkenswerte Variante im Geschäft mit der Auftragsvergabe entwickelte während der achtziger Jahre die Cosa Nostra in Sizilien: Bei fast allen größeren *appalti* etablierte sie ein Rotationssystem, dem sich alle Unternehmen zu fügen hatten (vgl. TdP 1991; Centorrino 1990:33-37; Abbate/Bonadonna 1993). Mit der Cosa Nostra verbündete Geschäftsleute wie Angelo Siino oder Giuseppe La Pera entschieden, welches Unternehmen welchen Auftrag erhalten würde. Mitunter waren sie es sogar, die diese Auftragsvergabe erst ermöglicht hatten, indem sie zwischen Geldgebern und Nutznießern, also zwischen zentralstaatlichen Fonds und Kommunen, vermittelten. Stand die Auftragsvergabe einmal fest, nahmen Siino und seine Mitarbeiter Kontakt mit allen in Frage kommenden Unternehmen auf und entschieden, welche Firma den *appalto* und welche womöglich mafiose Unternehmen die eventuellen *subappalti* erhalten sollten. Mit dem Versprechen, daß auch sie in absehbarer Zeit an die Reihe kommen würden, wurden die restlichen Unternehmen angewiesen, bei der zuständigen Behörde ein höheres Angebot als das der auserkorenen Firma oder unvollständige Unterlagen einzureichen. Stand somit nicht schon im vornherein alles fest, wurde auch schon mal direkt eingegriffen: Der spätere *pentito* Leonardo

Messina beispielsweise ließ sich von einem Parlamentarier die Unterlagen eines konkurrierenden Unternehmens aushändigen und gab sie ihm danach zurück - ohne ein benötigtes Zertifikat, mit dem bescheinigt wurde, daß die Firma nichts mit der Mafia zu tun habe (lm:100). Durch die Unvollständigkeit der Unterlagen verlor das betroffene Unternehmen jegliche Chance auf den *appalto*, der dann an eine von der Cosa Nostra favorisierte Firma ging.

Die Unternehmer wurden nicht nur von der Mühsal des freien Wettbewerbs entbunden, sondern ersparten sich manchmal auch langwierige Verhandlungen mit der Verwaltung und Politik - auch diese Bestechungsgelder wurden mitunter von der Cosa Nostra übernommen, die sie in ihre prozentuale Gewinnbeteiligung gleich miteinbezog (ebd.:10). Das System funktionierte anscheinend in ganz Sizilien; die *commissioni* entschieden über die Aufträge (ebd.:106). Das allerdings konnte auch zu Konflikten mit örtlichen Mafiagruppen führen, deren lokalen Schützlingen durch die von oben kommenden Anweisungen Benachteiligungen drohten. Überhaupt funktionierten die Absprachen nicht reibungslos - Angelo Siino und seine Leute waren ununterbrochen mit langwierigen Verhandlungen und Detailfragen beschäftigt, damit die Auftragsvergabe auch wie vorgesehen klappte.

Denjenigen Unternehmern, die so "verrückt waren", sich nicht an das "übliche System" zu halten, drohte mafiose Gewaltanwendung. "Sie wissen doch, daß ab und an jemand von uns fällt", rechtfertigte sich ein involvierter Unternehmer bei einem Verhör (TdP 1991:48). Auf den widerspenstigen Vertreter eines nationalen Unternehmens, der eine Verwaltungsklage einreichen wollte, redete Angelo Siino so ein: "Wenn du mit deinem Einspruch fortfährst, bringst du nicht nur diesen [*appalto*], sondern alle anderen zu Fall und stichst ins Wespennest. Praktisch kannst du dann hier nicht mehr arbeiten. Jetzt bist du einmal drinnen, eingetreten, hast Verpflichtungen. Laß' uns Freunde bleiben, du wirst sehen, daß ich dir helfen kann und dir auch die nächsten Male helfen werde [...]. Hier läßt sich arbeiten, aber du mußt dich an die Spielregeln gewöhnen... Jetzt hast du die Möglichkeit, durch den Haupteingang einzutreten - nicht durch das Fenster, Glasscheiben zersplitternd [...]. Wenn du irgendetwas brauchst, irgendetwas, denke daran, daß wir eingreifen können. Wir sind dazu bereit, dir zu helfen, alle Probleme zu lösen [...]. Tausende von Milliarden... stehen hier auf dem Spiel." (TdP 1991:33-34). Nicht umsonst beläßt es Siino in diesem von der Polizei abgehörten Gespräch nicht bei Drohungen, sondern preist das System gleichzeitig an: Da jede Firma früher oder später an die Reihe kommt, sind Kartellabsprachen oft durchaus im Sinne der Unternehmer (Gambetta 1992:273ff.).

Wie nicht zuletzt die gigantische *Tangentopoli*-Affäre im Norden Italiens beweist, können ähnliche Korruptionsnetzwerke aus Unternehmern, Politikern und Verwaltungsbeamten auch ohne mafiose Vermittlung und eventuelle Gewaltanwendung auskommen (vgl. MinInt 1993:87; Colombo 1994; Centorrino 1994). Es gibt diese Netzwerke - besonders anfällig ist die Bauwirtschaft - nicht nur in Italien, sondern fast überall, wo mit massiven staatlichen Zuwendungen und Subventionen der Markt angekurbelt wird. Daß hingegen in Sizilien, Kalabrien und Kampanien fast immer mafiose Interessen eine Rolle spielen, hat einen prosaischen Grund: In diesen Regionen stellt die Mafia nun einmal einen zwar illegalen, aber tatsächlichen Machthaber dar, der sozusagen per Definition an jedem Geschäft beteiligt sein will (vgl. Mastropaolo:85-86; Santino 1994a:52).

Wie diese Beteiligung aussieht, hängt davon ab, ob die betreffenden Mafiagruppen auch ihre eigenen Unternehmen an der Auftragsvergabe beteiligen. Mafiosi, die sich nicht mehr mit einer untergeordneten Marktpositionen zufrieden geben, gibt es wie gesagt viele. Innerhalb von zehn, fünfzehn Jahren wurden aus den Lastwagenfahrern der 'Ndrangheta Großunternehmer, die sich bei späteren Bauetappen des Industriekomplexes Gioia Tauro sogar mit führenden italienischen Konzernen zu *joint ventures* zusammentaten (Fantò 1994; vgl. MinInt 1994:391-95). In Sizilien hatten die Cousins Salvo jahrelang das Monopol über die vom Staat an den Privatsektor delegierte Steuereinziehung inne und nutzten diese Stellung, um ein wahres Unternehmensimperium mit besten Kontakten auch zu großen Banken aufzubauen (Santino/La Fiura 1990:282ff.). In Kampanien kontrollieren größere camorristische Gruppen ganze Unternehmensholdings, die im Finanz- und Immobiliensektor, im Baugewerbe und auch in der mittleren Industrie Interessen haben (Lamberti 1992: 112). Eine langsame Akkumulation durch die Monopolisierung einfacher *subappalti* kann solche sprunghaften Entwicklungen kaum erklären - möglich werden sie häufig erst durch massive Investitionen illegalen Kapitals vor allem aus dem Drogen- und Waffenhandel, dem Schmuggel und den Entführungen.

Um die Gefahr von Beschlagnahmungen durch die Strafverfolgung zu umgehen, werden die Eigentumsverhältnisse dieser Unternehmen mitunter verschleiert - die Mafiosi setzen Strohmänner ein oder überlassen bei von ihnen aufgekauften Firmen die Repräsentation nach außen der ursprünglichen Geschäftsleitung. Es scheint immer mehr derartige "Unternehmen mit mafioser Beteiligung" zu geben: Die Mafiosi bedienen sich ihrer hohen Kapitalverfügbarkeit und ihres Gewaltpotentials, um sich in die legale Geschäftswelt hineinzudrängeln (Fantò 1990). Ob es sich bei jenen Geschäftsleuten, die ihre Unternehmen dann mit den Mafiosi teilen müssen oder sie sogar ganz an die Mafia verlieren, immer um Opfer krimineller Willkür handelt, mag dahingestellt sein: Daß eine solche mafiose Kapitalisierung auch in ihrem Sinne sein kann, sollte nicht von vornherein ausgeschlossen werden. Die Interessenverflechtung zwischen legalen und illegalen Akteuren wird durch derartige Geschäftspraktiken nur noch verstärkt - immer schwieriger ist es, zwischen einem mafiosen Unternehmer und einem unternehmerischen Mafioso zu unterscheiden.

Die ökonomischen Höhen, in die zumindest einzelne Gruppen katapultiert worden sind, lassen Umberto Santino von einer *mafia finanziaria* sprechen, die immer enger mit dem legalen oder halblegalen Kapital verflochten ist (1986). Besonders auf den internationalen Finanzmärkten fallen die mafiosen Interessen regelmäßig mit denjenigen anderer großer ökonomischer Akteure zusammen - davon zeugen allein schon die Affären um die Bankiers Michele Sindona und Roberto Calvi, deren ausschweifende finanzielle Machenschaften bis Anfang der achtziger Jahre auch die Geldwäsche für verschiedene Fraktionen der Cosa Nostra beinhalteten. Ob die Entwicklung allerdings tatsächlich in Richtung einer *mafia finanziaria* mit strukturellen Ähnlichkeiten zu multinationalen Konzernen geht, kann auch bezweifelt werden: Bei aller Verflechtung weisen Wirtschaftskriminalität und Mafia weiterhin unterschiedliche kulturelle Züge auf und sind verschieden organisiert; die Beziehungen zwischen beiden sind nicht nur von Abhängigkeit geprägt - mafiose Gruppen brauchen jemand, der ihnen im großen Stil das Geld "wäscht" - sondern auch von gegenseitigem Mißtrauen und Konflikten (Paoli 1993).

Wenn die Rede auf Geldwäschemechanismen und internationale Hochfinanz kommt, ist wieder eines der Szenarien der "satanischen Allianz" erreicht. Vielleicht sogar noch engmaschigere Verstrickungen als die der italienischen Mafia verbinden den Narcotráfico mit der internationalen Finanzwelt. Milliarden US-Dollar dürften bereits im weltweiten Bankensystem "gewaschen" worden sein. Laut einem vertraulichen Bericht des kolumbianischen Geheimdienstes DAS wurde auf nur einem der vier Konten, über die Gonzalo Rodríguez Gacha in einer Londoner Bank verfügte, über vier Jahre hinweg eine Kontobewegung von 500 Millionen Dollar registriert - ein Kapital übrigens, das nach seinem Tod nur bruchstückhaft beschlagnahmt wurde (DAS o.D.:8-9). Daß jeder Finanzunternehmer an derartigen Einlagen interessiert ist, steht außer Frage (vgl. Couvrat/Pless 1988:171 ff.). In mehreren Fällen sind die Narcotraficantes so weit gegangen, eigene Banken zu betreiben: Beispiele sind die während der achtziger Jahre von den Behörden aufgedeckten Eigentumsverhältnisse des *Banco de los Trabajadores* in Cali, der *First Americas Bank* in Panama und der *Sunshine State Bank* in Florida (Castillo 1987:117,125; Steinsleger 1989:270 ff.). Derartige Operationen werden selbstverständlich nicht von ehemaligen Autodieben geleitet: den Narcotraficantes gehen hier Finanzexperten zur Hand, die mitunter an den besten Universitäten der Welt ausgebildet wurden (vgl. Newsweek 13/12/93).

Andere Geldwäsche-Varianten erfordern ebenso die Beteiligung legaler Unternehmer (vgl. Strong 1995:183ff.). Vorgetäuschte Exporte, an denen auch bekannte Firmen beteiligt sein können, ermöglichen es, illegale Devisen vor den Behörden zu rechtfertigen (Arango 1988:97, Arango/Child 1985:165). Während der achtziger Jahre, als in Kolumbien der Devisenfluß stark kontrolliert wurde, kauften Großunternehmer den Narcotraficantes ihre Dollars ab, um in den USA Maschinen und Materialien für ihre Betriebe daheim zu erstehen (int.5; Castillo 1987:148). Der US-amerikanische Drogenhändler Max Mermelstein berichtet: "Hin und wieder bat mich Jorge Ochoa, mit einem kolumbianischen Unternehmer Kontakt aufzunehmen und ihm drei Millionen Dollar oder fünf Millionen oder was auch immer auszuhändigen. Ich traf mich mit dem betreffenden Unternehmer, und während er das Geld zählte und mir eine Quittung ausstellte, drehten wir eine Runde im Auto. Ich kehrte zu dem momentan als Büro genutzten Haus zurück, rief Jorge in Kolumbien an und teilte ihm mit, daß das Geld überreicht worden sei und ich die Quittung hätte. Überflüssig zu sagen, daß ich diese kompromittierenden Papiere nur ungern aufbewahrte. Sobald das Geld in Pesos an Correa oder die Ochoas ausgezahlt war, wurde mir Bescheid gesagt, und ich vernichtete sogleich den Beleg" (1990:133).

Auch an vorgeschalteten Etappen des Drogenhandels haben legale Unternehmer teil. Bei der bereits beschriebenen *apuntada* wird in einen Drogenexport investiert, um dann nach gelungener Operation ein Vielfaches der Investition zurück zu erlangen (Arango/Child 1984:130). Es war diese

Praxis, auf die sich Juan Gómez Martínez, Medellíns damaliger Bürgermeister, bezog, als er in einem Interview sagte: "Hier haben alle Dreck am Stecken" (El Tiempo 24/9/89:2B). Ähnliches berichtet auch der anonyme Drogenhändler über die goldenen Anfangsjahre des Kokainhandels: "Damals und bis vor kurzem suchten die Reichen unsere Bekanntschaft, weil sie hofften, uns ihre Landgüter, Wohnungen oder Aktienpakete von fast bankrotten Unternehmen teuer verkaufen zu können. Und fast immer wollten sie in Dollar bezahlt werden, die wir auf ausländische Konten überweisen sollten. Wenn die Freundschaft etwas weiter ging, wollten sie Kredite von uns, ohne Zinsen und mit unbestimmter Tilgung. Und es gab nicht wenige, die uns, wenn sie vom Alkohol berauscht waren, sogar darum baten, sie doch an einer Ladung Kokain zu beteiligen. Um dann, fast immer flüsternd, damit es keiner hörte, hinzuzufügen: "Aber das bleibt unter uns. Du verstehst doch, oder?" (Anónimo 1989:43).

Wie in Stellungsnahmen der kolumbianischen Regierung immer wieder hervorgehoben wird, ist die internationale, auch deutsche Chemieindustrie eine weitere Wirtschaftsbranche, die zumindest indirekt in den Drogenhandel verwickelt ist: Von der Strafverfolgung kaum behelligt, liefert sie die Chemikalien, die bei der Herstellung des Kokains und des Heroins benötigt werden (PrRep 1990:50ff.; CNE 1994:27-29). Es fällt schwer zu glauben, daß Abteilungsleiter großer Chemiekonzerne nichts von der Verwendung der immensen Mengen an Chemikalien wissen, mit denen sie legale oder illegale kolumbianische Importeure versorgen, welche die Substanzen wiederum in die Drogenproduktion leiten. Hier haben sich nationale und internationale Netzwerke gebildet, die organisatorisch von denen der Narcotraficantes weitgehend unabhängig sind und exakt auf der Scheide zwischen der Legalität und der Illegalität agieren (PN.AN 1991, 1993:32; El Tiempo 12/9/94: 14A). Sind derartige Geschäftsleute nun "kriminell" oder nicht?

6. Gefestigte Beziehungsnetze und ihr Zusammenbruch

Polizisten und Richter, Politiker und Unternehmer, Freiberufler und Journalisten sind untereinander durch "Netzwerke der Macht" verbunden, an denen Mafiosi wie Narcotraficantes teilzuhaben versuchen (Arlacchi 1988a). Eine italienische Besonderheit besteht darin, daß diese Netzwerke seit dem vorigen Jahrhundert in geheimen Freimaurerlogen und Ordenbrüderschaften formalisiert sind. 962 Namen von höchsten Entscheidungsträgern in Politik, Militär, Geheimdiensten, Justiz, Wirtschaft, Finanzen und Presse umfaßte eine 1981 beschlagnahmte und wahrscheinlich unvollständige Mitgliederliste der von Licio Gelli geleiteten Geheimloge Propaganda-2 (Raith 1983:108; Forgione/Mondani 1994:176). Die Interessen der Logenbrüder auf nationaler und internationaler Ebene waren vielfältig, wobei die gegenseitige Karriereförderung noch der harmloseste Aspekt gewesen sein dürfte: Von diversen Geschäftskontakten über Finanzspekulation und Geldwäsche bis hin zu Waffen- und Drogenhandel erleichterte die P-2 alle möglichen legalen und illegalen Unternehmungen (Cpi 1984). Zudem wurden politische Umsturzpläne ersonnen, die in einer ersten Phase die Beteiligung an rechtsradikalen Terroranschlägen und Putschversuchen miteinbezogen und dann ab Mitte der siebziger Jahre mit einer kapitalkräftigen Unterwanderung der Institutionen realisiert werden sollten (ebd.:135-55). Mit die bekanntesten P-2 Mitglieder waren Michele Sindona und Roberto Calvi, jene beiden Financiers, die nicht nur für den Vatikan, sondern auch für die Cosa Nostra Milliardenbeträge auf den internationalen Finanzmärkten hin- und herschoben (vgl. Calabrò 1991; Tranfaglia 1992:221-97; Paoli 1993).

Richterliche Erkenntnisse über die *loggia C* im sizilianischen Trapani erlauben es, eine Loge im Kleinen genauer zu betrachten (TPT 1990). Die meisten Freimaurer Trapanis wußten nichts von der Existenz der *loggia C* - es handelte sich um eine Geheimloge innerhalb der Geheimlogen. "Ihr Sinn ergab sich aus der Notwendigkeit, bestimmte Persönlichkeiten von ihrer sozialen, politischen oder administrativen Stellung von den Anmaßungen und den klientelistischen Gesuchen der anderen Brüder abzuschotten - es war zweckmäßiger, sie mit einer gewissen Geheimhaltung zu "verschleiern" (ebd.:15). Eine Frau, die eher zufällig in diesen exklusiven Zirkel hineingeraten sein will, wunderte sich darüber, daß die in den Sitzungen behandelten Themen eigentlich "nicht (wie geboten) esoterisch, sondern sehr viel materialistischer, utilitaristischer" waren (ebd.:16). Tatsächlich machte in der *loggia C* die lokale Elite untereinander aus, an wen der Auftrag für die nächtliche Bewachung des Flughafens ergehen sollte, wer welchen Posten in der Kommunalverwaltung erhalten durfte, wem Arbeitsplätze zugeschanzt und welcher Politiker im Wahlkampf unterstützt werden sollte (ebd.:18ff.). Zu dieser Elite aber gehörten auch *uomini d'onore* - von den über dreißig Logenmitgliedern waren mindestens sieben Mafiosi. Anführer Giovanni

Grimaudo ging ganz spezifisch auf deren Interessen ein, als er versprach, mit seinen Beziehungen auf die Gefängnisverlegung eines bekannten Mafiosi einzuwirken (ebd.:19).

Die *loggia* C war keine isolierte Gruppe, sondern - wenngleich geheim - in andere Netzwerke innerhalb des Freimaurertums eingebunden. Besonders gute Beziehungen pflegte Grimaudo zu Giuseppe Mandalari, einem hochrangigen Freimaurer und langjährigen Mitglied der P-2 in Palermo, der als Geschäftsführer Unternehmen von Totò Riina und anderen mafiosen Bossen leitete und ein Meister der politischen Intrige war - sogar im Wahlkampf von 1994 zog er noch für Berlusconis *Forza Italia* seine Fäden (Bonsanti u.a. 1995). "Sie sind alle untereinander verbunden. Ich kenne den, der kennt jenen...", erklärte der *uomo d'onore* Giovanni Bastone in einem abgehörten Gespräch (TdP 1993b: 26). Sein Kollege Leonardo Messina berichtete vor der Antimafiakommission: "Es ist im Freimaurertum, wo man die totalen (sic) Kontakte mit den Unternehmern, mit den Institutionen, mit den Männern, die eine andere Macht als die strafende der Cosa Nostra verwalten, knüpfen kann" (lm.cpm:523). Ein "Treffpunkt für alle" also, der für die Mafiosi vor allem wegen "der Prozesse, der Aufträge und der internationalen Kontakte interessant" sei (ebd.:569).

Besonders um auf laufende Gerichtsverfahren einzuwirken, haben sich die Logen-Kontakte immer wieder ausgezahlt. Wieso, erklärt der *pentito* Vincenzo Calcara: Wenn ein Freimaurer, der Richter ist, von einem anderen Freimaurer gebeten wird, bei einem Mafioso ein Auge zuzudrücken, kann er keinen öffentlichen Skandal wegen versuchter Prozeßbeeinflussung anzetteln, da ihn seine Logenzugehörigkeit ja zur Verschwiegenheit verpflichtet. Zudem stehen die Chancen gut, daß er die Bitte erfüllt - schließlich ist er in die Hierarchie einer Geheimgesellschaft eingebunden, deren wesentlicher Sinn ja solcherlei Empfehlungen und Anfragen sind (TdP 1993b:22). Für die Freimaurer dagegen kann die militärische Macht der Mafia interessant sein: Bei dem erst in letzter Minute abgebrochenen Borghese-Putsch-Versuch von 1970 waren *uomini d'onore* als Ordnungshüter des neuen Regimes eingeplant (Arlacchi 1992:95-8, 1994:168).

Das möglicherweise früher bestehende Verbot der Logenmitgliedschaft für *uomini d'onore* (tb:277) scheint in den siebziger Jahren von der Cosa Nostra gelockert worden zu sein. Schlitz- und blauäugig erzählt Gaspare Mutolo: "Es gab eine Zeit, in der sie [die Freimaurerlogen] mit einer gewissen Rivalität und einer Art Neid betrachtet wurden, aber im Laufe der Jahre hat man entdeckt, daß die Freimaurer in ihrem tiefsten Inneren nicht böse sind und man daher mit ihnen einen sehr geselligen Dialog führen kann" (gm:1298). Leonardo Messinas Behauptung, alle wichtigen Mafiosi seien Logenmitglieder (lm.cpm:557), könnte allerdings auch übertrieben sein: Die von der Staatsanwaltschaft von Palmi und der Antimafiakommission ausgewerteten Mitgliederlisten der sizilianischen Logen zeigen, daß von 1457 Freimaurern, bei denen der Beruf festgestellt werden konnte, nur 29 *uomini d'onore* sind (vgl. Nicastro 1993:194)[54] - womit allerdings nicht ausgeschlossen wird, daß sich andere Mafiosi in bislang unbekannten Geheimlogen verbergen. Ein Loyalitätskonflikt zwischen dem einen oder dem anderen Geheimbund war dabei undenkbar. Antonino Calderone ist sich da ganz sicher: "Die Treue zum Cosa-Nostra-Schwur war außer Diskussion. Wenn es hart auf hart gekommen wäre, wäre das Freimaurertum für die Mafia verraten worden und niemals umgekehrt" (Arlacchi 1992:207).

Die große Bedeutung, die beispielsweise die Antimafia-Kommission dem Freimaurertum innerhalb des *intreccio* zumißt (Cpm XI/2:59-73), mag jedoch auch übertrieben sein. Das Freimaurertum sagt mehr über die italienische Gesellschaft aus als über die Mafia. Die mafiosen Beziehungen zur Legalität nämlich müssen nicht zwingend über Logen abgewickelt werden - genügend Beispiele für andere Kontakte sind bereits genannt worden. Der geheimnisvolle und esoterische Beigeschmack des Freimauertums kann zu einer publikumswirksamen Verklärung seiner tatsächlichen Rolle führen. Übersehen wird auf diesem Gebiet häufig, daß gerade innerhalb der doch recht kleinen Elite ohnehin Netzwerke der Macht aufgebaut werden, die alle

---

54 Mit von der Partie waren unter anderen 132 Offiziere der Streitkräfte, 113 Anwälte, 62 Unternehmer, 121 Verwaltungsbeamte sowie 114 Bankiers und Bankangestellte (Nicastro 1993:194). Die Freimaurerlogen haben in ganz Italien Tausende von Mitgliedern. Über 6000 eingeschriebene Mitglieder zählt die Vereinigung *Gran loggia d'Italia*; an die 21.000 die *Grande oriente d'Italia* und zusammen über 5000 weitere Logen wie die *Grande oriente italiano* sowie das *Centro sociologico* (vgl. Cpm.sed: 2186; Cpm XI/14:119). Wohlgemerkt handelt es sich hier nur um die offiziellen Mitgliederlisten bekannter Freimaurervereinigungen. Wie groß das "abweichlerische Freimaurertum", das auch kriminell vorgeht, innerhalb dieses Spektrums ist, kann auch der Richter und Logenexperte Agostino Cordova nicht sagen. Das Bestehen einer "transversalen Partei", die sich durch die italienische Politik ziehe, sei allerdings zu vermuten (ebd.). Schärfer urteilt er an anderer Stelle: "Ich bin der Meinung, daß die italienische Gesellschaft in den Händen unerforschter und verborgener Machtgruppen [...] ist" (Forgione/Mondani 1994:248).

möglichen Absprachen erleichtern.[55] Der organisatorische Rückhalt und die Geheimniskrämerei der Freimaurerlogen mögen das *intreccio* erleichtern und verschleiern, unbedingt notwendig sind die Freimaurer für die organisierte Kriminalität jedoch nicht. Obwohl wie erwähnt im 19. Jahrhundert als Elitenzirkel ähnlich wichtig (Montoya 1988), spielen sie im heutigen Kolumbien mit großer Wahrscheinlichkeit überhaupt keine Rolle[56] - und trotzdem ist dort das *intreccio* ähnlich ausgeprägt und hermetisch.

Bei allen Unterschieden zwischen Kolumbien und Italien - so könnte vorläufig bilanziert werden - ermöglicht der Zugang zu den Netzwerken der Macht der Mafia und dem Narcotráfico gleichermaßen einen beträchtlichen Handlungsspielraum. Die Querverbindungen zu den gesellschaftlichen Eliten sind ähnlich vielfältig und dicht. Hier wie dort verschwimmen sehr häufig die Unterscheidungen zwischen den illegalen Organisationen und ihrer Umwelt, zwischen den "kriminellen" und den "nicht-kriminellen Akteuren". Sicher ist es nicht immer ein leichtes Auskommen: Das perfekte *intreccio* existiert nicht. Sporadische Gewalttaten oder gelegentliche Verhaftungen zeigen, daß die Korruptions-Netzwerke gewöhnlich nur bis zu einem gewissen Punkt harmonisch funktionieren. Mit der organisierten Kriminalität und dem staatlichen Machtapparat haben an dem *intreccio* Akteure teil, die im Zweifelsfall ihre Interessen mit Gewalt durchsetzen können - eine friedliche Aushandlung der Absprachen hat insofern strukturelle Grenzen. Insgesamt jedoch vermag die gegenseitige Interessenverflechtung auch über längere Perioden eine beachtliche Stabilität zu gewährleisten.

So gesehen ist nicht das Bestehen des *intreccio* überraschend, sondern sein gelegentliches Zusammenbrechen. Die Anzeichen für diese Krisen sind leicht zu erkennen: Hin und wieder kommt es zu großen Verhaftungswellen, hin und wieder eskaliert die Gewalt. Manchmal sind diese Störungen vorübergehend, und früher oder später pendeln sich die Austauschbeziehungen wieder ein. Manchmal sind sie aber auch definitiv, und nichts läuft mehr. So einfach

---

55 Ebenso übrigens in Deutschland: Daß so viele führende Bankiers und Unternehmer Mitglieder des auch in Italien bestehenden "Ritterordens vom Heiligen Grab zu Jerusalem"sind, ist für ihre Geschäftskontaktewahrscheinlichweniger ausschlaggebend als oft angenommen wird (vgl. Die Zeit 25/3/94:11-16).

56 Einzig die Unterstützung der paramilitärischen Allianz im Magdalena Medio durch die rechtsradikal-katholische Sekte "Tradición, Familia y Propiedad" wäre vergleichbar (Medina 1990:190,199ff.).

es ist, derartige Krisen zu erkennen, so schwierig ist es, sie zu erklären: Häufig ist nicht eindeutig festzustellen, warum sie ausbrechen und wieso die betroffenen Mafia- und Narcotráficogruppen so reagieren, wie sie es tun. Vor allem gilt es, die mitunter vorkommende gewaltsame Eskalation zu erklären.

Zu beachten ist, daß das *intreccio* ständig von außen bedroht ist, da an ihm ja nicht alle auschlaggebenden individuellen und kollektiven Akteure teilhaben. Im Prinzip ist der Staat dazu verpflichtet, seine Legalität gegen illegale Phänomene wie die Mafia und den Narcotráfico zu verteidigen - daran führt kein Weg vorbei. Einen ganzen Staatsapparat zu vereinnahmen ist schwierig. Es gibt auf lateinamerikanischer Ebene hierfür Beispiele - wie die Diktatur der "Kokageneräle" im Bolivien Anfang der Achtziger oder die Herrschaft des General Noriega in Panama - aber diese Beispiele zeigen gleichzeitig, daß internationaler Druck, in diesen Fällen US-amerikanischen Ursprungs, eine langfristige Vereinnahmung erschwert. Die Haltung des *big brother* im Norden dürfte auch erklären, wieso die Absprachen zwischen dem Cali-Kartell und dem liberalen Präsidentschaftskandidaten Ernesto Samper nach dessen Amtsübernahme 1994 dann doch nicht in die Praxis umgesetzt wurden.

Wie schon das engagierte Vorgehen der derzeitigen Staatsanwaltschaften beweist, gibt es unabhängig vom internationalen Kontext auch nationale Gegner des *intreccio*. Je ausdifferenzierter die Staatsapparate und je mehr interne Kontrollmechanismen vorhanden sind, um so schwieriger ist die Vereinnahmung aller staatlichen Organe durch eine Gruppe oder Fraktion der organisierten Kriminalität. Ebenso spielt die gesellschaftliche Komplexität eine Rolle: In einer ländlichen Gesellschaft des vorigen Jahrhunderts mit nur wenigen und relativ homogenen Gruppen in Elitepositionen ist die Symbiose zwischen Legalität und Illegalität problemloser als in einem städtischen und industrialisierten Raum des ausgehenden zwanzigsten Jahrhunderts, mit *pressure-groups*, Massenmedien und Öffentlichkeit. Je mehr tatsächliche oder potentielle Gegner das *intreccio* jedoch hat, um so größer die Gefahr, daß es kollabiert. Beispielsweise kann ein von den staatlichen und gesellschaftlichen Widersachern durchgesetztes neues Gesetzespaket zur Bekämpfung der organisierten Kriminalität die Netzwerke in eine tiefe Krise stürzen.

Nicht ganz von dieser externen Anfeindung zu trennen, aber doch analytisch von ihr zu unterscheiden, ist eine weitere Gefahrenquelle für reibungslose Austauschbeziehungen: Interne Kräfteverschiebungen können dazu führen, daß das *intreccio* gewissermaßen in sich selbst zusammenbricht.

Solange sich die Narcotraficantes in einer ersten Phase darauf beschränkten, den Politikern und Strafverfolgern Geld zuzustecken und mit der unternehmerischen Elite das ein oder andere Geschäft in die Wege zu leiten, gestalteten sich die Austauschbeziehungen relativ harmonisch. Praktisch die gesamte politische Führungsschicht des Medellíns der achtziger Jahre ließ sich mit dem Emporkömmling Pablo Escobar fotografieren (Semana 19/10/ 93: 39-43). Als jedoch mit dem direkten Einstieg in die Politik und der zunehmenden wirtschaftlichen Macht aus den Sponsoren Konkurrenten zu werden drohten, reagierten die Eliten empfindlich und distanzierten sich - eine Haltung, die von einer Fraktion der Narcotraficantes mit Gewaltanwendung quittiert wurde, während die andere die Spielregeln akzeptierte und so ihre Netzwerke stabilisieren konnte.

In Sizilien begannen sich nach Jahren des gemeinsamen Wirtschaftens Anfang der achtziger Jahre in Sizilien die Ermordungen von Unternehmern zu häufen. Eine wichtige Rolle spielten interne Konflikte. Die *Corleonesi* waren dabei, mit Gewaltanwendung ihre Macht zu festigen, und die Fraktion der *perdenti*, der Unterlegenen, wurde buchstäblich ausgelöscht - mit ihr all jene ihrer engsten Verbündeten, die nicht früh genug die Seiten gewechselt hatten. Die Gewalt aber nahm nicht ab, als die Machtkonsolidierung der *Corleonesi* beendet war. Das hing zweitens damit zusammen, daß der Druck von außen zugenommen hatte: Mit dem Rognoni-La Torre-Gesetz verfügte der Staat erstmals über ein brauchbares juristisches Instrument zur Strafverfolgung der Cosa Nostra, ein Instrument, das auch die Beschlagnahmung des Eigentums der Mafiosi ermöglichte. Der Druck von außen erhöhte den Druck nach innen. Einerseits mehrten sich die Erpressungen, andererseits gingen die Mafiosi dazu über, ihre unternehmerischen Tätigkeiten besser zu verschleiern, Geschäftsleute mit tadellosem Führungszeugnis als Strohmänner einzusetzen und ihr Kapital verstärkt in legale Unternehmen einzubringen. Mit dem Vordringen der Cosa Nostra in die legale Geschäftswelt vervielfältigten sich jedoch nicht nur die Berührungspunkte, sondern auch die Reibungsflächen zwischen legalen und mafiosen Unternehmern, und die Konflikte mehrten sich (vgl. Chinnici/Santino 1989: 217-21, 354-55; Santino/ La Fiura 1990:410ff.). Mit der internen Harmonie des *intreccio* war es angesichts dieser Entwicklungen erst einmal vorbei. Es dauerte eine Weile, bis sich die Wogen vorübergehend wieder glätteten und neue Korruptions-Netzwerke wie jenes sehr raffinierte der Auftragsrotation etabliert werden konnten.

In beiden Beispielen reagieren Mafia und Narcotráfico auf die Krise des *intreccio* mit Gewaltanwendung, womit es ihnen wenigstens für eine Weile gelingt, die Situation in den Griff zu kriegen. Eine derartige Gewaltanwendung gegen staatliche und gesellschaftliche Funktionsträger aber ist nicht zwingend, und im Gegenteil zeigt eine historische und regionale Differenzierung, daß sie eher die Ausnahme ist. So massiv, wie sie es ab den siebziger Jahren tat, war die Cosa Nostra nie gegen hochrangige Vertreter der politischen und gesellschaftlichen Elite vorgegangen. Eine mögliche Erklärung bestände darin, daß das *intreccio* zuvor nicht ernsthaft gefährdet war. Das aber stimmt nur teilweise: Sicherlich gelang es beispielsweise der aristokratischen Grundbesitzerschicht bis zu ihrer endgültigen Schwächung nach dem zweiten Weltkrieg stets, die Repression gegen die Mafia ungeschoren zu überstehen. Nicht so aber vielen Mafiosi: Immer wieder kam es zu großen Verhaftungs- und Verbannungswellen, durch die mitunter auch mächtige mafiose Fraktionen zerschlagen wurden. Das Spiel der *guardi und ladri*, der Polizisten und Räuber, zieht sich mit seinem Hin und Her nicht nur in Kalabrien über Jahrzehnte hinweg (vgl. Ciconte 1992:191ff.).

Warum dann wehrten sich zumindest Teile der sizilianischen Mafia nicht schon vorher, indem sie gewaltsam intern gegen ihre Mitspieler und extern gegen die höchsten Vertreter der Strafverfolgung vorgingen? Wahrscheinlich erlaubte die Position innerhalb des *intreccio* das nicht. Bei aller Ausdifferenzierung von Leopoldo Franchettis "Industrie der Gewalt" nahmen die Mafiosi innerhalb des gesamten gesellschaftlichen Machtgefüges eine eher untergeordnete Stellung ein. Grob vereinfacht: Das *intreccio* bestand darin, daß zumindest einige gesellschaftliche und staatliche Fraktionen die Mafia benutzten und die Mafia ihre Macht in den Dienst eben dieser Interessen stellte. Als schwächeres Glied in der Hierarchie gingen die Mafiosi selbst dann nicht offensiv vor, wenn sie offensichtlich im Stich gelassen wurden. Antonino Calderone erzählt, wie sich noch Anfang der Siebziger ein Boß weigerte, einen Politiker zu ermorden: "Nein, D'Angelo [der Politiker] wird nicht angerührt. Wir wissen, was wir tun, wir wissen, was wir sind. Wir sind auf der anderen Seite der Barrikade. Wenn diese Dinge geschehen, müssen wir sie akzeptieren und nicht einen Richter oder Mann der Regierung ermorden" (ac:280). *Non si fa la guerra allo stato* - "dem Staat wird nicht der Krieg gemacht", soll auch Gaetano Badalamenti, einer der ganz großen Mafiabosse der sechziger und siebziger Jahre, einmal gesagt haben (Cpm XI/2:57).

Dieser Ausspruch ist schön, aber mit Vorsicht zu genießen, denn

Badalamenti war bereits ein Vertreter jener mächtiger gewordenen Mafia, die sich, durch Bauboom und Drogenhandel gestärkt, immer deutlicher von ihrer bislang untergeordneten Rolle verabschiedete. Als führender Mafioso war er zudem an jener Entscheidungsfindung beteiligt, welche die gewaltsame Offensive Anfang der siebziger Jahre erst einleitete. Antonino Calderone kolportiert den Boss wie folgt: " 'Wir müssen uns Siziliens wieder bemächtigen. Wir müssen unsere Präsenz spüren lassen. Alle Carabinieri ins Meer schmeißen müssen wir', pflegte Badalamenti zu sagen. Also waren Unordnung und Chaos zu schaffen und Richter, Politiker, Journalisten zu ermorden" (Arlacchi 1992:99-100). Ganz ähnlich wie Badalamenti sah das der noch mächtigere Luciano Leggio. An ihn erinnert sich Gaspare Mutolo: "Wenn die Rede auf die Institutionen kam, hatte er immer etwas zu sagen [...]. Kurz: Er war immer der Ansicht, Persönlichkeiten des Staates seien zu ermorden" (gm.vi.1:13).

Tatsächlich zieht sich seit der Ermordung des regionalen Generalstaats-anwalts Pietro Scaglione 1971 eine lange Reihe von *delitti eccelenti*, "herausragender Delikte", bis in die neunziger Jahre hinein. Eine Auswahl daraus: 1977 wurde der Carabinieri-Oberst Giuseppe Russo ermordet, 1979 der Provinzsekretär der *Democrazia Cristiana* Michele Reina, der Chef des Mobilen Einsatzkommandos der palermitanischen Polizei Boris Giuliano und der Richter Cesare Terranova, 1980 der Regionalpräsident Piersanti Mattarella und der Carabinieri-Hauptmann Emanuele Basile, 1982 der regionale Parteichef der kommunistischen Partei Pio La Torre und der Präfekt Carlo Alberto Dalla Chiesa, 1983 der Richter Rocco Chinnici, 1984 der Chefredakteur des "Siciliano" Giuseppe Fava, 1985 der Vize-Polizeichef Palermos Antonino Cassarà, 1988 der ehemalige Bürgermeister Palermos Giuseppe Insalaco und der Richter Antonino Saetta, 1990 der Richter Rosario Livatino, 1992 dann der Europaabgeordnete und regionale DC-Chef Salvo Lima sowie die Richter Giovanni Falcone und Paolo Borsellino. Nie zuvor hatte die Mafia so "hoch geschossen". Möglich war ihr das erst, weil sie im Laufe der letzten Jahrzehnte stärker geworden und immer enger mit Unternehmertum und Politik verstrickt war.

Diese Nähe aber begann auch die "legalen" Akteure zu prägen. Vermehrt wurden die Konflikte in Politik und Wirtschaft auch gewaltsam ausgefoch-ten. Hinter mehreren der *delitti eccelenti* dürften nicht allein mafiose Interessen gestanden haben, sondern ebenso politische Richtungskämpfe, Auseinandersetzungen um staatliche Ressourcen oder Geheimdienstaffären (vgl. tb.cpm:357ff.,404; Cpm XI/2-ter:19; PdRP 1995:465ff.). "So schließt sich der Kreis", schreibt Raimondo Catanzaro, "das politische System, im hohen Maße verantwortlich für die Festigung und Expansion des Gewaltprinzips in der Wirtschaft, wird selber schwer getroffen und degeneriert [...]. Die Delikte gegen den Staat können nicht anders gesehen werden als aus der Perspektive einer gewaltsamen Auseinandersetzung zwischen Machtgruppen, die sich im institutionellen Apparat eingenistet haben und um dessen Kontrolle kämpfen" (Catanzaro 1988:261).

Wenn auch in einem sehr viel kürzeren Zeitraum läßt sich eine ähnliche Entwicklung ebenso im Fall des Narcotráfico beobachten. Beschränkt man sich allein auf den Drogenhandel, der ja erst ab Anfang der Siebziger in Gang kam, dauerte es über zehn Jahre, bis die organisierte Kriminalität Kolumbiens mächtig und kapitalkräftig genug war, um gegen die internen und externen Gegner des *intreccio* massiv Gewalt anzuwenden. In Kolumbien war das erste *magnicidio*, das erste "herausragende Delikt", die Ermordung des Justizministers Rodrigo Lara Bonilla 1984. Danach ging es Schlag auf Schlag: 1985 wurden die Richter Manuel Castro Gil und Alvaro Medina Ochoa erschossen, 1986 der Chef der Linkspartei Unión Patriótica Jaime Pardo Leal, der Leiter der Antidrogenpolizei, Oberst Jaime Ramírez Gómez, die Richter Hernando Baquero Borda und Gustavo Zuluaga Serna sowie der Chefredakteur der Tageszeitung "El Espectador" Guillermo Cano, 1987 die Staatsanwältin Alba Lucía Ardila, 1988 der Generalstaatsanwalt Carlos Mauro Hoyos, 1989 der liberale Spitzenpolitiker Luis Carlos Galán, der Polizeichef Medellíns Waldemar Franklin Quintero, der Gouverneur des Departements Antioquia Antonio Roldán, die Richter Carlos Valencia García, Mariela Espinoza Arango und José Jiménez Rodríguez, 1991 dann der ehemalige Justizminister Enrique Low Murtra.

Wiederum handelt es sich hier nur um eine kleine Auswahl aus einer langen Liste von Gewaltopfern. Eine Ahnung von den Ausmaßen des Terrors vermittelt ein Kommuniqué der *Extraditables* vom 23. August 1986: " [...] Wir erklären den totalen und absoluten Krieg gegen die Regierung, die industrielle und politische Oligarchie, die Journalisten, die uns angegriffen und beleidigt haben, die Richter, die sich der Regierung verkauft haben, die Vollstrecker der Auslieferung, die Präsidenten der Wirtschaftsgremien und all jene, die uns verfolgt und angegriffen haben. [...] Wir werden nicht die Familien derer respektieren, die unsere Familien nicht respektierten. [...] Wir werden die Industrie, die Besitztümer und die Villen der Oligarchie anzünden und zerstören" (zit. nach Orozco 1990:47). Die Wortwahl ist darauf aus, für die Narcotraficantes den juristischen Status "politischer Delinquenten" zu erlangen. Der düstere Tonfall hingegen war nicht übertrieben: Während des "Drogenkrieges" wurde ein Bombenterror entfesselt, der sich keineswegs nur gegen die "Oligarchie" richtete und der Hunderten von Menschen das Leben kostete (vgl. Jimeno 1991).

Wie eine regionale Differenzierung verdeutlicht, setzen jedoch nicht alle Narcotraficantes und Mafiosi auf *delitti eccelenti* und *magnicidios*. In Italien ist Gewalt gegen hochrangige gesellschaftliche und politische Persönlichkeiten systematisch nur von der Cosa Nostra angewandt worden. Daß die 'Ndrangheta und die Camorra dazu nicht imstande wären, ist nur bedingt wahr - wenn auch etwas zeitverschoben gegenüber der Cosa Nostra, sind beide aus den siebziger und achtziger Jahren gestärkt hervorgegangen. Zudem gibt es auch in Kampanien und Kalabrien vereinzelte Beispiele für *delitti eccelenti*. Besonders Raffaele Cutolo schreckte nicht vor Attentaten gegen Mitglieder der Strafverfolgung zurück, um seine Macht unter Beweis zu stellen (Cr.pol:20-21; pg.1:2255ff.). In Kalabrien wurden unter anderen 1975 der Staatsanwalt Francesco Ferlaino, 1989 der mächtige Politiker und Unternehmer Lodovico Ligato ermordet; in beiden Fällen - nicht so in dem des 1991 im Auftrag der Cosa Nostra ermordeten Richters Scopelliti - scheinen die Opfer jedoch selbst am *intreccio* beteiligt gewesen zu sein (Arcà 1979:92; Cavaliere 1989:102; Ciconte 1993). Das mag ein Hinweis darauf sein, daß die Dichte des *intreccio* in diesen Regionen noch keine eklatante Gewaltanwendung notwendig machte - eine Erklärung, die so verschiedentlich auch angeführt wird (Cpm XI/12:19-20 ;pg.1:2327). Trotzdem steht fest, daß auch hier das *intreccio* immer wieder in die Krise gerät, wie die Strafverfolgung gegen so mächtige Gruppen wie die Pesce in Rosarno oder die Gionta in Torre Annunziata zeigen. Es muß noch andere Erklärungsmomente dafür geben, daß in Kampanien und Kalabrien nicht so "hoch geschossen" wird.

In Kolumbien war, wie bereits erwähnt, die unterschiedliche Auffassung über den Sinn der Gewaltanwendung gegen den Staat einer der Gründe für die Spaltung zwischen den Netzwerken Calis und Medellíns. Das Cali-Kartell hat bis heute weitgehend darauf verzichtet, sich mit massiver Gewaltanwendung gegen hohe Vertreter der Strafverfolgung, Politik und Wirtschaft die Straffreiheit zu erkämpfen. Dabei kann kein Zweifel daran bestehen, daß Gilberto Rodríguez Orejuela und seine Verbündeten zu einem solchen Schritt durchaus fähig wären - eine Tatsache übrigens, die in Verlautbarungen immer wieder zwischen den Zeilen mitschwingt und der sich alle bewußt sind. Auch über das Cali-Kartell ist häufig gesagt worden, daß die Dichte des *intreccio* Gewaltanwendung erübrigte - und das andersherum gerade die Friedfertigkeit gegenüber den staatlichen und gesellschaftlichen Eliten die engeren Verstrickungen ermöglichte. Selbst als dieses *intreccio* aufgrund der verschärften Strafverfolgung zusammenbrach, verzichteten die Narcotraficantes aus Cali darauf, ihr Gewaltpotential unter Beweis zu stellen.[57]

Eklatante Gewaltanwendung ist für die organisierte Kriminalität meist eher von Nachteil. Warum, wird von der italienischen Antimafiakommission bündig zusammengefaßt: "Die wichtigsten Antimafia-Gesetze folgten alle großen Delikten" (Cpm XI/2:54). Solange sich die Mafia hingegen ruhig verhält und die *pax mafiosa* walten läßt - sie tut das besonders dann, wenn wichtige Prozesse anstehen - läßt die Aufmerksamkeit der Ermittlungsbehörden und der Öffentlichkeit nach. "Man hat den Fehler begangen, die *pax mafiosa* [...] mit der Abwesenheit krimineller Tätigkeiten zu verwechseln" (ebd.). Der offensichtliche Zusammenhang zwischen eklatanter Gewaltanwendung und verstärkter Repression ist in Kolumbien und Italien identisch und wird besonders an den beiden jeweils wichtigsten Anschlägen deutlich: der Ermordung des liberalen Präsidentschaftskandidaten Luis Carlos Galán in der Nähe von Bogotá am 18. August 1989 und dem Bombenanschlag, dem Richter Giovanni Falcone am 23. Mai 1992 zusammen mit seiner Frau und drei Leibwächtern zum Opfer fiel.[58] Sowohl Falcone als

---

57 Einzig ein kurz nach der Verhaftung von Gilberto Rodríguez Orejuela verübter Bombenanschlag, bei dem in Medellín 29 Menschen starben, scheint dieser Aussage zu widersprechen. Das Attentat wurde wahrscheinlich vom Cali-Kartell angeordnet. Der Sprengsatz war bezeichnenderweise an einer Skulptur von Fernando Botero befestigt, dem Vater des gleichnamigen damaligen Verteidigungsministers und ehemaligen Wahlkampfleiters von Präsident Samper (vgl. Semana 20/6/95:38-39). Möglicherweise sollte so dem Minister und dem Präsidenten unmißverständlich signalisiert werden, daß die während des Wahlkampfes getroffenen Abmachungen einzuhalten seien.

58 Wie besonders die Familie Galáns vermutet, mögen auch noch andere - politische - Interessen hinter der Ermordung gestanden haben (Cambio 16 Colombia 15/8/94; Semana 23/8/94:54-55). Auszuschließen ist das nicht: Auch in Kolumbien bietet das *intreccio* legalen Akteuren die Möglichkeit ungesühnter Gewaltanwendung. Trotzdem gibt es wenig Zweifel an der (Haupt-) Täterschaft der Narcotraficantes. Wären sie es nicht gewesen, hätten sie das ganz bestimmt, und zwar sehr schnell, bekanntgegeben. Bezeichnend ist die Weigerung Gonzalo Rodríguez Gachas, gegenüber dem Journali-

auch Galán waren in ihren Ländern die erbittertesten und ernsthaftesten Widersacher der organisierten Kriminalität und als solche nationale Symbolfiguren. Spätestens jetzt mußten die Staatsapparate angesichts eines derartigen Affronts reagieren.

Tatsächlich erlebten die Narcotraficantes des Medellín-Kartells ein kleines Waterloo: Nach dem Mord an Galán wurden Tausende von Menschen verhaftet, 15 Drogenhändler an die USA ausgeliefert, Besitztümer im Wert von Milliarden beschlagnahmt, Gonzalo Rodríguez Gacha noch 1989 und später auch Pablo Escobar Gaviria erschossen (vgl. PrRep 1990:38). Nicht viel besser erging es den sizilianischen Mafiosi. Zwei Jahre nach dem Mord an Falcone saßen die wichtigsten Bosse der *Corleonesi* bis auf wenige Ausnahmen allesamt in Hochsicherheitsgefängnissen - aus denen sie voraussichtlich zu Lebzeiten auch nicht mehr herauskommen werden. Wenn der Zusammenhang zwischen eklatanter Gewaltanwendung und staatlicher Repression jedoch so deutlich ist, warum war er dann den betreffenden Narcotraficantes und Mafiosi nicht klar? Wie konnte ihnen, die doch ansonsten immer so rational agieren, eine derartige, Fehleinschätzung unterlaufen? Es darf angenommen werden, daß die Sizilianer zumindest bruchstückhaft über die Geschehnisse in Kolumbien informiert waren - man interessiert sich unter Kollegen für die Geschicke der anderen. Wieso war den *Corleonesi* trotzdem nicht bewußt, daß das Attentat auf Falcone zwingend sehr viel empfindlichere Nachteile mit sich bringen würde als jene, die es abzuwenden galt?

Den Ausschlag gab wahrscheinlich sowohl in Italien als auch in Kolumbien eine unausweichliche Machtlogik. Zur Erinnerung: Sowohl die *Corleonesi* als auch Pablo Escobar und seine engsten Verbündeten rechtfertigten ihre Herrschaft über die anderen illegalen Akteure vor allem damit, daß sie Schutz vor staatlichen Übergriffen boten. Die dergestalt geglückte Zentralisierung unterschied die Cosa Nostra und das Medellín-Kartell von der 'Ndrangheta und der Camorra und möglicherweise auch vom Cali-Kartell. Es war jedoch nicht nur gewalttätige Erpressung, die es Pablo Escobar und Totò Riina ermöglicht hatte, ihre Handlungsräume zu zentralisieren und sich selbst an die Spitze zu setzen - die anderen Mafiosi und

---

sten Hernando Corral über den Mord zu reden. Galán war erst eine Woche tot, und Rodríguez Gacha stritt nichts ab (Corral 1991:168).

Narcotraficantes erwarteten von ihnen auch Schutz, Ordnung und Sicherheit. Diese Erwartungen aber liefen Gefahr, enttäuscht zu werden: Entgegen aller Versprechungen der *Corleonesi* hatte in Italien der Kassationshof, das oberste Berufungsgericht, die Urteile des maßgeblich von Falcone geleiteten "Maxiprozesses" für rechtskräftig befunden; in Kolumbien waren geheime Verhandlungen mit der Regierung gescheitert, die Ermittlungsbehörden befanden sich in der Offensive, und trotz jahrelanger Gewalt war die Auslieferungsfrage immer noch nicht vom Tisch.

Angesichts des drohenden Eklats blieb den *Corleonesi* sowie Escobar und seinen Verbündeten nur die Flucht nach vorn. In ihrem Selbstverständnis waren sie Machtpolitiker, die über sich keine weiteren Instanzen zu dulden vermochten. Ihr ganzer Werdegang war von der gewalttätigen Durchsetzung ihrer Interessen geprägt. Sie konnten weder vor sich selbst noch vor den anderen klein beigeben - hätten sie es getan, wären ihre Aurotität und somit auch ihr Handlungsraum dahin gewesen. Beschützer, die ihre Macht *ad infinitum* und *ad absurdum* unter Beweis stellen müssen, um weiterhin ihren Machtanspruch wahren zu können und nicht als gewalttätige Erpresser von den anderen ausgeschaltet zu werden: Diese (selbst-) mörderische Machtlogik scheint sowohl in Italien als auch in Kolumbien den Ausbruch ungezügelter Gewalt zu erklären, der mit den Morden an Falcone und Galán zum Vorschein kam.

Kapitel IV
Soziale Herkunft und Herrschaft

1. Begräbnisse

In Bezug auf die Bevölkerung üben Mafiosi und Narcotraficantes häufig gleichermaßen Herrschaft aus. Sie mögen sich organisatorisch anders zusammentun, sich anderer Bündnispartner bedienen und vor allem andere Motive ihr eigen nennen - Mafiosi suchen gewöhnlich ihre Macht zu untermauern, Narcotraficantes dagegen ihre Ressourcen abzusichern - aber im Ergebnis kann sich die Herrschaft sehr ähneln. In ihren Einflußgebieten werden die Mafiosi und Narcotraficantes von vielen Menschen unterstützt, die durchaus dazu bereit sind, ihren eventuellen Anweisungen Folge zu leisten. "Herrschaft", heißt es bei Weber, "soll heißen die Chance, für einen Befehl bestimmten Inhalts bei angebbaren Personen Gehorsam zu finden" (1922:28). Für den externen Beobachter ist die anscheinende Legitimität der kriminellen Herrschaft mitunter verblüffend, steht sie doch in einem eklatanten Widerspruch zur sonst üblichen negativen Bewertung und Stigmatisierung der organisierten Kriminalität. Argumentativ gelöst wird dieser Widerspruch häufig dadurch, daß die Unterscheidung zwischen Herrschern und Beherrschten verwischt wird: die Bevölkerung wird als "mafios" apostrophiert und die Mafiosi als "volkstümlich". Dies klingt im ersten Moment absurd, aber es gibt dafür tatsächlich gewisse Anhaltspunkte. Daß eine derartige Gleichsetzung trotzdem nicht nur falsch ist, sondern mutwillig in die Irre führt, ist einer der Aspekte, die im folgenden behandelt werden.

Im Tod sind alle Menschen gleich. Mafiosi und Narcotraficantes, die sterben, befinden sich jenseits von Gut und Böse. Weil auf dem Friedhof nicht gelästert wird und dem Dahingeschiedenen eine letzte Ehrung zusteht, gehören die Begräbnisse der großen Bosse zu den wenigen Ereignissen, bei denen die Menschen einen gewissen Spielraum haben, ihre Sympathien mit ansonsten stigmatisierten, also geächteten "Kriminellen" öffentlich kundzutun. Daß die Familie sowie die engsten Freunde und Mitarbeiter des Verstorbenen an der Trauerfeier teilnehmen, ist selbstverständlich. Je wichtiger der Dahingeschiedene, desto mehr andere Menschen jedoch wohnen seinem Begräbnis bei: die Notabeln, die von ihrem Weggefährten Abschied nehmen wollen, die Polizisten und Reporter, die sie dabei beobachten, und all jene, die dem Boß diesen oder jenen Gefallen verdanken oder ihn schlicht und einfach nur bewunderten.

Tausende von Menschen - unter ihnen auch die Bürgermeister der Gegend - begleiten 1979 den von einem Orchester und Wagen mit sechzig Kränzen angeführten Trauerzug des legendären 'Ndranghetista Gerolammo Piromalli durch die engen Straßen von Gioia Tauro (Arcà 1979:19). Eine in richterlichen Worten "nicht ganz anonyme" Menschenmenge gibt 1985 in Reggio di Calabria Paolo de Stefano das letzte Geleit; seine Familie läßt 5000 Totenzettel zum Gedenken an den Ermordeten verteilen (TdRC 1988:228). In Caltanisetta drängen sich Hunderte um die pompöse Kutsche, die den Leichnam eines verstorbenen Mafioso feierlich durch die Innenstadt zum Friedhof bringt (La Repubblica 27/2/94:2). In Medellín bricht eine regelrechte Massenhysterie aus, als Pablo Escobar beerdigt wird: Zehntausende säumen die Straßen, drängen auf den Friedhof, trauern um *Pablo*. Nicht umsonst versucht der Staat immer wieder, solche Aufzüge zu verhindern: Luciano Leggio wird in Sizilien unter Ausschluß der Öffentlichkeit begraben, Gonzalo Rodríguez Gacha in Kolumbien unter schärfsten Sicherheitsvorkehrungen.

Begräbnisse und Gedenkfeiern sind Inszenierungen, an deren Planung der Verstorbene manchmal noch selbst teilhatte, beispielsweise indem er die Grabinschrift oder den Trauermarsch bestimmte. Mafiosi und Narcotraficantes sind sich schon aus handwerklichen Gründen stets der Unausweichlichkeit des Todes bewußt. Die Entscheidungen, die sie über den Ablauf der Trauer- und Gedenkfeiern fällen, sagen viel über ihr Selbstbildnis und ihren kulturellen Hintergrund aus. Ein letztes Mal können sie sich ganz nach ihren Vorstellungen in Szene setzen. Auf dem Grabstein des Bosses Francesco Madonia in Riesi steht zu lesen: "Am 8. August 1978 ist im Alter von 70 Jahren von uns gegangen Francesco Madonia: Ein Mann" (ebd.). Nicht Chopins Trauermarsch erklingt beim Begräbnis von Pablo Escobar, sondern der mexikanische Gassenhauer *Pero sigo siendo el rey*: "Aber ich bin weiterhin der König".[59] Zum Gedenken an Rodríguez Gacha lassen die Freunde des verstorbenen *Mexicano* eine Platte stanzen, auf der das Orchester *Clamores Nacionales* - "Nationale Anliegen" - ein Lied zum Besten gibt, "Homenaje a El Mexicano", zu dem man auch tanzen kann. Ebenso auf der Platte zu hören ist "A Pacho Cundinamarca", eine von Rodríguez Gacha selbst gesungene Ode an seinen Heimatort: "Pacho, Seele ganz Kolumbiens.../ Wenn eines Tages dieser Gonzalo vergeht / wünsche ich, meine Asche ruhte / in Dir, in das Holzkreuz geschnitzt: / hier liegt ein Kolumbianer, gut oder schlecht."

Angenommen, ein Außerirdischer geriete in eine dieser Trauerfeiern. Oder vielleicht noch besser: ein des Spanischen oder Italienischen nur begrenzt mächtiger Ethnologe. Schnell wird er merken, daß etwas Wichtiges geschieht, eine örtliche Respektperson beerdigt wird. Die schillernde Inszenierung des Begräbnisses ist faszinierend: Was haben die Heiligenbildchen zu bedeuten? Warum der mexikanische Gassenhauer? Potentielle Informanten gibt es genug, und so kann die naheliegende Frage gestellt werden: Wer, bitte, wird da zu Grabe getragen? Was war das für ein Mensch? Die Antworten, die der Ethnologe zu hören bekäme, hätte nicht viel mit dem zu tun, was bisher in diesem Text beschrieben wurde. Der Volksmund artikuliert: Er war ein guter Mensch, er hat mir einmal aus der Patsche geholfen, mein Patenonkel, ich kannte ihn schon als kleinen Jungen, ja, er war einer von uns, stand uns immer zur Seite, ein guter Mensch. Abends in seinem Hotel denkt der Ethnologe über das unverhoffte Feldforschungs-Erlebnis nach. Das Tagebuch füllt sich mit Überlegungen zu Familie und Clan, Prestige und Ehre in südlichen Breitengraden. Kein Wort über diejenigen, die der Tote auf seinem Gewissen hatte. Von ihnen hat keiner gesprochen. Ebensowenig ist von jenen die Rede, die nicht an der Trauerfeier teilnahmen, weil sie Angst hatten, weil ihnen das Begräbnis gleichgültig

---

59 Andere Töne erklangen abends in einer Kneipe im Stadtzentrum Medellíns, wo sich jugendliche Anhänger Escobars versammelten (int.14). Immer wieder wurde zu "Todo tiene su final" des großen Salsasängers Héctor Lavoe getanzt: "Alles nimmt sein Ende, nichts ist von Dauer / Erinnern wir uns, daß es Ewigkeit nicht gibt /.../ Und ein atomarer Teufel wird kommen, dich wegzuputzen /.../ Laß' nicht locker, weiche nie zurück / nicht mal, um Anlauf zu nehmen / Paß' auf, hinterrücks / können sie dich angreifen".

war, weil sie den Verstorbenen verachteten oder gar haßten. Die waren nicht zu sehen.[60]

Die Überlegungen des imaginären Ethnologen sind partiell, aber nicht unbedingt falsch. Wie in jedem Herrschaftsverhältnis sind die Beziehungen zwischen der Bevölkerung und der Mafia und dem Narcotráfico komplex. Um sie sinnvoll beschreiben zu können, sollte zuerst auf einen Aspekt eingegangen werden, der bislang nur am Rande erwähnt wurde: Wer sind die Mafiosi und Narcotraficantes überhaupt? Wo lassen sie sich in der Sozialstruktur einordnen? Die Antworten hierauf und auf die Frage, in welche Richtung sie sich in der gesellschaftlichen Hierarchie bewegen, sind wichtig, um die Selbstdarstellung der Mafiosi und Narcotraficantes zu verstehen. Weiterhin: Wie wird geherrscht? Welcher Mittel bedienen sich Mafiosi und Narcotraficantes, um die Unterordnung anderer Menschen zu gewährleisten? Erst dann läßt sich auf das Bild kommen, das sich die Menschen von der organisierten Kriminalität machen, auf die ideologische Verklärung der Herrschaft gewissermaßen. Vielleicht gelingt so eine Einordnung jenes "gewissen sozialen Konsenses", der laut der glücklichen, weil unbestimmten Formulierung von Umberto Santino die Mafia umgibt (1994a:6) - und auf Trauerfeiern ganz deutlich zutage tritt.

2. Männer, nicht nur vom Bau

Die überwältigende Mehrheit der Mafiosi und Narcotraficantes sind Männer. Gewissermaßen per Definition sind Frauen von der Cosa Nostra und den meisten 'Ndrangheta-Gruppen ausgeschlossen: Eine Frau darf nichts erfahren, eine Frau darf keinen Schwur leisten. Das soll nicht heißen, daß die Gefährtinnen der Mafiosi sich in Unschuld wiegen. Gewöhnlich wissen sie sehr wohl über die Tätigkeiten der *uomini d'onore* Bescheid. Schon möglich, daß einige Mafiosi ihren Frauen gegenüber verheimlichen, was sie tagein,

---

60 Gabriella Gribaudi schreibt von denen, die sich bei festlichen Anlässen der Camorra hinter verschlossenen Jalousien verschanzen (1989/90:353). Zu erwähnen wären ebenso jene, die an anderen Trauerfeiern teilnehmen: Die Ermordungen von Luis Carlos Galán und Giovanni Falcone brachten mehr erschütterte Menschen auf die Straße, als es der Tod eines Mafioso oder Narcotraficante je vermochte.

tagaus treiben. Schwer glaubhaft hingegen, daß die Frauen es sich nicht ohnehin zusammenreimen können - sie leben doch mit diesen Menschen zusammen, sie sehen, welchen Eindruck ihre Ehemänner bei anderen Leuten hinterlassen. Zudem darf angenommen werden, daß auch Frauen am mafiosen Lebensstil Gefallen finden. Er ist vielleicht gefährlicher als andere, aber dafür in ökonomischer und sozialer Hinsicht auch reizvoller. Manche mögen das gewalttätige Getue ihrer Partner zwar verabscheuen, verfügen jedoch über wenig Möglichkeiten, sich zu wehren. Bedrohlich können besonders die 'Ndranghetisti werden, wenn ihre Ehefrauen, Töchter oder Schwestern aus der männlichen, vor allem sexuellen Kontrolle ausscheren (vgl. Zagari 1992:89; Siebert 1994:266).

Zwar gibt es in Sizilien und Kalabrien Beispiele für Frauen, die aktiv in das mafiose Geschehen eingreifen. Schon in den vierziger Jahren waren Frauen der *famiglia* Greco an einer Mordserie beteiligt; und seit den Sechzigern finden sich in den niedrigeren Marktsegmenten eine ganze Reihe von Drogenhändlerinnen. Außerdem handhaben Ehefrauen häufig das auf ihren Namen überschriebene mafiose Vermögen und kümmern sich um die Geldwäsche. Andere Frauen überwachen den geregelten Gang der Erpressungen und treiben die Zahlungen ein (Siebert 1994:194ff.; Centro Siciliano di Documentazione 1995; TdRC 1990:14). Wenngleich es eine gewisse Beteiligung wahrscheinlich schon immer gab (vgl. Ciconte 1992:82), ist es durchaus möglich, daß die "mafiosen" Frauen in letzter Zeit an Bedeutung gewonnen haben. Immer noch aber überwiegt der Eindruck, daß es sich bei solchen Fällen um Ausnahmen handelt, welche die Regel der von Giovanni Falcone hervorgehobenen "absoluten Männlichkeit" der Mafia nur bestätigen (1989:206).

Anders die Lage in Kampanien, wo camorristische Gruppen mitunter von Frauen geleitet werden, die häufig die Nachfolge verstorbener oder verhafteter Ehemänner oder Verwandten übernehmen (vgl. Enzensberger 1978; Beneduce 1993). Die Heterodoxie, welche die Camorra im Umgang mit mafiosen Ritualen an den Tag legt, mag hierbei eine Rolle spielen. Noch wichtiger aber dürfte das Geschlechterverhältnis sein, das ohnehin in Neapel und Umgebung vorherrscht. Schon seit Generationen müssen die Frauen des städtischen *popolo* täglich aufs neue und unter schwierigsten Bedingungen darum kämpfen, ihre meist zahlreichen Familien irgendwie durchzubringen - wobei die Männer an ihrer Seite trotz oder gerade wegen ihres ausgeprägten Brunstgehabes eher hilflos aussehen. Es paßt durchaus in dieses Bild, daß manchmal die Frauen die treibende Kraft hinter camorristischen Umtrieben sind.

Bad women: Es war eine Frau, die dem Narcotraficante Jaime Builes das Einmaleins der illegalen Geschäfte beibrachte. Die Betrugsvariante, auf die sich "Teodolinda" anfangs spezialisiert hatte, vermittelt eine Anhnung von ihrer Ausstrahlung: Sie ging in teuren Geschäften einkaufen, forderte eine Ware nach der anderen und pochte dann lautstark auf ihrem Wechselgeld - ohne je bezahlt zu haben, wohlgemerkt. Sie tat das so überzeugend und bedrohlich, daß reihenweise verdutzte Verkäufer Geld dafür herausgaben, beklaut zu werden (Castro 1994:98-101). Derlei Verhandlungsgeschick und Skrupellosigkeit kamen ihr dann auch im Drogenhandel zugute. Sie war nicht die einzige: Besonders während der siebziger Jahre scheinen die weiblichen Narcotraficantes ihren männlichen Kollegen in nichts nachgestanden zu haben. Die Presse, immer auf der Suche nach griffigen Formeln, wußte am Ende selbst nicht mehr, wer von den vielen weiblichen Narcotraficantes die echte *reina de la coca*, "Kokainkönigin" sei: Verónica Rivera, Griselda Blanco, Marleny Orjuela? (Castillo 1987:79). Auch eine Kousine der Gebrüder Ochoa war in Miami gut im Geschäft, wobei es ihr allerdings noch besser ergangen wäre, hätte sie nicht so ausgiebig dem Drogenkonsum gefrönt (Mermelstein 1990:218ff.).

Seit Anfang der achtziger Jahre aber ist es stiller geworden um die Frauen im Narcotráfico, und unter den großen und bekannten Narcotraficantes findet sich keine einzige von ihnen. Es gibt viele weibliche Drogenkuriere, aber wenig "Kokainköniginnen". Wie auch bei der italienischen Mafia mag es sein, daß nicht alle Fälle der Öffentlichkeit bekannt sind. Wenn sich Frauen aber in den siebziger Jahren derart profilieren konnten, warum nicht auch heute? Auffallend ist, daß der vermutete Rückzug aus dem Narcotráfico in jener Periode stattfand, in der das Geschäft durch Escobar und andere gewaltsam zentralisiert wurde. Konnten die Frauen hier nicht mithalten, wurden sie verdrängt? Wenn ja, warum? Die "Kokainkönigin" Griselda Blanco jedenfalls war grausamer als viele ihre männlichen Kollegen (ebd.:199ff.) Gab es nicht noch mehr solcher Frauen?

Ebensowenig ist über die Lebensgefährtinnen der Narcotraficantes bekannt. In ihrer Wertschätzung ehelicher Familienverhältnisse erinnern manche Narcotraficantes an moralisch rigorose Mafiosi: Pablo Escobar sowie die Gebrüder Ochoa oder Rodríguez Orejuela waren oder sind "ordentlich" verheiratete Ehemänner und "gute" Familienväter. "Treu" und "liebevoll" dürften ihnen ihre Frauen zur Seite stehen. Hinter der Fassade jedoch sieht es oft anders aus, denn Heerscharen junger und jüngster Frauen umringen die Narcotraficantes als Liebhaberinnen. Kein Treffen der Drogenhändler ohne *programa con las niñas*, den "Zeitvertreib mit den Mädchen", kaum ein Narcotraficante mit nicht mindestens zwei Geliebten (Velásquez 1993:95-97; Arango 1988:36). "Bevor mich Hinz und Kunz für 1000 Pesos nehmen, gebe ich es einem *traqueto*, der mir fünfzig- oder hunderttausend Pesos zahlt", stellt die 20-jährige Erika ihren Standpunkt dar (Salazar 1993:150). Erikas Geschichte aber zeigt gleichzeitig, wie schlecht es diesen Mädchen ergehen kann: Brutalst wird sie von den Leibwächtern des Geliebten vergewaltigt, dem "mehr oder weniger wichtigen" Narcotraficante ist das gleichgültig (ebd.:125 ff.).

Diejenigen, die in der organisierten Kriminalität das Sagen haben, sind also in Kolumbien und Italien meist Männer. Eigentlich ist dies die umfassendste Aussage, die zur sozialen Verortung von Mafiosi und Narcotraficantes möglich ist. Weitergehende Zuordnungen, beispielsweise in Bezug auf die Schichtzugehörigkeit oder das Bildungsniveau, sind schwierig. Erstens mangelt es an genügend detaillierter Information, die es ermöglichen würde, eine komplexe sozialstrukturelle Untersuchung durchzuführen, wie sie von der gegenwärtigen Soziologie zu Recht gefordert wird (vgl. Bourdieu 1979). Zweitens zeigen die wenigen verfügbaren Informationen, daß weder Mafiosi noch Narcotraficantes einer einzigen Schicht zuzuordnen sind. Es finden sich Mafiosi und Narcotraficantes fast aller erwachsenen Altersstufen. Welche, die aus bitterarmen Verhältnissen kommen, viele, deren Eltern ein kleinbürgerlich-bescheidenes Auskommen hatten und einige, die schon immer über sehr hohe Einkommen verfügten. Manche wuchsen in ländlicher Umgebung auf, manche sind von der Großstadt geprägt, manche kommen aus ländlichen Kleinstädten. Einige genossen nur eine minimale Schulbildung, andere sind Universitätsabsolventen. Es gibt solche, die in der gesellschaftlichen Hierarchie unaufhaltsam nach oben streben, andere, die auf einer mittleren Ebene verweilen, und auch jene, die nach einem Aufstieg wieder den Abstieg erfahren. Verallgemeinern läßt sich angesichts dieser Heterogenität nur negativ: Mafiosi oder Narcotraficantes lassen sich keiner Klassen, ja nicht einmal einer Klassenfraktion oder Schicht zuordnen.

Ohne Vollständigkeit zu beanspruchen, lassen sich allenfalls Lebenswege skizzieren, die sowohl in Kolumbien als auch in Italien häufig vorkommen. Erstens gibt es jene Mafiosi und Narcotraficantes, die aus der ländlichen

Unterschicht kommen, über eine sehr bescheidene Bildung verfügen und denen nichtsdestotrotz rasante Karrieren und eine beeindruckende illegale Kapitalakkumulation gelingen. Altehrwürdige Bosse der 'Ndrangheta wie Luigi Vrenna, Mico Tripodo oder Gerolamo Piromalli verdingten sich vor und nach dem zweiten Weltkrieg noch als Fuhrleute, Hirten oder Taschendiebe (Arcà 1979). Auch die jüngeren 'Ndranghetisti, die sich in den siebziger Jahren etablierten, stammten zumeist - wie die ehemaligen Maurer Domenico und Pasquale Libri (TdRC 1979:216) - aus den unteren sozialen Schichten.

"1968 war er Hirte", berichtet Cavaliere aus dem Lebenslauf eines 'Ndranghetista aus Lamezia Terme (1989:82). "1970 wurde er zum Aufpasser mehrerer Unternehmen, die zeitgleich mit den großen Auftragsvergaben der Industrie in die Ebene gekommen waren [...], 1980 ersteht er das erste Betonmisch-Unternehmen. 1981 macht seine Firma bereits einen Umsatz von 600 Millionen Lire [...], 1983 sind es an die zwei Milliarden Lire". Ebenso finden sich in der Geschichte der sizilianischen Mafia viele Beispiele für Mafiosi, die zum Beginn ihrer Karriere *nullatenenti*, Habenichtse waren - unter ihnen auch welche mit klingenden Namen der ersten Jahrhunderthälfte wie Vito Cascio Ferro, Calogero Vizzini oder Genco Russo. "Viele (wohl die Mehrzahl)", meint Henner Hess über die soziale Herkunft der Mafiosi, "stammen nicht aus der Mittel-, sondern aus der Unterschicht" (1970:50; vgl. Pezzino 1990).

Gonzalo Rodríguez Gacha ist das prominenteste Beispiel für einen Narcotraficante, der aus der ländlichen Unterschicht stammt: Seine Eltern waren bescheidene Kleinbauern, die sich mit dem Straßenverkauf von Frischkäse über Wasser hielten. Jener Rodríguez Gacha, den die US-amerikanische Zeitschrift "Forbes" später zu den zwanzig reichsten Menschen der Welt zählte, schlug sich in jungen Jahren noch als Landarbeiter und Kaffeepflücker durch (Cortés 1993:24ff.). "Ich habe die Läuse, die Sandflöhe und den Dreck kennengelernt", erinnerte er sich 1989 (Corral 1991:173). Auch Jaime Builes, der gegen Ende der siebziger Jahre zu den großen Narcotraficantes zählte, war ein ehemaliger Tagelöhner. Keiner bemerkte es, als er Fredonia, ein südlich von Medellín gelegenes landwirtschaftliches Zentrum, verließ. Anders sah es aus, als er nach seinen Wanderjahren in Medellín, Mexiko und den USA dorthin zurückkehrte und jene *fincas*, Landgüter, aufzukaufen begann, auf denen er vorher gearbeitet hatte: "Kurz nachdem er reich zurückkehrte, gehörte Jaime Builes praktisch die *plaza* und das ganze Dorf, und zusätzlich zu den Häusern kaufte er nun *fincas* und *fincas*, und eines Tages fragte ich ihn, wozu soviel Land?, und er sagte mir: Um mit Kraft auf den alten Pfaden zu wandeln" (Castro 1994:53). Habenichtse, die in die Welt hinausziehen, um ihr Glück zu versuchen, und erst nach Jahren wieder an ihre Wurzeln zurückkehren, um dort unzählige Demütigungen heimzuzahlen, indem sie mit vollen Händen ihr Geld ausgeben - dies ist ein auffallend häufiges Karrieremuster bei Narcotraficantes ländlicher Abstammung (Csv.ris:9; vgl. Camacho 1992a:16).

Die ländliche Herkunft kann auch interne Distinktionen bedingen. In der etwas klischeebeladenen Beschreibung Sharo Gambinos zur 'Ndrangheta liest sich das so: "Den dörflichen Mafiosi gelingt selten eine Karriere in der städtischen Mafia. Fast immer sind sie ohne jegliche Kultur, verklemmt, ungehobelt, gänzlich oder nahezu Analphabeten, die nur schwer über den Status von Wasserträgern hinauskommen, weil die Mafia in ihrem Inneren selbst ein Dschungel ist, wo nicht nur die physische Kraft zählt, sondern auch die Intelligenz, die Durchtriebenheit und die Fähigkeit, hochrangige Freundschaften und Schutz zu genießen" (1975:53). Raffinierter, aber mit einer ähnlichen Grundaussage, sieht auch Diego Gambetta in den ländlichen Mafiosi Siziliens eine nicht versiegende Quelle physischer Kraft (vgl. 1992: 122ff.,347). Derartige Darstellungen aber mögen auch in die Irre leiten: Städtische Mafiosi können ebenso brutal sein wie ihre ländlichen Kollegen, und ländliche Mafiosi genauso erfolgreich. Die ländliche Herkunft, die Totò Riina wahrlich ins Gesicht geschrieben steht, schmälerte seine Karriere keineswegs - das Geläster städtischer Mafiosi wie Gaspare Mutolo über sein plattes Auftreten tut der jahrelangen Übermacht Riinas keinen Abbruch (gm:1276).[61]

Zweitens gibt es jene jungen Männer aus den städtischen Unterschichten,

---

61 Schon Totò Riinas Mentor Luciano Leggio, Sohn einer armen Bauernfamilie, paßte in kein Klischee (vgl. Dalla Chiesa 1990:54-55). Buscettas Beschreibung über die Art und Weise, wie sich Leggio über Gaetano Badelamenti aus dem in der Nähe Palermos gelegenen Cinisi lustig machte, gibt Einblick in Generations- und Bildungskonflikte: "Bei den Sitzungen der *commissione* ließ Luciano Leggio keine Gelegenheit verstreichen, um Badalamenti vorzuführen. Besonders hob er die Tatsache hervor, daß er weitaus gebildeter als Badalamenti war, indem er immer wieder auf Grammatik- und Syntaxfehler aufmerksam machte, die Badalamenti beging, wenn er sich inmitten der *commissione* bemühte, in Italienisch anstatt in Dialekt zu reden" (tb:68). Ganz richtig verstanden Badalamenti und Buscetta das als Provokation und Beleidigung.

die zumeist das Fußvolk der Mafia und des Narcotráfico darstellen und nur vereinzelt Karriere machen. "Es sind rein städtische Geschöpfe, die zwischen dem Jaulen der hochzylindrigen Motorräder und dem Geknatter der Maschinengewehre geboren werden und im Schatten des schnellen Geldes und des fieberhaften Konsums aufwachsen", hat Laura Restrepo die jugendlichen Killer, die *sicarios* Medellíns, beschrieben (1991:104). In Stadtbezirken wie dem Distrito Aguablanca in Cali oder der Comuna Nororiental in Medellín vermengen sich katastrophale Lebensbedingungen, hohe Arbeits- und Perspektivlosigkeit und der Verlust familiärer und kultureller Bindungen mit einer nichtsdestotrotz gesteigerten Erwartungshaltung vor allem unter der jugendlichen Bevölkerung. Eine strukturell ähnliche, wenngleich nicht ganz so dramatische Situation findet sich auch im Mezzogiorno in den von Armut, Verfall und Arbeitslosigkeit gezeichneten Innenstädten und Randbezirken Palermos, Neapels oder Reggio Calabrias. Hier wie dort stellen Mafia oder Narcotráfico oft die einzige Chance zum wirtschaftlichen und sozialen Aufstieg dar.

Auch das Lebensgefühl des jugendlichen Fußvolks in Kolumbien und Italien ähnelt sich. Die Geschichten, die Schriftsteller wie Víctor Gaviria und Rubén Darío Lotero aus Medellín sowie Peppe Lanzetta aus Neapel über die Endzeitstimmung unter den Jugendlichen erzählen, sind in vieler Hinsicht austauschbar. Ebenso die Interviews der Desperados mit Journalisten. "Was ich in meinen 23 Lebensjahren gesehen habe, reicht mir; ich bin schon tot [...]. Ich lebe jetzt noch weiter, ein geschenktes Leben. Wenn sie mich umbringen wollen, sollen sie mich umbringen, was ich gesehen habe, reicht mir", meint ein Jugendlicher in Ottaviano in der Nähe von Neapel (Rossi 1983:32-33). Ein anderer: "Ich weiß, daß man es nicht machen sollte, aber so, wie es bei uns aussieht, morden wir, wenn man nach uns tritt. Wir sind nämlich schon lebende Tote. Du hast schon die Hälfte deines Fußes auf meinem Kopf, und wenn Du die andere Hälfte auch noch drauf setzt, ermorde ich dich" (ebd.:103). Genauso redeten in den achtziger Jahren jene Jugendlichen Medellíns, die mit Feuerwaffen Bandenkriege ausfochten, ihre professionellen Killerdienste billigst auf dem informellen Markt anboten und sich zu Tausenden nicht nur gegenseitig abschlachteten, sondern sich auch von mörderischen Fraktionen der Polizei und der Guerillabewegungen im Zuge sogenannter "sozialer Säuberungen" niedermetzeln ließen. "Ich habe dreizehn Tote auf dem Konto, dreizehn, die ich persönlich umgelegt habe, denn wenn ich mit der Bande unterwegs bin, so zähle ich die Toten nicht als meine. Wenn ich nun sterben muß, so macht mir das nichts aus. Schließlich und endlich ist der Tod unser Geschäft" (Salazar 1990:31).

Drittens gibt es viele Mafiosi und Narcotraficantes, die aus den Mittelschichten stammen, eine gewisse Ausbildung genossen haben und häufig in höheren Positionen zu finden sind. Bei den *uomini d'onore* fällt die große Bandbreite der ausgeübten Berufe auf: Es finden sich Handwerker, Ladenbesitzer und alle möglichen Kleinunternehmer, aber auch Ärzte, Rechtsanwälte und Apotheker (vgl. Uesseler 1993:43). Einerseits mag es sich hierbei um Etappen der mafiosen Karriere handeln: Der Ochsenhirt wird im Laufe seines Lebens zum Viehhändler, der Zimmermann zum Bauunternehmer, und beiden wird dieser Lebensweg durch ihre Zugehörigkeit zur Mafia erleichtert. Andererseits aber rekrutieren sich von Beginn an viele Mafiosi aus mittelständischen Schichten. Besonders für die Frühzeit der Mafia läßt sich beobachten, daß viele Mafiosi jenen Gruppen angehörten, die zwischen Großgrundbesitz und Bauernschaft sowie zwischen Stadt und Land vermittelten: die *campieri* und *gabelloti*, selbstverständlich, aber ebenso Vieh-, Obst- und Getreidehändler, Fuhrleute und Obstgartenbesitzer (vgl. Catanzaro 1988:18; Gambetta 1992:346). Es war Leopoldo Franchetti, der schon sehr früh die sizilianischen Mafiosi als *fascinorosi della classe media*, als "Missetäter der Mittelschicht" beschrieb - und dabei vor allem an das Umland Palermos dachte (1877:101).

Die lange Geschichte der sizilianischen Mafia scheint sich auch darin niederzuschlagen, daß in der *Conca d'Oro* oder in Palermo "mafiose Schichten" entstanden sind, aus denen sich schon seit Generationen der Nachwuchs rekrutiert. Aus einer sozioökonomischen Perspektive heraus konnten manche der traditionsreichen *cosche* bis in die sechziger Jahre der Mittelschicht zugeordnet werden. Auch in Kampanien und Kalabrien sind aus ähnlichen ländlichen oder städtischen "mafiosen Schichten" viele der Bosse der letzten Jahrzehnte hervorgegangen - nicht zuletzt auch Raffaele Cutolo (De Gregorio 1981:25). In allen drei Regionen ist die mafiose Selbstrekrutierung - Söhne von Mafiosi werden selbst Mafiosi - wenngleich nicht zwingend, doch hoch: Mafia ist durchaus ein exklusives Gewerbe. Vergäße er dabei nicht die jugendlichen Desperados, hätte Diego Gambetta recht, wenn er behauptet, *uomo d'onore* werde derjenige, der aus einer mafiosen Familie stamme oder aber ein ausgeprägter Psychopath sei (1992:346).

Wie der geschichtliche Abriß des Narcotráfico zeigt, gibt es auch in Kolumbien Regionen, wo ähnliche, möglicherweise ebenfalls mittelständische "mafiose Schichten" bestehen, aus denen mehr als ein Narcotraficante hervorgegangen ist. Andere Narcotraficantes aber entstammen ländlichen, verstädterten oder städtischen Mittelschichten, die zuvor kaum mit illegalen Praktiken in Verbindung gebracht wurden. Pablo Escobar war Sohn eines Kleinbauern und Landarbeiters sowie einer Dorfschullehrerin. Seine Heimatgemeinde Envigado liegt im direkten Einzugsgebiet der Großstadt Medellín - es war dort, wo er auf Drängen seiner Mutter das beste öffentliche Gymnasium besuchte, und es war dort, wo der intelligente und einflußreiche, nur dem Frühaufstehen und der Arbeit nicht so zugetane Schüler in die Welt der Zuhälter, Kleinkriminellen und Schmuggler abdriftete (Cañón 1994). Die Gebrüder Ochoa gehören einer alteingesessenen mittelständischen Familie an, die in Medellín ein bekanntes Restaurant betrieb und deren Oberhaupt Fabio Ochoa als passionierter Pferdezüchter bekannt ist (Eddy u.a. 1988:19ff.; Gugliotta/Leen 1989:25-26). Auch die Gebrüder Rodríguez Orejuela sowie José Santacruz Londoño vom Cali-Kartell scheinen eher der städtischen Mittelschicht zuzuordnen zu sein (Castillo 1991:60; MinCom.Va:82). Ohnehin wird vermutet, daß in Cali mehr Narcotraficantes aus den Mittelschichten stammen als in Medellín - die raffinierteren und städtischeren Investitionen sowie ein angeblich höherer Anteil an Narcotraficantes mit höheren Schulabschlüssen oder Universitätsstudien könnten dafür als Indizien gewertet werden (vgl. Betancourt/García 1994:72; int.5).

Und schließlich gibt es viertens einige Narcotraficantes und Mafiosi, die aus den Oberschichten stammen: die Salvo-Cousins in Sizilien, beispielsweise, oder in Kolumbien Mitglieder erlauchter Politiker-Dynastien sowie renommierte Großgrundbesitzer (vgl. Santino/La Fiura 1990:282ff.; tb:142, 199; Torres 1995:436ff.; Cervantes 1980:44). Dies ist weniger bemerkenswert, als es im ersten Moment scheint, denn das *intreccio* bietet genügend andere, sicherere Geschäftsbeteiligungen, und die geringe direkte Beteiligung der Eliten dürfte statistisch damit übereinstimmen, daß sie ohnehin nur einen kleinen Prozentsatz der Gesamtbevölkerung ausmachen. Insofern wären sie weder über- noch unterrepräsentiert. Ähnlich dürften auch die Unterschichten, aus der nicht unbedingt die Anführer, aber doch die meisten Handlanger des Narcotráfico stammen, zumindest in Kolumbien gemäß ihrem Bevölkerungsanteil vertreten sein. Wenn irgendwelche Schichten im Narcotráfico, aber auch in einigen mafiosen Gruppen überrepräsentiert sind, dann sind es die mittleren (vgl. Arrieta u.a. 1990:207-09).

"Es gibt kein einzigartiges Profil derjenigen, die in das Geschäft verwickelt sind", schreibt Francisco Thoumi über die Narcotraficantes (1994:153). "Wichtig ist, daß die genannten Eigenschaften auf einen größeren Anteil der an der Industrie beteiligten Individuen als auf die Bevölkerung im allgemeinen zuzutreffen scheinen". Die sozialstrukturellen Besonderheiten des Narcotráfico und der Mafia dürften sich *formal* in Bezug auf die Gesamtgesellschaft in Grenzen halten: Bis zu einem gewissen Grad handelt es sich um ein Phänomen, an dem alle Schichten beteiligt sind (vgl. Burin des Roziers 1995:222-25). Die tatsächlichen sozialstrukturellen Besonderheiten sind vielmehr inhaltlicher Natur: Es sind unverhältnismäßig viele Mitglieder der Mittel- und vor allem Unterschichten, die in diesen überaus ertragreichen Branchen führende Positionen einnehmen.[62]

Wie schwierig die soziale Einordnung von Mafiosi und Narcotraficantes sein kann, mag abschließend noch ein Beispiel verdeutlichen. Im Zentrum und Norden des Departement Valle haben die Narcotraficantes in den letzten Jahren immens an Einfluß gewonnen. Diese Gegend ist alles andere als rückständiges Hinterland: Entlang der fruchtbaren Ebenen des Cauca-Flusses gelegen, beschäftigt hier eine hochtechnifizierte Agrarindustrie, die mit den Zuckerrohrplantagen ihren Anfang nahm, Zehntausende von Land- und Wanderarbeitern. Auch Industrie hat sich in Palmira, Buga, Tuluá und Cartago, vier Städten und lebhaften Handelszentren mit jeweils rund 100.000 Einwohnern, angesiedelt. Über den Narcotráfico in einer dieser vier Städte - aus Sicherheitsgründen "Villa Pujante" genannt - hat Alvaro Camacho Guizado eine prägnante Untersuchung vorgelegt (1992a). Paradigmatisch skizziert er die Lebensgeschichten dreier wichtiger Narcotraficantes: Der eine ist ein ehemaliger Polizist, der von den lokalen Elite wegen seiner Grobheit und seiner vermutlich ärmlichen Herkunft verachtet wird. Der zweite ist ein wohlgelittener Sprößling der städtischen Mittelschicht. Der dritte kommt aus

---

62 Zur Jahreswende 1987/88 führte Mario Arango in Medellín bei 20 Narcotraficantes "der mittleren und oberen Ebene" eine freilich von wissenschaftlicher Rigorosität unbeschwerte Umfrage durch. Nur einen von ihnen ordnete der Ökonom und Rechtsanwalt der städtischen Oberschicht zu. Zwölf der zwanzig zählte er zur Mittelschicht (fünf städtischen, sieben ländlichen Ursprungs) und die restlichen sieben zur Unterschicht, wobei nur einer dieser sieben vom Land kam. Da es sich bei den Mitgliedern der städtischen Unterschicht jedoch meist um Landflüchtlinge der ersten oder zweiten Generation handelt, hält Arango bei 14 seiner Gesprächspartner die ländliche Herkunft für erwiesen (Arango 1988:106).

jener renommierten Familie, deren Obstanbau-, Verarbeitungs- und Exportunternehmen auch überregional bekannt ist. Weitere Narcotraficantes stammen aus den kleineren Gemeinden der Umgebung und scheinen einem ländlichen kriminellen Milieu zu entspringen, das sich in der Vergangenheit beispielsweise mit Viehdiebstahl und Hehlerei beschäftigte. Die meisten Narcotraficantes, so das Fazit Camacho Guizados, stammen aus der städtischen Mittelschicht oder den Unterschichten der dörflichen Umgebung.

3. Neureiche

Die vielen Mafiosi und Narcotraficantes, die aus den Unter- und Mittelschichten kommen, haben auf jeden Fall eines gemeinsam: Sie streben nicht nur nach sozialem Aufstieg, sondern haben auch die effektive Möglichkeit, ihn mit ertragreichen illegalen Geschäften ökonomisch zu realisieren. Der Journalist Antonio Roccuzzo erzählt über Nitto Santapaola, einen großen Mafiaboß, der am Anfang seiner Karriere noch ein fliegender Händler aus einem ärmlichen Randbezirk Catanias war: "Als sie ihn im Mai 1993 nach fast zwölf Jahren Flucht verhafteten, lebte die Familie von Benedetto 'Nitto' Santapaola in einer Villa in der hügeligen Gegend, wo die gute Bourgeoisie wohnt. Cousins und Neffen gingen legalen Tätigkeiten nach: Universitätsstudien und *white collars*. In einigen von der Polizei abgehörten Telefongesprächen demonstrierten die Söhne von Don Nitto den Stolz auf ihren Nachnamen: 'Sag' dem Blumenhändler unseren Nachnamen. Ich bin ein Santapaola', befahl einer während eines im Laufe der Fahndung nach seinem Vater aufgenommenen Gesprächs. Ein Nachname, *Santapaola*, also, der ebenso zählt wie diejenigen des Anwalts Tizio, des Richters Caio, des Abgeordneten Sempronio, und der eingebracht werden kann, um einen Preisnachlaß beim Blumenhändler zu bekommen, eine unendliche Schlange in der Meldebehörde zu umgehen oder eine Empfehlung für einen ganz legalen Job zu erhalten" (1994:24). "Der Boss Santapaola gehörte zur Führungsschicht Catanias wie die anderen, er war ebenso mächtig und respektiert [...]. Noch wenige Tage bevor er untertauchte, war Santapaola Mitglied des Bridge-Clubs" (ebd.:26-27).

Es ist erstaunlich, wie sehr diese Beschreibung des Aufstiegs Nitto Santapaolas dem Lebensweg vieler Narcotraficantes gleicht - problemlos ließe sich der erlauchte Nachname einfach auswechseln, um einen einzufügen, der noch spanischer klingt und der in irgendeiner mittelgroßen Großstadt in Westkolumbien den Ton angibt. Die Kontrolle über die illegalen Geschäfte und ihre außerordentlich hohen Gewinne ermöglicht eine sozioökonomische Mobilität, die es in diesem Ausmaß vorher nicht gegeben hatte. Nutznießer sind nicht nur die Narcotraficantes und Mafiosi, sondern auch all jene, die sie umringen: Laufburschen und Handlanger, Anwälte und Architekten, Politiker und Investmentberater, Unternehmer und Polizisten. Der "soziale Block", dessen Kern die "mafiose Bourgeoisie" und die Mafiosi selbst darstellen (Santino 1994a:6), schiebt sich so in der gesellschaftlichen Hierarchie nach oben.

Die ökonomische Akkumulation allerdings ist nicht gleichbedeutend mit dem sich langsamer vollziehenden sozialen Aufstieg, also der Anerkennung der neuen gesellschaftlichen Stellung durch die Mitmenschen. Daß Narcotraficantes oder Mafiosi ein beträchtliches ökonomisches Kapital angehäuft haben, heißt nicht, daß sie auch über kulturelles Kapital wie Bildung und soziales Kapital wie beispielsweise Prestige verfügen (vgl. Bourdieu 1979:195 ff.). Oftmals sind sie gerade erst dabei, ökonomisches Kapital in kulturelles und soziales umzusetzen.[63] Als Vorbild dient ihnen zumeist die kulturelle Praxis althergebrachter Eliten, deren Wertvorstellungen und Verhaltensweisen sie in vieler Hinsicht reproduzieren (Camacho 1989:198). Es ist in der kulturellen Praxis, in der sich die soziale Positionierung entscheidet, und so investieren Narcotraficantes und Mafiosi, die aus bescheidenen Verhältnissen kommen, in Luxusgüter, die Prestige verleihen: eine Rolex-Armbanduhr, einen Mercedes, eine Villa. Auch der Kunstmarkt erfuhr mit dem Narcotráfico einen ungeahnten Boom.

Kleine und große Mafiosi und vor allem Narcotraficantes lieben es, ihren Reichtum demonstrativ zur Schau zu stellen, sie frönen der *conspicuous consumption*, dem demonstrativen Konsum: "Nur Verschwendung bringt Prestige" (Veblen 1899:81). Was Italien anbelangt, kontrastiert Pino Arlacchi dieses auch bei "unternehmerischen Mafiosi" zu findende Konsumverhalten mit der angeblichen Ehrwürdigkeit und Diskretion althergebrachter

---

63 Häufig lassen die Narcotraficantes beispielsweise ihre Söhne und Töchter an ausländischen, vornehmlich US-amerikanischen Universitäten ausbilden - eine Möglichkeit, die bislang nur einem sehr kleinen Kreis der zahlungskräftigen Elite offenstand (vgl. Arango 1988:116; Time 1/7/91:16).

sizilianischer Mafiosi, deren Ethik als Patrone und Beschützer ein strukturelles Hindernis für die Entfesselung der Kapitalakkumulation dargestellt habe (vgl. Arlacchi 1983:60,122). Etwas weitreichender argumentiert Raimondo Catanzaro, in der "traditionellen Gesellschaft" Siziliens habe sich der Reichtum noch nicht von anderen sozialen Qualitäten wie dem Prestige und der Macht ausdifferenziert (1988:50). Wahrscheinlich aber ist der Grund für die frühere Diskretion der Mafiosi wie gesagt banaler: Vor fünfzig Jahren gab es auf Sizilien einfach nicht so viele Einnahmequellen, die eine große mafiose Kapitalakkumulation erlaubt hätten. Wer noch nicht einmal das Geld für eine Zugfahrkarte hatte, konnte schwerlich mit dem Kauf einer Limousine protzen - und wer das Geld dann Jahre später hatte, mußte sich möglicherweise vor der Polizei verbergen.

Ein auffallend häufiges Verhaltensmuster vieler Mafiosi und Narcotraficantes ist ihr Hang zu ländlich-aristokratischen Werten, Hobbies und Investitionen. Sizilianische Mafiosi begeistern sich oft für Jagdpartien und festliche Gelage im Grünen (vgl. Gambetta 1992:348-49), kolumbianische Narcotraficantes für Pferdedressur und Viehzucht. Solche Vorlieben erlauben Rückschlüsse nicht nur auf die ländliche Herkunft der betreffenden Mafiosi und Narcotraficantes, sondern auch auf die Ursprünge jener einflußreichen Eliten, an denen sich die Aufsteiger orientieren. Von den 20 Narcotraficantes, die Mario Arango in Medellín befragte, gaben 14 Pferdedressur als Hobby an. 19 von ihnen waren Eigentümer eines Landbesitzes zur Erholung oder Bewirtschaftung - hierin allerdings unterscheiden sie sich kaum von der althergebrachten Oberschicht, deren Mitglieder meist ebenso über Datschas verfügen (Arango 1988:31).

Die von Narcotraficantes getätigten Investitionen in Landbesitz sind überwältigend: Nach Informationen regionaler Funktionäre des Agrarreform-Instituts INCORA haben sie in 251 der 1060 kolumbianischen Gemeinden Land aufgekauft (Reyes u.a. 1992; Reyes 1994); andere Schätzungen gehen davon aus, daß heutzutage zwischen einer und drei Millionen Hektar Land, in etwa zwischen drei und sechs Prozent der gesamten Nutzfläche, Eigentum der Narcotraficantes ist (Semana 29/11/88:34; Sarmiento/Moreno 1990:30; Instituto de Estudios Políticos 1993:102). Ermöglicht wird diese wahre "Gegen-Agrarreform" durch die hohe Kapitalverfügbarkeit der Narcotraficantes und ihre häufige Bereitschaft, sowohl große und mittlere Grundbesitzer, sowie vor allem kleinere und landbesetzende Bauern mit Gewalt dazu zu zwingen, ihnen das Land zu verkaufen oder zu überlassen (vgl. Min-

Com.Va:41-42). Diese Landkonflikte überschneiden sich mit der bewaffneten Auseinandersetzung mit der Guerilla: Die Narcotraficantes haben besonders in jenen Gebieten Land aufgekauft, wo wegen der Drangsalierung des Großgrundbesitzes durch die Aufständischen sowie der staatlichen Gegengewalt die Grundstückspreise rapide gefallen waren. Die paramilitärische Allianz erleichterte es den frischgebackenen und finanzstarken Großgrundbesitern, der Bedrohung durch die Guerilla entgegenzutreten (vgl. Reyes 1991).

Warum aber derart massive Investitionen in den Landbesitz? Ein Erklärungsansatz ist gewissermaßen "kulturalistisch" und deckt sich mit der bislang beschriebenen Suche nach sozialer Anerkennung: Für die Narcotraficantes mit ihrem oftmals ländlichen Ursprung ist der Landbesitz als solcher ein erstrebenswertes und prestigeträchtiges Gut. Es leuchtet ein, daß der ehemalige Tagelöhner Jaime Builes nach seinem wirtschaftlichen Erfolg eine *finca* nach der anderen aufkauft. Gleichzeitig aber dürften die Narcotraficantes ihre Investitionsobjekte auch noch nach anderen Gesichtspunkten auswählen: Allgemeine Rentabilitäts-Erwägungen spielen sicherlich ebenso eine Rolle wie die Notwendigkeit, das millionenschwere illegale Kapital möglichst schnell und unproblematisch zu legalisieren (vgl. Camacho 1992b). Grundbesitz nun - auch der städtische - ist in Kolumbien eine greifbare und zumeist rentable, vor allem aber der Geldwäsche zweckdienliche Investition (vgl. Thoumi 1994:166).[64]

Eine Sache ist jedoch, daß Mafiosi und Narcotraficantes sich um den sozialen Aufstieg bemühen, eine andere, ob die althergebrachten Eliten willig sind, die Neuankömmlinge ohne weiteres in ihre Reihen aufzunehmen. Gegenüber Parvenüs neigen privilegierte Gruppen dazu, ständische, also nicht auf den Produktionsverhältnissen basierende Vorrechte geltend zu machen (vgl. Weber 1922: 534ff.). In Italien sind diese Reibungsflächen

---

64 Auch in anderen Bereichen sollten diese ökonomischen Erwägungen nicht aus dem Auge verloren werden. So ist der Aufkauf professioneller Fußballmannschaften sicherlich eine Form von *conspicuous consumption*, bei der schichtspezifische Merkmale - Volkssport Fußball - und die Suche nach sozialer Anerkennung - Mäzenantentum - eine große Rolle spielen. Gleichzeitig stellt der Fußball aber, zumal in Kolumbien, eine attraktive Möglichkeit dar, um mit Spielereinkäufen und -verkäufen, Einnahmen aus der Stadionkasse sowie Werbe- und Senderechten die illegale Herkunft von auf dem Drogenmarkt erwirtschafteten Geldern zu verschleiern (Rodríguez 1989; Krauthausen 1995).

zwischen alten und neuen Eliten heutzutage nicht mehr so offensichtlich: Das Auftreten von einigen Camorristi oder 'Ndranghetisti mag zwar noch belächelt werden, im allgemeinen aber scheint die nun schon jahrzehntelange Dichte des *intreccio* eine beträchtliche gegenseitige Anerkennung zu bedingen.[65] Anders in Kolumbien, wo die althergebrachten Eliten sich erst seit relativ kurzer Zeit und angesichts der ungeheuren illegalen Kapitalakkumulation sehr intensiv mit den Prätentionen der Narcotraficantes auseinandersetzen müssen. Die Mitglieder der traditionellen Oberschicht pochen auf Distinktion. Genehm ist es, sich wie ihresgleichen an einer in einem gediegenen Kunstband abgedruckten Venus von Botticelli zu erfreuen; geschmacklos dagegen, wie Gonzalo Rodríguez Gacha Toilettenpapier aus Italien zu importieren, auf dem ebendiese Venus abgebildet ist. Es sind mehr oder weniger "feine Unterschiede", die in den Augen der Eliten den Ausschlag geben. Weil sie auf dem Terrain des ökonomischen Kapitals den kürzeren zu ziehen drohen, pochen sie um so mehr auf ihr Monopol des kulturellen und sozialen Kapitals.

Zusätzlich verschärft wird diese Problematik im Fall des Narcotráfico durch den offenkundig illegalen Ursprung des neuen Kapitals - die Ächtung von Neureichen, die ohnehin stattfinden würde, wird dadurch noch verschärft. Der Ausschluß aus den Eliten wird von den Narcotraficantes oft sehr unmittelbar erfahren: Sie finden keinen Einlaß in die Clubs der Oberschicht, ihre Kinder werden nicht auf den guten Schulen aufgenommen, die Heirat einer ihrer Söhne oder Töchter mit einem Sprößling der Elite wird verhindert, und sogar in den Krankenhäusern werden Narcotraficantes mitunter abgewiesen. Die Dimensionen dieses Ausschlusses und die Art und Weise, wie die Narcotraficantes auf ihn reagieren, sind regional verschieden. Latent aber ist dieser Konflikt immer vorhanden - selbst in Cali und dem Departement Valle, wo den örtlichen Eliten gewöhnlich eine größere Offenheit gegenüber den Aufsteigern nachgesagt wird.

---

65 In manchen Gegenden Siziliens fand die Konfrontation zwischen den althergebrachten Eliten und den aufstrebenden Mafiosi schon im vorigen Jahrhundert statt. Meisterhaft wurde dieser Prozeß in dem Roman "Der Leopard" von Giuseppe Tomasi Di Lampedusa beschrieben. So muß sich der Fürst von Salinas damit abfinden, seinen Neffen an die Tochter eines Mafioso und Enkelin eines Halbpächters zu verlieren, der so "schmutzig und unzivilisiert war, daß alle ihn "Peppe Mmerda" nannten, Stinkmist" (1957:119).

Als nur ein mögliches Modell der schwierigen Beziehungen zwischen alten und neuen Eliten mag erneut "Villa Pujante" herangezogen werden (Camacho 1992a; int.5,21). Schon historisch haben die Agrareliten in der plebejisch-händlerischen Stadt nur schwer Fuß fassen können, und das mag den sozialen Aufstieg der Narcotraficantes - anders als in der benachbarten und herrschaftlichen "Villa Señorío" - erleichtern. Zwar gibt es Konflikte: Da einige Narcotraficantes nur ungerne in den elitären Clubs gesehen werden, haben sie mit viel Geld ihre eigenen Clubs und öffentlichen Einrichtungen gegründet. Ebenso offensichtlich aber ist, daß eine gegenseitige Anpassung erfolgt, die nicht zuletzt durch die Verwurzelung einiger Narcotraficantes in den lokalen Mittel- und Oberschichten begünstigt wird. Die sozialen Beziehungen zwischen der alten und der neuen Elite jedenfalls werden aufrechterhalten. Es hat bereits Eheschließungen zwischen aufstrebenden Narcotraficantes und Töchtern der "guten Gesellschaft" gegeben.

Die ökonomische Macht der Narcotraficantes von "Villa Pujante" ist beeindruckend. Erstes und wichtigstes Investitionsgebiet ist der Landbesitz, wobei sicherlich die Orientierung an den regionalen Agrareliten eine Rolle spielt. Die hohe Kapitalverfügbarkeit der Narcotraficantes ermöglicht ihnen nicht nur den Kauf großer Ländereien, sondern auch eine erhebliche Steigerung der landwirtschaftlichen Produktion beispielsweise durch die Einführung neuer Technologien und hochgezüchteter Viehrassen. Die althergebrachten Eigentümer können mit diesen Innovationen oft nicht mithalten und sehen sich zum Verkauf gezwungen, profitieren dabei jedoch von den allgemein gestiegenen Grundstückspreisen. Dieser Besitzerwechsel geht soweit, daß in den neunziger Jahren die Elite des Departements Valle erstmals um den Besitz eines der sieben großen *ingenios*, der Kombinate von Zuckerrohrplantagen und Raffinerien, bangen mußte - Erbstreitigkeiten in dem bei "Villa Pujante" gelegenen *ingenio* boten den Narcotraficantes die Möglichkeit, zumindest den Versuch zu starten, sich in den traditionsreichsten Sektor der Regionalökonomie einzukaufen. Indes investieren die Narcotraficantes von "Villa Pujante" über den Agrarsektor hinaus in die vielfältigsten Bereiche: in die städtische Bauwirtschaft, in die Vergnügungsindustrie, in den Klein- und Großhandel, in den Gesundheitssektor, in auf in- und ausländischen Börsen gehandelte Wertpapiere...

Bei den Entscheidungen über ihre Investitionen stehen sie nicht allein. "Berater" - etablierte Drogenhändler aus Cali, lokale Anwälte und Geschäftsleute - drängen sie dazu, weniger in den unproduktiven und kaum arbeitsintensiven Großgrundbesitz zu investieren und mehr in die städtischen Dienstleistungsunternehmen und Industrie. Auch die sozialen Investitionen sollen nicht zu kurz kommen. Weiterhin ermahnen sie die Narcotraficantes, ihren Kindern eine gute Ausbildung zukommen zu lassen, damit das Vermögen der Eltern später von den Nachkommen fachgerecht verwaltet wird. Vor allem aber pochen die "Berater" auf ein diskretes Vorgehen, was die Beziehungen zu den Organen der Strafverfolgung und den lokalen und regionalen Eliten anbelangt. Wenn überhaupt Gewalt angewandt werden muß - das legen sie ihren Schützlingen nicht immer erfolgreich nahe - dann bitteschön nur im Geschäft oder gegen soziale Randgruppen. Mehr oder weniger explizit sehen die "Berater" ihre Aufgabe darin, die Narcotraficantes von "Villa Pujante" zu "zivilisieren".

In dieser "Zivilisierung" liegt eines der Hauptprobleme des Werdegangs sowohl einzelner Mafiosi und Narcotraficantes als auch der Mafia und des Narcotráfico als solchen. Erfolgreiche mafiose Karrieren erstrecken sich häufig von den jugendlichen Lehrjahren über den gewalttätigen Aufstieg innerhalb der Mafia bis zum Rückzug auf eine Position des nicht nur von den anderen Mafiosi, sondern auch von der Lokalgesellschaft anerkannten Notabeln, der immer weniger Gewalt ausübt und immer mehr legale Investitionen tätigt (vgl. Catanzaro 1988:52ff.). Nur in Ausnahmefällen zieht sich ein alternder Mafiosi jedoch ganz aus der Mafia zurück - die Mafia verläßt man nicht, und sei es, weil der Schwur des Aufnahmerituals bis ans Lebensende bindet. Nicht so ein Narcotraficante: Sobald er alle seine Schulden beglichen hat, kann er sich, wenn er mag und bereits genügend Kapital erwirtschaftet hat, wieder aus dem Geschäft zurückziehen. Dieser Sachverhalt verführt viele Menschen in Kolumbien zu dem Glauben, daß sich eines Tages der gesamte Narcotráfico gewissermaßen "legalisieren" wird. Eine trügerische Hoffnung: Auf jeden einzelnen Narcotraficante, der sich auf der Höhe seines Erfolgs zurückzieht, kommen viele, die auch gerne einmal so erfolgreich wären (vgl. Kapitel V,6). Zudem kann sowohl in Italien als auch in Kolumbien von einer "Zivilisierung" erst dann die Rede sein, wenn Mafiosi oder Narcotraficantes auch im Ruhestand endgültig darauf verzichten, Gewalt anzuwenden.

4. Ein willkürlicher Konsens

Wie nun sieht die Herrschaft der Mafiosi und Narcotraficantes über ihre Mitmenschen aus? Wie kommt der "gewisse soziale Konsens", der auf den Beerdigungen so deutlich zutage tritt, zustande? Durch positive Anreize, einerseits: Mafia und Narcotráfico bieten den Menschen in ihren Einflußgebieten Schutz und ökonomische Vorteile. Durch die Androhung gewaltsamer Sanktionen, andererseits: Wer sich nicht dem Willen der Bosse beugt, muß die Gegend verlassen, sonst wird er ermordet. Anreiz und Drohung kennzeichnen jede Herrschaftsausübung - in den Hoheitsgebieten der Mafia und des Narcotráfico aber sind sie besonders unmittelbar zu erfahren. Zusätzlich gibt es noch eine dritte, ideologische Komponente des Konsenses, die im nächsten Abschnitt behandelt wird: Mafiosi und Narcotraficantes können versuchen, sich selber und ihre Mitmenschen davon zu überzeugen, daß ihr Treiben gar nicht so verurteilenswert ist, wie es häufig dargestellt wird.

In Italien liegt es im Wesen der mafiosen Machtausübung, daß, wenn auch nicht alle, so doch viele Menschen tatsächlich beschützt werden. Der eine wendet sich an den örtlichen Mafioso, weil ein jugendlicher Taschendieb ihn ausgenommen hat, ein anderer, weil er beim Kauf eines Autos betrogen wurde, und ein dritter, weil ihm sein Schwager das Leben schwer macht. Der Mafioso waltet dann nach seinem Gutdünken und ohne seine eigenen Interessen zu kurz kommen zu lassen - diejenigen, denen er hilft, werden ihm dankbar sein und in seiner persönlichen Schuld stehen. Und ihm ist noch vieles mehr möglich: Dank seiner Beziehungen zu den örtlichen Politikern der lang ersehnte Arbeitsplatz in der Stadtverwaltung, dank seinem Freund in der Prüfungsbehörde ein rechtswidriger Schulabschluß, dank seinen Kontakten zu den Behörden die Rente, auf deren Auszahlung man schon gar nicht mehr zu hoffen wagte.

Dem mafiosen Handlungsraum kann außerdem eine große wirtschaftliche Bedeutung zukommen. Den Leuten aus San Luca, einem kalabresischen Dorf mit weniger als 5000 Einwohnern, haben die von der örtlichen 'Ndrina organisierten Entführungen milliardenschwere Einkünfte beschert - und den von anderen Italienern in Dutzenden von Schmähbriefen zum Ausdruck gebrachten Vorwurf, ein einziges Räuberpack zu sein (vgl. Minuti/Veltri 1990). Seien es die Verwandten, die Freunde oder auch nur die Bekannten einer mafiosen Gruppe in Sizilien, sie alle profitieren auch ökonomisch von den Erpressungen, dem Schutz, der Hehlerei oder dem Drogenhandel der Mafiosi (vgl. Providenti 1992). Der Handel mit geschmuggelten Zigaretten und gefälschten Markenprodukten - auf den höheren Ebenen von der Camorra kontrolliert - ist in Neapel wichtigste Einnahmequelle tausender Haushalte, deren Mitglieder den Kleinhandel besorgen. Es waren diese fliegenden Händler, die zu Hunderten protestierend auf die Straße gingen, als 1994 die Stadtverwaltung wieder einmal zur Repression des Zigaretten-schmuggels ansetzte (il manifesto 13/2/94:5). Auch der Drogenvertrieb kann ganze Familienverbände ernähren: Dealende Mütter in Palermo und anderswo setzen ihre Kinder als Kuriere, Wachposten und Verkäufer ein (Siebert 1994:205 ff.).

Dabei ist die Haltung zum lokalen Drogenhandel in vieler Hinsicht ein Prüfstein mafioser Herrschaft und Legitimität. Einerseits stellt die Beliefe-rung, Besteuerung oder sogar Abwicklung dieses Kleinhandels für die betreffende *famiglia*, *'ndrina* oder camorristische Gruppe eine attraktive Einnahmequelle dar. Andererseits aber kann dieses Geschäft dazu führen, daß das Einflußgebiet der mafiosen Gruppe von immer mehr Drogenkonsu-menten bevölkert wird, die in Härtefällen nicht vor der sogenannten "Beschaffungskriminalität" zurückschrecken, um ihren durch die Illegalität immens kostspieligen Drogenkonsum zu finanzieren. Gewöhnlich wenig ansehnliche *junkies*, die die Straßen unsicher machen und womöglich auch noch unerwünschte Polizeirazzien provozieren, sind jedoch den auf Ruhe und Ordnung bedachten Nachbarn und Mafiosi ein Dorn im Auge. Es kann sogar zu Widerstand unter der Bevölkerung kommen. Was tun? Es gibt kein Patentrezept für den Umgang mit diesem Dilemma: Hin- und hergerissen zwischen der ökonomischen Rentabilität des Drogenhandels und den weniger einträchtigen illegalen Schutzfunktionen, entscheiden sich die Mafiosi mal so und mal so. Moralische Gründe jedenfalls scheinen bei denjenigen, die den Drogenvertrieb und -konsum gewaltsam unterbinden, nur eine unterge-ordnete Rolle zu spielen - am meisten bekümmert sie, polizeilichen Ermittlungen Vorschub zu leisten (vgl.sm:3095). Überhaupt scheinen die angeblichen moralischen Skrupel vor allem älterer Mafiosi gegenüber dem Drogenhandel publizistisch stark übertrieben worden zu sein (vgl. Zagari 1992:68).

Auch in den Wohngebieten der Narcotraficantes haben hartgesottene Drogenkonsumenten einen schweren Stand. Unter den Opfern des *Departa-mento de Seguridad y Control* in Pablo Escobars Hochburg Envigado befanden sich neben Kleinkriminellen und vermeintlichen Informanten der Gegenseite auch Drogensüchtige.[66] Escobars Dilemma war trotzdem nicht jenes seiner Kollegen in Italien: An dem einheimischen Drogenmarkt dürfte der Kokainexporteur ebensowenig Interesse gehabt haben wie die großen Narcotraficantes aus Cali, die diese Marktsegmente kleineren Organisationen überließen (int.2). Das Unterbinden exzessiven und öffentlichen Drogenkonsums - nicht so des diskreten und gemäßigten Konsums, an dem auch einige Narcotraficantes Gefallen haben - war vielmehr Teil einer öffentlichen Ordnung, welche die Narcotraficantes vor unangenehmen Überraschungen und ihr Eigentum vor Übergriffen bewahren sollte.

In einem Land mit einer derartigen Unsicherheit wie Kolumbien gehören die meisten Hochburgen der Narcotraficantes zu den zumindest in Bezug auf die Kriminalität sichersten Gegenden überhaupt. Weder in Envigado, noch im Nobelviertel Ciudad Jardín in Cali, in Puerto Boyacá im Magdalena Medio oder in "Villa Pujante" im Valle haben die Menschen viel von Einbrechern, Taschendieben oder Drogensüchtigen zu befürchten - Störenfriede werden sehr schnell eliminiert. Unter dem Beifall eines beträchtlichen Teils der Bevölkerung, der an einer seit Jahrzehnten praktizierten Selbstjustiz nichts finden kann, breitet sich Friedhofsruhe aus. Und doch dürfte diese Zustimmung eher ein Nebeneffekt als das Ziel der Gewaltherrschaft sein. Narcotraficantes schützen vor allem sich selbst - das unterscheidet sie von den italienischen Mafiosi. Zudem finden "soziale Säuberungen" auch ohne die Beteiligung der Narcotraficantes statt. Mit der Ermordung von Obdachlosen, Homosexuellen und Prostituierten Mitte der achtziger Jahre in Cali hatten die Narcotraficantes beispielsweise kaum etwas zu tun - dafür aber um so mehr die Polizei (Camacho/Guzmán 1990).

Wichtiger für die Legitimität der Drogenhändler ist denn auch die ökonomische Bedeutung des Narcotráfico. Die Produktion und der Vertrieb der illegalen Drogen ist nicht sehr arbeitsintensiv, aber dafür um so profitabeler. Auch in Kolumbien sind diejenigen, die - und sei es nur auf der

---

66 Anfang der Achtziger als parapolizeiliche Kräfte konzipiert, die präventive Tätigkeiten wie den Streifendienst und die Preisüberwachung auf den öffentlichen Märkten erfüllen sollten, wurden die *Departamentos de Seguridad y Control* im Laufe der Jahre vom Narcotráfico fast gänzlich für ihre eigenen Zwecke vereinnahmt. Besonders in Envigado waren es offiziell legitimierte Killerkommandos (vgl. Bahamón 1991:39ff.; El Espectador 14/2/90:1-10A; El Tiempo 7/3/90:1B).

untersten Ebene - am Narcotráfico mitwirken, für den Unterhalt ganzer Familienverbände zuständig. So vergessen die jugendlichen *sicarios* in Medellín über ihren beruflichen Erfolgen als "Auftragsmörder" und Drogenkuriere nicht, ihren häufig alleinstehenden Müttern finanziell unter die Arme zu greifen (Salazar 1990; Restrepo 1991). Dabei müssen die Einnahmen nicht mit dem Drogenhandel verknüpft sein. Obwohl sie häufig in unproduktiven Bereichen getätigt werden, schaffen die Investitionen der Narcotraficantes Tausende von Arbeitsplätzen. Seien es die Angestellten einer Drogeriekette der Narcotraficantes, die Arbeiter auf der Baustelle einer ihrer Hochhäuser oder das Personal eines Fünf-Sterne-Hotels - sie alle stehen zumindest indirekt in der Pflicht der Drogenhändler. Besonders auf dem Land ist die Bindung häufig personenbezogen und insofern stärker. Hunderte von Menschen aus den umliegenden Weilern und Ortschaften der *hacienda Nápoles*, Pablo Escobars feudalem Landgut im Magdalena Medio, verloren mit der Beschlagnahmung des Anwesens durch die Antidrogenpolizei Ende der Achtziger ihr Einkommen als Landarbeiter, einfache Angestellte und Aufpasser.

Bewußt investieren die Narcotraficantes auch direkt in das Wohlbefinden der Bevölkerung. Die finanziellen Zuwendungen Escobars und seiner Freunde machten Envigado zur wohlhabendsten Gemeinde Kolumbiens, der einzigen, die sich sogar Arbeitslosengeld leisten konnte (vgl. Semana 28/7/87: 40-41). Nach einem schweren Erdbeben verteilte in Popayán der damals noch relativ unbekannte Gonzalo Rodríguez Gacha vor laufenden Fernsehkameras bündelweise Geldscheine (Cortés 1993:96ff.). In Tuluá, im Department Valle, lassen die örtlichen Narcotraficantes Straßen asphaltieren und bauen ein modernes Krankenhaus (int.21). Die Liste ließe sich noch lange fortführen - fast alle Narcotraficantes haben ein karitatives Herz oder tun zumindest so. Soziale Großprojekte wie der von Pablo Escobar finanzierte Bau eines ganzen Stadtviertels sind allerdings nur auffallende Ausnahmen. Häufiger zeigen die Narcotraficantes ihre Wohltätigkeit zu besonderen Anlässen, nach einem gelungenen Geschäft oder zur Hochzeit eines Familienmitgliedes. In El Ocaso, einem Erholungsort außerhalb Bogotás, bezahlen die Narcotraficantes am 25. Dezember einen Weihnachtsmann, der seinen Karren johlend über die gepflasterten Wege zieht, um die Kinder der Aufpasser und Landarbeiter mit Geschenken zu versorgen.

Der Weihnachtsmann ist Programm - die Narcotraficantes verteilen milde Gaben und umgeben sich mit einer Aura der Großzügigkeit, die sie in den

Augen vieler Mitbürger zu "guten Menschen" macht. Ihre Wohltätigkeit allerdings muß an den immensen Gewinnspannen des Drogenhandels gemessen werden. Mario Arango, der die Narcotraficantes Antioquias wie kaum ein anderer kannte, hegte keinen Zweifel am "ausgeprägten Hang zum Geiz" der "Narcounternehmer". "Freigiebig in der Öffentlichkeit", seien sie, und "habsüchtig im Privaten". Und weiter: "Die angebliche Großzügigkeit der Aufsteiger (natürlich gibt es Ausnahmen) ist einer dieser Mythen, die von der Phantasie des Volkes geschaffen werden und dann als absolute Wahrheit die Runde machen" (1988:111). Es war Gonzalo Rodríguez Gacha, der einmal implizit zugab, daß die auch von ihm an den Tag gelegte Wohltätigkeit unter den Geschäftskosten zu verbuchen sei. Ob er wirklich Rückhalt unter den Leuten habe, fragte ihn Hernando Corral auf dem Höhepunkt des Drogenkrieges. "Alle sind auf unserer Seite", antwortete er, "wer gesät hat, kann auch ernten" (Corral 1991:172). Danach fügte er noch hinzu: "Um mich herum essen viele Münder. Meine Leute sind stolz auf mich, und ich bin stolz auf meine Leute. Wir arbeiten und kämpfen für eine Sache, verteidigen uns zusammen, passen aufeinander auf und kommen alle voran".

Als Schutzherren ähneln die Narcotraficantes mitunter den Mafiosi. Von Gonzalo Rodríguez Gacha heißt es: "In Pacho renovierte er die Pfarrkirche, asphaltierte die Straßen und eröffnete ein Büro, an das sich jene wenden konnten, die Lebensmittel oder Medikamente benötigten. Wenn es zu einer Auseinandersetzung zwischen Dorfbewohnern kam, war Rodríguez Gacha der Schlichter. Wenn ein Krankenwagen fehlte, um einen Verletzten zu transportieren, lieh er seinen Privatwagen und übernahm die Kosten" (Cortés 1993:20). Auch Diego Viáfara, der als Arzt der paramilitärischen Organisation Rodríguez Gacha persönlich kannte, berichtete vor einem Untersuchungsausschuß des US-Kongresses: "Es klingt merkwürdig, diese Dinge hier öffentlich zu sagen. José Gonzalo Rodríguez Gacha hat ganz plötzlich Momente, in denen er Leuten, die Probleme haben, die Hand hinstreckt [...]. Aber es läßt sich nicht sagen, daß er ein netter Mensch sei, weil man weiß, daß er den internationalen Drogenhandel anführt und Verbrechen anordnet und bezahlt. Egal, wieviele Millionen Pesos er also an die Bauern rund um die Laboratorien verteilt [...], gibt es keinen Grund zu sagen, er sei ein netter Mensch. Aber ich will sehr wohl sagen, daß er Momente hat, wo er sehr freundlich, sehr menschlich ist, und Geld spendet, die Leute berät. *That is the way they live* - so leben sie" (USS:86).

Nette Menschen - *nice men* im englischen Original - oder nicht? Das

Spannungsfeld zwischen legitimer und gewalttätiger Herrschaft ist allgegenwärtig. Besonders deutlich wird dieser Konflikt in einer mafiosen Selbstdarstellung. Der Camorrista Pasquale Galasso erinnert sich: "Obwohl ich mich auf der Flucht befand, war zu jener Zeit mein Prestige in Poggiomarino sehr hoch: Ich hatte schon den Orbuso und den Caso eliminiert, indem ich sie ermordete, den Gaudino, indem ich ihn mit der Pistole in der Hand erniedrigte und ihn zwang, sich ganz zurückzuziehen, die Catapano, indem ich sie ermordete und in die Flucht schlug (sic), die Annunziata, indem ich sie dazu brachte, Poggiomarino zu verlassen. Ich war also die einzige Autorität des Dorfes. Trotzdem muß ich sagen, daß ich immer gespürt habe, daß diese Autorität von der Zuneigung und Achtung des ganzen Dorfes herrührte und nicht von der Angst vor meiner erwiesenen Handlungsfähigkeit" (CdD IV/259:34). *Das* spürte Galasso - aber was spürten die anderen? Zuneigung und Achtung lassen sich unter diesen Umständen gar nicht mehr von Angst trennen.

Mafiosi und Narcotraficantes zwingen sich den Menschen auf. Sie mögen noch so viele wirtschaftliche und soziale Leistungen erbringen - es bleibt immer der Fakt, daß sie die Waffen und die Macht haben; daß sie die Herren über Leben und Tod sind. "Die Mafiosi schlugen über den Strang, weil sie soviel Macht hatten", wettert Erika über die Narcotraficantes, denen sie doch als Liebhaberin diente, "da wuchs viel dahergekommenes Ungeziefer heran, das sich Herr der Welt und der Menschen wähnte" (Salazar 1993:128). Ihrer *Willkür* nun sind die Menschen ausgeliefert.

Manchmal wird die Gewalt überhaupt nicht mehr gezügelt. Cali, im September 1994: eine Stadt in Aufruhr. Jahrelang hat das Kartell praktisch ungestört agieren können; erst jetzt, nach dem Tod Escobars, läuft die Repression an. Korruptionsnetzwerke werden gekappt, das *intreccio* beginnt zu bröckeln. Vor allem aber: Narcotraficantes der jungen Generation - in Cali sogenannte *traquetos* - fuchteln bedrohlich mit Waffen herum. Es ist nicht klar, ob die alten Bosse den jungen Nachwuchs überhaupt noch kontrollieren. Der typische *traqueto* ist gerade mal fünfundzwanzig, hat seine Lehrjahre als Kurier, Leibwächter oder Fahrer hinter sich und schwimmt im Geld. Die *traquetos* prägen besonders das Nachtleben einer Stadt, die wie keine andere in Kolumbien für ihre Lebensfreude berühmt ist. Viele Gerüchte handeln von einer spezifisch männlichen Machtdemonstration. Frauen an Nebentischen, die den *traquetos* gefallen, werden von ihnen zu sich beordert, abgeschleppt und später vergewaltigt. Die Leibwächter halten währenddessen eventuelle Ehemänner oder Freunde mit der Waffe in der Hand in Schach; wehren sie sich, werden sie auf der Stelle erschossen. Die *traquetos* ergreifen von Frauen Besitz, als seien sie Dinge.[67]

Andere Geschichten handeln vom Alltag in den Zeiten des Kokainrausches: Banale Streitigkeiten im Straßenverkehr, die mit Morden beigelegt werden; *traquetos*, denen im Fitneßstudio versehentlich ihre Maschinenpistole losgeht; Leibwächter eines Narcotraficante, die einem das nagelneue Fahrrad klauen - ohne daß man sich beschweren könnte, noch nicht einmal bei ihrem Boß, weil sie dann vielleicht wütend werden und schießen. Zwischen 1990 und 1994 stieg die Zahl der begangenen Morde sprunghaft an. Obwohl jene Gewalttaten, an denen Drogenhändler nachweislich beteiligt waren, nur einen relativ geringen Prozentsatz ausmachten, war doch offensichtlich, daß es die Narcotraficantes und ihr Fußvolk waren, die im Auge jenes Hurrikans agierten, der mit seinen Gewaltpraktiken die friedliche Austragung zwischenmenschlicher Konflikte verwüstete (Guzmán 1994; AdSC 1994). Die Situation ähnelte dem Medellín der achtziger Jahre, als parallel zum Machtgewinn des Narcotráfico die Gewalt immer stärker eskalierte (vgl. Gómez u.a. 1994). Die Menschen bekommen es mit der Angst zu tun, trauen sich nicht mehr auf die Straße, nachts schon gar nicht. Während der öffentliche Raum schwindet, bleibt nur der Rückzug ins Private. Die Willkür der Bewaffneten hat überhand genommen.

Auf dem Land verlaufen die Fronten der Gewaltakteure zumeist klarer, und der Terror ist weniger diffus - aber dafür umso überwältigender. Auf der *hacienda El Nilo* im Departement Cauca wurden am 17. Dezember 1991 zwanzig indianische Bauern ermordet, die sich schon seit Jahren als Landbesetzer auf dem Gut niedergelassen hatten. Die Hintergründe: Als die althergebrachten Eigentümer die *hacienda* an einen Narcotraficante aus dem Departement Valle verkauften, ließ der neue Eigentümer den Landbesetzern über einen Anwalt ausrichten, sie hätten nun zu gehen. Als sie das nicht

---

67 Ein Indiz dafür, daß es sich bei dieser in vielen Varianten erzählten Geschichte nicht nur um eine Projektion männlicher Angst gegenüber den Narcotraficantes handelte, sondern um häufige Verhaltensmuster in einer von Gewalt und Drogenboom geprägten Stadt, liefert ein Gespräch mit dem Menschenrechtsbeauftragten der Stadtverwaltung (int.2). Er sprach mit mehreren jungen Mädchen aus dem Armutsdistrikt Aguablanca, und jede von ihnen war von jugendlichen Bandenmitgliedern vergewaltigt worden. Nicht nur das: Den Mädchen im Alter zwischen zwölf und fünfzehn Jahren war keine einzige Gleichaltrige bekannt, der es nicht ebenso ergangen war.

taten, wurden sie kurzerhand niedergemetzelt (vgl. Comisión de Superación de la Violencia 1992:85). Für den Narcotraficante war das Problem aus der Welt; er konnte nun auf seinem Gut tun und lassen, was er wollte - bis heute ist er für das Massaker nicht zur Rechenschaft gezogen worden. Die Geschehnisse in der *hacienda* El Nilo sind indes nur ein Beispiel aus der sehr langen Liste von Gewalttaten, an denen regelmäßig neben den Narcotraficantes auch staatliche Amtsträger und Institutionen direkt oder indirekt beteiligt waren. Häufig wird nicht "nur" getötet, sondern abgeschlachtet: In Trujillo wurden die mutmaßlichen Kollaborateure der Guerilla - unter Mitwissen und Mithilfe von Mitgliedern der örtlichen Polizei- und Armeeverbände! - lebend mit einer Motorsäge in Stücke geschnitten; im Departement Córdoba ganze Weiler massakriert, also 30, 40, 50 Männer, Frauen und Kinder erschossen.[68]

Die Gewaltanwendung wird bis zu einem gewissen, quantitativen Grad gezügelt, wo eine starke ökonomische und militärische Präsenz die Herrschaft festigt. Beispiele hierfür sind vor allem jene Gemeinden des Magdalena Medio, die nun schon seit Jahren von der paramilitärischen Allianz kontrolliert werden. Solange die internen und externen Frontverläufe sich nicht verschieben, herrscht Friedhofsruhe - alle tatsächlichen und potentiellen Widersacher sind bereits kaltgestellt worden, und alle anderen wissen, wie sie sich zu verhalten haben (vgl. taz 31/8/89:3). Die Machthaber sitzen fest im Sattel und können sich auf sporadische Präventivaktionen beschränken. Bei derart komplizierten und verflochtenen Frontverläufen wie in Kolumbien ist eine solche Stabilisierung allerdings eher die Ausnahme als die Regel.

In Italien ist die mafiose Gewaltanwendung nicht so eklatant, aber vielerorts ebenso allgegenwärtig. Es gibt Gegenden, wo die illegale

---

68 Es muß unterstrichen werden, daß diese Brutalität nicht allein von den Narcotraficantes ausgeht. Eine Guerillaeinheit sprengt einen Linienbus in die Luft, nur weil sich unter den Passagieren auch Soldaten befinden; die Streitkräfte führen den Fernsehzuschauern exekutierte Guerilleros vor, wie sie an der Leine eines Hubschraubers pendelnd aus dem Kampfgebiet geflogen werden; ein krimineller Clan mit möglichen Beziehungen zum Narcotráfico läßt mindestens elf Lumpensammler ermorden, um ihre Leichen den Seziermessern von Medizinstudenten zu überlassen. Beschreibungen dieser und anderer Fälle finden sich in den ausführlichen Dokumentationen von Menschenrechtsorganisationen wie Amnesty International (1989; 1994), Americas Watch (1990; 1992) oder der Comisión Andina de Juristas (1992a,b).

Herrschaft gerade erst gefestigt wird. Als in Campi Salentina, in Apulien, ein Kioskbesitzer seinen Unmut über die örtliche organisierte Kriminalität allzu deutlich zum Ausdruck bringt, erregt sich der Boß De Tomassi: "So, es wird also gelästert... Ich werde ihn lehren, wer die *malavita* von Campi ist [...] vierzig Tage Krankenhaus wird ihn das kosten". Der Kiosk wird Stunden später auf Anraten eines Getreuen in die Luft gesprengt (CdAAL:167). In althergebrachten Hochburgen der Mafia kann sich Gewalt entfesseln, wenn wie Anfang der achtziger Jahre in Neapel oder Palermo heftige interne Konflikte ausbrechen und inmitten des Gemetzels verschiedene Gruppen ihre Macht über die Bevölkerung zu festigen suchen.[69] Im Vergleich zu Kolumbien bemerkenswert ist jedoch, daß in manchen Gegenden die Menschen schon seit Jahrzehnten den Mafiosi unterworfen sind. Trotz einer mangelnden Institutionalisierung und gelegentlicher Konflikte ist die Herrschaft hier durchaus gefestigt und die Gewaltanwendung gezügelt.

Wenn aber nun die Menschen schon seit Generationen unter diesen Verhältnissen leben, bildet sich eine gewissermaßen traditionelle Herrschaft heraus, in der die Machtverhältnisse verinnerlicht worden sind und der "gewisse soziale Konsens" gefestigt ist. "Wahrscheinlich koexistieren Angst und Konsens im Namen einer eingefleischten Gewohnheit", beschreibt Umberto Santino den besonders in der Provinz Palermo häufig offenkundigen Schulterschluß zwischen Mafiosi und Bevölkerung: die *omertà* (1992:108). Im engeren Sinne ist mit *omertà* eine "Verschwiegenheitspflicht" gegenüber Außenstehenden gemeint, der sowohl die Mafiosi als auch die Menschen in ihrer Umgebung obliegen (Raith 1992:30).

Wie ausgeprägt, also verinnerlicht die *omertà* sein kann, erfahren besonders diejenigen, die es wagen, gegen die mafiose Herrschaft aufzubegehren. Michela Buscemi beispielsweise trat Mitte der achtziger Jahre als Nebenklägerin im "Maxiprozeß" von Palermo auf. Ihre Brüder Salvatore und Rodolfo, zwei mutmaßliche Kleinkriminelle, waren der palermitanischen *famiglia* der Marchese ins Gehege gekommen und von den Mafiosi ermordet worden. Michela Buscemi wurde nicht nur von ihrem Freundes- und

---

69 Die latente oder manifeste gewalttätige Konkurrenz zwischen den Mafiosi ist für Raimondo Catanzaro das wichtigste strukturelle Hindernis für die Stabilisierung der mafiosen Herrschaft (Catanzaro 1988:54). Dabei übersieht er jedoch, daß eine Institutionalisierung dieser Herrschaft ohnehin durch die Illegalität erschwert wird und daß eine gewisse Stabilität sehr wohl zu verzeichnen ist.

Bekanntenkreis bedrängt, die Anklage fallen zu lassen, auch ihre Mutter und ihre sieben verbliebenen Geschwister distanzierten sich von ihr. In der von Michela betriebenen Bar wurde eine Bombe gelegt, die Kundschaft blieb aus. "Keiner der Stammkunden, der Freunde ist mehr gekommen [...], aus Angst. Sie denken, wir seien Spione, in ihrem Slang sagen sie nämlich so, *spiuni da quistura* (Informanten des Polizeiquartiers), das ist ein Ausdruck, den sie oft benutzen. Als Nebenklägerin aufzutreten, wird nicht geduldet, man wird zur Spionin, als ob ich gesagt hätte: "Jene Frau dort hat gestohlen" (Puglisi 1990:84-85).[70]

Die *omertà* wird häufig für ein italienisches Spezifikum gehalten. Das aber ist, wenn überhaupt, nur bedingt richtig. Auch in Kolumbien gibt es die *omertà*, auch hier verstummen die Menschen, wenn Polizisten oder Sozialwissenschaftler sie über Details der kriminellen Herrschaft ausfragen. Das ist nicht weiter verwunderlich. Während die Fragesteller wieder von dannen ziehen, müssen die Befragten vor Ort ausharren - Haus an Haus mit Leuten, die dazu fähig sind, ihre Mitmenschen zu zerstückeln oder in Säurebädern aufzulösen. Die *omertà* hat vor allem etwas mit Angst zu tun, und der Unterschied zwischen Kolumbien und Italien besteht darin, daß in Kolumbien die *omertà* noch nicht so verinnerlicht ist. In Medelliner Stadtvierteln wird es noch an die Wände gesprüht: *Sapo = Muerte*, "Verräter = Tod" (taz 7/8/90:3); in manchen Gegenden Palermos ist das nicht mehr nötig, weil die Gleichung schon seit Generationen in den Köpfen der Menschen steckt.

Es ist eine kolumbianische Richterin, die berichtet: "Der Zeuge eines Verbrechens antwortet immer, er habe nichts gesehen; die meisten fürchten sich auszusagen, weil sie ermordet oder die Familien belästigt werden könnten [...]. Da mögen noch soviel Dekrete erlassen werden [...], solange uns die Angst erdrückt [...], werden wir nichts tun können" (Salazar 1993:272). Es ist ein Italiener, der vergaß, welchen Risiken man in mafiosen Herrschaftsgebieten ausgesetzt ist: Nachdem er seine Erpresser angezeigt

---

70 Ähnlich ergeht es Pietra Lo Verso, die wegen der Ermordung ihres Mannes in dem gleichen Prozeß ebenfalls als Nebenklägerin auftritt. Drei Monate nach Prozeßbeginn muß sie die von ihrem Mann übernommene Fleischerei schließen, weil die Kunden ausbleiben (Puglisi 1990:118). Noch eklatanter das Beispiel der Schwester des *pentito* Vincenzo Sinagra, die bei der Distanzierung von ihrem Bruder soweit geht, die Geschwisterschaft abzustreiten: Rita definiert Vincenzo als "einen Verwandten ihres Vaters" (Santino 1992:108).

hatte, merkte er, daß sie Teil einer größeren Gruppe waren. Tage nach der Anzeige gibt er vor der Staatanwaltschaft zu Protokoll: "Ich weise spontan daraufhin, daß ich Vater dreier Kinder bin und auf dem Land lebe. Ich bin derzeit auch an einem Magengeschwür erkrankt, und ich muß offen gestehen, daß ich es bitter bereue, nach 21 Jahren Australien nach Italien zurückgekehrt zu sein. Ich bin sehr besorgt wegen der Geschehnisse, in die ich verwickelt bin, nicht so sehr wegen mir, als wegen meiner Kinder, die alle sehr jung sind" (Cavaliere 1989:110).

Sowohl in Kolumbien als auch in Italien kann in der *omertà* ebenso Eigennutz mitschwingen: Viele Menschen wollen keine Auskunft geben, weil sie selber auf die ein oder andere Art in die illegalen Machenschaften verwickelt sind, also von ihnen ökonomisch und sozial profitieren. Von vornherein aber ist nicht zu entscheiden, was im Einzelfall als Motiv für das Verstummen überwiegt, ob die ökonomischen Vorteile oder die gewaltsame Einschüchterung. *Plata o plomo*, "Geld oder Bleikugeln", sind in Kolumbien und Italien nur zwei Pole, zwischen denen sich viele verschiedene Einzelschicksale und Verhaltensweisen ansiedeln. Der "gewisse soziale Konsens" ist ein willkürlicher Konsens - so widersprüchlich das auch ist.

5. Die ideologische Verklärung

Die Menschen in den Einflußgebieten der Mafiosi und Narcotraficantes also schweigen. Auch die staatlichen Amtsträger: Fünf der sechs Bürgermeister der Ebene von Gioia Tauro behaupteten während der Gerichtsverhandlungen des kalabresischen "Maxiprozesses" Ende der siebziger Jahre, daheim von der 'Ndrangheta noch nie etwas bemerkt zu haben und diesbezügliche Informationen "nur aus der Presse" zu beziehen (TdRC 1979:19-25). Scheinheiligkeit auch in Kolumbien, wenn in den Departements Valle oder Risaralda lokale oder regionale *consejos de seguridad* einberufen werden, auf denen die örtlichen Autoritäten über den Zustand der öffentlichen Sicherheit diskutieren: In den Hochburgen des Drogenhandels wird das Problem des Narcotráfico gewöhnlich mit keinem einzigen Wort erwähnt (MinCom.Va: 101; Csv.ris:3ff.). *Omertà*, wie gesagt, die sicherlich viel mit Einschüchterung und Komplizenschaft zu tun hat. Doch nicht allein damit: Die entgegengesetzten Pole *plata o plomo* stellen gewissermaßen nur die

287

Grundachse der Herrschaft dar. Über sie hinaus gibt es noch eine ideologische Sphäre, in der die Herrschaftsverhältnisse durch bestimmte Diskurse und Wertvorstellungen gefestigt werden. Auch im Schweigen kann eine ideologische Verklärung mitschwingen.

Mafiosi und Narcotraficantes untermauern ihre Herrschaft, indem sie sich rechtfertigen und vor ihren Mitmenschen ins beste Licht rücken. Vorweg müssen sie sich selbst von der Rechtschaffenheit ihres Tuns überzeugen. Die meisten Verbrecher fühlen sich ohnehin nicht als Verbrecher - oder zumindest nicht als solche, wie sie unbescholtenen Bürgern vorschweben. Mafiosi und Narcotraficantes haben fast ausnahmslos ein positives Selbstbildnis. Zumindest einige von ihnen sind sich sehr wohl dessen bewußt, daß ihr Handeln von einigen zentralen Moralvorstellungen und besonders von jener des "Du sollst nicht töten" abweicht. Es ist nicht so, daß sie damit keine Probleme hätten: Anscheinend raten manche Mafiosi und Narcotraficantes ihren Söhnen oder Verwandten dringend davon ab, einen ähnlichen Lebensweg einzuschlagen. Antonino Calderone beispielsweise wurde von seinem todkranken mafiosen Onkel davor gewarnt, den Schwur zu leisten (Arlacchi 1992:41). Ebenso stellen sich die meisten Narcotraficantes für ihre Kinder eine friedfertige, wohlhabende und legale Zukunft vor (Arango 1988:116). Auch von innen heraus kann die "kriminelle" Welt kriminell erscheinen. Mafiosi und Narcotraficantes, die sich hierüber Gedanken machen, befinden sich in einer nicht zu unterschätzenden moralischen Falle.

Es ist möglich, das Zuschnappen dieser Falle durch Abschottung nach außen zu verdrängen. Mafiosi und Narcotraficantes leben in einer geschlossenen Welt, mit der sie schon aus Sicherheitsgründen der Illegalität Tribut zollen. Das ist besonders in extremen Situationen so, wenn sie ernsthaft verfolgt werden, untertauchen müssen und ihre Beziehungen zu anderen Menschen kappen. Selbst aber wenn von der staatlichen Repression nichts zu befürchten ist, verbringen Mafiosi oder Narcotráfico den größten Teil ihrer Zeit mit ihresgleichen. Das ist bei anderen Berufsgruppen ähnlich, aber nicht so ausgeprägt, weil legale Akteure meistens weniger zu verbergen haben. Je länger illegale oder geheime Organisationen bestehen, desto deutlicher bilden sie ein eventuell sogar institutionalisiertes subkulturelles Milieu heraus, das über eigene Rollenspiele, Umgangsformen und Sprachregelungen verfügt. Die besonders bei der Mafia vielfältigen Verhaltensregeln lassen sich ebenso wie der schillernde Jargon auch aus dieser Perspektive heraus erklären (vgl. Falcone, Giuseppe 1983; Correnti 1987).

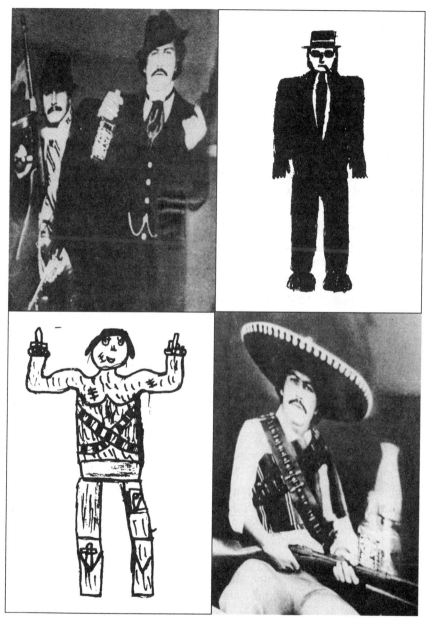

Abb. 8 Italienische Kinder stellen sich Camorristi ähnlich vor wie
Pablo Escobar und sein Bruder sich für einen Fototermin verkleideten.

Es gibt in diesen Milieus nur wenige, die so "normal" sind, wie es der stets imaginäre Durchschnitt der von ihnen häufig verachteten anderen Menschen verlangt. Das Milieu isoliert und bietet Geborgenheit. Zumindest bei den Mafiosi zeigt sich das häufig daran, wie verloren sie sich vorkommen, wenn sie ihre Welt verlassen. Diejenigen, die bestraft und ausgestoßen werden, fühlen diesen Verlust genauso wie jene, die freiwillig gehen. Erst das Verlassen des Milieus öffnet ihnen die Augen dafür, daß Menschen auch anders, vor allem weniger gewalttätig zusammenleben können (vgl. lm:36; Arlacchi 1992:292). Glaubt man den *pentiti*, was in diesem Punkt eine Ermessensfrage ist, kann sich diese Erkenntnis auch schon vorher einschleichen - dann nämlich, wenn mit der Geburt und dem Heranwachsen von Kindern oder der Beziehung zu einer Frau ein Stück Menschenliebe in eine paranoide Welt hineingetragen wird (pg.1:2281; gm:1324; gd:59).

Es gibt noch weitere Möglichkeiten, die moralische Falle auszublenden. Ebenso wie andere stigmatisierte Gruppen kehren Narcotraficantes und Mafiosi ihr Bewußtsein über das eigene abweichende Verhalten ins Positive: "Das ist wichtig: Wir sind Mafiosi, die anderen sind irgendwelche Menschen. Wir sind *uomini d'onore*. Und nicht so sehr, weil wir einen Schwur geleistet haben, sondern weil wir die Elite der Kriminalität sind [...]. Wir sind die schlimmsten von allen", brüstet sich Antonino Calderone, als er über die Beziehungen zu anderen kriminellen Gruppen referiert (Arlacchi 1992:5). Auch Pablo Escobar scheint ein solches Selbstbewußtsein gepflegt zu haben.

Eine große Rolle spielt die Faszination, die ohnehin von der Gestalt "des großen Verbrechers" ausgeht, welcher "die heimliche Bewunderung des Volkes erregt" (Benjamin 1965:35). Es verhält sich wie in den *film noirs*: Das Gute - der Detektiv - wird immer obsiegen, aber das Böse - der Verbrecher - ist die Attraktion. Mafiosi und Narcotraficantes schauen sich einen Gangsterfilm nach dem anderen an, verschlingen Groschenromane und ergötzen sich an den Mythen ihrer Vorgänger. Pablo Escobar ließ in der *Hacienda Nápoles* ein Oldsmobile aufstellen, daß möglicherweise Bonnie und Clyde oder John Dillinger gehörte (Torres 1995:135, Castillo 1987:133). Mehr noch: Zusammen mit seinem Bruder verkleidete er sich mit der Schnapsflasche in der Hand als Gangster der Prohibitionszeit und mit umgehängtem Patronengürtel als mexikanischer Sozialrebell Pancho Villa und ließ sich so von einem Fotografen ablichten. Neben Emiliano Zapata war Pancho Villa der zweite große militärische Führer der mexikanischen Revolution - von ihm geht also eher eine revolutionäre denn eine kriminelle

Faszination aus, und das paßt durchaus zu dem Anstrich eines Sozialrebellen, den Pablo Escobar sich häufig gab.).In seiner Heimatgemeinde Envigado geht die Legende um, Pancho Villa sei in Wirklichkeit ein Kolumbianer namens Teodoro Arango gewesen (vgl. Strong 1995:30-31). Im übrigen faszinierte der Revolutionär auch anderswo: Die Maranzano-Fraktion der US-amerikanischen Kriminalität der 20'er und 30'er Jahre war intern als "Pancho-Villa-Bande" bekannt (Gentile 1963:107,111).

Antonio Zagari, ein 'Ndranghetista, kannte die Biographie des US-Gangsters John Dillinger auswendig (Zagari 1992:32).[71] Auf Sizilien lasen *uomini d'onore* mit Begeisterung "Der Pate" von Mario Puzo und wandten sogar eine vom Bestsellerautor erdachte Tötungsmodalität an (Arlacchi 1992:161). In Italien und Kolumbien sind es häufig die gleichen, von den westlichen Massenmedien verbreiteten Vorbilder: Es ist kein Zufall, daß sich 11- und 13-jährige Jungen in Neapel Gangster ganz ähnlich vorstellen wie Pablo Escobar (Varriale 1987:131; vgl. Abb.8). Ich bin ein Mafioso, wie der Mafioso im Film ein Mafioso wie ich ist: Der Witz ist, daß Regisseure und Romanautoren sich in ihrem Schaffen von den tatsächlichen "Kriminellen" inspirieren lassen und der Kreis sich so wieder schließt (vgl. Gambetta 1992:188ff.; Hess 1994:30-33). Besonders die bekannteren Mafiosi und Narcotraficantes ahmen also nicht nur Mythen nach, sondern werden selber zu Mythen - und wissen davon. Luciano Leggio, Raffaele Cutolo, Gonzalo Rodríguez Gacha oder Gilberto Rodríguez Orejuela sind Menschen, die noch zu Lebzeiten nicht nur in Journalismus und Wissenschaft, sondern auch in Belletristik und Film porträtiert wurden und werden. Den Status international bekannter öffentlicher Figuren teilen sie sich mit einer exklusiven Gruppe von Sportlern, Showstars oder Politikern. Diese Menschen wissen, daß alles, was sie tun oder lassen, in der Öffentlichkeit auf Interesse stößt. Wenn sie

---

71 Zagari berichtet auch über das Vorbild eines anderen 'Ndranghetista, der sich mit *Caronte*, einer höllischen Figur aus Dantes Göttlicher Komödie identifizierte. "Während der Zeit, als wir gemeinsam verhaftet waren, quälte er mich, indem er andauernd den einzigen Vers der Göttlichen Komödie wiederholte, den er, wer weiß wie, auswendig zu lernen geschafft hatte (tatsächlich ist er ein halber Analphabet) und der sich auf eben diesen Caronte bezieht: *"Ed ecco verso me venir per nave un vecchio, bianco per antico pelo, gridando guai e voi anime prave!"* Sonst wußte er überhaupt nichts, er konnte gerade mal lesen und schreiben; aber was die mafiosen Regeln und Kodizes anbelangte, war er eine wahre "Leuchte", er hätte über die 'Ndrangheta ein Seminar halten und eine Magisterarbeit präsentieren können." (Zagari 1992:58-59).

wollen, steuern sie die Informationen über ihre Person derart, daß sie maßgeblich an der Konstruktion ihres eigenen Mythos beteiligt sind. Der Bau eines ganzen Stadtviertels für die ärmere Bevölkerung Medellíns wird in jedem Buch über Pablo Escobar und die Seinen erwähnt, auch in diesem. Genau das aber dürfte Escobar beabsichtigt haben.

Das Beispiel des Gangstermythos zeigt deutlich, daß die Art und Weise, wie sich die Mafiosi und Narcotraficantes ins Licht rücken, nicht zuletzt von jenen Wertvorstellungen und Diskursen abhängt, die in der Gesellschaft verbreitet sind. Der gleiche Zusammenhang läßt sich in dem bereits beschriebenen schichtspezifischen Konsumverhalten nachweisen - in der verschwenderischen Zurschaustellung von Luxusgütern zum Beispiel, in dem Hang zu Investitionen im Landbesitz oder in der geschlechtsspezifischen Selbstinszenierung, von der gleich noch die Rede sein wird. Indem sie derartige Wertvorstellungen und Diskurse reproduzieren, inszenieren Mafiosi und Narcotraficantes häufig Erfolgsgeschichten, von denen eine beträchtliche Faszination ausgeht. Auch diese Wahrnehmung ihrer Mitmenschen kann die Herrschaft festigen: Der Mafioso oder Narcotraficante ist nicht nur "einer von uns", sondern auch "einer von uns, der es geschafft hat". "Die neuen Unternehmer", schreibt Alvaro Camacho über die Narcotraficantes, "sind zwar in Bezug auf den Rest der Bevölkerung deviant, aber sie können nicht so abweichend sein, daß ein Zusammenleben unmöglich wäre" (1992b:12).

Ganz besonders deutlich wird der Zusammenhang zwischen spezifischen und gesamtgesellschaftlichen Werten in der Frage der angeblichen Ehrenhaftigkeit der mafiosen Individuen und Gruppen. Wiederum handelt es sich um eine Inszenierung, die intern von Bedeutung ist. Besonders 'Ndranghetisti können sich in Rage reden, wenn es darum geht, die vielen verschiedenen Aspekte ehren- und unehrenhaften Verhaltens zu klassifizieren und zu bewerten (vgl. Gambino 1975:62; Arlacchi 1992:140). Zwei Moralvorstellungen spielen eine herausragende Rolle: Erstens die Bewahrung der sexuellen Unversehrtheit der Frau und die Verantwortung, die der Mann dafür trägt, sowie zweitens der männliche Zwang, nicht nur gegenüber den Frauen Stärke an den Tag zu legen und immer für sich selbst einzustehen (vgl. Arlacchi 1983:31ff.). Diese Vorstellungen spiegeln ziemlich genau das stete Konkurrenzverhältnis zwischen den mafiosen Männern wider. Jeder ist sich selbst der nächste, und muß das auch, immer auf Kosten der anderen, beweisen. In einer Welt, in der das Recht des Stärkeren regiert, werden angebliche oder tatsächliche "Schwächlinge" verachtet, und zwar deswegen, weil Stärke, also persönliche Macht, das wichtigste Kriterium für die soziale Positionierung darstellt.

"Aber ich bin stark", prahlt der in dieser Hinsicht wahrlich unerträgliche Tomasso Buscetta vor der Antimafiakommission, "da gibt's nichts dran zu rütteln, ich bin moralisch stark, ich bin ein *uomo d'onore*, nicht *uomo d'onore* von Totò Riina, ich bin als *uomo d'onore* geboren und mich zerstören sie nicht. Hier bin ich" (tb.cpm:364). Auch Mafiosi mögen in ihrem Inneren häufig schwach sein - sie dürfen das aber noch weniger zeigen als andere Menschen. Nur innerhalb der Gruppe, die sich bezeichnenderweise *famiglia* nennen kann (vgl. Siebert 1994:47ff.), wird der stete Kampf aller gegen alle aufgehoben - oder es wird zumindest so getan, bis zu jenem Tag, an dem durch eine Kräfteverschiebung aus dem Freund ein Feind und der Weggefährte aus heiterem Himmel während eines Ausflugs ins Grüne von hinten erdrosselt wird.

Wie in der Diskussion der Organisationsstrukturen gezeigt wurde, entspricht der Ehrbegriff verblüffend genau der Realität des illegalen Handlungsraums. Wo Menschen sich zusammentun, um gewaltsam und illegal Macht auszuüben und diese Tätigkeit stets auch zumindest latent den internen Zusammenhalt gefährdet, entspricht der Ehrkodex mit seiner Akzentuierung der Stärke und der Eigenständigkeit, aber auch der Loyalität und der Verpflichtungen gegenüber den Bundesgenossen sehr genau den strukturellen Merkmalen dieses Handelns. Die Ehre- und Schandzuweisung verschleiert häufig gewaltsam erzwungene Hierarchien und verstärkt den Gruppenzusammenhalt (vgl. Marmo 1989). Da die Betreffenden fast ausschließlich Männer sind, tut sich außerdem noch ein weiterer Zusammenhang auf, der über die mafiose Problematik weit hinausgeht: derjenige zwischen Männlichkeit, Macht und Ehre, das "ABC der Gewalt".[72] Ehr-

---

72 Die Schriftstellerin Ruth Klüger, Wiener Jüdin und KZ-Überlebende, schreibt in einer eindrucksvollen und klugen Passage anläßlich der Gefahr von Vergewaltigungen im Central Park New Yorks: "Die Männer erörtern diese geschlechtsspezifischenGefahren mit einem gewissen Stolz auf den Überschuß an eigener Männlichkeit [...], als läge das Problem nur in der angeborenen schwächeren Muskulatur der Frauen und nicht in der Perversität der Gewalt, die sich immer an Schwächeren vergreift und der die Moral der Ritterlichkeit nur als Camouflage dient, und eine dünne noch dazu, wie uns der Krieg gezeigt hatte. Es störte mich, daß die Warner die Täter so tolerant erörterten, als ob Männer zwar Böses tun, aber nicht böse, sondern eben nur Männer, sind, und die Frauen dank angeborener Schwäche angewiesen auf die Großmut dieser Männer. Den

begriffe wie die der sizilianischen Mafia sind auch Ideologien von männlichen Gewalttätern.

Freilich kann das "ABC der Gewalt" ebenso von Frauen verinnerlicht werden, wie die Beispiele der "Kokainköniginnen" zeigen. Häufig jedoch sind sie die ersten, die gegen die Gewalt aufbegehren - und dabei den Ehrbegriff zumindest unbewußt vom Tisch fegen. Welche abstrusen und makabren Züge die Gewalt im Mantel der Ehre annehmen kann, zeigt eine Anekdote, die sich die Mafiosi selbst erzählen. Die Frau von Leonardo Rimi, der von seinem Schwiegervater ermordet wurde, sagt ihren Kindern: "Berührt nicht die Hände eures Großvaters, denn das sind die, die euren Vater ermordet haben" (gm.vi.5:29). In Kalabrien indes nehmen "ehrenwerte" 'Ndranghetisti Sebastiano Di Carlo, einen Mitläufer und Verwandten, nach Strich und Faden aus und ermorden ihn schließlich. Die Schwester De Carlos ist mit einem der mutmaßlichen Mörder verheiratet. Als sie von dem Geschehen hört, rutscht ihr raus: "Das war mein Bastard von Ehemann" (TdRC 1988:455).

Soweit die zwiespältige Selbstdarstellung von Mafiosi und Narcotraficantes. Inwieweit aber werden die Werte, die hinter diesen Inszenierungen sichtbar werden, von ihren Mitmenschen, auch von den Frauen, geteilt? Kann es sein, daß die Mafiosi hier nur Vorstellungen reproduzieren, die ohnehin in der Gesellschaft verankert sind? Einerseits: nein. Von *norme tutte loro* in Bezug auf die Ehre der Mafiosi, von "gänzlich ihren Normen", sprach schon Leopoldo Franchetti (1877:29). Andererseits aber: ja. Schon Franchetti bemerkte in Anbetracht der *omertà*, daß auch die anderen Menschen von diesen Werten überzeugt schienen. Die Mafiosi verfügten über eine "moralische Autorität", die auf der weitgehenden Übereinstimmung mit den "juristischen Auffassungen" der Bevölkerung gründe (ebd.:96).

Besonders sozialanthropologische Studien haben diese Übereinstimmung unterstrichen und sie zur Grundlage der Mafia schlechthin deklariert. Henner

---

sie nicht provozieren und auf die Probe stellen sollen. Es war, als müsse man sich bei den Warnern dafür bedanken, überhaupt in Ruhe gelassen zu werden. Es lag mir auf der Zunge zu behaupten, ich hätte schon mehr riskiert als in New York spazierenzugehen, was aber des vorlauten Tons wegen unerwünscht und sowieso unlogisch, sogar abergläubisch gewesen wäre, denn man kann ja gegenwärtige Gefahren nicht durch überstandene abwenden. Doch hätte es den Leuten nicht einfallen können, daß ich zwar neu im Land, doch nicht unvertraut mit dem ABC der Gewalt war?" (1992:236-37).

Hess ließ das mafiose Verhalten in einem "subkulturellen Normensystem" aufgehen, das fast jegliches gewalttätige Vorgehen legitimiere (1970:72ff.; 178ff.). Seine sehr einflußreiche Analyse wurde über Jahre hinweg akzeptiert und vor allem von Pino Arlacchi übernommen (1983). Noch Raimondo Catanzaro, der allerdings zu ahnen schien, auf welch unsicheres Terrain er sich begab, schrieb: "Die Ehre spiegelt die institutionelle Verteilung des Status wieder" (1988:63). Und über die Gesellschaft des *latifondo*: "Der Kampf um die Ehre ist also ein Wettbewerb um den sozialen Aufstieg in einer Gesellschaft, die noch nicht den kapitalistischen Markt kennt. Man kämpft, um Ehre zu bekommen, um die schon bestehende institutionalisierte Verteilung der Ehre zu ändern" (ebd.:64).

Wer aber kämpft da? Alle? Oder haben sich da bloß bestimmte Gruppen emporgeschwungen und verbreiten nun die frohe Kunde des ins beste Licht gerückten ABC's der Gewalt? Nur wenn die Existenz dieser Gruppen wie bei Henner Hess ganz abgestritten wird, können die nunmehr frei im Raum schwebenden Werte überzeugend der gesamten Gesellschaft zugeordnet werden. Spätestens aber seitdem feststeht, daß die Organisationen tatsächlich existieren, muß sehr viel vorsichtiger geurteilt werden. Es läßt sich nicht definitiv entscheiden, ob die Ehrvorstellungen unter der Bevölkerung *in dieser* Form schon vor den mafiosen Organisationen bestanden oder ob es die mafiosen Organisationen waren, welche diese Werte über Jahrzehnte hinweg der Bevölkerung aufzwangen.

Sicher findet sich Ehr- und Schandzuweisung - allerdings unterschiedlichen Inhalts - in vielen Gesellschaften des Mittelmeerraums. Häufig werden mit ihr soziale Hierarchien ausgedrückt, die an die gesellschaftliche Verteilung von Reichtum und Macht zumindest gekoppelt sind. Ehre als "Stratifizierungssystem" begünstigt die Unterordnung der sozioökonomisch Schwachen und den Wettbewerb zwischen Gleichgestellten. Ihr häufig egalitärer Anspruch kann nicht verbergen, daß es sich in vieler Hinsicht um ein ideologisches Konstrukt zur Sicherung von Herrschaft handelt. Außerdem sollte die Bedeutung der Ehr- und Schandzuweisung keineswegs überschätzt werden. Das häufige Gerede über sie ist oft Haarspalterei im banalen Alltag und als Versuch zu verstehen, sich in relativ undifferenzierten Gesellschaften von anderen Menschen abzuheben (Davis 1977:89ff.).

Die Mafiosi instrumentalisieren diesen Diskurs. Einerseits, wie beschrieben, in ihrem Handlungsraum, andererseits aber auch in ihrer Selbstdarstellung nach außen. Sich in einer Gesellschaft, wo Ehr- und Schandzuweisung eine *gewisse* Rolle spielen, als ehrenwert zu deklamieren, ist der Versuch, sich ins beste Licht zu rücken. Es ließe sich von einer kompensatorischen Überprägnanz allgemein geteilter Normen sprechen: Die Mafiosi - die doch häufig morden und erpressen - übersteigern die Wertvorstellungen ihrer Umwelt, um den Anschein einer höherrangigen Moral aufrechtzuerhalten.

Claudio Cavaliere erfaßt diese Instrumentalisierung ziemlich genau, wenn er in seiner Monographie über die kalabresische Stadt Lamezia Terme von einer "Indifferenzzone" spricht, die bei der Analyse mafioser Herrschaft nicht vergessen werden darf: "Im Grunde existiert zwischen der totalen Opposition und der totalen Zustimmung der Einzelnen gegenüber den Zielen der mafiosen Organisation eine breite "Zone der Indifferenz", wo die Möglichkeiten größer sind, daß einige Verhaltensweisen problemlos akzeptiert werden [...]. Da der Bereich der totalen Zustimmung nicht erweitert werden kann, wird versucht, die Indifferenzzone maximal auszudehnen [...]. Und das geschieht, indem die Idee der Präsenz eines spezifischen Phänomens Mafia verdrängt wird; die mafiosen Verhaltensweisen also eingepaßt werden in kulturell bekannte oder sogar volkstümliche Horizonte, um so den Zwangscharakter der Handlungen zu verschleiern und eine freiwillige Akzeptanz des mafiosen Kommandos zu erreichen" (1989:115). Die Beobachtung, daß die Menschen mit bestimmten Werten wie dem des Ehrbegriffs einverstanden scheinen, bringt also solange nichts, wie verkannt wird, daß diese Werte an die Interessen bestimmter Gruppen geknüpft sind.

Eine gewisse Rolle spielt der männliche Ehr-Gewalt-Komplex auch in Kolumbien, wie Alonso Salazar und Ana María Jaramillo für das jugendliche Fußvolk Medellíns gezeigt haben (1992:138). Weder in der Gesellschaft noch im illegalen Handlungsraum jedoch kommt dem Ehrbegriff eine ähnlich große Bedeutung zu wie in Italien. Die Narcotraficantes rezipieren oder verbreiten meist andere Legenden. In Übereinstimmung mit ihren Tätigkeiten unterstreichen sie häufig ihr vermeintlich "normales" Unternehmertum: "Wir exportieren ein Produkt bester Qualität, mild, wie unser Kaffee" (Anónimo 1989:40). Gar nicht ersichtlich sei, wieso dies ein Problem darstelle, schließlich gebe es doch Millionen von der Strafverfolgung unbehelligte Konsumenten, die nach ihrem Produkt verlangten. Der Spieß wird kurzerhand umgedreht: Nicht sie selbst, die Narcotraficantes, seien moralisch zu verurteilen, sondern die Ermittlungsbehörden, vor allem diejenigen der USA, die zu unterbinden suchten, daß die Narcotraficantes eine tatsächlich bestehende Nachfrage befriedigten.

Ebenso wie bei der Analyse der italienischen Mafia und ihrem Anspruch, als "ehrenwert" zu gelten, besteht auch beim Narcotráfico die Gefahr, daß die sozialwissenschaftliche Forschung die *corporate identity* des Unternehmertums als bare Münze auffaßt, hieraus Rückschlüsse auf die Realität des illegalen Handelns und seines gesellschaftlichen Kontextes zieht, um dann schlußendlich diesen Diskurs, nunmehr jedoch "wissenschaftlich" sanktioniert, wieder in die Öffentlichkeit einzuführen - und so der positiven Selbstdarstellung der Narcotraficantes neue Nahrung liefert.[73] Einzig wenn das tatsächliche Geschehen differenziert wie möglich betrachtet wird, kann diese Gefahr begrenzt werden.

Auch der unternehmerische Spürsinn der Narcotraficantes wird manchmal mit regionalen Kulturmerkmalen in Verbindung gebracht. Lange Zeit hieß es - bevor sich die Aufmersamkeit verstärkt auf das Departement Valle richtete - daß viele Narcotraficantes typische *paisas* seien, Bewohner des Departement Antioquia also und der umliegenden Gegenden. Die Regionalkultur der *paisas* kennzeichnet sich - in ihrem Stereotyp - durch Geschäftstüchtigkeit, Fleiß und Materialismus, aber auch durch Traditionsbewußtsein, Religiösität und Familienverbundenheit. Die Herausbildung einer zwar katholischen, aber kapitalistischen Ethik war schon im 18. und 19. Jahrhundert offensichtlich, als unter anderem im Bergbau und im Handel, sowie im Tabak- und Kaffeeanbau unternehmerische Erfahrungen gesammelt wurden. Es waren die Eliten Antioquias, die Anfang des 20. Jahrhunderts als erste die Industrialisierung wagten und mit ihrer Textilproduktion sehr erfolgreich waren (Ospina 1955). Der immer wieder von ihnen selbst hervorgehobene Tatendrang und Unternehmergeist der *paisas* wird häufig mit der Besiedlung Zentralkolumbiens und der Ausbreitung des Kaffeeanbaus in Verbindung

---

73 Dies ist auch selbstkritisch gemeint: In der vorangegangenen Untersuchung "Cocaína & Co." hoben Luis Fernando Sarmiento und ich den unternehmerischen Aspekt des Narcotráfico wohl zu emphatisch hervor (1991a,b). Wahrscheinlich beschäftigen sich Mafiosi und Narcotraficantes nicht so intensiv mit der wissenschaftlichen Literatur wie sie es mit Gangsterfilmen und Groschenromanen tun. Dennoch gibt es Indizien dafür, daß sich auch hier der Deutungskreis manchmal schließt: Pablo Escobars öffentliche Argumentationsmuster zum Beispiel weisen mitunter klare Parallelen zu den ausgeprägt "antiimperialistischen" Analysen von Mario Arango und Jorge Child auf (vgl. Anónimo 1989; Cañón 1994; Arango/Child 1984,1985); in Italien bezieht ein *pentito* wie Leonardo Messina einige seiner Kenntnisse aus Berichten der Antimafiakommission (lm.cpm:549).

gebracht: Unerschrockene, freie und solidarische Siedler, die im 19. Jahrhundert mit der Axt in der Hand das Land urbar machten und der Region dadurch eine relativ ausgeglichene Landverteilung sowie eine ländliche Mittelschicht bescherten.

Diese Stilisierung einer noch nicht so fernen Gründerzeit aber ist ebenso wie die angeblich jüdischen oder baskischen Ursprünge der *paisas* eine Legende, an deren Verbreitung auch Sozialwissenschaftler beteiligt waren (vgl. kritisch Palacios 1986: 160ff.,192; Twinam 1980). In Wirklichkeit dürfte es diesen Siedlertypus so gut wie nie gegeben haben. Trotzdem glauben die Menschen, es habe ihn gegeben und es gebe den *paisa* heute: "Wir sind die Region Kolumbiens mit dem größten Tatendrang", versichert eine 58-jährige Frau aus einem der Armenviertel Medellíns. "Wir mögen es zu arbeiten, wir mögen den Schnaps, wir mögen den Tanz, die Frauen haben Gefallen an den Männern, die Männer an den Frauen, wir mögen es, Händler zu sein, hinzugehen, wohin es uns beliebt, solange wir haben, womit. Wir *paisas* sind frei, und ich bin stolz darauf" (zit. nach Salazar/Jaramillo 1992:112). Auch viele Narcotraficantes aus Antioquia scheinen an das Wesen der *paisas* zu glauben und reproduzieren die dazugehörigen Verhaltenweisen, sei es in ihrem Geschäftsgebaren, in der Religiösität oder in den Geschlechterbeziehungen (ebd.: 114ff.).

Nun gibt es Narcotraficantes auch in anderen Gegenden Kolumbiens, und auch dort reproduzieren sie häufig bestimmte lokale Wertvorstellungen und Erfahrungen. Da die Populärkultur, in der sich regionale Spezifika halten, meist in jenen unteren sozialen Schichten gepflegt wird, aus denen viele Narcotraficantes stammen, ist es für sie nicht schwer, "authentisch" zu wirken. Mafiosi und Narcotraficantes orientieren sich zwar an den Werten der zumeist kosmopolitisch ausgerichteten Eliten, behalten aber trotzdem andere, volkstümlichere Bräuche und Geschmacksrichtungen bei: Anschauungsmaterial dafür sind die pastellfarbenen Ikonen des Heiligen Jesuskindes in der überdimensionierten Gedenkkapelle für Gonzalo Rodríguez Gacha ebenso wie der Habitus der Gäste im Ausflugslokal mit integrierter Pferdekoppel des Ochoa-Clans außerhalb Bogotás.

Genau wie beim Ehrbegriff der Mafiosi aber läßt sich nicht behaupten, daß die Narcotraficantes diese Werte verkörpern. Es stimmt, daß die Narcotraficantes ihre Herkunft nicht verhehlen können. Ebenso wahr aber ist, daß sie das gar nicht wollen, weil sie so um soziale Anerkennung und Schutz vor der Strafverfolgung werben. Als Pablo Escobar erfolglos eine aufständische Gruppe namens *Antioquia Rebelde* zu gründen versuchte, appellierte er, ganz eigennützig, an die Regionalkultur und ihre gelegentlichen Autonomiebestrebungen (vgl. Cañón 1994:372ff.). Was der Volkskundler und Ethnologe Lombardi Satriani für Kalabrien beschreibt, läßt sich wortwörtlich für Kolumbien übernehmen (Lombardi Satriani u.a. 1978:202): "Die formale Übereinstimmung der mafiosen Werte mit den volkstümlichen darf uns nicht dazu verleiten, die Hypothese der mafiosen als volkstümliche Kultur zu formulieren. In Wirklichkeit [...] übernimmt die mafiose Kultur die volkstümlichen Werte, instrumentalisiert und wendet sie, indem sie sie mit Absichten belädt, die ihr fremd sind".

Weder in Kolumbien noch in Italien läßt sich die ideologische Legitimierung der Narcotraficantes und Mafiosi verstehen, wenn nicht auch die Interessen und Argumentationsstrategien jener althergebrachten und meinungsbildenden Eliten miteinbezogen werden, die häufig im *intreccio* mit der organisierten Kriminalität verknüpft sind. Der italienische Historiker Paolo Pezzino hat gezeigt, daß das "Paradigma" von der mafiosen Ehrenhaftigkeit zu einem erheblichen Teil von den sizilianischen Eliten geschaffen wurde (1990). Während sie ihre Rolle in der nationalen Politik ausbauten, gerieten die Eliten bereits im 19. Jahrhundert wegen ihrer offensichtlichen Verstrickungen mit der Mafia in Erklärungszwang. Die Argumente, die sie zu ihrer Verteidigung vorbrachten, folgten stets demselben Muster: In der im Grunde genommen "guten" Mafia komme die Ehrenhaftigkeit des sizilianischen Volkes zum Ausdruck, und die Verteufelung der Mafia stelle nur ein weiteres Beispiel für die Fremdherrschaft über das eigenständige Sizilien dar, gegen die sich das sizilianische Volk schon seit Jahrhunderten mit eben diesem Ehrbegriff wehre (ebd.:97ff.). Allenfalls, so wurde mitunter eingeräumt, könne von einer gewöhnlichen Kriminalität die Rede sein, die aber weitgehend harmlos sei und es im übrigen auch woanders gebe.

Es ist frappant, wie sehr diese Argumente denjenigen ähneln, die häufig in Antioquia vorgebracht werden. Besonders die Hauptstadt Medellín wurde in den achtziger Jahren national und international zu einem Synonym für organisierte Kriminalität - eine Stigmatisierung, die von den *paisas* und ihren sozioökonomischen Eliten schmerzhaft erfahren wurde. Ihre Antwort darauf aber war nicht, das Problem des Narcotráfico mitsamt des *intreccio* wirklich anzugehen, denn dafür wogen sowohl die Komplizenschaft als auch die Angst zu schwer. Stattdessen erlebte der Mythos Antioquia - die Mär vom geschäftstüchtigen, tatendurstigen und unerschrockenen *paisa* - eine ungeheure Renaissance (Arango 1988:28ff.). Die Gleichsetzung zwischen Regionalkultur und Narcotráfico war nicht so offensichtlich wie in Sizilien diejenige zwischen Ehrenhaftigkeit und Mafia, aber auch in Medellín galt Pablo Escobar, der sich ja oft genug auf den gleichen Mythos berief, vielen Menschen als Inkarnation des wahren *paisa*. Plötzlich waren die Narcotraficantes nicht mehr kriminell. Oder vielleicht doch, manchmal. Kriminelle, Gewalt und Drogenhandel aber gibt es doch eigentlich überall, nicht wahr?

Der von Narcotraficantes und Elite gleichermaßen geförderte Aufschwung des Regionalismus schlug sich in der Vorstellung der weitaus meisten Bewohner Medellíns nieder. In Zeiten, wo die Gewalt - nicht zuletzt wegen des Narcotráfico! - die sozialen Beziehungen zersetzt und unter ihrer Ägide alles zusammenzubrechen scheint, steht Identitätsstiftung hoch im Kurs: Ebenso wie der extrem übersteigerte Sportnationalismus täuscht der Regionalismus einen Zusammenhalt vor, der in der Wirklichkeit gar nicht existiert. Es ist mit vielen *paisas* schier unmöglich, über die ungeheuren sozialen Kosten des Narcotráfico zu diskutieren. Sie reden von *Pablo* oder *Pablito*, nicht von Pablo Escobar; der Unternehmergeist wird hervorgehoben, nicht der Massenmörder. Wer es wagt, diese Wahrnehmung in Frage zu stellen, gerät schnell in den Verdacht, alle *paisas* beleidigen zu wollen und die Eigenständigkeit Antioquias in Mißkredit zu bringen.

Der Besuch eines von der Stadverwaltung getragenen jährlichen Seminars "Alternativen für Medellín" verdeutlicht den selbstbewußten Schulterschluß einer ganzen Regionalgesellschaft. 1994 nehmen Hunderte von Menschen an der dreitägigen Veranstaltung teil, und unter ihnen findet sich praktisch alles, was Rang und Namen hat: der Bürgermeister ist da, ebenso wie der Bischof, die Spitzenpolitiker, die Unternehmer, die Presse, die Gewerkschaftsführer, die Intelektuellen - aber auch Militärs, ehemalige Guerilleros und sogar aktive Mitglieder der städtischen Guerilla-Milizen. Die demokratische und zivilgesellschaftliche Frühlingsstimmung ist beeindruckend. Alle regionalen Probleme werden lang und breit diskutiert. Alle, außer dem Narcotráfico. Einzig der Historiker und Regierungsberater Jorge Orlando Melo spricht das Thema an (1994). Pablo Escobar ist kaum ein Jahr tot, und ehemalige Kollegen von ihm sind weiterhin aktiv. Eine zivilgesellschaftliche Problematisierung des Narcotráfico aber findet nicht statt, hier ist noch keine Wunde verheilt, ja, kann unter dem Pflaster des Regionalstolzes gar nicht verheilen.

Besonders in Kolumbien finden sich die Argumentationsmuster des ideologischkulturellen Schulterschlusses und der Relativierung des Phänomens auch auf der nationalen Ebene. Narcotraficantes appellieren sehr häufig an das Nationalbewußtsein, und das heißt südlich des Río Grande oft: an einen gegen die USA gerichteten Antiimperialismus. Tatsächlich gibt es gute Gründe, um dem Großen Bruder im Norden auch auf dem Gebiet der Drogenpolitik kritisch gegenüber zu stehen. Indem sie seit Jahrzehnten sowohl die stete Nachfrage nach illegalen Drogen ankurbeln als auch auf einer immer wieder fehlgeschlagenen Prohibitions- und Repressionspolitik beharren, sind die USA maßgeblich an der Erstarkung des Narcotráfico mitschuldig. Das aber können die Narcotraficantes eigentlich nicht meinen, wenn sie antiimperialistische Töne anschlagen, denn schließlich hätten sie ohne diese Prohibitionspolitik gar nicht die Möglichkeit, soviel Geld zu verdienen. Ihr eigentliches Interesse an dem Feindbild USA ist ein anderes, denn die dortige Strafverfolgung stellt für sie die ernsthafteste Bedrohung überhaupt dar. Es sind zwei verschiedene Zusammenhänge, die zwar ein und denselben Verursacher haben, aber unterschiedliche Leidtragende: die Narcotraficantes einerseits, die kolumbianische Gesellschaft andererseits. Trotzdem verschmelzen beide Argumente in der Öffentlichkeit häufig zu einem einzigen. Den Narcotraficantes kann das nur recht sein.

Daß der militante Narco-Nationalismus auf fruchtbaren Boden fällt, hängt neben dem Mißtrauen, welches aus guten historischen Gründen gegen die USA gewachsen ist, auch damit zusammen, daß hier eine Gesellschaft ihre interne Krise und internationale Ächtung auf externe Ursachen und Feindbilder zurückzuführen versucht. Es ist kein Zufall, daß gerade in jüngster Zeit in der nationalen Debatte immer wieder ein ganz bestimmtes, schon aus Antioquia bekanntes Axiom auftaucht: *aquí todos estamos untados*, "hier haben alle Dreck am Stecken". Interessant ist, wer so argumentiert. Der Strafverteidiger des Präsidenten Ernesto Samper zum Beispiel, der seinen Mandanten vor einem parlamentarischen Untersuchungs-ausschuß wegen der Drogengelder im Wahlkampf 1994 vertrat (Semana 19/9/95:42). Oder jener Priester und ehemalige Bürgermeister des Karibikha-fens Barranquilla, der keine Berührungsängste vor den Narcotraficantes hat und mit einem populistischen und klassenkämpferischen Diskurs immer mehr Anhänger um sich scharte, weil er inmitten der Krise Sinn- und Identitäts-stiftung betrieb (Semana 27/6/95:29). Wie schon bei den Gleichungen "Mafioso = Ehrenhaftigkeit = Sizilianer" (vgl. Pezzino 1990:202) oder "Narcotraficante = unternehmerischer *paisa* = Bewohner Antioquias" werden mit der Argumentation des *todos estamos untados* die spezifischen Tätigkeiten und Interessen ganz bestimmter Gruppen mutwillig in einer diffusen Kollektivität aufgelöst, die diesen Diskurs dann möglicherweise sogar verinnerlicht.

Dabei sind alle drei Axiome und besonders das des *todos estamos untados* nicht nur nachweisbar falsch, sondern auch ein Affront für all jene, die keinen "Dreck am Stecken haben". Angesichts solch hoher Profite, eines derart einschüchternden Terrors und einer so komplexen Verklärung ist es meist nur eine Minderheit von Menschen, die den Verstand und Mut aufbringt, um gegen die Herrschaft von Mafiosi, Narcotraficantes und ihrer jeweiligen Verbündeten Widerstand zu leisten. Diese Minderheit aber ist eigentlich immer zu entdecken - vorausgesetzt, es wird präzise hingeschaut. In Italien, wo die Antimafiabewegung in letzter Zeit deutlich anwuchs, ist seit dem vorigen Jahrhundert immer wieder gegen die mafiose Herrschaft opponiert worden (vgl. Bartolotta 1987; Santino 1995). In Kolumbien sucht man eine organisierte zivilgesellschaftliche Opposition gegen den Narcotráfico bis heute vergeblich, aber es gibt trotzdem eine große Zahl von Menschen, die sich nicht beugen mögen. Hier wie dort haben sehr viele für diese Standhaftigkeit mit dem Leben bezahlt.

Gleichzeitig gibt es in Italien und Kolumbien jenen alltäglichen Widerstand, der sich auch hinter einem Achselzucken verbergen kann. Ein Beispiel dafür hat die kolumbianische Schriftstellerin Laura Restrepo festgehalten. Es ist fiktiv, aber nicht ganz: Ihr Roman über die Fehde zwischen den Barragán und den Monsalve basiert auf journalistischen Recherchen über die Feindschaft zwischen den Cárdenas und Valdeblánquez, zwei Clans der Guajira, die sich im Laufe der Jahre und besonders während des Marihuana-Booms gegenseitig massakrierten (1993). In der literarischen Aufarbeitung dieses Stoffes können die Barragáns auf die Unterstützung der Leute in ihrem Stadtteil rechnen: Durch materielle Vorteile vereinnahmt, fasziniert von Reichtum und Macht und manchmal auch verängstigt stehen die Menschen zu ihnen. Alle werden zu einem tagelangen Gelage anläßlich der Hochzeit von Nando Barragán eingeladen, alle gehen sie auch hin und hauen sich die Bäuche voll.

Nur *El Bacán* und seine Leute, sein *combo* nicht: "Sie waren eine Dominospieler-Gruppe. El Bacán war ein blinder, zwei Meter großer Schwarzer. Er ließ sich von seiner Frau die Zeitungen vorlesen, sprach über Politik und Geschichte und wußte alle Dinge, weil er sie alleine gelernt hatte. Er hatte Autorität im Viertel: er war der einzige, der ohne mit Waffen umzugehen, Autorität hatte. Er haßte die Gewalt, die Übergriffe, die Fallen, den Protz. Und *el combo* waren seine Partner beim Dominospielen, eine Freundesgruppe, die jeden Nachmittag ab sechs auf dem Bürgersteig vor seinem Haus zusammenkam, um den Gewinner einer Meisterschaft zu ermitteln, die sie vor drei Jahren begonnen hatten und nie beenden konnten. An einem dieser Nachmittage, vor der Hochzeit von Nando, unterbrach seine Frau das Spiel, eine hochgewachsene, sehr viel jüngere Mulattin, um ihn um Geld zu bitten für den Kauf eines neuen Kleids für die Hochzeit. Er antwortete ihr mit Nein, kurz angebunden. Sie, die es gewohnt war, daß ihr alter Mann ihr alle Wünsche erfüllte, wollte wissen, warum. Sofort, vor seinen Freunden und den Neugierigen, hob El Bacán seine unnützen, von Katarakten verschleierten, wie ein bewölkter Himmel weißblauen Augen von den Dominosteinen, und sagte, was im Viertel sich keiner zu sagen traute: "Weil wir nicht hingehen werden. Mit Mördern habe ich keinen Umgang" (ebd.:155-56). Das Gegenstück zu Willkür heißt Würde.

Kapitel V
Die Gesellschaften

1. Voraussetzungen organisierter Kriminalität

Mafia und Narcotráfico sind unterschiedlich, aber ähnlich. Wenngleich sie beide tendenziell in verschiedenen Handlungsräumen agieren, sind die Übergänge von der illegalen Machtausübung zur illegalen Markttätigkeit fließend. Das gilt in historischer Perspektive: In beiden Ländern ist seit Generationen ein beträchtlicher Erfahrungsschatz angehäuft worden, wie illegale Tätigkeiten durchzuführen sind. Das Kontinuum zwischen den Handlungsräumen ist aber auch in organisationssoziologischer Hinsicht bemerkenswert: Die Illegalität wirft hier wie dort das Problem der Ordnung auf, deren Aufrechterhaltung häufig an zentralisierende Machtinstanzen delegiert wird; und wo sich Gruppen, sei es in Italien oder in Kolumbien, auf illegalen Drogenmärkten betätigen oder auf illegale Territorialkontrolle spezialisieren, strukturieren sie sich ähnlich. Es gibt insofern gute Gründe dafür, Mafia und Narcotráfico weiterhin als zwei spezifische Varianten eines einzigen Phänomens zu betrachten, welches mangels einer besseren begrifflichen Alternative als "organisierte Kriminalität" bezeichnet wird.

Noch offensichtlicher sind die Parallelen, wenn die Beziehungen der Mafia und des Narcotráfico mit ihrem Umfeld betrachtet werden. Hier wie dort ist der rege Austausch mit Staat, Politik und Wirtschaft nicht zu übersehen. Dieser Austausch, der unterschiedliche Ressourcen wie Straffreiheit, Gewalt, Geld oder Information beinhalten kann, mag durchaus als das konstitutive Moment der organisierten Kriminalität betrachtet werden. Erst wenn solche Beziehungsnetze durch interne oder externe Kräfteverschiebungen reißen, kann eine scharfe Differenzierung zwischen der Legalität und der

Illegalität greifen, kann es möglicherweise auch zu einem gewaltsamen Konflikt kommen.

Außerdem unterhalten Mafia und Narcotráfico Beziehungen zur "einfachen Bevölkerung", aus der die Mafiosi und Narcotraficantes ja häufig stammen. Es wird Herrschaft ausgeübt, und diese Herrschaft beinhaltet die Gewährung materieller Vorteile und die gewalttätige Einschüchterung, aber auch eine ideologische Verklärung ihrer selbst. Seien sie nach "unten" oder nach "oben" ausgerichtet, zeigen die Außenbeziehungen deutlich, daß die organisierte Kriminalität zwar ein eigenständiger Akteur ist, aber keinen Fremdkörper darstellt. Mafia und Narcotráfico sind in die Gesellschaft eingebettet und vielerlei Interessen dienlich.

Solange organisierte Kriminalität nicht restriktiv definiert wird, finden sich strukturell ähnliche illegale Handlungsräume und Gruppen in vielen, vermutlich fast allen modernen Gesellschaften. Auch anderswo gibt es Erpresser und Zuhälter, Banditen und Hehler, Beschützer und Auftragsmörder, Dealer und Waffenschieber, die über einen beachtlichen Einfluß und Organisationsgrad verfügen mögen. Nicht überall jedoch wächst die organisierte Kriminalität derart an, wie sie es in den letzten Jahrzehnten in Kolumbien und Italien sowie in einigen wenigen anderen Staaten tat. Nicht überall wird sie so mächtig. Warum nun haben gerade Italien und Kolumbien die Mafia und den Narcotráfico hervorgebracht?

Es ist kein Zufall, daß besonders der illegale Drogenmarkt solche Fragen aufwirft (vgl. Dombois 1989:86-91; Thoumi 1994:171-82). Drogenmärkte sind heutzutage häufig Weltmärkte, auf denen sich sehr viele Menschen betätigen. Warum aber tun sich einige Nationen auf diesem Markt mehr hervor als andere? Wieso ist es durchaus zutreffend, wenn ein US-Drogenermittler bezüglich des Kokainhandels behauptet, "nicht alle Kolumbianer seien Drogenhändler, aber fast alle Drogenhändler seien Kolumbianer"? (Krauthausen/Sarmiento 1991a:150) Geographische Gründe spielen eine Rolle: Ein Blick auf die Weltkarte verdeutlicht Kolumbiens günstige Lage zwischen den großen Koka-Anbaugebieten in Peru und Bolivien und dem größten Konsumentenmarkt, den USA. Kolumbien ist insofern als Zwischenhandelsstation prädestiniert (was aber ebenso für viele mittelamerikanische und karibische Staaten gilt). Schon das Beispiel Italiens jedoch zeigt die Grenzen dieser geographischen Argumentation. Sie vermag nicht zu erklären, wieso gerade Sizilien eine so wichtige Zwischenstation für den Heroinhandel zwischen dem Nahen und Fernen Osten und den USA wurde.

Kolumbianische und italienische Drogenhändler - könnte hinzugefügt werden - waren oder sind so bedeutsam, weil sie in ihren jeweiligen Ländern auf eine lange illegale Tradition zurückblicken. Das ist richtig: Wie die historische Betrachtung des Kontinuums zwischen Markttätigkeit und Machtausübung gezeigt hat, werden in einigen Regionen Italiens und Kolumbiens schon seit Generationen illegale Erfahrungen gesammelt, die häufig genug auch den Einsatz von Gewalt beinhalten. Diese illegale Tradition stellt sicherlich einen Wettbewerbsvorteil der kolumbianischen und italienischen Drogenhändler dar, die in Sachen *know-how* ihren Kollegen anderer Länder weit überlegen sind. Selbst mit dem Verweis auf die illegale Tradition allerdings ist das Problem nur scheinbar gelöst, denn schließlich muß dann weitergefragt werden, wieso dieser Erfahrungsschatz gerade in Kolumbien und Italien so reichhaltig ist.

Warum hier (und nicht dort)? ist eine typische Hundert-Millionen-Mark-Frage in der sozialwissenschaftlichen Quizshow. Der zugehörige Jackpot wird nur ganz selten und dann meist irrtümlich ausgeschüttet (vielleicht gibt es ihn auch gar nicht, denn Sozialwissenschaft kann nur plausible Erklärungen, nicht aber Gewißheit verschaffen). Eine Unzahl verschiedener Faktoren muß bei der Beantwortung berücksichtigt werden - sie alle zu sichten und zu bewerten, ist nahezu unmöglich. Trotzdem sollten diese Fragen gestellt werden: Ihr Reiz liegt in dem in Aussicht gestellten Erkentnisgewinn über die Ursachen sozialen Handelns; ein Erkenntnisgewinn, der dann wiederum erlauben würde, lokale, regionale und nationale Spezifika genauer zu identifizieren. Der nicht zufällig komparatistische Ansatz weist außerdem einen methodologischen Pfad, der gangbar und vielversprechend scheint: Wenn sich Mafia und Narcotráfico ähneln und in soziale Beziehungen eingebettet sind, müßten auch die Gesellschaften, die diese organisierte Kriminalität hervorbringen, wenigstens einige Parallelen aufweisen.

Also geht es nunmehr darum, jene Faktoren zu identifizieren, die für das Anwachsen organisierter Kriminalität relevant und sowohl in Kolumbien als auch in Italien auszumachen sind. Die meisten dieser Variablen sind bereits angesprochen worden; jetzt sollen sie als gesellschaftliche Voraussetzungen für das Anwachsen organisierter Kriminalität noch einmal systematisch aufgearbeitet werden. Eine endgültige Antwort auf die Frage warum Kolumbien und Italien? steht freilich nicht zu erwarten. Es kann sein, daß in beiden Ländern jeweils noch andere Bedingungen eine Rolle spielen, die hier entweder unterbelichtet wurden oder aber, weil nicht gleichartig, durch das komparatistische Raster fielen. Es können also nur Hypothesen erarbeitet werden, die sich nicht auf die hinreichenden, aber doch auf die notwendigen Bedingungen für das Anwachsen organisierter Kriminalität beziehen.

Kolumbianisch-italienische Impressionen liefern Indizien dafür, daß es nicht abwegig ist, strukturelle Ähnlichkeiten zwischen beiden Gesellschaften zu vermuten. Wer von Kolumbien in den Süden Italiens kommt, stößt auf allerlei Vertrautes: die an dem Verfall der Gerichtsgebäude erkennbare Verwahrlosung des Justizwesens, beispielsweise, oder die vielen für einen Arbeitsplatz benötigten Empfehlungen, die Verschandelung des öffentlichen Raumes oder die Ineffizienz staatlicher Dienstleistungen, der mancherorts demonstrativ zur Schau getragene Reichtum oder der jugendliche Hang zum Konsum bestimmter, weltweit bekannter Markenartikel. Sicher sind ebenso viele Unterschiede auszumachen, und darunter vor allem der größere Wohlstand. Vielleicht wundern sich kolumbianische Reisende darüber, daß die Dörfer im Landesinneren Süditaliens nur noch schlecht mit öffentlichen Verkehrsmitteln zu erreichen sind - die meisten Leute hier haben ein Auto und sind deswegen nicht mehr auf Überlandbusse angewiesen.

Was ist andererseits den Italienern in Kolumbien vertraut? Sie sind da nicht ganz unvoreingenommen: Selbst gebildete Italiener sind gewöhnlich der Ansicht, Lateinamerika reduziere sich auf eine Ansammlung von Bananenrepubliken, wo blutrünstige Diktatoren bettelarme Indianer und Slumbewohner unterdrücken und sich mit den direkten Nachfahren Che Guevaras herumschlagen. "Dritte Welt" eben, die über zwanzig Jahre danach immer noch so rezipiert wird, als stünde der Mai 1968 erst noch bevor. Im übrigen wird Kolumbien sehr häufig mit Bolivien verwechselt. Vorausgesetzt, ein Besuch vor Ort ermöglicht, diese Vorurteile zu revidieren, dürften den Italienern jedoch ähnliche Parallelen auffallen wie den Kolumbianern in Italien. Zu wünschen wäre ihnen beispielsweise, daß sie in einer ländlichen Region einen Wahlkampf beobachten könnten. Das Bild des örtlichen Parteibosses, der Dutzende von Bittstellern empfängt, Stipendien und Arbeitsplätze verspricht und Hunderte von Empfehlungsschreiben ausstellt, müßte ihnen eigentlich bekannt vorkommen. Ebenso die unzähligen Varianten illegalen Verhaltens und die weitläufigen Korruptionsnetzwerke, von denen zumindest aus der Zeitung zu erfahren ist.

Weil sie für das Anwachsen der organisierten Kriminalität besonders wichtig scheinen, sollen nun systematisch folgende Parallelen in den

Vordergrund gestellt werden: erstens die Errichtung und die Eigenschaften des staatlichen Gewaltmonopols sowie des Staates selbst; zweitens die Art und Weise, wie Politik gemacht wird; drittens der rasante soziale Wandel, der sowohl in Italien als auch in Kolumbien in den letzten Jahrzehnten stattgefunden hat; viertens die Häufigkeit des Rechtsbruchs weit über die Sphäre der organisierten Kriminalität hinaus sowie fünftens der scheinbare Mangel an zwischenmenschlichem Vertrauen. Die beiden letzten Parallelen - die Häufigkeit des Rechtsbruchs und die Vertrauensfrage - sind bei aller Eigendynamik nicht wirklich unabhängige Variablen; sie scheinen sich vielmehr aus den Besonderheiten der Staatsstrukturen, der politischen Systeme und des sozialen Wandels zu ergeben. Inwieweit die organisierte Kriminalität selbst alle fünf Faktoren beeinflußt, aber auch von ihnen gezeichnet ist, soll abschließend ebenso diskutiert werden wie die Möglichkeiten, diese Voraussetzungen durch gesellschaftliche Reformen zuungunsten der Mafiosi und Narcotraficantes zu modifizieren.

2. Gewaltmonopole, Staatsbildung, Legitimität

Die in beiden Handlungsräumen angelegten Gesetzesbrüche und vor allem die häufige Gewaltanwendung sind nicht überall möglich. Wo der Staat oder eine andere zentrale Machtinstanz das "Monopol physischen Zwanges" und der "verbindlichen und immerwährenden Regelsetzung" beanspruchen und auch durchzusetzen vermögen (vgl. Weber 1922:29, Mann 1986:71), haben kriminelle Organisationen nur wenig Spielraum. Das ist ein recht prosaischer, aber dennoch zentraler Fakt: Wo ein Gewaltmonopol besteht, gibt es keine Wegelagerer oder Banditen. Staatliches Gewaltmonopol und Rechtssetzung erfordern eine gefestigte Territorialkontrolle, wie sie in Deutschland und (wenigen) anderen Gesellschaften zu erfahren ist. Wenn schon eine banale Streiterei in einer Parkanlage dazu führt, daß innerhalb kürzester Zeit Dutzende von Polizisten anrücken, oder wenn geiselnehmende Bankräuber zwei Tage lang durch halb Deutschland flüchten, ohne Polizei (und Presse) abschütteln zu können (taz 2/10/94), wird offensichtlich, daß hier - innerhalb eines rechtsstaatlichen Rahmens - die Gewaltanwendung und -drohung letztlich dem Staat und seinen "Ordnungskräften" vorbehalten bleiben.

Wo ein Gewaltmonopol durchgesetzt ist, entstehen im Idealfall gewaltfreie

Räume menschlichen Zusammenlebens.[74] Das staatliche Gewaltmonopol freilich muß weder legitim noch wünschenswert sein; oft ist es in totalitären Systemen besonders gefestigt. Private Gewaltanwendung mag in Diktaturen aufs strengste unterbunden werden, dafür aber ist die staatliche Willkür und Gewalt um so überwältigender.[75] Im übrigen müssen gefestigte Gewaltmonopole nicht von Bestand sein: Einmal errichtet, können sie langsam und fast unmerklich wieder erodieren oder aber auch mehr oder weniger plötzlich wieder zusammenbrechen, wie es die Länder der ehemaligen Sowjetunion vor Augen führen.

Wie es in den "klassischen" Nationalstaaten zu "klassischen" Gewaltmonopolen kam, hat Norbert Elias beschrieben. In jahrhundertelangen Ausscheidungskämpfen monopolisierten immer größere Herrschaftseinheiten die Gewaltanwendung, von den Fürstentümern über die Königreiche bis hin zu den Nationalstaaten. "Erst mit der Herausbildung dieses beständigen Monopols der Zentralgewalt und dieser spezialisierten Herrschaftsapparatur", schreibt Elias, "nehmen die Herrschaftseinheiten den Charakter von "Staaten" an" (1969:143). Wie in den geschichtlichen Abrissen der Mafia und des Narcotráfico deutlich wurde, hat eine derartige Entwicklung jedoch weder in Kolumbien noch in Italien stattgefunden. Im Mezzogiorno ist das Gewaltmonopol via italienische Einigung erst relativ spät und dann auch nur unvollständig errichtet worden; in Kolumbien hat es in vielen Regionen nie wirklich existiert.

Freilich steht die Monopolisierung der Gewaltanwendung und der Rechtssetzung in einer engen Wechselbeziehung zu der sozialen und wirtschaftlichen Integration des Herrschaftsgebietes. Erst wo diese Integration durch

---

74 Derartige gewaltfreie Räume mögen auch in akephalen Gesellschaften bestehen, also beispielsweise in Ethnien, wo es keine zentrale Macht- und Erzwingungsinstanz gibt und Gewaltanwendung allein durch die Verinnerlichung von Normen verhindert wird (Elwert 1995). Dieser Gesellschaftstyp aber kann hier vernachlässigt werden: Heutzutage ist es meist der Staat, der als Träger des Gewaltmonopols die Gewaltfreiheit in der Gesellschaft garantieren soll.

75 Totalitäre Regimes dulden neben sich keine andere Gewalt oder Macht. Von der faschistischen Offensive gegen die sizilianische Mafia war schon die Rede. Auch die Nationalsozialisten in Deutschland beeilten sich, die Berliner organisierte Kriminalität und ihre Ringvereine zu zerschlagen (Pollak 1993). Ebensowenig gab es außerhalb des Staates in den kommunistischen Systemen Osteuropas bedeutende illegale Akteure - diejenigen, die es gab, agierten aus dem Staat und seinem Verwaltungsapparat heraus (vgl. Marek 1986).

Handelsbeziehungen und Verkehrsnetze, Migration und Ideenaustausch ein kritisches Maß erreicht, sind die logistischen Möglichkeiten für die Errichtung eines stabilen Gewaltmonopols gegeben, erst dann kann der sich bildende Staatsapparat mit seinen Steuerungskapazitäten dieses Monopol und seine "Regelsetzung" auch festigen. Sowohl im Mezzogiorno als auch im Kolumbien des 19. Jahrhunderts war eine derartige Integration höchstens ansatzweise zu erkennen. Kalabrien, Kampanien und besonders Sizilien waren weder mit dem Rest des späteren Italiens sonderlich integriert - sie gehörten verschiedenen Monarchien an - noch intern erschlossen. Wenn überhaupt waren die Dörfer nur durch schlechte Straßen mit den jeweiligen Hauptstädten verbunden, seltener jedoch die Dörfer untereinander (vgl. Pezzino 1990:44ff.). Wirtschaftlich boomende Gebiete wie die Conca d'Oro bezogen sich auf den Weltmarkt, nicht auf das Binnenland oder Norditalien.

Noch weniger integriert waren Kolumbien und weite Teile Südamerikas, wo das Besiedlungsmodell der spanischen Kolonialverwaltung auf weitgehend isolierten Städten basierte, die mitsamt ihren Verwaltungsbeamten allein der fernen Krone gegenüber verantwortlich waren (vgl. Romero 1976). Auch nach Zusammenbruch des Vizekönigreichs Nueva Granada in die heutigen Staaten Kolumbien, Venezuela und Ecuador sowie später Panama entwickelten sich besonders in Kolumbien weitgehend unabhängige Regionalräume. Hier nun gibt es einen geographischen Faktor, der nicht unterschätzt werden darf: In der feuchten Äquatorialzone mit ihren schweren Lebensbedingungen gelegen, von drei hohen Andenausläufern gekreuzt, mit Regenwäldern, Wüsten und Savannen gespickt und sehr dünn besiedelt, ließ sich Kolumbien nur mit großen Schwierigkeiten intern erschließen.

Daß der Staat sein Gewaltmonopol in einem Gebiet nicht durchgesetzt hat, kann bedeuten, daß ein Machtvakuum besteht. In solchen Machtvakuen können Individuen oder Gruppen ihre wirtschaftlichen oder sozialen Interessen ungehindert mit Gewalt durchsetzen, was sie anscheinend besonders dann tun, wenn erstens andere Mechanismen sozialer Kontrolle - wie das verinnerlichte Rechtsbewußtsein oder das Gemeinschaftsgefühl - entweder geschwächt oder kaum vorhanden sind und wenn zweitens das Vorhandensein beträchtlicher ökonomischer Ressourcen die Attraktivität der Gewaltanwendung steigert. Der hieraus resultierende Hobbes'sche "Kampf aller gegen alle" aber ist, wenn es überhaupt zu ihm kommt, nur von kurzer Dauer: Häufig wird die Lage dadurch stabilisiert, daß die Gruppen, die am erfolgreichsten Gewalt anwenden, ihre "Ordnung" festlegen und sich mit der

Gewährleistung eines Mindestmaßes an Vorhersehbarkeit und Sicherheit vor ihren Mitmenschen zu legitimieren suchen. Es entsteht, was hier der Handlungsraum der Machtausübung genannt worden ist. Illegal ist dieser Handlungsraum dann, wenn es gleichzeitig noch einen Staat gibt, der zwar nicht oder kaum präsent ist, aber trotzdem das Monopol der Gewaltanwendung und der Regelsetzung auf diesem Gebiet beansprucht.

In Kolumbien läßt sich noch heute beobachten, wie solche Machtvakuen ausgefüllt werden: Im Guainía beispielsweise an der Grenze zu Venezuela und Brasilien, wo ein Goldrausch inmitten des Urwalds Abenteurer aus dem ganzen Land anlockte und wo nach einer ersten, von allen Beteiligten als bedrohlich empfundenen Phase des Alles-ist-erlaubt eine versprengte Guerilla-Gruppe damit begann, auf ihre Art und Weise für Ordnung zu sorgen (Molano 1990).[76] Daß es Gegenden gibt, wo keine staatliche Ordnung besteht oder parastaatliche Gruppen ihre weitgehend willkürliche Ordnung errichten, ist freilich ebenso für die nicht primär an der Machtausübung interessierten Narcotraficantes von Bedeutung. Besonders hier, wo das staatliche Gewaltmonopol noch weniger gilt als anderswo in Kolumbien, lassen sich die sichersten Laboratorien, Landepisten und Zwischenlager für die Drogenproduktion errichten (vgl. Thoumi 1994:181).

Auch im Mezzogiorno des vorigen Jahrhunderts konnten sich mafiose Gruppen unter anderem deswegen etablieren, weil das staatliche Gewaltmonopol kaum gefestigt war. Dies geschah jedoch nicht überall: Die Mafia erstarkte im Westen der Insel, aber nicht im Osten. Das Innere Westsiziliens war gezeichnet vom Großgrundbesitz und der Abwesenheit der *latifondisti*,

---

76 Ein faszinierendes Gedankenexperiment ist die Überlegung, was geschehen würde, wenn diese Machtvakuen und Handlungsräume auf sich alleine gestellt blieben und sich ohne eine externe Intervention langfristig entwickeln könnten. Provokativ wies Leopoldo Franchetti im vorigen Jahrhundert darauf hin, daß es ebenso möglich wäre, Sizilien seinen "natürlichen Kräften" zu überlassen und zu warten, bis sich ein einheitliches Recht - also auch ein inselweites Gewaltmonopol - gebildet hätte (1877:77,233). Auch in Kolumbien fragt sich anscheinend manch ein Staatsanwalt in Momenten der Verzweiflung, ob es nicht besser wäre, sich beispielsweise aus dem Bananenanbaugebiet Urabá zurückzuziehen und darauf zu hoffen, daß eine der sich dort bekriegenden Fraktionen die Überhand gewinne, um dann mit dem Sieger einen dauerhaften Frieden auszuhandeln (int.14). Hier gelangt man wieder zu den Ausscheidungskämpfen von Norbert Elias: Tatsächlich stünde es zu erwarten, daß sich in Jahrzehnten oder Jahrhunderten aus den verschiedenen parastaatlichen Mächten ein staatsähnliches Gebilde mit Gewaltmonopol und einem einheitlichen Recht entwickelte.

die in den Städten schwelgten. Beides schaffte Raum für die parastaatliche Macht der Mafia, die sich weitgehend ungestört etablieren konnte. Auch im Osten Siziliens gab es Großgrundbesitz, aber die dortigen Eliten waren sozial und wirtschaftlich homogener und vor Ort stärker präsent. Wie am Banditentum abzulesen, war auch hier das staatliche Gewaltmonopol prekär. Die Eliten jedoch bekämpften die Unsicherheit nicht dadurch, daß sie sich an eine illegale Macht wandten, sondern indem sie entweder ihre direkten Untergebenen losschickten oder sich den staatlichen Ordnungskräften anvertrauten. Im Westen hingegen setzten die Land- und Minenbesitzer auf die Mafia und ihre Beziehungen - und entdeckten dabei, wie vorteilhaft außerstaatliche Gewaltanwendung nicht nur bei der Bekämpfung ländlicher Unsicherheit sein kann, sondern auch bei der ökonomischen Akkumulation oder politischen Intrigen. Nach außen hin waren beide Eliten dem neugegründeten Staat ergeben, im Westen aber war diese Unterordnung nicht wirklich; indirekt wurde an der privaten Gewaltanwendung festgehalten und der Mafia somit erlaubt, sich als eigenständiger Akteur auszudifferenzieren (vgl. Franchetti 1877:57-59; Mangiameli 1989/90:97-101; Gambetta 1992:100ff.)

Wie die sizilianischen Betrachtungen zeigen, ist das Problem vielschichtiger, als es ein Schema nach dem Muster: "Machtvakuen führen zu parastaatlichen Mächten" erahnen läßt. Ausschlaggebend war auch, wie sich der Zentralstaat verhielt. Es war seine Aufgabe, die Sicherheit im Mezzogiorno zu gewährleisten. Da er jedoch meist nicht über die Mittel verfügte, um beispielsweise das Banditentum effektiv zu bekämpfen, delegierte der Staat die Gewaltanwendung häufig an kriminelle oder elitäre private Machtgruppen. In Erinnerung an jenen Präfekten, der die Camorra offiziell als Ordnungskraft einsetzte, um Tumulte beim Einzug Garibaldis in Neapel zu verhindern, ließe sich von der "Liborio-Romano-Strategie" sprechen. Kurzfristig die effektivste, ist diese Strategie langfristig die verheerendste: Ein Unsicherheitsfaktor wird lediglich durch einen anderen ausgetauscht; der Staat untergräbt sein eigenes Gewaltmonopol. Es ist der gleiche Teufelskreis, wie er mehr als ein Jahrhundert später in Kolumbien am Beispiel der offiziellen Tolerierung paramilitärischer Einheiten zur Bekämpfung der Guerilla deutlich wird: Weil ein Staat schwach ist, delegiert er seine Macht, und weil er seine Macht delegiert, wird er weiter geschwächt.

Nun muß jedoch hinterfragt werden, wer in solchen Situationen der Staat *ist*, wer also an diesem übergeordneten Machtinstrument teilhaben darf.

Ursprünglich kontrollieren bestimmte, meist regionale Eliten den zentralstaatlichen Machtapparat - nach der Einigung Italiens waren es vor allem die Piemontesen. Um die Macht auf dem ganzen Territorium zur Geltung zu bringen, muß das schwache Zentrum nicht nur Gewaltanwendung delegieren, sondern auch weitgehende politische und wirtschaftliche Konzessionen machen. Da sie nicht zu unterwerfen sind, müssen die peripheren Regionaleliten in den Staat *integriert*, muß ihnen ein Stück des Machtapparates konzediert werden. Allianzen und Verhandlungen zwischen dem Zentrum und der Peripherie werden zu einem zentralen Moment der Staatsbildung und -festigung.

Das Pfund, mit dem die Eliten des Mezzogiorno wucherten, war ihre Vorherrschaft über ein Großteil des italienischen Staatsgebietes und das dortige Stimmenpotential, das mit den Wahlrechtsreformen immer wichtiger wurde. Dafür, daß sie die wirtschaftliche Vorherrschaft den nördlichen Eliten überließen, behielten sie ihre häufig auf den Großgrundbesitz basierenden Privilegien und bekamen einen beträchtlichen Anteil der formalen politischen Macht in Parlament und Regierung zugesprochen. Es waren elitäre Pakte, die oft unverhohlen dazu dienten, den Ausschluß eines Großteils der Bevölkerung von Markt und Macht, vor allem in den vom Großgrundbesitz geprägten Regionen, zu festigen. Diese elitären Ausgleichmechanismen, *trasformismo* genannt, führten außerdem zu einer erheblichen politischen Homogenisierung, in der Parteien und ideologische Inhalte immer mehr an Bedeutung verloren, das politische System als ganzes aber eine beträchtliche Stabilität erlangte (vgl. Graziano 1984:82ff.).

Ganz ähnliche Ausgleichmechanismen finden sich im noch stärker fragmentierten Kolumbien, wo eine ähnliche Stabilität freilich erst im 20. Jahrhundert erreicht wurde, als sich nach dem Bürgerkrieg der vierziger und fünfziger Jahre Liberale und Konservative in der sogenannten *Frente Nacional* penibel die politische Macht aufteilten. Immer bedeuteten die Pakte, daß den regionalen oder sonstigen Elitenfraktionen Vorrechte belassen wurden, die - wie die direkte oder indirekte Gewaltanwendung - eigentlich den staatlichen Prinzipien widersprachen. Der Staat in peripheren Regionen Kolumbiens, das sind noch heute die regionalen Eliten und ihre Kontrolle über lokale ökonomischen Ressourcen, über die örtliche Bürokratie und Verwaltung sowie über die Kanäle zum Machtzentrum. Das können Viehzüchter oder Geschäftsleute sein, deren wichtigstes Ziel es ist, ihre eigene ökonomische Vormachtstellung wenn nötig mit Gewaltanwendung auszubauen - Massaker an landbesetzenden Bauern, an Gewerkschaftsführern, am Lumpenproletariat sind somit nicht ausgeschlossen. Die Ähnlichkeiten zu dem historischen *intreccio* in Sizilien zwischen regionalen Eliten, Staatsapparat und Mafia sind nicht von ungefähr. Die Legitimität solcher Staaten, sie hält sich in Grenzen.

3. Klientelismus

Es gibt politische Systeme, welche die Entfaltung organisierter Kriminalität stärker begünstigen als andere, und sowohl Kolumbien als auch Italien verfügen über solche Systeme. Die Art und Weise, wie Politik gemacht wird, ähnelt sich in beiden Gesellschaften in einem zentralen Aspekt, denn hier wie dort basiert das politische System stark auf Patronage- und Klientelbeziehungen. Sicherlich hängt das mit der zuvor beschriebenen, in beiden Gesellschaften schwierigen Staatsbildung zusammen. Sowohl in Kolumbien als auch in Italien erleichterte der Rückgriff auf Patronage- und Klientelbeziehungen es, periphere Gebiete an den Zentralstaat zu binden. Darüber hinaus vermochte dieser Beziehungstypus den Eliten und ihren Allianzen einen Rückhalt unter der Bevölkerung zu sichern, den sie andernfalls nicht gehabt hätten.

Als ein Grundmuster sozialen Austauschs finden sich Patronage- und Klientelbeziehungen praktisch überall auf der Welt, und nicht nur in der Politik. Der Schutzherr oder Patron setzt sich für jene Günstlinge und Klienten ein, die ihm gegenüber loyal sind: Er ist mächtiger oder reicher als seine Untergebenen; er hat die Möglichkeit, etwas für sie zu tun, und er kann dafür erwarten, daß sie zu ihm halten. Patronage- und Klientelbeziehungen kennzeichnen sich mithin durch Machtgefälle und sozioökonomische Ungleichheiten, durch persönliche Verbundenheit und durch einen gegenseitigen Gefälligkeitsaustausch - mit anderen Worten durch Asymmetrie, Partikularismus und Reziprozität (vgl. Lemarchand 1981:15). Da die Menschen zumeist keine andere Alternative haben, als sich an den Schutzherrn zu wenden (der auch zu verhindern sucht, daß Alternativen entstehen), ist es gleichzeitig ein Abhängigkeitsverhältnis. Besonders ausgeprägt ist Patronage in Gebieten, die vom Großgrundbesitz gezeichnet sind. Die Leibeigenen, landlosen Bauern oder Landarbeiter sind in ihrem Lebensunterhalt vom *latifondista* abhängig, müssen sich seinem Willen beugen und werden dafür eher schlecht denn recht betreut oder beschützt.

Sobald den "Untertanen" Alternativen geboten werden - ein direkter Zugang zur Ressource Land, beispielsweise - kann die Bedeutung der Patronagebeziehungen schwinden. Das kann, muß aber nicht geschehen. Wenn die politische Modernisierung schneller voranschreitet als die soziale - beispielsweise ein allgemeines Wahlrecht eingeführt wird, ohne daß die Menschen etwa durch Klassenbildungsprozesse politisch Stellung beziehen - mutieren die Patronage- und Klientelbeziehungen zu Herrschaftsinstrumenten in Systemen, die formal durchaus demokratische Kriterien erfüllen (ebd.:19). In solchen Demokratien wird nicht eine Partei gewählt, die kollektive, auch ideologische Anliegen vertritt, sondern ein Politiker, der konkrete und meist individuelle Vorteile ermöglicht. Italien und besonders Süditalien sowie Kolumbien gehören zu jenen Gesellschaften, in denen eine derartige Fortentwicklung der Patronage- und Klientelbeziehungen stattfand, wodurch diese Netzwerke zu einem zentralen Element des institutionellen Gefüges und der sozialen Ordnung wurden (vgl. Eisenstadt/Roniger 1980:49-50).

Dieser politische Klientelismus veränderte sich dabei im Laufe der Jahre, und sowohl im Mezzogiorno als auch in Kolumbien ist der Übergang von einem eher ländlichen Notabeln- hin zu einem modernen Massenklientelismus zu beobachten (Leal/Dávila 1990:37ff.; Graziano 1984:149ff.).[77] Wie die Beispiele der *Democrazia Cristiana* in Italien und des *Frente Nacional* in Kolumbien zeigen, kolonisierten die Parteien regelrecht den Staatsapparat, um ihre Wahlmaschinerien in Gang zu halten. Es sind die Politiker, die im modernen Klientelismus über die zahlreichen bürokratischen Posten entscheiden und den Fluß der staatlichen Gelder steuern. Die Parteien selbst aber sind wenig mehr als eine Ansammlung persönlicher Seilschaften, auf italienisch *correnti* genannt, die sich untereinander die staatlichen Ressourcen streitig machen. Wenn schon historisch die inhaltlichen Differenzen zwischen den elitären Parteien gering waren, so schwinden sie im modernen Klientelismus häufig ganz.

---

77 Dadurch verloren hier wie dort die agrarischen Eliten an Einfluß, weil neue Akteure - Raimondo Catanzaros "Sozialunternehmer"- sich auf die Anbahnung klientelistischer Beziehungen und die Vermittlung zwischen staatlichem Zentrum und gesellschaftlicher Peripherie spezialisierten. Auch in Kolumbien können klientelistische Netzwerke dem sozialen Aufstieg dienen, wie Francisco Leal und Andrés Dávila gezeigt haben.

Trotzdem kann sich das klientelistische System auch über einen längeren Zeitraum hinweg genügend Unterstützung unter der Bevölkerung sichern, um weiter bestehen zu können. Es ist die Macht des Faktischen: Wer eine staatliche Leistung oder Ressource - einen Arbeitsplatz, eine Genehmigung, ein Stipendium - zugeteilt bekommen möchte, muß sich dafür an einen bestimmten Politiker oder seine Seilschaft wenden. Soweit Aussichten darauf bestehen, daß seine Bitten erfüllt werden, wird der Begünstigte kaum zögern, seinerseits den Gönner bei den nächsten Wahlen zu unterstützen. Solange die klientelistischen Politiker die staatlichen Ressourcen monopolisieren, und solange genügend dieser, nicht unbedingt materiellen Ressourcen vorhanden sind (Chubb 1981:84), reproduziert sich das System selbst.

Diejenigen, die sich nicht an die Spielregeln halten, werden gewöhnlich ausgeschlossen. Solche Links-Parteien und Gewerkschaften, soziale Bewegungen oder Guerillagruppen, die sich nicht durch Gefälligkeiten vereinnahmen lassen und deren eventueller Machtzuwachs zu Recht als eine Bedrohung des gesamten Systems empfunden wird, sind somit effektiv ausgegrenzt. In erfolgreichen klientelistischen Systemen gibt es weder eine wirkliche Opposition noch einschneidende Regierungs- oder Machtwechsel. Wer an der Macht teilhat, wird in die "Unzahl von Mikropakten" integriert, wer diese Pakte ablehnt, hat nicht an der Macht teil, und kann insofern auch keine Veränderungen herbeiführen (vgl. Pizzorno 1992:56ff.). Auch der internationale Kontext spielt bei der Ausgrenzung eine Rolle: Als Bollwerke gegen den Kommunismus wurden die unter formalen Gesichtspunkten durchaus demokratischen Systeme in Kolumbien und Italien jahrzehntelang gutgeheißen.

Klientelistische Systeme sind bemerkenswert krisengeschüttelte und nichtsdestotrotz unbewegliche Systeme. Einerseits multiplizieren sich auf der staatlichen Ebene die Steuerungsdefizite: Wenn die staatlichen Ressourcen von unzähligen klientelistischen Seilschaften nach privaten Gesichtspunkten aufgeteilt werden, sind koordinierte, langfristige und sinnvolle staatliche Investitionsprogramme kaum möglich. Im Mezzogiorno oder Kolumbien läßt sich die Ineffizienz der staatlichen Verwaltung für sämtliche Aufgabenbereiche konstatieren. Es hapert an der ökonomischen Umverteilung wie an der Gewährleistung der kommunikativen Infrastruktur, an der Aufrechterhaltung der öffentlichen Sicherheit wie an der Rechtssprechung. Die Effizienz, mit der ein Parteiboß dem Sohn der Nachbarin einen Arbeitsplatz beschafft, steht in einem direkten Verhältnis zur Ineffizienz staatlicher Arbeitsbeschaffungsprogramme. Die Ressourcen fließen, aber sie fließen in einer Unzahl von Rinnsalen, die sich ihren eigenen Weg bahnen. Andererseits aber stabilisieren gerade diese Rinnsale das System: Solange es sie gibt, werden die sozialen und ökonomischen Ungleichheiten, auf denen der Klientelismus ja unter anderem basiert, nie aufgehoben, sondern immer nur in Einzelfällen entschärft.

Bis zur Unkenntlichkeit verwischt der Klientelismus die Trennungslinien zwischen dem Öffentlichen und dem Privaten, ja, zwischen dem Politischen und dem Sozialen. Eigeninteressen - die Wiederwahl oder die Wahrung ihres Postens - stehen für klientelistische Politiker und ihre bürokratischen Seilschaften immer im Vordergrund. Dieses Privatinteresse kann in der Macht und dem Prestige liegen, die ein politisches oder bürokratisches Amt mit sich bringt. *Onorevoli* oder *honorables* lautet die Anrede für Parlamentsabgeordnete: "Ehrwürdiger" Repräsentant oder Senator. Oft ist das Privatinteresse aber auch finanzieller Natur, und in der Grauzone zwischen dem Öffentlichen und dem Privaten werden dann Staatsgelder direkt in die Taschen der Politiker und Verwaltungsbeamten umgeleitet. Die Übergänge zwischen Klientelismus und Korruption, also der illegalen Veräußerung öffentlicher Amtsfunktionen zwecks individueller oder kollektiver Vorteilsnahme, sind fließend (vgl. Della Porta 1992:83-90,233ff.; Leal/Dávila 1990:64ff.).

Öffentliches und Privates vermengt sich auch in den Köpfen der Klienten. Patronage- und Klientelbeziehungen werden zu einer "normalen" Form des gesellschaftlichen Austausches. Die Menschen, die ihre Anliegen an einen Politiker herantragen, fordern nicht ihr Staatsbürgerrecht auf Wohnraum, Schulbildung oder Arbeit, sondern erbitten einen persönlichen Gefallen. Daß ihnen diese Möglichkeit offen steht und auch Erfolgsaussichten verspricht, verhindert gleichzeitig, daß sie sich übermäßig Gedanken darüber machen, wie diese ihre Probleme entstehen und was es da für Zusammenhänge geben könnte. Diese Zusammenhänge sind auch nicht gemeinsam zu erarbeiten - jeder einzelne oder jede kleine *face to face* Gruppe setzt auf ihre eigene Verhandlungsstrategie mit dem jeweiligen Schutzherren. Das Bewußtsein der Menschen darüber, daß sie in gesellschaftlichen und auch politischen Zusammenhängen leben, ist kaum vorhanden. Überall dort, wo dieses Bewußtsein entstehen könnte, von den Sportvereinen über die Wohltätigkeitsverbände bis hin zu den Gewerkschaften, ist der Klientelismus nicht weit. Kollektive und universale Anliegen werden mit einer Bedürfnisbefriedigung, die partikular und utilitaristisch ist, regelrecht torpediert. Klientelistische Hochburgen sind zivilgesellschaftliches Brachland - ein Brachland, in dem sich, wie das Beispiel Kolumbiens zeigt, die Gewalt gleich einem Lauffeuer ausbreiten kann.

Es ist unschwer zu erkennen, wie Patronage- und Klientelbeziehungen die organisierte Kriminalität begünstigen. Eine zentrale Rolle spielt sicherlich die Anfälligkeit klientelistischer Systeme für Korruption in Politik und Verwaltung. Weiterhin üben sich Mafiosi und Narcotraficantes häufig selbst in der Rolle von Schutzherren, die ihren Untergebenen allerlei Gefälligkeiten gewähren. Häufig können sie erreichen, was der auch wegen seiner klientelistischen Struktur ineffiziente Staat nicht vermag. Die "informellen Beziehungsketten", schreibt Henner Hess im Hinblick auf mafiose Patron-Klientel Beziehungen in Sizilien, "erhalten ihre Bedeutung aus der Tatsache, daß für viele zu lösende Probleme der unpersönliche Apparat einer Bürokratie nicht zuständig ist, daß er wegen seiner Handlungsunfähigkeit bzw. wegen der Langwierigkeit seiner Maßnahmen oder wegen der finanziellen Belastung für den Hilfesuchenden nicht in Anspruch genommen werden kann oder daß die gewünschten Lösungen überhaupt außerhalb der Legalität liegen und der formelle Apparat gerade deshalb gemieden werden muß" (Hess 1970:145).

Derart legitimiert, können besonders die italienischen Mafiosi über Stimmpakte verfügen, die es ihnen erlauben, sich wiederum im politischen Klientelsystem einzuschalten und dafür im Gegenzug ebenso wie alle anderen lokalen politischen Bosse Vergünstigungen zu erhalten. Ähnliche Vorteile suchen auch die Narcotraficantes, die jedoch bei Wahlen, auch hierin mehr Unternehmer als Machthaber, eher Geld als Stimmen einbringen. Jedenfalls müssen sich die Mafiosi und Narcotraficantes weder in Italien noch in Kolumbien den Politikern aufdrängen. Entweder sie werden mit offenen Armen empfangen, oder die Politiker selbst kommen auf sie zu. Diese große Empfänglichkeit hängt auch mit Degenerationserscheinungen des klientelistischen Systems zusammen: Immer mehr Seilschaften, die sich immer weniger inhaltlich voneinander unterscheiden, gehen auf Stimmenjagd. Da außerdem die Ressourcen knapper werden und die Apathie der Wähler größer (in Kolumbien liegt die Stimmenthaltung regelmäßig über sechzig Prozent), sind Wahlerfolge schwierig und vor allem, in der Ära der Massenmedien, teuer. So wächst auch unter hohen Politikern die Bereitschaft, von wem auch immer Hilfe anzunehmen.

4. Moderne Gelegenheiten und soziale Ungleichheiten

Sowohl in Italien als auch in Kolumbien hat die Entfaltung der organisierten Kriminalität inmitten eines rapiden sozialen Wandels stattgefunden, der die gesamte Gesellschaft erfaßt hatte. In beiden Fällen waren die letzten Jahrzehnte durch intensive wirtschaftliche und soziale (nicht jedoch politische) Modernisierungsschübe gekennzeichnet.[78] Der Wandel läßt sich an einer Vielzahl von Indikatoren ablesen: An der einsetzenden Industrialisierung und dem Niedergang der ländlichen Arbeits- und Lebenswelt; an der Verstädterung und dem Ausbau des Dienstleistungssektors; an der Ausweitung der staatlichen Infrastruktur; an der Bildungsexpansion; am Rückgang der Geburtenrate; an der wachsenden Zahl berufstätiger Frauen; an dem immer größeren Einfluß des Fernsehens oder an der Globalisierung bestimmter, häufig nordamerikanischer Konsummuster. Bemerkenswert ist die Intensität der Modernisierungsschübe: Lebten um 1940 noch rund zwei Drittel der kolumbianischen Bevölkerung auf dem Land, hatte sich das Verhältnis ein halbes Jahrhundert später umgekehrt - nunmehr haben sich zwei Drittel in Städten niedergelassen (vgl. Thoumi 1994:5-13).

Die regionale Unterscheidung zeigt, daß die organisierte Kriminalität gewöhnlich dort anwächst, wo rigide soziale Strukturen aufbrechen und ökonomische Potentiale aufgetan und genutzt werden. Die *Conca d'Oro*, Neapel und sein Hinterland oder die Ebene von Gioia Tauro: Von Stagnation, Abgeschiedenheit oder wirtschaftlicher Misere kann in diesen Gegenden nicht die Rede sein. Ähnlich verhält es sich in Kolumbien. Koka, Marihuana oder Mohn werden zwar meist in ärmeren, von bäuerlichem Kleinbesitz gekennzeichneten Regionen angebaut und verarbeitet, oft aber handelt es sich hier um Kolonisationsgebiete, deren Sozialstrukturen vom illegalen Anbau und seinen Profitmargen nur noch weiter dynamisiert werden (vgl. Echandía

---

78 Modernisierung ist ein ungeliebter, nützlicher und schwieriger Begriff. Ungeliebt, weil die soziale Entwicklung oft mit einem bestimmten Wandel in Verbindung gebracht wird, nämlich dem der Industriestaaten. Nützlich, weil es trotzdem universale Grundzüge des sozialen Wandels zu geben scheint. Schwierig, weil keine Einigkeit darüber herrscht, welche dieser Grundzüge des Wandels tatsächlich universal sind. Modernisierung soll vorläufig als eine fortschreitende Differenzierung verstanden werden, die mit einer Unterscheidung von der Vergangenheit und mit einer kontinuierlichen Rationalisierung und Leistungssteigerung einhergeht (vgl. Berger 1988). Mit Modernisierungs*schüben* sind hier beschleunigte Phasen des sozialen Wandels gemeint.

1992:210-12). Die organisierte Kriminalität jedenfalls, die das große Geschäft in der Hand hat, wurzelt und agiert in anderen Regionen. Die Hochburgen der Narcotraficantes in den Departements Antioquia, Valle oder Risaralda sind meist Gegenden, die schon seit Jahrzehnten zu den dynamischsten Regionalräumen Kolumbiens gerechnet werden. Sowohl in Italien als auch in Kolumbien scheint die Entfesselung der Moderne "Gelegenheitsstrukturen" eröffnet zu haben - um einen Begriff von Richard A. Cloward und Lloyd E. Ohlin zu entleihen (1960:150) - die das Wachstum der organisierten Kriminalität begünstigten.[79]

Auch die meist im Zusammenhang mit sozialen Krisen diskutierten Migrationsprozesse bergen in sich Möglichkeiten der Modernisierung. Die erhöhte Mobilität geht mit neuen Gelegenheitsstrukturen einher. Im Mezzogiorno schon seit dem vorigen Jahrhundert, in Kolumbien vor allem in den letzten Jahrzehnten verlassen Hunderttausende ihre Heimat, um anderweitig - zumeist in den Städten und Industriegebieten des In- und Auslandes - ihr Glück zu versuchen. Das kann gut gehen oder auch nicht, und je nachdem bleiben die Auswanderer für immer fort, kehren zurück oder pendeln zwischen Heimat und Wahlheimat. Migranten haben mehr Optionen als diejenigen, die daheim bleiben. Vor allem vermittelt ihnen die Erfahrung der Fremde eine Vorstellung davon, daß auch andere Handlungsmuster und Wertvorstellungen möglich sind (vgl. Schutz 1944). Dieses Wissen können sie als Mittler zwischen den Kulturen innovativ anwenden; Migranten sind häufig Modernisierungsagenten. Ihre vervielfältigten Handlungsoptionen freilich müssen nicht immer rechtskonform sein. Wie beschrieben verschaffte die Koppelung an Migrationsbewegungen sowohl der Mafia als auch dem Narcotráfico auf den weltweiten Drogenmärkten erhebliche Wettbewerbsvorteile.

Modernisierungsschübe an sich sagen wenig über die soziale Ungleichheit in einer Gesellschaft aus: Während dieser Phasen kann die Kluft zwischen Arm und Reich tiefer werden, gleich bleiben oder auch abnehmen. Es fällt

---

79 Auf einer freilich anderen empirischen und theoretischen Ebene zielt die Argumentation von Lawrence E. Cohen und Marcus Felson in eine ähnliche Richtung (1979): Daß sich nach 1945 die Wohlstandsexplosion in den USA nicht in einem Rückgang der Gewaltkriminalität niederschlug, könne auch dadurch erklärt werden, daß die Wahrscheinlichkeit krimineller Übergriffe durch den gewandelten Lebensstil - beispielsweise Haushalte, wo Vater und Mutter berufstätig sind - größer wurde.

auf, daß Kolumbien nach wie vor ein "Entwicklungsland" ist und der Mezzogiorno bei Indikatoren wie dem Pro-Kopf-Einkommen oder der Beschäftigung weit hinter dem Norden Italiens zurückliegt (vgl. Chubb 1989:57; Svimez 1993:48-49). Nach dem zweiten Weltkrieg, und somit in einer Zeit, wo die Mafia schon vielerorts gefestigt war, stellte extreme Armut das dringlichste Problem des Mezzogiorno dar. Zwar ist heute dieses Elend kaum noch vorhanden (Graziani 1987), aber es hat Jahrzehnte gedauert, bis sich in einer der größten Industrienationen der Erde die Kluft zwischen Arm und Reich verringerte. In Kolumbien indes hat sich in den letzten 30 Jahren die Einkommensverteilung gebessert, aber immer noch leben je nach angelegtem Maßstab zwischen einem Viertel und zwei Drittel der Menschen in Armut (Thoumi 1994:13).

Trotzdem können keine allgemeinen Aussagen darüber getroffen werden, ob die soziale Ungleichheit etwas mit der organisierten Kriminalität zu tun hat oder nicht. Der im ersten Moment vermutete Zusammenhang verschwimmt sehr schnell, wenn genauer hingesehen wird, und sei es bloß, weil viele Mafiosi und Narcotraficantes nicht aus ärmlichen Verhältnissen stammen. Feststellen läßt sich nur: In den turbulenten Zeiten des Wandels baut die organisierte Kriminalität einen Weg der sozialen Mobilität aus, der zumeist von Mitgliedern der Unter- und Mittelschicht genutzt wird. Das heißt jedoch nicht, daß es parallel hierzu nicht auch noch andere Aufstiegskanäle gäbe.

Daß sich in den Führungspositionen der Mafia und des Narcotráfico nur verhältnismäßig wenige Mitglieder der Eliten finden, hängt auch mit den Berufsrisiken dieser Karrieren zusammen. Ihr finanzieller Ansporn mag noch so groß, für die körperliche Unversehrtheit könnten sie fatal sein. Die Frage ist, wieviel man zu verlieren hat, und Manager, Bischöfe oder Minister haben etwas zu verlieren (als Narcotraficantes oder Mafiosi, nicht unbedingt als Geldwäscher). Außerdem gibt es Zugangsbeschränkungen: Angehende Mafiosi oder Narcotraficantes müssen nicht nur bestimmte Fähigkeiten mitbringen, sie müssen auch über die sozialen Beziehungen verfügen, ihre Qualitäten in der Unterwelt zur Geltung zu bringen. Wieviele der Leser dieses Textes wären bereit, für Millionen DM eine halbe Tonne Kokain in die USA zu schaffen und dafür eine lebenslange Haftstrafe zu riskieren? Wohl weniger als die Hälfte. Und wieviele wüßten es dann anzustellen, das Kokain in der Unterwelt Miamis zu verkaufen, ohne betrogen, verhaftet oder ermordet zu werden? Ganz wenige, aber vielleicht einige.

Außerdem gibt es in den Einflußgebieten der Mafia und des Narcotráfico sehr viele, besonders junge Menschen, die zwar viel vom Leben erwarten, aber inmitten von hoher Arbeitslosigkeit, niedrigem Einkommen und schlechten Lebensbedingungen nur wenig Chancen haben, diese Erwartungen auch auf legalem Wege zu erfüllen (Merton 1968:209ff.; Agnew 1991). Aus diesen Schichten rekrutiert sich häufig das gewalttätige Fußvolk der organisierten Kriminalität, denn Mafia und Narcotráfico benötigen den ehrgeizigen Nachwuchs, um ihm die gefährlichsten Aufgaben zu übertragen. Anders als manchmal impliziert schafft das Auftreten der Mafiosi und Narcotraficantes nicht die von sozialer und ökonomischer Ungleichheit, Abwesenheit staatlicher Regulierung und sozialstrukturellem Zusammenbruch und Wandel bedingte Krise, sondern verschärft sie nur - das allerdings möglicherweise, wie im Falle Medellíns, ungeheuerlich. So liegt denn die Existenz eines schier unerschöpflichen Reservoirs an jugendlichen Desperados im Interesse der organisierten Kriminalität, seine Schaffung aber nicht im Bereich ihrer Möglichkeiten. Pino Arlacchi hat darauf hingewiesen, daß dieses Reservoir an gewalttätiger und krimineller Arbeitskraft einen entscheidenden Wettbewerbsvorteil für die organisierte Kriminalität in der "Dritten Welt" und in der Peripherie der "ersten" darstellt (1988a:233).

Das Konfliktpotential zwischen sozialer Ungleichheit und erhöhten Erwartungshaltungen findet sich auch in vielen anderen Gesellschaften wieder. Inwieweit die Spannungen aber zu einer Ausbreitung der Illegalität wie in Italien und Kolumbien führen, dürfte von den Rahmenbedingungen abhängen. Je weniger ein durch Privatinteressen durchsetzter Staatsapparat die Härten der sozialen Umwälzung abfedert und die sozialen Konflikte politisch institutionalisiert und kanalisiert, um so größer die Gefahr von Gewaltausbrüchen (vgl. Pécaut 1989:18ff.; Dombois/Krauthausen 1989:259). Je mehr im Markt- und Gesellschaftssystem das Recht des Stärkeren und Gewiefteren regiert, um so weniger kann von den sozial Benachteiligten erwartet werden, daß sie sich anders als jene politischen und wirtschaftlichen Eliten verhalten, denen alle Mittel recht sind, um ihre Privilegien zu bewahren (Thoumi 1994). Je schwächer die vor allem staatlichen Sanktions- und Kontrollmechanismen sind, um so weniger persönliche Risiken birgt der Gesetzesbruch. Letzteren Aspekt gilt es nun genauer zu betrachten.

5. Rechtsbrüche und ihre Hintergründe

Mitunter wird die Vereinnahmung der Politik und des Staatsapparates als eine Folgeerscheinung der organisierten Kriminalität interpretiert: Erst ihr Auftreten habe die Korruption hervorgebracht. Das aber ist, wie an der Entwicklung des Narcotráfico abzulesen, nur die halbe Wahrheit. Schon in den siebziger Jahren, als die Pioniere des Kokainhandels eigentlich noch kleine Nummern waren, wurden sie nach ihrer Verhaftung regelmäßig wieder freigelassen. Das lag einerseits an Lücken in der Gesetzgebung, die von den Anwälten der Narcotraficantes geschickt aufgetan wurden (vgl. El Tiempo 6/5/73; 16/6/77; 1/2/78). Andererseits aber war von Beginn an Korruption im Spiel, denn reihenweise wurden verhaftete Narcotraficantes von Richtern, Polizisten oder Gefängniswärtern wieder freigelassen (vgl.ebd. 22/9/72; 22/9/75; 28/1/76). Sehr früh schon spielte auch die Androhung und Anwendung von Gewalt eine Rolle, der Staat aber reagierte nicht darauf (vgl. ebd. 6/5/77; 28/10/77; 12/10/80): *Never kill a cop (or a judge)* mag anderswo eine Lebensweisheit illegaler Akteure sein, weniger in Italien und nicht in Kolumbien. Warum sie denn ausgerechnet nach Kolumbien gekommen seien, fragte ein Ermittlungsbeamter jene Ausländer, die in den regen Kleinhandel der Pionierzeiten verwickelt waren. "Gewöhnlich gestanden sie, sie seien nach Kolumbien gekommen, weil hier der illegale Handel sehr einfach sei [...] Ihrer Ansicht nach sei dies ein Land ohne Gesetze" (El Tiempo 31/8/1972).

Sollten sie das wirklich so gesagt haben, irrten sie sich gründlich. An der Standardisierung eines formalen Rechts mangelt es weder in Italien noch in Kolumbien, wo die italienische Jurisprudenz einen großen Einfluß gehabt hat (UNICRI:230). Vielmehr zeichnen sich beide Gesellschaften durch eine lange juristische Tradition aus, die auch den Vergleich mit der Rechtssprechung anderer Länder nicht zu scheuen braucht.[80] Mit der Gesetzgebung wird regelrecht gewuchert. Auf dem Papier ist die Normativität raffiniert ausgeklügelt, deckt alle Eventualitäten ab, ist mitunter sogar sehr fortschritt-

---

80 In manchen strafrechtlich-dogmatischen Aspekten gehören das kolumbianische und italienische Recht derzeit zu den international fortschrittlichsten. Hierauf machte mich Kai Ambos in einem Gespräch aufmerksam; außerdem findet sich in seinem Buch eine genaue Beschreibung der kolumbianischen Drogen-Gesetzgebung und Rechtspraxis sowie ein Vergleich mit denen Boliviens und Perus (1993).

lich, was die Rechte der Bürger anbelangt - nur ihre Umsetzung bereitet Schwierigkeiten. Victor Hugo soll über eine der vielen, in Bürgerkriegen ausgefochtenen kolumbianischen Verfassungen des 19. Jahrhunderts gesagt haben, es sei eine "Verfassung wie für Engel". Kompensatorische Anstrengungen, also: Wenn schon die Realität so aussieht, wie sie aussieht, soll wenigstens die juristische Fiktion aufrechterhalten werden. Die Kluft zwischen dem *de jure*, dem Sollen, und dem *de facto*, dem Sein, ist in Kolumbien und Italien größer als anderswo.

Denn tatsächlich ist die Illegalität allgegenwärtig. Durch alle Schichten hindurch finden sich Menschen, die dazu bereit sind, die Möglichkeiten illegalen Verhaltens auszuschöpfen. Keineswegs davon ausgeschlossen sind die gesellschaftlichen Eliten. Häufiger Gesetzesbruch prägt nicht nur die Handlungsräume, die hier beschrieben worden sind, nicht nur die Bereiche, die vom *intreccio* betroffen sind. Illegalität kann beispielsweise zum Synonym einer ganzen Stadt namens Neapel werden, wo noch bis vor kurzem selbst in nebensächlichsten Aspekten des Alltags Gesetzesbrüche gang und gäbe waren. Eine geradezu verallgemeinerte Illegalität findet sich auch, wenn Korruption zum normalen Gang der Dinge wird und nicht nur in den gigantischen Schmiergeldaffären zwischen Parteipolitikern, Verwaltungsbeamten und Großunternehmern im Norden Italiens zu Tage tritt, sondern ebenso im alltäglichen Umgang zwischen den Bürgern und ihrem Staat (vgl. Cazzola 1992).

Extremer noch die Situation in Kolumbien: In praktisch allen kriminellen Deliktstatistiken - sei es Totschlag oder Entführungen, Bankraub oder Autodiebstahl - dürfte Kolumbien weltweite Führungspositionen innehaben, und vermutlich gilt das auch bei schwerer meßbaren und häufig verschwiegenen Gesetzesbrüchen wie der Steuerhinterziehung oder anderen Spielarten des *white-collar-crimes* (vgl. PN.RC 1990,1993; Deas/Gaitán 1995:267ff.; Thoumi 1994:59ff.). Eklatant ist vor allem die Gewalt: Kolumbien dürfte das Land sein, in dem am meisten Menschen ermordet werden, ohne daß im formalen Sinn von einem Krieg oder Bürgerkrieg die Rede sein könnte. Nur ein Bruchteil der Morde - laut offiziellen Schätzungen rund 20 Prozent (PrRep 1993:10) - wird von organisierten Akteuren, also Streitkräften, Guerilla, Paramilitärs oder Narcotraficantes begangen. Der Rest ist eine "alltägliche" Gewalt, die von ganz "normalen" Bürgern während "normaler" Streitigkeiten und Meinungsverschiedenheiten ausgeht. Das "Du sollst nicht töten", eine universale Norm des gesellschaftlichen Zusammenlebens, ist in

Kolumbien soweit erodiert, daß mitunter eher von einer Nicht-Gesellschaft als von einer Gesellschaft gesprochen werden müßte.

Die Häufigkeit des Rechtsbruchs im allgemeinen und der Gewalt im besonderen läßt sich teilweise durch die niedrige Sanktionswahrscheinlichkeit erklären, und die hängt eng mit der beschriebenen Entstehung und Struktur des Staates zusammen. In mancher Hinsicht handelt es sich um ein Effizienzproblem: Die Staaten kommen der Rechtssprechung und -erzwingung ebensowenig nach wie ihren anderen Aufgaben. Schon einfache und routinemäßige privat- oder verwaltungsrechtliche Verfahren können Jahre dauern, im Paragraphen- und Instanzendschungel der Legalitätswucherungen wird das Recht häufiger verdreht als gesprochen. Wiederum ist die Situation in Kolumbien dramatischer als in Italien, wo freilich ebenso von einer Krise die Rede ist (vgl. Chinnici 1992:15-33; Deas/Gaitán 1995:315ff.). Laut jüngsten offiziellen Untersuchungen werden in Kolumbien von 100 Delikten nur 20 angezeigt. Von diesen 20 eingeleiteten Verfahren werden 14 wegen Ablauf der Fristen eingestellt. In den übrigen kommt es nur in drei Fällen zu einer Verurteilung. Mit anderen Worten: 97 Prozent aller Delikte werden nicht sanktioniert (zit. nach El Tiempo 28/8/94: 26A).

Die Annahme, es gäbe eine staatliche Instanz, die *supra partes* über ökonomischen Interessen und sozialen Konflikten schwebt, ist allerorten ein Trugschluß, vor allem aber in Kolumbien und Italien. Die Summe vieler privater Seilschaften kann keinen öffentlich-rechtlichen Staatsapparat ergeben - erst recht nicht, wenn sich diese Seilschaften auch illegaler Praktiken bedienen. Es sind die Ausmaße der kriminellen Energien *innerhalb* des Staates, die unterstrichen werden müssen: die Käuflichkeit italienischer Kabinettsmitglieder oder die aktive Rolle, die staatliche Sicherheitskräfte in dem kolumbianischen Gemetzel spielen.[81] Nicht Abwesenheit kennzeichnet diese Staatsapparate, sondern ihre vom Mißbrauch der Macht geprägte Präsenz.

---

81 Die *impunidad*, die verallgemeinerte Straffreiheit in Kolumbien, ist ein Fakt, der auch in der Debatte um die vom kolumbianischen Staat massiv verübten Menschenrechtsverletzungen eine Rolle spielt. Es läge nahe, die Straffreiheit all jener Staatsbediensteten zu relativieren, die in den letzten Jahren folterten und mordeten, denn schließlich ist es um die Ahndung anderer, nicht vom Staat ausgehender Gewaltdelikte und Menschenrechtsverletzungen nicht besser gestellt. Dabei wird jedoch übergangen, daß der Staatsapparat noch mehr als andere soziale Akteure dazu verpflichtet ist, die allgemein geltenden Normen einzuhalten, weil er als Erzwingungsinstanz der Legalität sonst nicht glaubwürdig ist (vgl. Ambos 1996).

Nicht zuletzt deswegen, weil *diese* Staatsapparate ihre Normativität ständig selbst untergraben und weil sie häufig genug partikulären gegenüber allgemeinen Interessen den Vorzug geben, sind sie nicht dazu fähig, Legalität in der Gesellschaft durchzusetzen: Dem Staat und seinen Gesetzen schlägt ein tiefes Mißtrauen entgegen. *La justicia es para los de ruana*, ist in Kolumbien noch heute eine stehende Redewendung; *la giustizia è per il povero*, hieß es im vorigen Jahrhundert auf Sizilien (vgl. Pezzino 1990:54): "Die Justiz trifft nur die Armen". Wer über Reichtum, Macht und Einfluß verfügt, kann das Gesetz brechen und sich trotzdem einer Sanktion entziehen; wer nicht in einer so privilegierten Lage ist, gerät bei rechtswidrigem Verhalten mit größerer Wahrscheinlichkeit in die Mühlen der Justiz. Wenn aber die Gesetze nicht für alle gelten, sind sie nicht legitim, und es gibt wenig Grund, sie zu befolgen. Außerdem hat rechtswidriges Verhalten einen expansiven Charakter: Je mehr Menschen die Normen mißachten, um so mehr sind jene im Nachteil, die sie respektieren. Wenn sehr viele Menschen Verwaltungsbeamte bestechen oder illegale Gelder "waschen", erwachsen demjenigen, der es nicht tut, aus seiner Prinzipientreue wirtschaftliche Nachteile. Es wird zunehmend unklug, sich an die Gesetze zu halten. Die Ausbreitung der Illegalität kann so eine "Falle der Unehrlichkeit" auftun, in die ganze Gesellschaften hineingeraten können und aus der sie nur schwer wieder herauskommen (Thoumi 1987).

Ist die Häufigkeit des Rechtsbruchs allein auf das Verhalten des staatlichen Büttels zurückzuführen? Es wäre eine zutiefst beunruhigende Erkenntnis, wenn das reibungslose Zusammenleben nur durch den Leviathan der Repression gewährleistet werden könnte. Auch in der Familie, in der Schule, auf dem Markt oder in den Glaubensgemeinschaften lernen die Menschen, sich an gewisse Regeln des menschlichen Zusammenlebens zu halten. Besonders Kinder und Jugendliche verinnerlichen während ihrer Sozialisation die in ihrer Gesellschaft bestehenden Verhaltensregeln. "Das tut man nicht", so werden sie gelehrt, und dieses "das tut man nicht" kann für das ganze Leben prägen.

Sowohl in Kolumbien als auch in Italien wird mitunter argumentiert, daß diese Instanzen der Gewissensbildung und sozialer Kontrolle durch den rapiden gesellschaftlichen Wandel geschwächt wurden (Lamberti 1992: 165-73; Salazar/Jaramillo 1992). Tatsächlich besteht ein Grundzug der Modernisierung in der Entkoppelung der Individuen aus althergebrachten sozialen Beziehungen. Von Dörfern und Weilern mit ihren relativ übersichtlichen Verhältnissen ziehen die Menschen weg in die Komplexität der Städte. Aus Knechten oder Tagelöhnern, deren Überleben sehr unmittelbar von der Allmacht des Großgrundbesitzers abhängt, werden Industriearbeiter oder Arbeitslose, deren Schicksale von freilich nur vordergründig anonymeren Marktkräften bestimmt wird. Herrschaft, die sich allein auf Überlieferung und Tradition beruft, wird in Frage gestellt. Der Pfarrer sieht seine Schäfchen schwinden. Gottesfurcht und magische Weltbilder verlieren an Bedeutung, weil immer mehr Menschen es besser wissen. Sippen und Clans bröseln auf in kleinere Familien und Individuen. Die Frauen verschaffen sich Zugang zum Berufsleben und verringern ihre Abhängigkeit von den Männern. Die Welt verwandelt sich grundlegend, auch in den Köpfen.

Sicherlich geht die Entkoppelung mit einer Abnahme der sozialen Kontrolle einher. Bei der Beurteilung dieses Zusammenhangs ist jedoch Vorsicht angebracht (vgl. Thome 1992). Die prämoderne Gemeinschaft, in der keiner ausschert, weil sich alle aufgehoben und zugehörig fühlen, ist eine idealtypische Fiktion. Auch innerhalb des Clans, der Hacienda oder der Gemeinde gibt es interne Spannungen zwischen Individuen, die nach Prestige, Macht oder Reichtum streben. Auch hier gibt es regelmäßig Normverstöße, und die soziale Kontrolle ist keineswegs perfekt - auch wenn es für externe Beobachter vielleicht rückblickend so scheint. Zudem verlagern sich die im Inneren unterdrückten Konflikte, Spannungen oder Gewaltausbrüche häufig nach außen. Die soziale Kontrolle mag in der Gemeinschaft funktionieren, in ihren Außen-beziehungen gibt es sie dann häufig gar nicht mehr. *Unter uns* wird nicht betrogen, beklaut oder ermordet - wie wir mit jenen Menschen umgehen, die nicht zu unserer "Wir-Gruppe" gehören (Elwert 1989), ist eine andere Frage. "Traditionelle" Sozialstrukturen pauschal als einen Hort der sozialen Ordnung und Harmonie darzustellen, ist abwegig. *Pueblo chico, infierno grande*, heißt es auf Spanisch: Kleines Dorf, große Hölle.

Wie bei allen modernisierungstheoretischen Ansätzen besteht außerdem das Problem, wann die Stunde Null angesetzt wird, in welcher es den Wandel noch nicht gab und die soziale Ordnung noch bestand. Wieviele Jahrhunderte muß dafür in Neapel, Sizilien oder Kolumbien zurückgegangen werden? Sicher: Der Feudalismus zerfiel und der Einfluß von Kirche, Dorfgemeinschaft oder Großfamilie sowie der zugehörigen Norm- und Sanktionsvorstellungen schwand. Selbst als diese Institutionen noch gefestigt waren, zogen jedoch in Sizilien marodierende Räuber- und Banditenbanden herum, war in Neapel dem *popolo* jedes Mittel Recht, um zu überleben, wurden in Kolumbien Besitz- und Machtstreitigkeiten mit Gewalt ausgefochten.

Überzeugender scheint es da, ein negatives Erbe der Vergangenheit hervorzuheben, wie es die kolumbianischen Ökonomen Salomón Kalmanovitz (1989) und Francesco Thoumi (1994) tun. Trotz der Ausbreitung des kapitalistischen Systems halte sich nach wie vor und besonders unter den Eliten eine "Ethik der Ungleichheit", die in der Kolonial- und Agrargesellschaft gründe. Wo die Menschen - so im heutigen Kolumbien - nicht verinnerlicht hätten, daß alle ebenbürtig sind, gebe es nur wenig Hemmungen, den Anderen seiner Rechte zu berauben, das Lebensrecht eingeschlossen (vgl. Comisión de Superación de la Violencia 1992:145). Das erschütterndste Beispiel hierfür ist ein Wort, *deshechables*. Seit den achtziger Jahren werden Straßenkinder, Bettler und andere sozial Schwache in der Umgangssprache als "wegwerfbar" bezeichnet. "Worte können sein wie winzige Arsendosen: sie werden unbemerkt verschluckt, sie scheinen keine Wirkung zu tun, und nach einiger Zeit ist die Giftwirkung doch da", schreibt Victor Klemperer in seiner Untersuchung der *Lingua Tertii Imperii*, Sprache des Dritten Reiches (1957:21). In Kolumbien werden *deshechables* tatsächlich "weggeworfen", also bei "sozialen Säuberungen" eliminiert.

Freilich bleibt immer noch die Frage, wie eine "Ethik der Gleichheit" - oder "organische Solidarität" im Sinne Durkheims (1902) - ohne gewaltsame Einschnitte wie Revolutionen oder staatlichen Zwang entstehen kann. Offenkundig reichen weder eine fortschreitende Expansion des Marktes noch ein diffuses Gefühl der Zusammengehörigkeit - wir sind doch alle Sizilianer oder *paisas* - aus.

6. Vertrauen

Die sowohl empirisch als auch theoretisch bislang weitreichendste Hypothese über die gesellschaftlichen Voraussetzungen der organisierten Kriminalität ist von Diego Gambetta vorgeschlagen worden: Ein allgemeiner Mangel an zwischenmenschlichem Vertrauen habe das Wachstum der Mafia als private Schutzindustrie begünstigt. Dieser Mangel an Vertrauen wiederum gründe möglicherweise in der spanischen Herrschaft über Sizilien und Neapel im 16.

und 17. Jahrhundert und stehe auch in anderen spanischen Exkolonien zu vermuten, von denen "alle" noch im 20. Jahrhundert statistisch zu den gewaltsamsten Ländern der Erde gehörten (1988, 1992:92ff.). Zentral für diese These Gambettas ist ein Aufsatz Anthony Pagdens, wo Streitschriften Neapolitanischer Denker des 18. Jahrhunderts rezensiert werden (1988). So machten Paolo Mattia Doria und Antonio Genovesi die spanisch-habsburgische Herrschaft dafür verantwortlich, Neapel in den Ruin gestürzt zu haben, indem systematisch die *fede pubblica*, das öffentliche und zwischenmenschliche Vertrauen, zerstört worden sei.

Pagden führt keine textkritische Analyse durch: Er übergeht den offenkundig politischen Charakter der Streitschriften und hinterfragt nicht die in ihnen enthaltene Behauptung, in Neapel habe vor der spanischen Herrschaft ein uneingeschränktes Vertrauen geherrscht. Außerdem ist nicht ersichtlich, was die Politik der spanischen Könige von derjenigen anderer Herrscher unterschieden habe : Die Vizekönigreiche an der Kandare zu halten und dabei ihre wirtschaftliche, politische und gesellschaftliche Festigung zu verhindern, war kein ausschließliches Merkmal der spanischen Verwaltung - *divide et impera* ist vielmehr ein häufiger Grundsatz kolonialer Machtpolitik.

Auch der Historiker Nicola Tranfaglia hat das "spanische Modell" als eine Ursache der Mafia hervorgehoben (1991:11ff.). Schelte für solche metahistorische Ursachenforschung bezog er dafür von seinem Kollegen Piero Bevilacqua (1992): Weder sei organisierte Kriminalität in allen ehemaligen spanischen Kolonien und erst recht nicht im Mutterland erstarkt, noch sei in der spanischen Kolonialverwaltung die Wurzel allen Übels des Mezzogiorno zu suchen. Wie Bevilacqua überzeugend darlegt, ist die kausale Verknüpfung zwischen der spanischen Monarchie und der Mafia insofern unzulässig. Auch Diego Gambetta hat diesbezüglich einen Rückzieher gemacht (1994). Das heißt jedoch nicht, daß seine These eines Mangels an Vertrauen vom Tisch sei.

Obwohl es sich um einen Grundzug menschlicher Beziehungen handelt, ist der aus der Alltagssprache entnommene Begriff Vertrauen nur schwer theoretisch zu fassen (vgl. Gambetta Hg. 1988). "Vertrauen und Mißtrauen", schreibt Niklas Luhmann in einem anregenden Essay, "setzen voraus, daß das mögliche Verhalten anderer als *spezifisches Problem* bewußt wird. Man vertraut, wenn man davon ausgeht, daß dieses Verhalten sich in den eigenen Lebensführungsplan sinnvoll einfügen wird; man mißtraut, wenn man damit rechnet, daß dies nicht der Fall sein wird" (1973:80, Hervorhebung im Original). Vertrauen sei - im Unterschied zu "Vertrautheit" - immer eine "riskante Vorleistung" (ebd.:23) und diene der Reduktion von Komplexität, und zwar speziell jener "Kompexität, die durch die Freiheit des anderen Menschen in die Welt kommt" (ebd.:32).

Vertrauen wird "gelernt" und baut sich langsam auf: Ich vertraue Dir, und wenn Du mich nicht enttäuschst, vertraue ich Dir ein weiteres Mal, und deswegen vertraust auch Du mir. Vertrauen begünstigt Kooperation, und wo diese Kooperation länger andauert, wächst wiederum Vertrauen. Die gegenseitigen Erwartungen können dann auch eine Art der sozialen Kontrolle darstellen. Es gibt ein "Gesetz des Wiedersehens": "In sozialen Beziehungen [...], die durch relative Dauer der Beziehung, wechselnde Abhängigkeiten und ein Moment der Unvorhersehbarkeit ausgezeichnet sind, findet man einen günstigen Nährboden für Vertrauensbeziehungen" (ebd.:39). Wichtig aber ist, daß Vertrauen immer ein "Wagnis" bleibt, das gewöhnlich nur dann vertretbar ist, wenn die Selbstdarstellung des anderen überzeugt, genügend Information über seine Person und Absichten vorhanden ist oder bei Vertrauensbruch eine Sanktion droht. Letzterem Aspekt kommt in komplexen Beziehungssystemen eine große Bedeutung zu: "Die Rechtsordnung, die für bestimmte Erwartungen und Sanktionsmöglichkeiten hohe Sicherheit gewährt, ist eine unentbehrliche Grundlage für jede langfristige Überlegung dieser Art [des Vertrauensvorschusses] und entlastet damit das Risiko der Vertrauensgewähr", schreibt Luhmann (ebd.:35).

Nirgends herrscht nur Vertrauen oder nur Mißtrauen. Es handelt sich um Optionen, die in spezifischen Situationen zum Zuge kommen. Kolumbianer und Süditaliener sind selbstverständlich nicht immer mißtrauisch - aber anscheinend doch häufiger als die Menschen anderswo. Das könnte darauf zurückzuführen sein, daß Kolumbianer und Italiener mit sozialen Beziehungen *vertraut* sind, bei denen die Risiken des Vertrauens sehr hoch eingeschätzt werden müssen.[82] Nicht auf die spanische Kolonialverwaltung ist dieses Mißtrauen zurückzuführen, sondern auf die hier beschriebenen Prozesse. Wo das Gewalt- und Sanktionsmonopol prekär ist, kann Vertrauen

---

82 Schon Luhmann erwähnt Kolumbien als ein Fallbeispiel für Vertrauenskrisen, bezieht sich dabei allerdings auf einen Verlust an "Systemvertrauen". Sein Verweis auf eine klassische Studie über den Bürgerkrieg der vierziger und fünfziger Jahre bleibt jedoch sehr vage (Luhmann 1973:63).

nicht abgesichert werden. Wo die Illegalität expandiert, wird auch das Vertrauen der Menschen untereinander immer stärker untergraben - kaum einer rechnet damit, daß die anderen sich an die Vorschriften halten. Wo Patronage- und Klientelbeziehungen mit ihrem Gefälligkeitsaustausch immer wieder kollektive Interessen torpedieren, gibt es weniger Sphären der Kooperation, in denen Vertrauen aufgebaut werden kann. Wo der soziale Wandel Gemeinschaften zersetzt, wird das "Gesetz des Wiedersehens" geschwächt.

Ebenso wie sich Vertrauen wechselseitig aufbaut und immer mehr Kooperation begünstigt, kann auch Mißtrauen immer weiter eskalieren und zu immer größerer gesellschaftlicher Fragmentierung und Unsicherheit führen. Vertrauen beschränkt sich mehr und mehr auf die privaten Sphären der Verwandtschafts-, Patronage- und Klientelbeziehungen (vgl. Eisenstadt/ Roniger 1980: 29ff.), während außerhalb dieser Sphären das gegenseitige Mißtrauen und die damit einhergehenden Hindernisse für kooperatives Handeln sich weiter verstärken (vgl. Gambetta 1988:234). Dies begünstigt illegale Machtausübung: Es ist nicht so, daß die Mafia Vertrauen wieder herstellt, aber als parastaatliche Machtinstanz kann sie eine alternative Rechtsordnung durchsetzen, also Sicherheit gewähren, die dann - wie bei den Kartellabsprachen des *intreccio* - das Vertrauen fördert. Mißtrauen, Fragmentierung und Unsicherheit sind insofern ein fruchtbarer Boden für mafiose Tätigkeiten, die sich allerdings - auf dieser Unterscheidung gegenüber Gambetta muß beharrt werden - nicht auf Schutz beschränken, sondern ebenso Erpressung beinhalten.

Noch schwerwiegender stellt sich das Problem des Vertrauens innerhalb der illegalen Räume selbst, wo es im Prinzip noch nicht einmal wie in der Gesellschaft eine prekäre Machtinstanz gibt. So läßt sich *in vitro* beobachten, inwieweit Vertrauen auch ohne eine Rechtsordnung und einen Sanktionsapparat bestehen kann. Der Anblick ist wenig ermutigend: Das Interesse der Akteure an fortgesetzten Handelsbeziehungen, der Rückgriff auf Verwandtschafts- und Freundschaftsbeziehungen oder der symbolische Zusammenhalt eines Geheimbundes schaffen zwar Vertrauen, dieses aber ist sehr labil. Das angeblich so große Vertrauen innerhalb von mafiosen Organisationen ist eine Chimäre: In Wirklichkeit herrscht häufig Paranoia. Auch in illegalen Räumen kommen die Menschen nicht darum herum, Machtinstanzen zu bilden, welche die Kooperation wirksamer absichern.

Diese Erkenntnis relativiert die Annahme, daß Mafiosi und Narcotraficantes mit ihren Verwandtschafts- und Freundschaftsbeziehungen, ihren

Kontakte innerhalb des Migrantenmilieus und ihren Geheimbünden wichtige Wettbewerbsvorteile auf den illegalen Märkten genießen (Arlacchi 1988a; Krauthausen/Sarmiento 1991a:193ff.). Vielleicht sollte die Vertrauens-problematik unterschiedlich angegangen werden; möglicherweise ist der größere Wettbewerbsvorteil in Wirklichkeit ein anderer: Kolumbianer und Italiener sind mit dem Mißtrauen, welches strukturell in den illegalen Handlungsräumen angelegt ist, *vertrauter* als ihre Mitstreiter. Durchtrie-benheit ist ein Ausdruck, der im Deutschen nur noch selten verwendet wird. Dabei läßt sich mit ihm annähernd übersetzen, was Italiener mit *furbizia* und Kolumbianer mit *malicia indígena* meinen: Die Fähigkeit, clever die Spielregeln zu manipulieren oder zu überschreiten, gepaart mit dem Mißtrauen, daß auch die anderen sich so verhalten könnten. Welches ist das elfte Gebot? wird Anfang der Neunziger in einem kolumbianischen Witz gefragt. *No des papaya*, gib' Dir keine Blöße. Und das zwölfte? *Aprovechar todo papayazo*, nutze jede Blöße, die sich die anderen geben. Es ist ein Witz - aber auch die Maxime erfolgreicher illegaler Akteure.

Schlußwort
Moderne Gewalten

Es läßt sich zusammenfassen: Der häufige Rechtsbruch im allgemeinen und die Vehemenz der organisierten Kriminalität im besonderen dürften in Kolumbien und Italien von zwei sich gegenseitig bedingenden Faktorenbündeln begünstigt werden. Erstens, die strukturellen Merkmale des Staates: Ohne über ein gefestigtes Gewaltmonopol zu verfügen und von klientelistischen Seilschaften durchsetzt, kann der Staat das Recht nicht durchsetzen, ja, verstößt häufig genug selber gegen die Gesetzgebung. Die durch die unzureichende politische Konfliktinstitutionalisierung ohnehin zersplitterte Gesellschaft macht, zweitens, einen rasanten sozialen Wandel durch, der nicht nur die gesellschaftlichen Instanzen sozialer Kontrolle schwächt, sondern auch die Möglichkeiten rechtswidrigen Handelns multipliziert sowie die Erfahrung sozialer Ungleichheit verschärft. Die ebenfalls diskutierte Vertrauenskrise dürfte mehr Ergebnis als Ursache dieser Entwicklungen sein; sie kann aber trotzdem als eine günstige Voraussetzung für die Entfaltung von Mafia und Narcotráfico betrachtet werden.

Ähnlich wie hier argumentiert Francisco Thoumi, daß vor allem die "Delegitimierung des Regimes und die Schwächung des Staates" das Anwachsen des Narcotráfico just in Kolumbien erkläre (1994:177). Ebensolche Prozesse - so Thoumi - seien in den letzten Jahren verstärkt auch in anderen lateinamerikanischen Länder eingetreten. Ein Blick beispielsweise auf die Lage in Brasilien oder Venezuela bestätigt dies (Fatheuer 1994, Ramonet 1995). Außerdem gibt es derartige Gesellschaften auch in Asien, Afrika oder Osteuropa. Und in Rußland, natürlich, wo sich seit dem Zusammenbruch des staatlichen Gewaltmonopols und der Entfesselung des Marktes unzählige "mafiose" Gruppen betätigen. Gemeinsam ist all diesen Gesellschaften eines:

In ökonomischer und sozialer Hinsicht wandelt sich vieles und sehr schnell, die politischen Strukturen aber können mit dem Wandel nicht nachziehen, werden durch ihn aufgerieben oder verabschieden sich bewußt von ihren Steuerungsfunktionen.

Daß auch Japan mit der Yakuza schon seit über einem Jahrhundert eine starke organisierte Kriminalität aufweist, entkräftigt das hypothetische Faktorenbündel nur scheinbar - und rückt allenfalls den Faktor "soziale Ungleichheit" in den analytischen Hintergrund, wohin er ja auch gemäß dem kolumbianisch-italienischen Vergleich gehört. Sicher ist Japan eine der wohlhabendsten Gesellschaften der Welt, sicher ist hier das staatliche Gewaltmonopol gefestigter als anderswo. Auch in Japan jedoch basiert die gesellschaftliche Integration stark auf Patronage- und Klientelbeziehungen, tritt in der Verinnerlichung des Rechts die Dimension des Öffentlichen vor der privaten des Gruppenzusammenhalts zurück und bedienen sich Politik und Staat schon seit Jahrzehnten der illegalen Dienstleistungen der Yakuza (vgl. Kawamura 1994).

Ein modernisierungstheoretischer Ansatz legt nahe, daß Ungleichzeitigkeiten der verschiedenen Teilaspekte der Modernisierung in diesen Gesellschaften eine Rolle spielen. Modernisierung in ihrem weitesten, in vieler Hinsicht eurozentristischen Sinn impliziert die Interdependenz der Marktwirtschaft und des Wohlstandes mit der Herausbildung eines demokratischen Rechtsstaats (vgl. Zapf 1991:34ff.). Hierin ist auch eine Prognose enthalten: Über kurz oder lang, so die nicht zuletzt von der Aufbruchsstimmung der fünfziger Jahre gezeichnete These, bedingt die gesellschaftliche Entwicklung einen politischen Strukturwandel demokratischen Zuschnitts. Interessant ist nun, daß Kolumbien und Italien tatsächlich als Fallbeispiele für diese These angeführt werden könnten.

Hier wie dort wurden im vorigen Jahrhundert moderne Staaten errichtet, welche die soziale und wirtschaftliche Realität kaum widerspiegelten. Die vor allem durch den politischen Klientelismus gekennzeichnete strukturelle Lösung dieser Ungleichzeitigkeit erwies sich - in Italien bis auf das Intermezzo des Faschismus - als überraschend stabil und hat über einen sehr langen Zeitraum die Vorherrschaft relativ kleiner gesellschaftlicher Eliten und die Reproduktion der sozialen Ungleichheit ermöglicht. Parallel dazu sind jedoch Prozesse wirtschaftlicher und sozialer Modernisierung in Gang gekommen, die den Staatsapparat mit seinen Steuerungskapazitäten in vieler Hinsicht überholt haben. Heutzutage sind in Kolumbien und Italien tiefgreifende politische und institutionelle Reformen im Gange, die gewissermaßen "nachholend" auf die Bildung eines modernen Rechtsstaates abzielen. In Italien ist das alte Parteiensystem infolge strafrechtlicher Ermittlungen gegen die grassierende Korruption zusammengebrochen; und eine ähnliche Tendenz scheint sich auch im krisengeschüttelten Kolumbien abzuzeichnen.

Diese Umbrüche beweisen nicht zuletzt, daß das klientelistische System tatsächlich eine grundlegende Voraussetzung für die Entfaltung der organisierten Kriminalität darstellte. Es ist kein Zufall, daß in Sizilien die Führungskuppel der Cosa Nostra, in Neapel und Kampanien die tonangebenden Camorristi und in Kalabrien die großen *'ndrine* erst dann durch die Justiz entmachtet werden konnten, als im Norden Italiens mit den Korruptionsskandalen von *tangentopoli* das Parteiensystem zerbarst und lokale, regionale und nationale Politiker sich plötzlich allerorten für ihre Mißwirtschaft zu verantworten hatten. Ebensowenig zufällig ist es, daß in Kolumbien die Bosse des Cali-Kartells erst dann verhaftet werden konnten, nachdem die Ermittlungen gegen die mit ihnen verbündeten Politiker bereits angelaufen waren. Wenn die Art und Weise, wie Politik gemacht wird, eine grundlegende Voraussetzung für die organisierte Kriminalität darstellt, ist den Mafiosi oder Narcotraficantes erst einmal ihre politische Rückendeckung zu nehmen, bevor sie effektiv bekämpft werden können.

Muß ausdrücklich betont werden, daß die andere denkbare Entwicklung - die Errichtung eines totalitären Staates, der die illegalen Handlungsräume unterdrückt - erstens nicht unbedingt erfolgversprechend (hier sei an das Beispiel des italienischen Faschismus erinnert) und zweitens nicht wünschenswert ist? Es könnte prägnant formuliert werden: dann schon lieber organisierte Kriminalität. Ohnehin ist die totalitäre Option nicht ohne weiteres durchführbar, denn erst einmal muß genug Macht akkumuliert werden, um eine Diktatur durchzusetzen. In Kolumbien wäre das ohne die Narcotraficantes kaum möglich; in Italien wollten die Konspiratoren der Siebziger nicht auf die versprochene Hilfestellung der Mafiosi verzichten. Möglich ist es allenfalls, die gegenwärtigen Machtverhältnisse weiter zu stärken - auch dies eine wenig ermutigende Perspektive. Angesichts der Willkür, die schon jetzt in der Funktionsweise des italienischen und mehr noch des kolumbianischen Staatsapparates angelegt ist, graut es vielen Menschen zu Recht vor einem noch stärkeren Staat dieses Zuschnitts.

Die Behauptung, organisierte Kriminalität sei am besten dadurch zu bekämpfen, daß die Demokratie gefestigt wird, ist keine Rhetorik: Sie leitet sich aus den Überlegungen zu den gesellschaftlichen Voraussetzungen organisierter Kriminalität ab. Es gilt, das Gewaltmonopol des Staates zu festigen, die Justiz zu stärken und die Legitimität des Systems auszubauen; es gilt, zivilgesellschaftliche Räume zu schaffen, in denen Vertrauen und Kooperation abseits von Politik und Markt heranwachsen können, es gilt, die Härten des gesellschaftlichen Wandels durch soziale Reformen abzufedern. Auch in diesen Aspekten ist in Italien und Kolumbien vieles in Bewegung. Es gibt noch weitere Gründe, die Demokratie zu festigen, und sowohl in Italien als auch in Kolumbien waren es wahrscheinlich diese anderen Motive und nicht unbedingt die Bekämpfung der organisierten Kriminalität, die in den letzten Jahren jenen demokratischen Reformen den Weg bereiteten, die nun auch die Bekämpfung der organisierten Kriminalität erleichtern könnten.

Bestätigen nun diese Entwicklungen in Italien und Kolumbien die vermeintlich evolutionären Universalien der Modernisierung hin zu friedfertigeren, gerechteren und wohlhabenderen Gesellschaften? Zumindest implizit gehen die meisten Modernisierungstheoretiker davon aus, daß die von ihnen beschriebenen Prozesse zwingend zu einer internen und externen Befriedung führen und Gewalt mithin aus den gesellschaftlichen Beziehungen "wegmodernisiert" wird. Es ist ein Friedensaxiom, das sich da eingeschlichen hat, und es basiert auf Wunschdenken. Die häufig postulierte Verknüpfung zwischen marktwirtschaftlicher Expansion und politischer Demokratisierung ist nicht zwingend. Allein der Fakt, daß eine derartige These überhaupt aufgestellt wird, erscheint bemerkenswert. Die Moderne war noch nie gewaltfrei und ganz bestimmt nicht im 20.Jahrhundert (vgl. Sofsky 1995; Elwert 1995; Joas 1996).

Auch die hier erfolgte Untersuchung der organisierten Kriminalität in Kolumbien und Italien stimmt skeptisch. Mafia und Narcotráfico entstanden inmitten intensiver Modernisierungsschübe. Die Veränderungen seit dem vorigen Jahrhundert in Kolumbien und im Mezzogiorno können sehr wohl mit Schlagwörtern der Moderne umschrieben werden: Auflösung ständischer Gesellschaftsstrukturen, Durchsetzung des Marktes, ökonomische Leistungssteigerung oder Ausbau einer formalen Demokratie. Mafia und Narcotráfico, die hier im Mittelpunkt standen, haben sich nicht nur mit diesen Modernisierungsprozessen vertragen, sie haben auch aus ihnen geschöpft.

Paradigmatisch deutlich wird das am Beispiel der illegalen Drogenmärkte, die bei der Entfaltung der organisierten Kriminalität eine so herausragende Rolle spielen. Diese Märkte sind durch und durch ein Produkt der Moderne.

Erstmals hergestellt wurden Kokain und Heroin in den Labors der aufstrebenden pharmazeutischen Industrie des vorigen Jahrhunderts; verboten wurden sie durch gefestigte Staatsapparate, die damit nicht zuletzt Dysfunktionalitäten des fortgeschrittenen Kapitalismus auszugleichen suchten; und konsumiert werden sie vor allem in wohlhabenden und hochindustrialisierten Gesellschaften. Es ist somit nur kohärent, daß der Vertrieb der Drogen von illegalen Unternehmern besorgt wird, die alle Gelegenheiten der fortschreitenden Globalisierung ausschöpfen (vgl. Shelley 1995:465-67).

Außerdem ist die organisierte Kriminalität ebenso ein Modernisierungsträger. Mafiosi und Narcotraficantes sind rationale und mitunter unternehmerische Akteure, die ihr *know-how* beständig steigern, die sich auch organisatorisch ständig weiterentwickeln und deren Handeln von der Maximierung des Profits und der Minimierung des Risikos geprägt ist. Vor allem reproduzieren sie fortwährend jene Voraussetzungen, welche die Entfaltung ihrer Handlungsräume begünstigen. In Kolumbien und Italien haben sie den Staat weiter privatisiert, sein Gewaltmonopol zusätzlich unterhöhlt und die Rechtssprechung noch mehr zersetzt. Der soziale Wandel ist durch sie immens beschleunigt worden. Mafia und Narcotráfico sind Wege des sozialen Aufstiegs, Knotenpunkte für die Vermarktung von Waren und Dienstleistungen (mögen sie auch Drogen oder Gewalt heißen), Zugänge zur Weltwirtschaft und Multiplikatoren von Konsummustern und Lebensstilen. Wenn ein Kriterium wie die Leistungssteigerung ausdifferenzierter Teilsysteme als Meßlatte der Modernisierung angelegt wird; nun, dann sind Mafia und Narcotráfico sehr modern. Hierin liegt der tiefere Grund dafür, wieso sich die mit hohen Opfern geführte Bekämpfung der organisierten Kriminalität in Italien schon seit über einem Jahrhundert, in Kolumbien seit Jahrzehnten hinzieht. Zwar können einzelne illegale Akteure von Zeit zu Zeit ausgeschaltet werden; zuvor aber haben sie schon ihren Nachfolgern den Weg bereitet. Mafia und Narcotráfico sind nicht nur von den sie umgebenden Gesellschaften gezeichnet, sie prägen ihnen auch ihren Stempel auf.

Diese Eigendynamik verbietet jede optimistische Prognose. Trotz aller Fortschritte der jüngsten Zeit ist in Italien und Kolumbien noch nichts ausgemacht. Es gibt keine Garantie dafür, daß die illegale Gewaltanwendung eines Tages einmal "wegmodernisiert" wird. Abhilfe schaffen könnte lediglich eine weltweite Entkriminalisierung der illegalen Drogenmärkte - die ist längst überfällig und wird in Studien zur Drogenproblematik praktisch einhellig gefordert (vgl. Del Olmo 1992; Hess 1992; Nadelmann 1992;

Ambos 1993:420ff.). Nur eine solche Legalisierung vermöchte der weltweiten organisierten Kriminalität die immensen Gewinnspannen nehmen, allein sie könnte die hier beschriebenen Dynamiken bremsen. Aller Voraussicht nach würde sie auch den Umgang mit dem Problem des Drogenkonsums erleichtern. Daß die Legalisierung trotzdem immer noch auf sich warten läßt, kann nur durch einen modernen Mythos erklärt werden: Seit ein paar Jahrzehnten werden psychoaktive Substanzen dergestalt verteufelt, daß sie als Reifizierung vielerlei Übels herhalten müssen. In fast allen Industriestaaten ist die Mehrheit der wählenden Bevölkerung felsenfest davon überzeugt, daß diese Substanzen für Probleme verantwortlich sind, deren vielschichtige Ursachen in Wirklichkeit menschlich, also sozial sind.

Indes schreitet in Kolumbien und im Mezzogiorno die etwas andere Modernisierung voran. Diese Untersuchung hat auch davon gehandelt; hier sind *moderne Gewalten* beschrieben worden. Mitsamt der illegalen Machtausübung und der gesetzwidrigen Markttätigkeit, die keineswegs Überbleibsel ferner Zeiten sind, haben Kolumbien und der Mezzogiorno Wege des gesellschaftlichen Wandels eingeschlagen, die durchaus als Modernisierungspfade betrachtet werden können. Daß Gewalt so modern sein kann, mag eine düstere Schlußfolgerung sein. Vielleicht ist sie aber auch von Nutzen: Wenn Demokratie, Rechtsstaat, Gewaltfreiheit und soziale Gerechtigkeit mehr Wunschträume als Errungenschaften der Moderne sind, wird es darauf ankommen, diese Wunschträume um so engagierter zu verteidigen und in die Realität umzusetzen.

Quellen- und Literaturverzeichnis

Erläuterungen zu Abkürzungen, Quellen und Literatur

Im Text sind drei verschiedene Abkürzungstypen benutzt worden, die sich auf unterschiedliche Quellengattungen beziehen:

1) Zwei kleingeschriebene Buchstaben, eventuell von einem Punkt, einer Zahl oder einer weiteren Abkürzung gefolgt, beziehen sich auf die Kronzeugenaussagen der *pentiti*, der Mafiaaussteiger. Beispiele hierfür sind *vm* oder *tb.cpm*. Die Aufschlüsselung und der Quellennachweis erfolgen im Unterpunkt a) der Literaturliste.

2) Abkürzungen, die mit *int* beginnen und von einem Punkt sowie einer Nummer gefolgt sind, beziehen sich auf Interviews. Die Gesprächspartner können aus Sicherheitsgründen nicht immer identifiziert werden, oft muß eine Umschreibung ihrer Tätigkeiten genügen. Ein Teil dieser Gespräche wurde auf Band aufgezeichnet, ein anderer in Notizen festgehalten. Dieses Material wird in der Dokumentation des Instituts für Ethnologie der Freien Universität Berlin hinterlegt.

3) Alle weiteren Abkürzungen beginnen mit Großbuchstaben und beziehen sich auf die Akten von Gerichten, Parlaments- und Untersuchungskommissionen, Regierungsstellen sowie von Polizei und Geheimdiensten. Beispiele hierfür sind *TdRC* oder *DAS*. Manchmal stimmen die Seitenangaben bei der parlamentarischen Antimafiakommission nicht mit der der amtlichen Veröffentlichung überein. Das liegt daran, daß Vorabdrucke zitiert wurden.

4) Die restlichen Belege finden sich im allgemeinen Literaturverzeichnis. Die Datumsangabe bezieht sich immer auf die Erstausgabe. Wenn aus einer anderen Ausgabe zitiert wurde, ist das angemerkt ("zitiert nach..."). Aus diesem Hinweis ist auch ersichtlich, ob die Übersetzungen aus dem Spanischen, Italienischen und Englischen wie in den meisten Fällen vom Autor selbst oder aber von einem anderen Übersetzer stammen.

a) Kronzeugenaussagen von Mafiaaussteigern (pentiti)

ac: Antonino Calderone. Audizione davanti alla Commissione parlamentare d'inchiesta sul fenomeno della mafia e sulle associazioni criminali similari, XI Legislatura, n.11, seduta di mercoledì 11 novembre 1992.

ga: Giuseppe Marchese. Tribunale di Palermo, Processo contro Drago Giovanni + 2, trascrizione udienza del 28.1.1993.

gd: Giovanni Drago. Tribunale di Palermo. Processo contro Drago Giovanni + 2, trascrizione udienza del 28.1.1993.

gm: Gaspare Mutolo. Audizione davanti alla Commissione parlamentare d'inchiesta sul fenomeno della mafia e sulle altre associazioni criminali similari, XI Legislatura, n.25, seduta di martedì 9 febbraio 1993.

gm.vi.1: Gaspare Mutolo. Tribunale di Palermo. Processo contro Riina Salvatore + 4, trascrizione udienza del 10.12.92.

gm.vi.2: Gaspare Mutolo. Tribunale di Palermo. Procedimento penale contro Aponte Romero + 14, trascrizione udienza del 8.1.93.

gm.vi.3: Gaspare Mutolo. Tribunale di Palermo. Processo 5/91 contro Greco + altri, trascrizione udienza, 26.1.93.

gm.vi.4: Gaspare Mutolo. Tribunale di Palermo. Processo 6/91 contro Greco + altri, trascrizione udienza del 26.1.93.

gm.vi.5: Gaspare Mutolo. Tribunale di Palermo. Processo contro Madonia, trascrizione udienza del 29.1.93.

jc: Joseph (Giuseppe) Cuffaro. Procura della Repubblica presso il Tribunale di Palermo. Processo penale contro Madonia, Antonino ed altri (N.1006/89). Testimonianza di Giuseppe Cuffaro nella Corte Distrituale per il Distretto Orientale della Pensylvannia, 15.8.89.

lm: Leonardo Messina. Procura della Repubblica presso il Tribunale di Caltanissetta, dichiarazioni rese dal collaborante Leonardo Messina, giugno-agosto 1992.

lm.cpm: Leonardo Messina. Audizione davanti alla Commissione parlamentare d'inchiesta sul fenomeno della mafia e sulle altre associazioni criminali similari, XI Legislatura, n.15, seduta di venerdì 4 dicembre 1992.

pg.1: Pasquale Galasso. Audizione davanti alla Commissione parlamentare d'inchiesta sul fenomeno della mafia e sulle altre associazioni criminali similari, XI Legislatura, n.51, seduta di martedì 13 luglio 1993.

pg.2: Pasquale Galasso. Audizione davanti alla Commissione parlamentare d'inchiesta sul fenomeno della mafia e sulle altre associazioni criminali similari, XI Legislatura, n.61, seduta di venerdì 17 settembre 1993.

sm: Salvatore Migliorino. Audizione davanti alla Commissione parlamentare d'inchiesta sul fenomeno della mafia e sulle altre associazioni criminali similari, XI.Legislatura, n.73, seduta di venerdì 12 novembre 1993.

tb: Tommaso Buscetta. Tribunale di Palermo, processo verbale di interrogatorio dell'imputato Tommaso Buscetta, luglio-novembre 1984.

tb.cpm: Tommaso Buscetta. Audizione davanti alla Commissione parlamentare d'inchiesta sul fenomeno della mafia e sulle altre associazioni criminali similari, XI Legislatura, n.12, seduta di lunedì 16 novembre 1992.

vm: Vincenzo Marsala. Procura della Repubblica di Palermo, dichiarazioni rese da Vincenzo Marsala, dicembre 1984, gennaio-marzo 1985, aprile-giugno 1986, gennaio-febbraio 1987.

b) Interviews

int.1 : Rauschgiftverbindungsbeamte des Bundeskriminalamts, Bogotá, 28.9.94.

int.2 : Menschenrechtsbeauftragter des Departement Valle, Cali, 7.9.94.

int.3 : Leiter der Interpol-Dienststelle, Bogotá, 22.8.94.

int.4 : Leitender Beamter der Procuraduría Nacional (Dienstaufsichtsbehörde und Staatsanwaltschaft), Bogotá, 4.10.94.

int.5 : Ökonom der Universidad del Valle, Cali, 6.9.94.

int.6 : Leitender Beamter der Generalstaatsanwaltschaft, Bogotá, 29.8.94.

int.7 : Ehemalige Guerillakommandanten des Ejército Popular de Liberación, Bogotá, 1.9.94.

int.8 : Staatsanwalt, Cali, 9.9.94.

int.9 : Leitender Beamter der Regionalen Staatsanwaltschaft, Medellín, 15.9.94.

int.10: Journalist El Espectador, Bogotá, 23.8.94.

int.11: Soziologe der Universidad del Valle, Cali, 5.9.94.

int.12: Parlamentsabgeordneter der AD-M19, Bogotá, 1.9.94.

int.13: Mitarbeiter der Handelskammer Cali, Cali, 9.9.94.

int.14: Ehemaliger Kommandant einer Guerillamiliz, Medellín, 15.9.94.

int.15: Polizeihauptmann des Geheimdienstes DIJIN, Bogotá, 19.5.93.

int.16: Drogenhändler und Paramilitär, Kolumbien, 13. - 15.5.91 (Gedächtnisprotokoll eines nicht vom Autor, sondern von einem befreundeten Sozialwissenschaftler geführten Interviews).

int.17: Ehemaliger Leiter der Procuraduría Regional von Antioquia, Medellín, 17.9.94.

int.18: Sozialarbeiter in einem Innenstadt-Bezirk von Palermo, Palermo, 18.2.94.

int.19: Enzo Ciconte, Historiker, Catanzaro, 16.3.94.

int.20: José Díaz, Leitender Beamter der Regionalen Staatsanwaltschaft, Medellín, 15.9.94.

int.21: Gustavo Alvarez Gardeazábal, Bürgermeister, Tuluá, 8.9.94.

int.22: Oberst Hugo Martínez Poveda, Leiter des polizeilichen Geheimdienstes DIJIN, Bogotá, 15.10.94.

int.23: General (a.D.) Miguel Maza Márquez, ehemaliger Leiter des Geheimdienstes Departamento Administrativo de Seguridad, Bogotá, 30.8.94.

int.24: Gioacchino Natoli, Staatsanwalt, Palermo, 8.3.94.

int.25: Enrique Parejo González, ehemaliger Justizminister, Bogotá, 29.8.94.

int.26: Dino Paternostro, Journalist und Lokalpolitiker, Corleone, 5.3.94.

int.27: Massimo Rastrelli, Pfarrer der Gemeinde Gesù Nuovo, Neapel, 10.2.94.

int.28: Wolfgang Würz, Referatsleiter RG 25, Bundeskriminalamt, Wiesbaden, 11.5.94.

int.29: Fabio Zambrano, Historiker der Universidad Nacional de Colombia, Bogotá, 29.9.94.

c) Dokumente von Parlaments- und Untersuchungskommissionen, Gerichten, Regierungsstellen sowie von Polizei- und Geheimdiensten

AdSC: Alcaldía de Santiago de Cali. Secretaría de programas especiales. Programa Desepaz. Proyecto "epidemiología de la violencia" (1994): Análisis de los homicidios comunes y en accidentes de tránsito ocurridos en Cali. I. Semestre de 1994 y I. Semestre de 1993.

CdAAL: Corte di Assise di Appello di Lecce (1992): Sentenza contro De Tommasi +104.

CdAL: Corte di Appello di Lecce (1993): Sentenza contro Pulito Marino + 26, 5.5.93.

CdD IV/149: Camera dei Diputati (1992): Domanda di autorizzazione a procedere in giudizio contro il deputato Occhipinti, XI Legislatura, Doc. IV, n.149.

CdD IV/256: Camera dei Deputati (1993): Domanda di autorizzazione a procedere in giudizio nei confronti del deputato Misasi, XI Legislatura, Doc. IV, n. 256.

CdD IV/259: Camera dei Deputati (1993): Domanda di autorizzazione a procedere in giudizio nei confronti del deputato Mastrantuono, XI Legislatura, Doc. IV, n. 259.

CdD IV/417: Camera dei Deputati (1993): Domanda di autorizzazione a procedere in giudizio nei confronti del deputato Nicolosi, XI Legislatura, Doc. IV, n.417.

CdD IV/465: Camera dei Deputati (1993): Domanda di autorizzazione a procedere in giudizio nei confronti del deputato Romeo, XI Legislatura, Doc. IV, n. 465.

CGAC: Comando Generale dell'Arma dei Carabinieri (1990): Organigramma delle associazioni di tipo mafioso operanti in Puglia.

CNE: Consejo Nacional de Estupefacientes (1994): Plan nacional para la superación del problema de la droga.

Cpi: Commissione parlamentare d'inchiesta sulla loggia massonica P-2 (1984): Relazione di maggioranza, IX Legislatura, Doc. XXIII, n. 2.

Cpm X/6: Commissione parlamentare d'inchiesta sul fenomeno della mafia e sulle altre associazioni criminali similari (1989): Relazione sulle risultanze dell'indagine del gruppo di lavoro della Commissione incaricato di svolgere accertamenti sullo stato della lotta alla mafia nella provincia di Reggio Calabria, X Legislatura, Doc. XXIII, n.6.

Cpm X/10: Commissione parlamentare d'inchiesta sul fenomeno della mafia e sulle altre associazioni criminali similari (1989): Relazione sulle risultanze dell'indagine del gruppo di lavoro della Commissione incaricato di svolgere accertamenti sullo stato della lotta alla criminalità organizzata in Puglia, X Legislatura, Doc. XXIII, n.10.

Cpm X/14: Commissione parlamentare d'inchiesta sul fenomeno della mafia e sulle altre associazioni criminali similari (1990): Relazione sulle risultanze dell'indagine del gruppo di lavoro della Commissione incaricato di svolgere accertamenti sullo stato della lotta alla criminalità organizzata a Caserta, X Legislatura, Doc. XXIII, n.14.

Cpm X/19: Commissione parlamentare d'inchiesta sul fenomeno della mafia e sulle altre associazioni criminali similari (1990): Relazione sull'esito del sopralluogo a Milano di un gruppo di lavoro della Commissione, X Legislatura, Doc. XXIII, n.19.

Cpm X/21: Commissione parlamentare d'inchiesta sul fenomeno della mafia e sulle altre associazioni criminali similari (1990): Relazione sulle risultanze dell'indagine del gruppo di lavoro della Commissione incaricato di svolgere accertamenti circa lo stato della lotta alla mafia ad Agrigento ed a Palma di Montechiaro, X Legislatura, Doc. XXIII, n.21.

Cpm X/24: Commissione parlamentare d'inchiesta sul fenomeno della mafia e sulle altre associazioni criminali similari (1990): Relazione sulle vicende connesse alla costruzione della centrale termoelettrica di Gioia Tauro, X Legislatura, Doc. XXIII, n.24.

Cpm XI/2: Commissione parlamentare d'inchiesta sul fenomeno della mafia e sulle altre associazioni criminali similari (1993): Relazione sui rapporti tra mafia e politica, XI Legislatura, Doc. XXIII, n.2.

Cpm XI/2-ter: Commissione parlamentare d'inchiesta sul fenomeno della mafia e sulle altre associazioni criminali similari (1993): Relazione di minoranza sui rapporti tra mafia e politica (relatore: Taradash), XI Legislatura, Doc. XXIII, n. 2-ter.

Cpm XI/11: Commissione parlamentare d'inchiesta sul fenomeno della mafia e sulle altre associazioni criminali similari (1994): Relazione sulle risultanze dell'attività del gruppo di lavoro incaricato di svolgere accertamenti su insediamenti ed infiltrazioni di soggetti e organizzazioni mafiosi in aree non tradizionali, XI Legislatura, Doc. XXIII, n.11.

Cpm XI/12: Commissione parlamentare d'inchiesta sul fenomeno della mafia e sulle altre associazioni criminali similari (1994): Relazione sulla camorra, XI Legislatura, Doc. XXIII, n.12.

Cpm XI/14: Commissione parlamentare d'inchiesta sul fenomeno della mafia e sulle altre associazioni criminali similari (1994): Relazione conclusiva sull'attività svolta dalla Commissione, XI Legislatura, Doc. XXIII, n.14.

Cpm.sed XI/50: Commissione parlamentare d'inchiesta sul fenomeno della mafia e sulle altre associazioni criminali similari (1993): Seduta di venerdì 9 luglio 1993 (Audizione del Procuratore della Repubblica di Palmi, Dottor Agostino Cordova), XI Legislatura, n.50.

Cr.pol: Criminalpol (1993): Rapporto della Criminalpol sulle linee evolutive della camorra in Campania nel periodo 1980-1993.

Csv.cor: Comisión de Superación de la Violencia. Informes de campo del equipo de investigadores (1991): La endeble paz de Córdoba.

Csv.ns: Comisión de Superación de la Violencia. Informes de campo del equipo de investigadores (1991): Norte de Santander: caminando por la cuerda floja.

Csv.put: Comisión de Superación de la Violencia. Informes de campo del equipo de investigadores (1991): La violencia en el Putumayo.

Csv.ris: Comisión de Superación de la Violencia. Informes de campo del equipo de investigadores (1991): Las violencias del eje cafetero.

Csv.ur: Comisión de Superación de la Violencia. Informes de campo del equipo de investigadores (1991): Informe sobre Urabá.

DAS: Departamento Administrativo de Seguridad (1989): Testimonio sobre narcotráfico y justicia privada.

DAS: Departamento Administrativo de Seguridad (1991): Aspectos de interés sobre el cultivo de la amapola.

DAS: Departamento Administrativo de Seguridad (ohne Datum): ¿Quién es veintiocho en la organización narcoterrorista?

DCSA: Direzione Centrale per i Servizi Antidroga (1993): Attività del Ministero dell'Interno nel settore degli stupefacenti, anno 1992.

DEA: Drug Enforcement Administration (1985): Colombia: Narcotics Situation Report.

DEA: Drug Enforcement Administration (1992): Press Conference, Transcript, September 28, 1992.

DIA: Direzione Investigativa Antimafia (1993): IV. Relazione semestrale.

MinCom.Ca: Ministerio de Comunicaciones/UNESCO. Proyecto apoyo a la prevención del problema de la droga a través de medios de comunicación social (1992): La región caribe de Colombia (Fundación para la Investigación y el Desarrollo del Caribe Colombiano).

MinCom.Va: Ministerio de Comunicaciones/UNESCO. Proyecto apoyo a la prevención del problema de la droga a través de medios de comunicación social (1992): Aproximaciones al estudio sobre el impacto del narcotráfico en la región valle-caucana (Jorge Hernández Lara; Neftalí Téllez Ariza).

MinInt: Ministero dell'Interno (1993): Rapporto sul fenomeno della criminalità organizzata.

MinInt: Ministero dell'Interno (1994): Rapporto annuale sul fenomeno della criminalità organizzata per il 1993.

MinInt: Ministero dell'Interno (1995): Rapporto annuale sul fenomeno della criminalità organizzata per il 1994.

PdRN: Procura della Repubblica presso il Tribunale di Napoli (1993): Richiesta di autorizzazione a procedere nei confronti di Cirino Pomicino Paolo, Meo Vincenzo, Gava Antonio, Vito Alfredo, Mastrantuono Raffaele. Napoli, 6 aprile 1993.

PdRP: Procura della Repubblica presso il Tribunale di Palermo (1989): Processo Penale contro Madonia Antonino ed altri. Relazione di apertura presentata dal PM Schachitano.

PdRP: Procura della Repubblica di Palermo (1995): Memoria depositata dal Pubblico Ministero nel procedimento penale di Andreotti, Giulio (veröffentlicht als: La vera storia d'Italia, Napoli: Tullio Pironti, 1995).

PGN: Procuraduría General de la Nación. Oficina de Investigaciones Especiales (1992): Indagación preliminar sobre los antecedentes de la Cárcel de Máxima Seguridad de Envigado y los hechos del 21 y 22 de julio de 1992.

PN.AN: Policía Nacional. Dirección Antinarcóticos (1991): Balance de actividades antinarcóticos durante el año de 1991.

PN.AN: Policía Nacional. Dirección Antinarcóticos (1993): Balance actividades 1993.

PN.AN: Policía Nacional. Dirección Antinarcóticos (1994): Documentación sobre cultivos, rutas, operaciones, etc.

PN.CE: Policía Nacional. Comisión Especial Medellín (1991): Modus operandi y organización del narcoterrorista Pablo Escobar Gaviria.

PN.RC: Policía Nacional. Revista Criminalidad (1990): Criminalidad, No.33.

PN.RC: Policía Nacional. Revista Criminalidad (1993): Criminalidad, No.36.

PrRep: Presidencia de la República de Colombia (1990): La lucha contra el narcotráfico en Colombia.

PrRep: Presidencia de la República de Colombia (1993): Estrategia nacional contra la violencia. Segunda Fase.

TdP: Tribunale di Palermo (1990): Procedimento penale a carico di Allegro Carlo + 94 (Operazione Iron Tower). Requisitoria del Pubblico Ministero, 28.9.1990.

TdP: Tribunale di Palermo (1991): Ordinanza di custodia cautelare in carcere contro Morici + 4, 9.7.91.

TdP: Tribunale di Palermo (1993 a): Ordinanza di custodia cautelare in carcere nei confronti di Madonia Salvatore + 3 (Omicidio Libero Grassi), 8.10.93.

TdP: Tribunale di Palermo (1993 b): Ordinanza di custodia cuatelare in carcere contro Ferraro + 9, N.4780/93 R.G.I.P.

TdPa: Tribunale di Palmi (1992): Ordinanza di custodia cautelare in carcere contro Pesce Giuseppe + 130, 7.3.92.

TdR: Tribunale di Roma (1992): Ordinanza di custodia cuatelare in carcere contro Porcacchia Antonella + 43 (Operazione Green Ice), 21 e 26.10.92.

TdRC: Tribunale di Reggio Calabria (1979): Sentenza contro De Stefano Paolo + 59, 4.1.79.

TdRC: Tribunale di Reggio Calabria (1988): Ordinanza-sentenza contro Albanese Mario + 190, 24.6.1988.

TdRC: Tribunale di Reggio Calabria (1990): Ordinanza di custodia cautelare in carcere contro Imerti Antonio+44, 24.11.1990.

TdRC: Tribunale di Reggio Calabria (1993 a): Ordinanza di custodia cautelare in carcere contro Archinà Rocco Carlo + 44 (Siderno Group), 8.1.1993.

TdRC: Tribunale di Reggio Calabria (1993 b): Sentenza contro Imerti Antonino + 15, 22.6.93.

TdS: Tribunale di Salerno (1993): Ordinanza di custodia cautelare in carcere contro Lamberti Alfonso (Operazione Zodiaco), 17.5.1993.

TPT: Tribunale Penale di Trapani (1990): Sentenza-ordinanza contro Agate Mariano + 59 (Loggia Scontrino), 19.10.1990.

UNICRI: United Nations Interregional Crime and Justice Research Institute (1990). Diritti Umani ed Istruzione Penale: Corso di Formazione sulle Tecniche di Istruzione ed Investigazione, Castelgandolfo, 11-22 settembre 1989, UNICRI, Publ. No.39, Roma 1990.

USJ: United States Department of Justice (1989): Drug Trafficking. A Report to the President of the United States.

USS: United States Senate (1989): Structure of International Drug Trafficking Organizations. Hearings before the Permanent Subcommittee on Investigations of the Committee on Governmental Affairs. Washington, September 12,13 1989.

US.WH: The White House (1994): National Drug Control Strategy. Reclaiming Our Communities from Drugs and Violence.

d) Literaturverzeichnis

Abadinsky, Howard (1990). *Organized Crime. Third Edition.* Chicago: Nelson-Hall.

Abbate, Lirio; Bonadonna, Vincenzo (1993). *Nostra Mafia dei Monti. Dal processo delle cosche delle Madonie al "caso Contrada".* Palermo: Dharba.

Adler, Patricia (1985). *Wheeling and Dealing: An Ethnography of an Upper-Level Drug Dealing and Smuggling Community.* New York: Columbia University Press.

Agnew, Robert (1991). "Strain and Subcultural Crime Theories", in: Joseph F. Sheley (Hg.), *Criminology. A Contemporary Handbook*, S. 273-294. Belmont, Ca.: Wadsworth.

Albanese, Jay S. (1991). "Organized Crime: The Mafia Mystique", in: Joseph F. Sheley (Hg.), *Criminology. A Contemporary Handbook*, S. 201-218. Belmont, Ca.: Wadsworth.

Albini, Joseph L. (1986). "Organized Crime in Great-Britain and the Caribbean", in: Robert J. Kelly (Hg.), *Organized Crime. A Global Perspective*, S. 95-112. Totowa, N.J.: Rowman & Littlefield.

Ambos, Kai (1993). *Die Drogenkontrolle und ihre Probleme in Kolumbien, Perú und Bolivien*. Freiburg i. Br.: Max-Planck-Institut.

Ambos, Kai (1996). *Straflosigkeit von Menschenrechtsverletzungen. Zur "impunidad" in südamerikanischen Ländern aus völkerstrafrechtlicher Sicht*. Freiburg i. Br.: Max-Planck-Institut.

Americas Watch. Human Rights Watch (1990). *The "Drug War" in Colombia: The Neglected Tragedy of Political Violence*. New York-Washington D.C.: Series Americas Watch Reports.

Americas Watch. Human Rights Watch (1992). *Political Murder and Reform in Colombia. The Violence Continues*. New York-Washington D.C.: Series Americas Watch Reports [zitiert nach: La violencia continúa. Asesinatos políticos y reforma institucional en Colombia, Bogotá: Tercer Mundo/Uniandes, 1993.].

Amnesty International (1989). *Colombia. El panorama de los derechos humanos: ¿"Escuadrones de la muerte" a la defensiva?*. Ohne Ort: Amnistía Internacional.

Amnesty International (1994). *Political Violence in Colombia: Myth and Reality*. London: Amnesty International [zitiert nach: Politische Gewalt in Kolumbien - Mythos und Wirklichkeit, Bonn: Amnesty International, Sektion der Bundesrepublik Deutschland, 1994].

Amorim, Carlos (1993). *Comando Vermelho. A história secreta do crime organizado*. Rio de Janeiro: Record.

Anderson, Annelise (1979). *The Business of Organized Crime*. Stanford, Ca.: Hoover Institution Press.

Anónimo (1989). *Un narcotraficante se confiesa y acusa*. Bogotá: Editorial Colombia Nuestra.

Anonymus (1988). *Uomo di rispetto*. Milano: Mondadori [zitiert nach: Mein Leben für die Mafia, Hamburg: Reinbek, 1989].

Arango Jaramillo, Mario (1988). *El impacto del narcotráfico en Antioquia*. Medellín: J.M. Arango.

Arango Jaramillo, Mario; Child Vélez, Jorge (1984). *Narcotráfico: imperio de la cocaína*. Bogotá: Percepción [zitiert nach: México D.F.: Edivisión, 1987].

Arango Jaramillo, Mario; Child Vélez, Jorge (1985). *Los condenados de la coca*. Medellín: J.M. Arango.

Arcà, Francesco (1979). *Mafia, potere, malgoverno. Dieci anni di clientelismo e di violenza sulla pelle della Calabria*. Roma: Newton Compton.

Arendt, Hannah (1964). *Eichmann in Jerusalem. Ein Bericht von der Banalität des Bösen*. München: Piper [zitiert nach: Neuausgabe, 8. Auflage, 1992].

Arias Orozco, Edgar; Medina Franco, Gilberto; Bonilla Naranjo, Wilfer (1994). "Los jóvenes protagonistas de violencia y de paz". Medellín: Instituto Popular de Capacitación.

Arlacchi, Pino (1983). *La mafia imprenditrice*. Bologna: Il Mulino [zitiert nach: Mafiose Ethik und der Geist des Kapitalismus, Frankfurt: Cooperative, 1989].

Arlacchi, Pino (1988a). "Saggio sui mercati illegali", in: *Rassegna Italiana di Sociologia*, XXIV, 3, S. 403-437 [zitiert nach: Arlacchi, Pino. Mafiose Ethik und der Geist des Kapitalismus, Frankfurt: Cooperative, 1989, S. 225-251].

Arlacchi, Pino (1988b). *Droga e grande criminalità in Italia e nel mondo*. Caltanisetta-Roma: Salvatore Sciascia.

Arlacchi, Pino (1992). *Gli uomini del disonore. La mafia siciliana nella vita del grande pentito Antonino Calderone*. Milano: Mondadori.

Arlacchi, Pino (1994). *Addio Cosa Nostra. La vita di Tommaso Buscetta*. Milano: Rizzoli.

Arrieta, Carlos; Orejuela, Luis; Sarmiento, Eduardo; Tokatlián, Juan (1990). *Narcotráfico en Colombia. Dimensiones políticas, jurídicas e internacionales*. Bogotá: Tercer Mundo/Uniandes.

Ascoli, Ugo (1979). *Movimenti migratori in Italia*. Bologna: Il Mulino.

Bahamón Dussán, Augusto (1991). *Mi guerra en Medellín*. Bogotá: Intermedio.

Baratta, Alessandro (1994). "Mafia e Stato. Alcune riflessioni metodologiche sulla costruzione del problema e la progettazione politica", in: Giovanni Fiandaca; Salvatore Costantino (Hg.), *La mafia, le mafie. Tra vecchi e nuovi paradigmi*, S. 95-116. Roma-Bari: Laterza.

Bartolotta Impastato, Felicia (1987). *La mafia in casa mia. Intervista di Anna Puglisi e Umberto Santino*. Palermo: La Luna.

Becchi, Ada; Turvani, Margherita (1993). *Proibito? Il mercato mondiale della droga*. Roma: Donzelli.

Beneduce, Titti (1993). "Donne di conseguenza", in: Vito Faenza (Hg.), *Cosa Nostra napoletana. Rapporto 1992 sulla camorra*, S. 109-114. Trento: Publiprint.

Benjamin, Walter (1965). *Zur Kritik der Gewalt und andere Aufsätze*. Frankfurt a.M.: Suhrkamp.

Berger, Johannes (1988). "Modernitätsbegriffe und Modernitätskritik in der Soziologie", in: *Soziale Welt*, 39, 2, S. 224-235.

Bergquist, Charles; Peñaranda, Ricardo; Sánchez, Gonzalo (Hg.) (1992). *Violence in Colombia. The Contemporary Crisis in Historical Perspective*. Wilmington: SR Books.

Betancourt, Darío; García, Martha L. (1990). *Matones y cuadrilleros. Origen y evolución de la violencia en el occidente colombiano*. Bogotá: Tercer Mundo/IEPRI.

Betancourt, Darío; García, Martha L. (1994). *Contrabandistas, marimberos y mafiosos*. Bogotá: Tercer Mundo.

Bevilacqua, Piero (1992). "La mafia e la Spagna", in: *Meridiana*, 13, S. 105-127.

Block, Alan A. (1980). *East Side - West Side: Organizing Crime in New York, 1930 - 1950*. New Brunswick, N.J.: Transaction Books [zitiert nach: 2. ed. 1983].

Block, Alan A. (1986). "A Modern Marriage of Convenience: A Collaboration Between Organized Crime and U.S. Intelligence", in: Robert J. Kelly (Hg.), *Organized Crime. A Global Perspective*, S. 58-78. Totowa, N.J.: Rowman & Littlefield.

Block, Alan A. (Hg.) (1991). *The Business of Crime. A Documentary Study of Organized Crime in the American Economy*. Boulder, Col.: Westview Press.

Block, Alan A.; Chambliss, William J. (1981). *Organizing Crime*. New York: Elsevier.

Block, Alan A.; Scarpitti, Frank R. (1985). *Poisoning for Profit. The Mafia and Toxic Waste in America*. New York: William Morrow and Company.

Blok, Anton (1974). *The Mafia of a Sicilian Village 1860-1960. A Study of Violent Peasants Entrepreneurs*. New York: Harper and Row [zitiert nach: Die Mafia in einem sizilianischen Dorf. 1860-1960, Frankfurt a.M.: Suhrkamp, 1990].

Bonilla Pardo, Guido (1992). *Justicia para la justicia. Violencia contra jueces y abogados en Colombia: 1979-1991*. Bogotá: Comisión Internacional de Juristas/Comisión Andina de Juristas, Seccional Colombiana.

Bonsanti, Sandra; De Luca, Maurizio; Stajano, Corrado (1995). "Una faccenda italiana", in: *Narcomafie*, III, 2, S. 15-41.

Bourdieu, Pierre (1979). *La distinction. Critique sociale du jugement*. Paris: Les éditions de minuit [zitiert nach: Die feinen Unterschiede. Kritik der gesellschaftlichen Urteilskraft, Frankfurt a.M.: Suhrkamp, 1987].

Buendía, Aureliano (1988). "La zona esmeraldífera: una cultura de la violencia", in: *Revista Foro*, 6, S. 38-46.

Burin des Roziers, Philippe (1995). *Cultures mafieuses. L'exemple colombien*. Paris: Stock.

Bushnell, David (1992). "Politics and Violence in Nineteenth-Century Colombia", in: Charles Bergquist; Ricardo Peñaranda; Gonzalo Sánchez (Hg.), *Violence in Colombia. The Contemporary Crisis in Historical Perspective*, S. 11-31. Wilmington: SR Books.

Bushnell, David (1993). *The Making of Modern Colombia. A Nation in Spite of Itself*. Berkeley, Ca.: University of California Press.

Calabrò, Maria Antonietta (1991). *Le mani della mafia. Vent'anni di finanza e politica attraverso la storia del Banco Ambrosiano*. Roma: Edizioni Associate.

Camacho Guizado, Alvaro (1981). *Droga, corrupción y poder. Marihuana y cocaína en la sociedad colombiana*. Cali: CIDSE.

Camacho Guizado, Alvaro (1988). *Droga y sociedad en Colombia. El poder y el estigma*. Bogotá: CIDSE/CEREC.

Camacho Guizado, Alvaro (1989). "Colombia: violencia y 'narcocultura'", in: Diego García-Sayán (Hg.), *Coca, cocaína y narcotráfico. Laberinto en los Andes*, S. 191-207. Lima: Comisión Andina de Juristas.

Camacho Guizado, Alvaro (1991). "Cinco tesis sobre narcotráfico y violencia en Colombia", in: *Revista Foro*, 15, S. 65-80.

Camacho Guizado, Alvaro (1992a). "Villa Pujante: estructura y procesos en una narcocracia regional". Bogotá: Manuskript.

Camacho Guizado, Alvaro (1992b). "Empresarios ilegales y región: la gestación de clases dominantes locales". Bogotá: Manuskript.

Camacho Guizado, Alvaro; Guzmán Barney, Alvaro (1990). *Colombia. Ciudad y violencia*. Bogotá: Foro Nacional.

Camino, Alejandro (1989). "Coca: del uso tradicional al narcotráfico", in: Diego García-Sayán (Hg.), *Coca, cocaína y narcotráfico. Laberinto en los Andes*, S. 91-109. Lima: Comisión Andina de Juristas.

Cañón M., Luis (1994). *El patrón. Vida y muerte de Pablo Escobar*. Bogotá: Planeta.

Castillo, Fabio (1987). *Los jinetes de la cocaína*. Bogotá: Documentos Periodísticos.

Castillo, Fabio (1991). *La coca nostra*. Bogotá: Documentos Periodísticos.

Castro Caycedo, Germán (1985). *El Karina*. Bogotá: Plaza & Janés.

Castro Caycedo, Germán (1994). *La bruja. Coca, política y demonio*. Bogotá: Planeta.

Catanzaro, Raimondo (1988). *Il delitto come impresa. Storia sociale della mafia*. Padova: Liviana [zitiert nach: Milano: Rizzoli, 1991].

Catanzaro, Raimondo (1993). "La struttura organizzativa della criminalità mafiosa in Sicilia", in: Tullio Bandini; Marco Lagazzi; Maria Ida Marugo (Hg.), *La criminalità organizzata. Moderne metodologie di ricerca e nuove ipotesi esplicative*, S. 147-164. Milano: Giuffrè.

Catanzaro, Raimondo (1994). "La mafia tra mercato e stato: una proposta di analisi", in: Giovanni Fiandaca; Salvatore Costantino (Hg.), *La mafia, le mafie. Tra vecchi e nuovi paradigmi*, S. 142-148. Roma-Bari: Laterza.

Causa 1-89 (1989). *Fin de la conexión cubana*. La Habana: Editorial José Martí.

Cavaliere, Claudio (1989). *Una tranquilla città. Mafia tra modernizzazione e residualità in un comune della Calabria: Lamezia Terme*. Lamezia Terme: Editrice La Modernissima.

Cavallaro, Felice (Hg.) (1992). *Mafia. Album di Cosa Nostra*. Milano: Rizzoli.

Cazzola, Franco (1992). *L'Italia del pizzo. Fenomenologia della tangente quotidiana*. Torino: Einaudi.

Cecchini, Massimo; Vasconi, Patricia; Vettraino, Simona (Hg.) (1992). *Estorti & riciclati. "Libro bianco" della Confesercenti*. Milano: Franco Angeli.

Centorrino, Mario (1990). *L'economia cattiva nel Mezzogiorno*. Napoli: Liguori.

Centorrino, Mario (1994). "Milano e Palermo: tangentopoli a confronto", in: *Segno*, 160, S. 60-73.

Centro Siciliano di Documentazione "Giuseppe Impastato" (1995). "Ricerca donna e mafia. Banca dei dati". Palermo: Centro Siciliano di Documentazione "Giuseppe Impastato".

Cervantes Angulo, José (1980). *La noche de las luciérnagas*. Bogotá: Plaza & Janés.

Chambliss, William J. (1978). *On the Take. From Petty Crooks to Presidents*. Bloomington: Indiana University Press [zitiert nach: 2.ed. 1988].

Chinnici, Giorgio (1992). "Processi per omicidio a Palermo", in: Giorgio Chinnici; Umberto Santino; Giovanni La Fiura; Ugo Adragna, *Gabbie vuote. Processi per omicidio a Palermo dal 1983 al maxiprocesso*, S. 11-96. Milano: Franco Angeli.

Chinnichi, Giorgio; Santino, Umberto (1989). *La violenza programmata. Omicidi e guerre di mafia a Palermo dagli anni '60 ad oggi*. Milano: Franco Angeli.

Chossudovsky, Michel (1992). "The role of the IMF in the peruvian and bolivian narco-economies", paper presented at the conference "Géopolitique Mondiale des Drogues", Paris, December 10-12, 1992.

Chubb, Judith (1981). "The Social Bases of an Urban Political Machine: The Christian Democratic Party in Palermo", in: S.N. Eisenstadt; René Lemarchand (Hg.), *Political Clientelism, Patronage and Development*, S. 57-90. London-Beverly Hills: Sage.

Chubb, Judith (1989). *The Mafia and Politics: The Italian State Under Siege*. Ithaca: Cornell University Press.

Ciconte, Enzo (1992). *'Ndrangheta. Dall'unità a oggi*. Roma-Bari: Editori Laterza.

Ciconte, Enzo (1993). "Mafia, 'ndrangheta e camorra: un processo di unificazione?", in: *Studi Storici*, 1993.

Cipriani, Gianni; De Lutiis, Giuseppe; Giannuli, Aldo (1993). *Servizi segreti. Dal dopoguerra a Firenze (maggio 1993).* Roma: Avvenimenti.

Claver Téllez, Pedro (1993). *La guerra verde. Treinta años de conflicto entre los esmeralderos.* Bogotá: Intermedio.

Cloward, Richard A.; Ohlin, Lloyd E. (1960). *Delinquency and Opportunity. A Theory of Delinquent Gangs.* New York: The Free Press.

Cohen, Albert K. (1977). "The Concept of Criminal Organisation", in: *The British Journal of Criminology,* 17, 2, S. 97-111.

Cohen, Lawrence E.; Felson, Marcus (1979). "Social Change and Crime Rate Trends: A Routine Activity Approach", in: *American Sociological Review,* 44, August 1979, S. 588-608.

Colombo, Gherardo (1994). "Die schädlichen Folgen der Korruption. Die Ermittlungen der italienischen Justizbehörden zu Straftaten gegen die öffentliche Verwaltung", Vortrag an der Universität von Fribourg (CH), 4. Februar 1994.

Comisión Andina de Juristas Seccional Colombiana (1992a). *Colombia ante la Comisión Interamericana de Derechos Humanos. 1991-1992.* Bogotá: Comisión Andina de Juristas.

Comisión Andina de Juristas Seccional Colombiana (1992b). *Colombia ante la Comisión de Derechos Humanos de la ONU. 1991-1992.* Bogotá: Comisión Andina de Juristas.

Comisión de Superación de la Violencia (1992). *Pacificar la paz. Lo que no se ha negociado en los acuerdos de paz.* Bogotá: IEPRI/CINEP/CAJ/CECOIN.

Corral, Hernando (1991). "Krieg ist Krieg. Interview mit Gonzalo Rodríguez Gacha", in: Ciro Krauthausen (Hg.), *Koka-Kokain. Reportagen, Analysen und Dokumente aus den Andenländern,* S. 166-179. München: Raben Verlag.

Correa C., Hernán Darío (1995). "Las salinas industriales de Manaure, el territorio de los wayuu y las dificultades de una concertación intercultural", in: Proyecto ONIC/CECOIN/GhK, *Tierra Profanada. Grandes proyectos en territorios indígenas de Colombia,* S. 235-258. Bogotá: Disloque.

Correnti, Santi (1987). *Il miglior perdono è la vendetta. Storia e dizionario del linguaggio mafioso.* Milano: Arnoldo Mondadori.

Cortés, Fernando (1993). *Rodríguez Gacha. "El Mexicano".* Bogotá: Intermedio.

Cortez Hurtado, Roger (1992). *La guerra de la coca. Una sombra sobre los Andes.* La Paz: FLACSO/CID.

Couvrat, Jean-Francois; Pless, Nicolas (1988). *La face cachée de l'economie mondiale.* Paris: Hatier [zitiert nach: Das verborgene Gesicht der Weltwirtschaft, Münster: Westfälisches Dampfboot, 1993].

Craig, Richard (1980). "Operation Condor. Mexico's Antidrug-Campaign Enters a New Era", in: *Journal of Interamerican Studies and World Affairs,* XXII, 3, S. 345-363.

Cressey, D.R. (1969). *Theft of the Nation.* New York: Harper & Row.

Dale Scott, Peter; Marshall, Jonathan (1991). *Cocaine Politics. Drugs, Armies, and the CIA in Central America.* Berkeley: University of California Press.

Dalla Chiesa, Carlo Alberto (1990). *Michele Navarra e la mafia del corleonese.* Palermo: La Zisa.

Davis, John (1977). *People of the Mediterranean. An Essay in Comparative Social Anthropology.* London: Routledge & Kegan Paul.

De Gregorio, Sergio (1981). *Camorra.* Napoli: SEN.

De Lutiis, Giuseppe (1991). *Storia dei servizi segreti in Italia.* Roma: Riuniti.

De Lutiis, Giuseppe (1994). "Geheimdienste und organisierte Kriminalität in Italien", in: Friedrich-Ebert-Stiftung, *Nachrichtendienste, Polizei und Verbrechensbekämpfung im demokratischen Rechtsstaat. Dokumentation,* S. 45-50. Berlin: Friedrich-Ebert-Stiftung.

De Rementería, Ibán (1992). "Economía y drogas", documento preparado para el Primer Encuentro Iberoamericano de Universidades, Bogotá, 1. al 8. de junio de 1992.

De Riccardis, Patrizia (1988). "Una guardia nazionale inquinata: primo esame delle fonti archivistiche per Napoli e provincia, 1861-1870", in: *Quaderni del Dipartimento di Scienze Sociali, Istituto Universitario Orientale,* II, 2, S. 191-205.

De Ridder, Michael (1991). "Heroin: Geschichte-Legende-Fakten", in: Gerd Grözinger (Hg.), *Recht auf Sucht? Drogen. Markt. Gesetze,* S. 16-37. Berlin: Rotbuch.

Deas, Malcolm; Gaitán Daza, Fernando (1995). *Dos ensayos especulativos sobre la violencia en Colombia.* Bogotá: FONADE/Departamento Nacional de Planeación.

Del Olmo, Rosa (1988). *La cara oculta de la droga.* Bogotá: Temis.

Del Olmo, Rosa (1992). *Prohibir o domesticar? Políticas de drogas en América Latina.* Caracas: Nueva Sociedad.

Della Porta, Donatella (1992). *Lo scambio occulto. Casi di corruzione politica in Italia.* Bologna: Il Mulino.

Di Bella, Saverio (1989). *'Ndrangheta: La setta del disonore.* Cosenza: Luigi Pellegrini Editore.

Di Lello, Giuseppe (1994). *Giudici.* Palermo: Sellerio.

Dörmann, Uwe; Koch, Karl-Friedrich; Risch, Hedwig; Vahlenkamp, Werner (1990). *Organisierte Kriminalität - wie groß ist die Gefahr? Expertenbefragung zur Entwicklung der Organisierten Kriminalität in der Bundesrepublik Deutschland vor dem Hintergrund des zusammenwachsenden Europa.* Wiesbaden: BKA Forschungsreihe.

Dombois, Rainer (1989). "Coca, Recht und Gewalt - zur Kokainökonomie in Kolumbien", in: *Mehrwert,* 31, S. 56-93.

Dombois, Rainer; Krauthausen, Ciro (1989). "Gewalt und Menschenrechte in Kolumbien", in: *Vierteljahresberichte,* 117, S. 255-265.

Dorn, Nicholas; South, Nigel (1990). "Drug Markets and Law Enforcement", in: *British Journal of Criminology,* 30,2, S. 171-188.

Durkheim, Emile (1902). *De la division du travail social. Etude sur l'organisation des societés supérieures.* Paris: Alcan [zitiert nach: Über soziale Arbeitsteilung. Studie über die Organisation höherer Gesellschaften. Frankfurt a.M.: Suhrkamp, 1992].

Duzán, María Jimena (1992). *Crónicas que matan.* Bogotá: Tercer Mundo.

Echandía Castilla, Camilo (1992). "Violencia y desarrollo en el municipio colombiano, 1990-1992", in: *Boletín de Estadística,* 476, S. 203-229.

Echandía Castilla, Camilo (1995). "Colombie: l'accroissement récent de la production de pavot", in: *Problèmes d'Amérique latine,* 18, S. 41-71.

Eddy, Paul; Sabogal, Hugo; Walden, Sara (1988). *The Cocaine Wars: Murder, Money, Corruption and the World's Most Valuable Commodity*. New York: W.W. Norton and Company [zitiert nach: Der Kokainkrieg. Die Kolumbien-Miai-Connection, Wien: Hannibal, 1989].

Eisenstadt, S.N.; Roniger, Louis (1980). *Patrons, Clients and Friends. Interpersonal Relations and the Structure of Trust in Society*. Cambridge: University Press.

Elias, Norbert (1969). *Über den Prozeß der Zivilisation. Soziogenetische und psychogenetische Untersuchungen. Zweiter Band. Zweite, erweiterte Auflage*. Bern: Francke.

Elwert, Georg (1989). "Nationalismus und Ethnizität. Über die Bildung von Wir-Gruppen", in: *Kölner Zeitschrift für Soziologie und Sozialpsychologie*, 3/89, S. 440-464.

Elwert, Georg (1995). "Gewalt und Märkte", in: Wolf R. Dombrowsky; Ursula Pasero (Hg.), *Wissenschaft, Literatur und Katastrophe. Festschrift zum sechzigsten Geburtstag von Lars Clausen*, S. 120-138. Wiesbaden: Westdeutscher Verlag.

Enzensberger, Hans Magnus (1978). *Politik und Verbrechen*. Frankfurt: Suhrkamp.

Escohotado, Antonio (1989). *Historia general de las drogas, vols. 2 y 3*. Madrid: Alianza.

Etzioni, Amitai (1964). *Modern Organizations*. Englewood Cliffs, N.J.: Prentice-Hall.

Falcone, Giovanni (1989). "La mafia, tra criminalità e cultura. Intervista raccolta da Giovannna Fiume", in: *Meridiana*, 5, S. 199-209.Falcone, Giovanni (1991). *Cose di Cosa Nostra (in collaborazione con Marcelle Padovani)*. Milano: Rizzoli.

Falcone, Giovanni (1993). "Il testamento di Falcone. 'Attenti ai colombiani'", in: *Narcomafie*, I, 1, S. 17-18.

Falcone, Giuseppe (1983). "Strutture organizzative, rituali e "Baccagghju" della 'ndrangheta", in: Saverio Di Bella (Hg.), *Mafia e potere. Società civile, organizzazione mafiosa ed esercizio dei poteri nel Mezzogiorno contemporaneo, Vol.I*, S. 251-274. Soveria Mannelli (CZ): Rubbettino.

Fantò, Enzo (1990). "Per una teoria dell'impresa a partecipazione mafiosa", in: *Osservatorio sulla Camorra*, 8, S. 39-50.

Fantò, Enzo (1994). "Se la mafia scopre la joint-venture", in: *il manifesto*, 28/1/94, S. 7.

Fatheuer, Thomas (1994). "Jenseits des staatlichen Gewaltmonopols. Drogenbanden, Todesschwadronen und Profiteure: die andere Privatisierung in Rio de Janeiro", in: Dietmar Dirmoser, u.a. (Hg.), *Lateinamerika. Analysen und Berichte, 18*, S. 23-38. Bad Honnef: Horlemann.

Fava, Claudio (1991). *La mafia comanda a Catania. 1960/1991*. Roma-Bari: Laterza.

Ferrarotti, Franco (1978). *Rapporto sulla mafia: da costume locale a problema dello sviluppo nazionale*. Napoli: Liguori.

Fiandaca, Giovanni (1993). "Riflessi penalistici del rapporto mafia-politica", in: *Il Foro Italiano*, V, 137, S. 3-20.

Fiandaca, Giovanni; Costantino, Salvatore (Hg.) (1986). *La legge antimafia tre anni dopo. Bilancio di un'esperienza applicativa*. Milano: Franco Angeli.

Figurato, Marisa; Marolda, Francesca (1981). *Storia di contrabbando. Napoli 1945-1980.* Napoli: Tullio Pironti.

Fijnaut, Cyrille (1990). "Organized Crime: A Comparison between the United States of America and Western Europe", in: *British Journal of Criminology,* 30, 3, S. 321-340.

Finley, Moses I.; Mack Smith, Dennis; Duggan, Christopher J.H. (1986). *A History of Sicily.* London: Chatton & Windus [zitiert nach: Breve storia della Sicilia, Roma-Bari: Laterza, 1992].

Forgione, Francesco; Mondani, Paolo (1994). *Oltre la cupola. Massoneria, mafia, politica.* Milano: Rizzoli.

Franchetti, Leopoldo (1877). *Condizioni politiche e amministrative della Sicilia.* Firenze: Tip. Barbera [zitiert nach: Roma: Donzelli, 1993].

Freiberg, Konrad; Thamm, Berndt Georg (1992). *Das Mafia-Syndrom. Organisierte Kriminalität: Geschichte, Verbrechen, Bekämpfung.* Hilden, Rhld.: Verlag Deutsche Polizeiliteratur.

Friedrich-Ebert-Stiftung (1994). *Nachrichtendienste, Polizei und Verbrechensbekämpfung im demokratischen Rechtsstaat. Dokumentation.* Berlin: Friedrich-Ebert-Stiftung.

Gambetta, Diego (1988). "Can We Trust Trust?", in: Diego Gambetta (Hg.), *Trust. Making and Breaking Cooperative Relations,* S. 213-238. Oxford: Basil Blackwell.

Gambetta, Diego (Hg.) (1988). *Trust. Making and Breaking Cooperative Relations.* Oxford: Basil Blackwell.

Gambetta, Diego (1992). *La mafia siciliana. Un'industria della protezione privata.* Torino: Einaudi.

Gambetta, Diego (1994). "La protezione mafiosa", in: Giovanni Fiandaca; Salvatore Costantino (Hg.), *La mafia, le mafie. Tra vecchi e nuovi paradigmi,* S. 219-231. Roma-Bari: Laterza.

Gambino, Sharo (1975). *La mafia in Calabria. Seconda edizione riveduta e aggiornata.* Reggio Calabria: Edizioni Parallelo 38.

García, Miguel (1991). *Los barones de la cocaína. La historia del narcoterrorismo y su red internacional.* México D.F.: Planeta.

Gaviria, Víctor (1991). *El pelaíto que no duró nada.* Bogotá: Planeta.

Gentile, Nick (1963). *Vita di Capomafia. Memorie raccolte da Felice Chilanti.* Roma: Riuniti [zitiert nach: Roma: Crescenzi Allendorf Editori, 1993].

Giddens, Anthony (1985). *The Nation-State and Violence. Volume Two of A Contemporary Critique of Historical Materialism.* Cambridge: Polity Press.

Gómez, Hernando José (1990). "El tamaño del narcotráfico y su impacto económico", in: *Economía Colombiana,* 226-27, S. 8-17.

Gómez, Jesús Aureliano; Restrepo, Carlos Mario; Betancurt, Jorge Hernán, u.a. (1993). "Resumen de la investigación: El perfil de las víctimas de homicidio en Medellín durante el período de 1986 y mayo de 1993". Medellín: Manuskript.

González, Fernán E. (1989). "Aproximación a la configuración política de Colombia", in: *Controversia,* 153-154, S. 19-72.

Graziani, Augusto (1987). "Mezzogiorno oggi", in: *Meridiana,* 1, S. 201-218,

Graziano, Luigi (1984). *Clientelismo e sistema politico. Il caso dell'Italia*. Milano: Franco Angeli.

Gribaudi, Gabriella (1989/90). "Mafia, culture e gruppi sociali", in: *Meridiana*, 7-8, S. 347-357.

Grinspoon, Lester; Bakalar, James (1985). *Cocaine: A Drug and it's Social Evolution*. New York: Basic Books.

Gros, Christian (1992). "Los campesinos de las cordilleras frente a los movimientos guerrilleros y la droga: ¿actores o víctimas?", in: *Análisis Político*, 16, S. 5-22.

Guerrero, Javier (1991). *Los años del olvido. Boyacá y los orígenes de la Violencia*. Bogotá: Tercer Mundo/IEPRI.

Guerrero, Javier (1993). "La Bolsa de esmeraldas y los pactos de la zona esmeraldífera", in: *Revista Foro*, 22, S. 80-92.

Gugliotta, Guy; Leen, Jeff (1989). *Kings of Cocaine*. New York: Simon and Schuster.

Guzmán, Alvaro (1994). "Diagnóstico sobre la violencia homicida en Cali 1993". Cali: CIDSE.

Hagan, F.E. (1983). "The Organized Crime Continuum: A Further Specification of a New Conceptual Model", in: *Criminal Justice Review*, 8, S. 52-57.

Haller, Mark H. (1990). "Illegal Enterprise: A Theoretical and Historical Interpretation", in: *Criminology*, 28, 2, S. 207-235.

Henman, Anthony (1978). *Mama Coca*. London: Hassle Free Press [zitiert nach: La Paz: hisbol/VBD, 1992].

Henman, Anthony (1989). "Tradición y represión: dos experiencias en América del Sur", in: Diego García-Sayán (Hg.), *Coca, cocaína y narcotráfico. Laberinto en los Andes*, S. 109-131. Lima: Comisión Andina de Juristas.

Hess, Henner (1970). *Mafia. Zentrale Herrschaft und lokale Gegenmacht*. Tübingen: J.C.B. Mohr [zitiert nach: 3. Auflage 1988].

Hess, Henner (1989). "Der illegale Drogenhandel", in: Sebastian Scheerer; Irmgard Vogt (Hg.), *Drogen und Drogenpolitik. Ein Handbuch*, S. 447-487. Frankfurt a.M.: Campus.

Hess, Henner (1992). "Rauschgiftbekämpfung und desorganisiertes Verbrechen. Über die Chancen verschiedener Maßnahmen gegen die Drogenkriminalität", in: *Kritische Justiz*, 25, 3, S. 315-336.

Hess, Henner (1994). "Para-Staat und Abenteuerkapitalismus. Die sizilianische Mafia 1943 - 1993", in: *Kritische Justiz*, 27, 1, S. 23-41.

Heymann, Philip B. (1995) "Corruption in the USA", Vortrag auf der Tagung "Korruption in Deutschland. Ursachen, Erscheinungsformen, Bekämpfungsstrategien", Berlin, 16. und 17. Februar 1995.

Hobsbawm, Eric J. (1968). *Rebeldes primitivos*. Barcelona: Ariel.

Hobsbawm, Eric J. (1986). "Historiografía del bandolerismo", in: Gonzalo Sánchez; Ricardo Peñaranda (Hg.), *Pasado y presente de la violencia en Colombia*, S. 367-378. Bogotá: CEREC.

Ianni, Francis A.J. (1972). *A Family Business, Kinship and Social Control in Organized Crime.* New York: Russell Sage Foundation.

Ideas. Integración para el desarrollo y la acción social (1987). "Soberanía violada: La URSS en Colombia". Bogotá: IDEAS.

Instituto de Estudios Políticos y Relaciones Internacionales (1993). *Síntesis '93. Anuario social, político y económico de Colombia.* Bogotá: IEPRI/Tercer Mundo.

Jaramillo, Jaime Eduardo; Mora, Leonidas; Cubides, Fernando (1986). *Colonización, coca y guerrilla.* Bogotá: Universidad Nacional.

Jimeno, Ramón (1990). "En la metrópoli del nuevo bajo mundo", in: *Gaceta*, 8, S. 26-27.

Jimeno, Ramón (1991). "Der Drogenkrieg: Mit Gewalt zum Frieden", in: Ciro Krauthausen (Hg.), *Koka-Kokain. Reportagen, Analysen und Dokumente aus den Andenländern*, S. 144-165. München: Raben Verlag.

Joas, Hans (1996). "Die Modernität des Krieges. Die Modernisierungstheorie und das Problem der Gewalt", in: *Leviathan*, 1/96.

Jouakim, Mino (1979). *'O Malommo.* Napoli: Pironti.

Justicia y Paz. Comisión Intercongregacional (1992). *El proyecto paramilitar en la región de Chucurí.* Bogotá: Informe Comisión Intercongregacional de Justicia y Paz.

Kalmanovitz, Salomón (1989). *La encrucijada de la sinrazón y otros ensayos.* Bogotá: Tercer Mundo.

Kalmanovitz, Salomón (1991). "Die Ökonomie des Drogenhandels in Kolumbien", in: Ciro Krauthausen (Hg.), *Koka-Kokain. Reportagen, Analysen und Dokumente aus den Andenländern*, S. 113-127. München: Raben Verlag.

Kaplan, David E.; Dubro, Alec (1986). *Yakuza: The Explosive Account of Japan's Criminal Underworld.* Reading, Ma.: Addison-Wesley [zitiert nach: Yakuza. La mafia japonesa. Barcelona: Ediciones B, 1989].

Kawamura, Gabriele (1994). *Yakuza. Gesellschaftliche Bedingungen organisierter Kriminalität in Japan.* Pfaffenweiler: Centaurus.

Kelly, Robert J. (1986). "Criminal Underworlds: Looking Down on Society from Below", in: Robert J. Kelly (Hg.), *Organized Crime. A Global Perspective*, S. 10-31. Totowa, N.J.: Rowman & Littlefield.

Kempe, Frederick (1990). *Divorcing the Dictator.* New York: Putnam.

Klemperer, Victor (1957). *LTI. Notizbuch eines Philologen.* Halle: Max Niemeyer Verlag [zitiert nach: Leipzig: Reclam, 1993].

Klüger, Ruth (1992). *Weiter leben. Eine Jugend.* Göttingen: Wallstein [zitiert nach: München: dtv, 1995].

Knabe, Ricarda (1994). *Drogen, Guerilla und Gewalt. Gewaltsame Konflikte in Kolonisationszonen Kolumbiens und der Friedensversuch des Präsidenten Belisario Betancur (1982-1986).* Münster-Hamburg: LIT.

Kopp, Pierre (1995). "Colombie: trafic de drogue et organisations criminelles", in: *Problèmes d'Amérique latine*, 18, S. 21-39.

Krauthausen, Ciro (1991). "Im Tal der Koka", in: Ciro Krauthausen (Hg.), *Koka-Kokain Reportagen, Analysen und Dokumente aus den Andenländern*, S. 45-56. München: Raben Verlag.

Krauthausen, Ciro (1994). "Poder y mercado. El narcotráfico colombiano y la mafia italiana", in: *Nueva Sociedad*, 130, S. 112-125.

Krauthausen, Ciro (1995). "Gemeinschaftsträume. Von sportlichen Höhenflügen (und Abstürzen) in Kolumbien", in: Dietmar Dirmoser, u.a. (Hg.), *Lateinamerika. Analysen und Berichte 19*, Bad Honnef: Horlemann.

Krauthausen, Ciro; Sarmiento, Luis Fernando (1991a). *Cocaína & Co. Un mercado ilegal por dentro*. Bogotá: Tercer Mundo/IEPRI.

Krauthausen, Ciro; Sarmiento, Luis Fernando (1991b). "Die Kokainbranche", in: Ciro Krauthausen (Hg.), *Koka-Kokain. Reportagen, Analysen und Dokumente aus den Andenländern*, S. 83-101. München: Raben Verlag.

Labrousse, Alain; Delpirou, Alain (1986). *Coca Coke*. Paris: La Découverte.

Lamberti, Amato (1992). *La camorra. Evoluzione e struttura della criminalità organizzata in Campania*. Napoli: Boccia.

Lanzetta, Peppe (1993). *Figli di un Bronx minore*. Milano: Feltrinelli.

Leal Buitrago, Francisco; Dávila Ladrón de Guevara, Andrés (1990). *Clientelismo. El sistema político y su expresión regional*. Bogotá: Tercer Mundo/IEPRI.

Lee III, Rensselaer W. (1989). *The White Labyrinth. Cocaine and Political Power*. New Brunswick: Transaction Publishers.

Lemarchand, René (1981). "Comparative Political Clientelism: Structure, Process and Optic", in: S.N. Eisenstadt; René Lemarchand (Hg.), *Political Clientelism, Patronage and Development*, S. 7-34. London-Beverly Hills: Sage.

Lifschultz, Lawrence (1992). "Pakistan: The Empire of Heroin", in: Alfred McCoy; Alan A. Block (Hg.), *War on Drugs. Studies in the Failure of U.S. Narcotics Policy*, S. 319-353. Boulder, Col.: Westview Press.

Lombardi Satriani, Luigi M.; Mancini, G.; Villari, L. (1978). *'Ndrangheta. La mafia calabrese*. Bologna: Cappelli.

Lotero, Rubén Darío (1991). *Historias de la calle*. Medellín: Corporación Región.

Lovón Zavala, Gerardo (1993). "Peru: complejo coca-cocaína, problemática y alternativas", in: Hermes Tovar Pinzón (Hg.), *La coca y las economías de exportación en América Latina*, S. 87-124. Huelva: Universidad Hispanoamericana.

Luhmann, Niklas (1973). *Vertrauen. Ein Mechanismus der Reduktion sozialer Komplexität. 2. erweiterte Auflage*. Stuttgart: Ferdinand Enke.

Lupo, Salvatore (1988). "'Il tenebroso sodalizio'. Un rapporto sulla mafia palermitana di fine Ottocento", in: *Quaderni del Dipartimento di Scienze Sociali, Istituto Universitario Orientale*, II, 2, S. 61-90.

Lupo, Salvatore (1993a). *Storia della mafia. Dalle origini ai nostri giorni*. Roma: Donzelli.

Lupo, Salvatore (1993b). "Tavola Rotonda. "Storia della mafia" di Salvatore Lupo", in: *Città d'Utopia*, 9-10, S. 36-42.

Lupo, Salvatore; Mangiameli, Rosario (1989/90). "Mafia di ieri, mafia di oggi", in: *Meridiana*, 7-8, S. 17-44.

Lupsha, Peter A. (1981). "Drug Trafficking: Mexico and Colombia in Comparative Perspective", in: *Journal of International Affairs*, 30, 1.

Lupsha, Peter A. (1992). "Drug Lords and Narco-Corruption: The Players Change but the Game Continues", in: Alfred W. McCoy; Alan A. Block (Hg.), *War on Drugs. Studies in the Failure of U.S. Narcotics Policy*, S. 177-196. Boulder, Col.: Westview.

Malafarina, Luigi (1983). "'Ndrangheta ieri ed oggi: dalla chiusura delle "vallate" al super-processo dei 260 della mafia della Piana di Gioia Tauro", in: Saverio Di Bella, *Mafia e potere. Società civile, organizzazione mafiosa ed esercizio dei poteri nel Mezzogiorno contemporaneo, Vol. II*, S. 217-253. Soveria Mannelli (CZ): Rubbettino.

Malafarina, Luigi (1986). *La 'ndrangheta. Il codice segreto, la storia, i miti, i riti e i personaggi*. Roma: Gangemi Editore.

Maltz, Michael D. (1985). "Toward Defining Organized Crime", in: Herbert E. Alexander; Gerald E. Caiden (Hg.), *The Politics and Economics of Organized Crime*, S. 21-36. Lexington: Lexington Books.

Manfredi, Gianfranco (1983). "Mafia e società nella fascia ionica della provincia di Reggio Calabria: il "caso" Nicola d'Agostino", in: Saverio Di Bella (Hg.), *Mafia e potere. Società civile, organizzazione mafiosa ed esercizio dei poteri nel Mezzogiorno contemporaneo, Vol. II*, S. 267-280. Soveria Mannelli (CZ): Rubbettino.

Mangiameli, Rosario (1989/90). "Banditi e mafiosi dopo l'Unità", in: *Meridiana*, 7-8, S. 73-118.

Mann, Michael (1986). *The Sources of Social Power. Volume I. A History of Power from the Beginning to A.D. 1760*. Cambridge: University Press [zitiert nach: Geschichte der Macht. Erster Band. Von den Anfängen bis zur griechischen Antike, Frankfurt a.M.: Campus, 1990].

Mann, Michael (1993). "The Autonomous Power of the State", in: Marvin E. Olsen; Martin N. Marger (Hg.), *Power in Modern Societies*, S. 314-327. Boulder: Westview Press.

Mansilla, H.C.F. (1994). *Repercusiones ecológicas y éticas del complejo coca/cocaína. La percepción de la problemática por los involucrados*. La Paz: SEAMOS/CEBEM.

Marek, Andrzej E. (1986). "Organized Crime in Poland", in: Robert J. Kelly (Hg.), *Organized Crime. A Global Perspective*, S. 159-171. Totowa, N.J.: Rowman & Littlefield.

Marmo, Marcella (1988). "Economia e politica della camorra napoletana nel sec. XIX", in: *Quaderni del Dipartimento di Scienze Sociali, Istituto Universitario Orientale*, II, 2, S. 103-130.

Marmo, Marcella (1989). "L'onore dei violenti, l'onore delle vittime. Un estorsione camorrista del 1862 a Napoli", in: Giovanna Fiume (Hg.), *Onore e storia nelle società mediterranee*, S. 181-206. Palermo.

Marmo, Marcella (1989/90). "Ordine e disordine: la camorra napoletana dell'Ottocento", in: *Meridiana*, 7-8, S. 157-190.

Marmo, Marcella (1990). "Tra le carceri e i mercati. Spazi e modelli del fenomeno camorrista", in: P. Macry; P. Villani (Hg.), *Storia d'Italia. Le regioni dall'unità ad oggi. La Campania*, S. 688-730. Torino: Einaudi.

Marrazzo, Giuseppe (1984). *Il camorrista. Vita segreta di don Rafele Cutolo*. Napoli: Tullio Pironti.

Marzotti, Antonio (1983). "La mafia in Calabria. Linee di evoluzione storica", in: Saverio Di Bella (Hg.), *Mafia e potere. Società civile, organizzazione mafiosa ed esercizio dei poteri nel Mezzogiorno contemporaneo, Vol.II*, S. 257-263. Soveria Mannelli (CZ): Rubbettino.

Mastropaolo, Alfio (1993). "Tra politica e mafia. Storia breve di un latifondo elettorale", in: Massimo Morisi (Hg.), *Far politica in Sicilia. Deferenza, consenso e protesta*, S. 84-143. Milano: Feltrinelli.

McCoy, Alfred (1986). "Organized Crime in Australia: An Urban History", in: Robert J. Kelly, *Organized Crime. A Global Perspective*, S. 234-283. Totowa, N.J.: Rowman & Littlefield.

McCoy, Alfred (1991). *The Politics of Heroin. CIA Complicity in the Global Drug Trade*. Brooklyn: Lawrence Hill Books.

Medina Gallego, Carlos (1990). *Autodefensas, paramilitares y narcotráfico en Colombia. Origen, desarrollo y consolidación. El caso Puerto Boyacá*. Bogotá: Documentos Periodísticos.

Melo, Jorge Orlando (1994). "Medellín: crisis y perspectivas", ponencia en el seminario "Alternativas y Estrategias del Futuro para Medellín y su Area Metropolitana", Medellín, 15 de septiembre de 1994.

Mermelstein, Max (1990). *The Man Who Made it Snow*. New York: Simon and Schuster [zitiert nach: El hombre que hizo llover coca, Bogotá: Intermedio, 1991].

Merton, Robert K. (1968). *Social Theory and Social Structure. Revised Edition*. New York: Free Press [zitiert nach: Teoría y estructura sociales. México D.F.: Fondo de Cultura Económica, 1984].

Mills, James (1986). *The Underground Empire*. New York: Dell Publishing.

Minuti, Diego; Veltri, Filippo (Hg.) (1990). *Lettere a San Luca. L'Italia scrive al 'paese dei sequestri'*. Catanzaro: Abramo.

Molano, Alfredo (1987). *Selva adentro. Una historia oral de la colonización del Guaviare*. Bogotá: El Ancora.

Molano, Alfredo (1988). "Algunas consideraciones sobre la colonización y la violencia", in: Nora Segura de Camacho (Hg.), *Colombia: democracia y sociedad*, S. 269-282. Bogotá: CIDSE/FESCOL.

Molano, Alfredo (1989). *Siguiendo el corte: relatos de guerras y de tierras*. Bogotá: El Ancora.

Molano, Alfredo (1990). *Aguas arriba. Entre la coca y el oro*. Bogotá: El Ancora.

Molano, Alfredo (1991). "Julia Ruano - eine Stimme aus den Anden", in: Ciro Krauthausen (Hg.), *Koka-Kokain. Reportagen, Analysen und Dokumente aus den Andenländern*, S. 13-15. München: Raben Verlag.

Molano, Alfredo; Ramírez, María Constanza; Rozo, Fernando; Arenas, Marta (1992). "Amapola en los Andes colombianos". Bogotá: Eigenverlag.

Monnier, Marco (1863). *La camorra. Notizie storiche raccolte e documentate*. Firenze [zitiert nach: Napoli: Argo, 1994].

Montoya Candamil, Jaime (1988). *Masonería íntima*. Bogotá: El Pulso de los Tiempos Editores.

Morales, Edmundo (1989). *Cocaine. White Gold Rush in Peru*. Tucson: University of Arizona Press.

Musto, David F. (1973). *The American Disease: Origins of Narcotic Control*. New Haven: Yale University Press [zitiert nach: La enfermedad americana. Orígenes del control antinarcóticos en EU, Bogotá: Tercer Mundo/Uniandes].

Nadelmann, Ethan A. (1986). "Latinoamérica: economía política del comercio de la cocaína", in: *Texto y Contexto*, 9, S. 27-50.

Nadelmann, Ethan A. (1987/88). "The DEA in Latin America: Dealing with Institutionalized Corruption", in: *Journal of Interamerican Studies and World Affairs*, XXVIX, 4, S. 1-39.

Nadelmann, Ethan A. (1992). "Thinking Seriously About Alternatives to Drug Prohibition", in: *Daedalus*, 121, 3, S. 471-486.

Naylor, R.T. (1993). "The Insurgent Economy: Black Market Operations of Guerrilla Organizations", in: *Crime, Law and Social Change*, 20, S. 13-51.

Nicastro, Franco (1993). *Mafia, 007 e massoni. Il caso Contrada, le trame di boss, poteri occulti e servizi segreti*. Palermo: Arbor.

Observatoire Géopolitique des Drogues (1993). *La Drogue, nouveau désordre mondial*. Paris: Hachette [zitiert nach: Der Welt-Drogen-Bericht, München: dtv, 1993].

Offe, Claus (1977). "La abolición del mercado y el problema de la legitimidad", in: Sonntag; Valecillos (Hg.), *El Estado en el capitalismo contemporáneo*, México D.F.: Siglo XXI.

Oporto Castro, Henry (1989). "Bolivia: el complejo coca-cocaína", in: Diego García Sayán (Hg.), *Coca, cocaína y narcotráfico*, S. 171-190. Lima: Comisión Andina de Juristas.

Opp, Karl-Dieter (1987). "Marktstrukturen, soziale Strukturen und Kooperation im Markt", in: Klaus Heinemann (Hg.), *Soziologie wirtschaftlichen Handelns. Sonderheft der Kölner Zeitschrift für Soziologie und Sozialpsychologie, 28*, S. 280-299.

Orozco Abad, Iván (1990). "Los diálogos con el narcotráfico: historia de la transformación fallida de un delincuente común en un delincuente político", in: *Análisis Político*, 11, S. 28-58.

Ortiz Sarmiento, Carlos Miguel (1986). "La Violencia y los negocios. Quindío años 50 y 60", in: Gonzalo Sánchez; Ricardo Peñaranda (Hg.), *Pasado y presente de la violencia en Colombia*, S. 267-304. Bogotá: CEREC.

Ospina Vásquez, Luis (1955). *Industria y protección en Colombia. 1810-1930*. Bogotá: Santafé.

Osservatorio Libero Grassi (1992). *Mafia o sviluppo. Un dibattito con Libero Grassi*. Palermo: Osservatorio Libero Grassi.

Pagden, Anthony (1988). "The Destruction of Trust and its Economic Consequences in the Case of Eighteenth-century Naples", in: Diego Gambetta (Hg.), *Trust. Making and breaking cooperative relations*, S. 127-141. Oxford: Basil Blackwell.

Palacios, Marco (1986). *Estado y clases sociales en Colombia*. Bogotá: Procultura.

Paoli, Letizia (1993). "Criminalità organizzata e finanza d'avventura", in: *Rassegna Italiana di Sociologia*, XXXIV, 3, S. 391-423.

Passas, Nikos; Nelken, David (1993). "The Thin Line Between Legitimate and Criminal Enterprises: Subsidy Frauds in the European Community", in: *Crime, Law and Social Change*, 19, S. 223-243.

Pécaut, Daniel (1987). *Orden y violencia: Colombia 1930-1953. Vol. I y II.* Bogotá: CEREC/ Siglo XXI.

Pécaut, Daniel (1989). *Crónica de dos décadas de política colombiana. 1968-1988.* Bogotá: Siglo XXI.

Petraccone, Claudia (1981). *Napoli moderna e contemporanea.* Napoli: Guida.

Pezzino, Paolo (1990). *Una certa reciprocità di favori. Mafia e modernizzazione violenta nella Sicilia postunitaria.* Milano: Franco Angeli.

Pezzino, Paolo (1995). *Mafia: industria della violenza. Scritti e documenti inediti sulla mafia dalle origini ai giorni nostri.* Firenze: La Nuova Italia.

Piacente, Nicola (1994). "Braccia: la nuova industria del crimine", in: *Narcomafie*, II, 10, S. 3-4.

Pineda Giraldo, Roberto (1990). "¿Dos Guajiras?", in: Gerardo Ardila C. (Hg.), *La Guajira*, S. 257-274. Bogotá: Universidad Nacional.

Pizzorno, Alessandro (1992). "La corruzione nel sistema politico. Introduzione", in: Della Porta, Donatella, *Lo scambio occulto. Casi di corruzione politica in Italia*, S. 13-76. Bologna: Il Mulino.

Polanyi, Karl (1944). *The Great Transformation.* New York: Rinehart and Co. [zitiert nach: La gran transformación. Buenos Aires: Claridad, 1947].

Pollak, Hans (1993). *Tatort Mullackritze. Berliner Unterwelt in den zwanziger Jahren.* Berlin: Edition Scheunenviertel.

Powell, Walter W. (1991). "Neither Market nor Hierarchy: Network Forms of Organization", in: Grahame Thompson, u.a. (Hg.), *Markets, Hierarchies & Networks*, S. 265-277. London: Sage.

Providenti, Franco (1992). "La criminalità mafiosa nella città di Messina", in: *Segno*, 138, S. 46-57.

Puglisi, Anna (1990). *Sole contro la mafia.* Palermo: La Luna.

Quiroga, José Antonio (1990). *Coca/cocaína: una visión boliviana.* La Paz: AIPE/PROCOM.

Quiroga, José Antonio (1991). "Koka für (Versprechen) auf Entwicklung", in: Ciro Krauthausen (Hg.), *Koka-Kokain. Reportagen, Analysen und Dokumente aus den Andenländern*, S. 19-34. München: Raben Verlag.

Raith, Werner (1983). *Die ehrenwerte Firma. Der Weg der italienischen Mafia vom "Paten" zur Industrie.* Berlin: Wagenbach.

Raith, Werner (1992). *Parasiten und Patrone. Siziliens Mafia greift nach der Macht.* Frankfurt a.M.: Fischer.

Ramonet, Ignacio (1995). "Venezuela zwischen Gangstertum und Populismus", in: *Le monde diplomatique (deutsche Ausgabe)*, 14/7/95.

Recupero, Nino (1988). "Tra società segrete e consorterie: di alcuni problemi preliminari allo studio delle origini", in: *Quaderni del Dipartimento di Scienze Sociali, Istituto Universitario Orientale*, II, 2, S. 33-42.

Reina Echeverry, Mauricio (1992). "La economía del narcotráfico en la subregión andina", in: Jorge Mario Eastman; Rubén David Sánchez (Hg.), *El narcotráfico en la región andina*, S. 45-78. Bogotá: Parlamento Andino/ONU/UNDCP.

Restrepo, Laura (1991). "Todeskult in Medellín", in: Ciro Krauthausen (Hg.), *Koka-Kokain. Reportagen, Analysen und Dokumente aus den Andenländern*, S. 102-112. München: Raben Verlag.

Restrepo, Laura (1993). *El leopardo al sol. Cuando la guerra es entre hermanos.* Bogotá: Planeta.

Reuter, Peter (1983). *Disorganized Crime. Illegal Markets and the Mafia.* Cambridge, Mass.: The MIT Press.

Reuter, Peter; Haaga, John (1989). *The Organization of High-Level Drug Markets: An Exploratory Study.* Santa Monica: Rand Corporation.

Reyes Posada, Alejandro (1991). "Paramilitärs in Kolumbien", in: Ciro Krauthausen (Hg.), *Koka-Kokain. Reportagen, Analysen und Dokumente aus den Andenländern*, S. 133-143. München: Raben Verlag.

Reyes Posada, Alejandro (1994). "La compra de tierras por narcotraficantes", in: *Panorama. Observatorio del narcotráfico*, 2.

Reyes Posada, Alejandro; Caicedo, Luz Piedad; Krauthausen, Ciro (1992). "Identificación de municipios para reforma agraria en áreas de violencia". Bogotá: Universidad Nacional/PNUD/INCORA/FAO.

Rice, Berkeley (1989). *Trafficking. The Boom and Bust of the Air America Cocaine Ring.* New York: Charles Scribner's Sons.

Roccuzzo, Antonio (1994). "Don Nitto e la borghesia criminale", in: *Segno*, 151, S. 22-28.

Rodríguez, Juan Ignacio (1989). *Los amos del juego.* Bogotá: Peyre.

Romero, José Luis (1976). *Latinoamérica: las ciudades y las ideas.* México D.F.: Siglo XXI.

Rossi, Luca (1983). *Camorra. Un mese a Ottaviano, il paese in cui la vita di un uomo non vale nulla.* Milano: Mondadori.

Roth, Jürgen; Frey, Marc (1993). *Die Verbrecher Holding. Das vereinte Europa im Griff der Mafia.* München-Zürich: Piper.

Rubin, Paul H. (1973). "The Economic Theory of the Criminal Firm", in: *The Economics of Crime and Punishment. A conference sponsored by American Enterprise Institute for Public Policy Research*, S. 155-178. Washington D.C.: American Enterprise Institute for Public Policy Research.

Ruggiero, Vincenzo (1992). "Crimine organizzato: una proposta di aggiornamento delle definizioni", in: *Dei delitti e delle pene*, 3, S. 7-30.

Ruggiero, Vincenzo (1993). "Organized Crime in Italy: Testing Alternative Definitions", in: *Social & Legal Studies*, 2, S. 131-148.

Ruiz Hernández, Hernando (1980). "La producción y el comercio de marihuana en Colombia. Aspectos relevantes", in: Ernesto Samper Pizano, u.a., *La legalización de la marihuana*, S. 35-96. Bogotá: ANIF.

Rumrrill, Roger (1993). "El narcotráfico en el Peru", in: Hermes Tovar Pinzón (Hg.), *La coca y las economías de exportación en América Latina*, S. 71-86. Huelva: Universidad Hispanoamericana.

Salazar, Alonso (1990). *No nacimos pa' semilla*. Bogotá: CINEP [zitiert nach: Totgeboren in Medellín, Wuppertal: Peter Hammer, 1991].

Salazar, Alonso (1993). *Mujeres de fuego*. Medellín: Corporación Región.

Salazar, Alonso; Jaramillo, Ana María (1992). *Medellín. Las subculturas del narcotráfico*. Bogotá: CINEP.

Sales, Isaia (1993). *La camorra, le camorre. Edizione rivista e accresciuta*. Roma: Riuniti.

Sánchez, Gonzalo (1990). "Guerra y política en la sociedad colombiana", in: *Análisis Político*, 11, S. 7-27.

Sánchez, Gonzalo (1992). "The Violence: An Interpretative Synthesis", in: Charles Bergquist; Ricardo Peñaranda; Gonzalo Sánchez (Hg.), *Violence in Colombia. The Contemporary Crisis in Historical Perspective*, S. 75-124. Wilmington: SR Books.

Sánchez, Gonzalo; Meertens, Donny (1983). *Bandoleros, gamonales y campesinos. El caso de la Violencia en Colombia*. Bogotá: El Ancora.

Santino, Umberto (1984). *Un amico a Strasburgo. Documenti della Commissione Antimafia su Salvo Lima*. Palermo: Centro Siciliano di Documentazione Giuseppe Impastato.

Santino, Umberto (1986). "La mafia finanziaria. Accumulazione illegale del capitale e complesso finanziario-industriale", in: *Segno*, 69-70, S. 3-45.

Santino, Umberto (1992). "Mafia e maxiprocesso: Dalla "supplenza" alla "crisi della giustizia"", in: Giorgio Chinnici; Umberto Santino; Giovanni La Fiura; Ugo Adragna, *Gabbie vuote. Processi per omicidio a Palermo dal 1983 al maxiprocesso*, S. 97-178. Milano: Franco Angeli.

Santino, Umberto (1994a). *La mafia come soggetto politico*. Palermo: Centro Siciliano di Documentazione Giuseppe Impastato.

Santino, Umberto (1994b). *La borghesia mafiosa. Materiali di un percorso d'analisi*. Palermo: Centro Siciliano di Documentazione Giuseppe Impastato.

Santino, Umberto (1995). *Sicilia 102. Caduti nella lotta contro la mafia e per la democrazia dal 1893 al 1994*. Palermo: Centro Siciliano di Documentazione Giuseppe Impastato.

Santino, Umberto; La Fiura, Giovanni (1990). *L'impresa mafiosa. Dall'Italia agli Stati Uniti*. Milano: Franco Angeli.

Sarmiento, Luis Fernando; Krauthausen, Ciro (1991). "Los orígenes de la ilegalidad de la cocaína", in: *Revista Colombiana de Sociología*, 2, S. 29-40.

Sarmiento A., Libardo; Moreno O., Carlos (1990). "Narcotráfico y sector agropecuario en Colombia", in: *Economía Colombiana*, 226-27, S. 29-38.

Sauloy, Mylène; Le Bonniec, Yves (1992). *A qui profite la cocaïne?*. Paris: Calmann-Lévy [zitiert nach: ¿A quién beneficia la cocaína?, Bogotá: Tercer Mundo, 1994].

Scarpino, Salvatore (1995). *Storia della camorra*. Milano: Fenice 2000.

Scheerer, Sebastian; Vogt, Irmgard (Hg.) (1989). *Drogen und Drogenpolitik. Ein Handbuch*. Frankfurt-New York: Campus.

Schelling, Thomas C. (1984). *Choice and Consequence*. Cambridge-London: Harvard University Press.

Schneider, Jane; Schneider, Peter (1994). "Mafia, antimafia e la questione della "cultura"", in: Giovanni Fiandaca; Salvatore Costantino (Hg.), *La mafia, le mafie. Tra vecchi e nuovi paradigmi*, S. 299-323. Roma-Bari: Laterza.

Schutz, Alfred (1944). "The Stranger: An Essay in Social Psychology", in: *The American Journal of Sociology*, 49, 6, S. 499-507.

Sciarrone, Rocco (1995). "La diffusione della mafia nelle aree non tradizionali: il caso Piemonte", relazione nel convegno "La giovane ricerca italiana sulla grande criminalità", Sesto Fiorentino, 8-9 dicembre di 1995.

Scott, W. Richard (1981). *Organizations. Rational, Natural, and Open Systems*. Englewood Cliffs, N.J.: Prentice-Hall [zitiert nach: Grundlagen der Organisationstheorie, Frankfurt a.M.: Campus, 1986].

Sergi, Pantaleone (1991). *La 'Santa' violenta. Storie di 'ndrangheta e di ferocia, di faide, di sequestri, di vittime innocenti*. Cosenza: Periferia.

Shelley, Louise I. (1995). "Transnational Organized Crime: An Imminent Threat to the Nation-State?", in: *Journal of International Affairs*, 48, 2, S. 463-489.

Siebert, Renate (1994). *Le donne, la mafia*. Milano: Il Saggiatore.

Silva, María Cecilia (1990). "El espíritu de la coca", in: *Raigambre*, 2, S. 22-23.

Smith, Dwight C., Jr. (1975). *The Mafia Mystique*. New York: Basic Books.

Smith, Dwight C., Jr. (1991). "Wickersham to Sutherland to Katzenbach: Evolving an "Official" Definition for Organized Crime", in: *Crime, Law and Social Change*, 16, S. 135-154.

Sofsky, Wolfgang (1995). "Zivilisation, Organisation, Gewalt", in: *Mittelweg 36*, April 1995, S. 11-21.

Spampinato, Rosario (1987). "Per una storia della mafia. Interpretazioni e questioni controverse", in: Maurice Aymard; Giuseppe Giarrizzo (Hg.), *Storia d'Italia. Le Regioni. Dall'Unità a oggi. La Sicilia*, S. 881-902. Torino: Einaudi.

Spiegel TV (1991). "Carlos Lehder: El castigo americano", in: *90. Otra Corriente*, 2, S. 17-24.

Stajano, Corrado (Hg.) (1986). *Mafia. L'atto d'accusa dei giudici di Palermo*. Roma: Editori Riuniti.

Steinsleger, José (1989). "Los paraísos financieros. El caso Panamá", in: Diego García-Sayán (Hg.), *Coca, cocaína y narcotráfico*, S. 259-274. Lima: Comisión Andina de Juristas.

Sterling, Claire (1990). *Octopus: The Long Reach of the International Sicilian Mafia*. New York: Norton [zitiert nach: Die Mafia. Das organisierte Verbrechen bedroht die Welt, Bergisch Gladbach: Bastei Lübbe, 1993].

Strong, Simon (1995). *Whitewash. Pablo Escobar and the Cocaine Wars*. London: Macmillan.

SVIMEZ. Associazione per lo sviluppo dell'industria nel Mezzogiorno (1993). *Rapporto 1993 sull'economia del Mezzogiorno*. Bologna: Il Mulino.

Teti, Vito (1977). "La "banda" di Cavallaro", in: *Quaderni del Mezzogiorno e delle Isole*, XIV, 42-43, S. 78-90.

Thome, Helmut (1992). "Gesellschaftliche Modernisierung und Kriminalität. Zum Stand der sozialhistorischen Kriminalitätsforschung", in: *Zeitschrift für Soziologie*, 21, 3, S. 212-228.

Thompson, Grahame; Frances, Jennifer; Levacic, Rosalind; Mitchell, Jeremy (Hg.) (1991). *Markets, Hierarchies & Networks*. London: Sage.

Thoumi, Francisco (1987). "Some Implications of the Growth of the Underground Economy in Colombia", in: *Journal of Interamerican Studies and World Affairs*, XXVIX, 2, S. 35-53.

Thoumi, Francisco (1994). *Economía política y narcotráfico*. Bogotá: Tercer Mundo.

Tilly, Charles (1985). "War Making and State Making as Organized Crime", in: Peter B. Evans; Dietrich Rueschemeyer; Theda Skocpol (Hg.), *Bringing the State Back in*, S. 169-191. Cambridge: University Press.

Tirado Mejía, Alvaro (1976). *Aspectos sociales de las guerras civiles en Colombia*. Bogotá: Instituto Colombiano de Cultura.

Tokatlián, Juan Gabriel (1993). "El desafío de la amapola en Colombia", in: Jorge Mario Eastman (Hg.), *Amapola, coca y...*, S. 55-66. Bogotá: Parlamento Andino/ONU-UNDCP.

Tomasi di Lampedusa, Giuseppe (1957). *Il Gattopardo*. Milano: Feltrinelli [zitiert nach: Der Leopard, München: dtv, 1965].

Torres Arias, Edgar (1995). *Mercaderes de la muerte*. Bogotá: Intermedio/Círculo de Lectores.

Tovar Pinzón, Hermes (1993). "La coca y las economías de exportación en América Latina", in: Hermes Tovar Pinzón (Hg.), *La coca y las economías de exportación en América Latina*, S. 13-71. Huelva, Universidad Hispanoamericana.

Tranfaglia, Nicola (1991). *La mafia como metodo nell'Italia contemporanea*. Roma-Bari: Laterza.

Tranfaglia, Nicola (1992). *Mafia, politica e affari. 1943-91*. Roma-Bari: Laterza.

Twinam, Ann (1980). "From Jew to Basque: Ethnic Myths and Antioqueño Entrepreneurship", in: *Journal of Interamerican Studies and World Affairs*, 22, 1, S. 81-107.

Uesseler, Rolf (1987). *Mafia. Mythos, Macht, Moral*. Bonn: Dietz.

Uesseler, Rolf (1989). "Mafia zwischen legaler und illegaler Wirtschaft", in: *Mehrwert*, 31, S. 94-117.

Uesseler, Rolf (1991). "Mafia und Politik in Italien", in: *Prokla*, 85, S. 544-559.

Uesseler, Rolf (1993). *Herausforderung Mafia. Strategien gegen organisierte Kriminalität*. Bonn: Dietz.

Uprimmy, Rodrigo (1992). "Narcotráfico, régimen político, violencias y derechos humanos en Colombia". Informe final de investigación. Bogotá: Comisión Andina de Juristas, mimeógrafo.

Uribe, María Victoria (1994). "Las calles de Medellín, espacios de socialización y muerte", ponencia en el 7. Congreso de Antropología en Colombia, Medellín, junio 15 a 18 de 1994.

Uribe, María Victoria (1992). *Limpiar la tierra. Guerra y poder entre esmeralderos*. Bogotá: CINEP.

Urrutia, Miguel (1990). "Análisis costo-beneficio del tráfico de drogas para la economía colombiana", in: *Coyuntura Económica*, 20, 3, S. 115-126.

Van der Heijden, A.W.M. (1993). "Measuring Organized Crime". Den Haag, Revised version of a paper presented at the 11th International Congress on Criminology, Budapest, Hungary, August 22-27, 1993.

Van Duyne, Petrus (1993). "Organized Crime and Business Crime-Enterprises in the Netherlands", in: *Crime, Law and Social Change*, 19, S. 103-142.

Van Duyne, Petrus; Block, Alan A. (1995). "Organized Cross-Atlantic Crime", in: *Crime, Law & Social Change*, 22, S. 127-147.

Vanberg, Viktor (1987). "Markt, Organisation und Reziprozität", in: Klaus Heinemann (Hg.), *Soziologie wirtschaftlichen Handelns, Sonderheft der Kölner Zeitschrift für Soziologie und Sozialpsychologie*, S. 263-279.

Vargas, Ricardo (1994a). "Ley, bandidos perseguidos y bandidos consentidos". in: *La verdad del '93. Paz, derechos humanos y violencia*, S. 141-167. Bogotá: CINEP.

Vargas, Ricardo (1994b). "La bonanza de la marimba empezó aquí", in: *La verdad del '93. Paz, derechos humanos y violencia*, S. 183-187. Bogotá: CINEP.

Varriale, Cosimo (1987). "Aggresività e "desiderio di autorità" a Secondigliano", in: *Osservatorio sulla Camorra*, 5, S. 79-100.

Veblen, Thorstein (1899). *The Theory of the Leisure Class. An Economic Study of Institutions*. New York: MacMillan [zitiert nach: Winnipeg: Mentor, 1953].

Velásquez, Jorge Enrique (1993). *Cómo me infiltré y engañé al Cartel*. Bogotá: Oveja Negra.

Vergara González, Otto (1990). "Los Wayu: hombres del desierto", in: Gerardo Ardila C. (Hg.), *La Guajira*, S. 139-162. Bogotá: Universidad Nacional.

Villari, Pasquale (1878). *Le lettere meridionali e altri scritti sulla questione sociale in Italia*. Firenze: Bocca [zitiert nach: La camorra, la mafia, il brigantaggio, Napoli: Guida, 1979].

Villarraga, Alvaro; Plazas, Nelson (1994). *Para reconstruir los sueños (una historia del EPL)*. Bogotá: Fondo Editorial para la Paz.

Violante, Luciano (1993). *I corleonesi. Mafia e sistema eversivo*. Roma: I Libri dell'Unità.

Walston, James (1986). "See Naples and Die: Organized Crime in Campania", in: Robert J. Kelly (Hg.), *Organized Crime. A Global Perspective*, S. 135-158. Totowa, N.J.: Rowman & Littlefield.

Walston, James (1988). *The Mafia and Clientelism. Roads to Rome in post-war Calabria*. London: Routledge.

Washington Office on Latin American Affairs (1992). *Clear and Present Dangers: The U.S. Military and the War on Drugs in the Andes*. Washington: WOLA [zitiert nach: ¿Peligro inminente? Las FF.AA. de Estados Unidos y la guerra contra las drogas, Bogotá: Tercer Mundo/IEPRI/CEI, 1993].

Weber, Max (1922). *Wirtschaft und Gesellschaft. Grundriß der verstehenden Soziologie*. Tübingen: Mohr [zitiert nach: 5. revidierte Auflage, 1985].

Weschke, Eugen; Heine-Heiß, Karla (1990). *Organisierte Kriminalität als Netzstrukturkriminalität. Teil 1. Befragungen von Kriminalbeamten in Berlin (West) zu Straftätergruppierungen*. Berlin: Publikationen der Fachhochschule für Verwaltung und Rechtspflege.

Williams, Terry (1989). *The Cocaine Kids. The Inside Story of a Teenage Drug Ring.* Reading, Mass.: Addison-Wesley.

Wolff, Kay; Taylor, Sybil (1989). *The Last Run.* New York: Viking.

Zagari, Antonio (1992). *Ammazzare stanca. Autobiografia di uno 'ndranghetista pentito.* Cosenza: Periferia.

Zambrano Pantoja, Fabio (1988). "Contradicciones del sistema político colombiano", in: *Análisis. Documentos Ocasionales del CINEP*, 50, S. 19-26.

Zapf, Wolfgang (1991). "Modernisierung und Modernisierungstheorien", in: Wolfgang Zapf (Hg.), *Die Modernisierung moderner Gesellschaften. Verhandlungen des 25. Deutschen Soziologentages*, S. 23-39. Frankfurt a. M.: Campus.